轨道城市

——可持续的城市空间与用地发展

边经卫　高悦尔　等著

中国建筑工业出版社

图书在版编目（CIP）数据

轨道城市：可持续的城市空间与用地发展／边经卫，
高悦尔等著.—北京：中国建筑工业出版社，2019.9（2021.1重印）
ISBN 978-7-112-24033-3

Ⅰ.① 轨… Ⅱ.① 边… ② 高… Ⅲ.① 城市铁路-轨
道交通-交通规划-研究②城市空间-空间规划-研究
Ⅳ.① U239.5 ② TU984.11

中国版本图书馆CIP数据核字（2019）第165362号

　　"轨道城市"以可持续的城市空间与用地发展为基础，其研究内容涵盖十分广泛。本书选取
了其中的几个主要内容进行了分析研究。如，城市交通与城市发展、轨道城市的构建、轨道线网
与城市中心体系、轨道线路与用地功能组织、轨道站点与用地规划布局、轨道站点周边存量用地
的再开发、轨道城市规划管理与实施保障等。

　　本书采用理论与实证相结合的写作方法，其内容可供城市与区域规划、城市交通规划、城市
轨道交通规划、城市规划建设管理领域的人员阅读，也可作为城乡规划学、城市轨道交通、城市
交通运输等学科的学习参考用书。

责任编辑：吴宇江　李珈莹
责任校对：王　烨

轨道城市——可持续的城市空间与用地发展
边经卫　高悦尔　等著
*
中国建筑工业出版社出版、发行（北京海淀三里河路9号）
各地新华书店、建筑书店经销
北京锋尚制版有限公司制版
北京建筑工业印刷厂印刷
*
开本：787×1092毫米　1/16　印张：21¾　字数：378千字
2019年12月第一版　2021年1月第二次印刷
定价：89.00元
ISBN 978-7-112-24033-3
（34532）

前　言

改革开放40多年来，我国以前所未有的规模和速度经历了经济、社会和空间转型。随着城市化进程的加快、城市人口的快速增长等因素导致城市交通拥挤不断加剧，以小汽车迅速发展为代表的快速机动化成为我国城市交通发展最显著的变化，交通拥堵问题也成为制约我国城市空间可持续发展的瓶颈。

大城市轨道交通建设由此迎来了快速发展的机会。据中国城市轨道交通协会最新数据统计，截至2018年末，中国内地35个城市开通城市轨道交通并投入运营，开通城市轨道交通线路187条，运营线路长度达5766.6km。随着城市发展进程的持续提升，我国城轨交通运营里程也处于稳步增长中，年均增长里程约为550km，照这个增长速度，2019年末，我国的城市轨道交通运营里程将超过6000km。我国已成为世界上城市轨道交通发展速度最快的国家之一。

轨道交通依托其大运量、便捷、舒适、高效和节能等优势在方便居民出行、缓解城市交通拥堵和减少环境污染方面作用显著，更重要的是能引导城市结构转型和城市用地功能布局的优化。国外城市发展的经验表明，轨道大规模建设时期恰好也是土地与交通协调发展、促进城市空间转型的最佳时机，我国的许多城市正处于轨道建设与城市建设互促发展的关键时期。因此，如何秉承"建轨道就是建城市"的理念，以轨道引导城市发展之路，构建符合我国城市空间发展要求的"轨道城市"，是本书重要的研究命题。

本书在借鉴国外有关轨道交通和城市空间发展方面的理论与实证研究成果的基础上，以轨道交通对城市空间发展导向为研究视角，从城市用地发展对轨道交通需求出发，通过对轨道交通与城市空间发展的互动关系研究，分析城市轨道交通对城市用地集约使用的影响及其规划管制对策，探索城市轨道交通导向下的城市空间和用地优化策略。其对于完善现有的城市空间和用地发展方式、丰富城市空间与用地规划的科学内涵、提升城市规划管理和建设水平具有一定的理论意义。

本书抓住了当前我国大城市空间与交通发展中的主要矛盾，就如何构建我国快速城市化进程中可持续的城市空间与用地发展问题，对轨道城市的构建、轨道线网与城市中心体系、轨道线路与用地功能组织、轨道站点与用地规划布局、轨道站点周边存量用地再开发和轨道城市规划管理与实施保障等方面进行了专题研究，其对我国大城市空间与用地发展规划模式选择，也具有一定的实践意义。

本书研究表明：（1）"轨道城市"是一种以轨道交通为导向的城市发展模式，强调轨道交通与城市空间和用地发展之间互动协调关系，是对"以轨道交通引领城市发展""建轨道即是建城市"等可持续城市发展理念的精炼总结；（2）"轨道城市"主要是指以轨道交通网络为骨架，在轨道枢纽周边培育发展城市主次中心，同时以轨道线路引导城市功能组团合理布局，带动轨道站点周边紧凑集约的开发建设，能够把居民留在轨道周边且自发选择轨道的城市区域；（3）成功的"轨道城市"一定是轨道交通与城市空间和用地发展之间相互促进、相互协调的结果。

本书从理论分析、模式构建和综合评价等角度入手，以厦门轨道交通与城市用地发展模式为研究案例，构建了"轨道城市"的基本框架、主要内容和实施路径。

全书主要由七个章节组成，各章节主要内容如下：

第一章主要从城市空间发展和城市土地利用两方面来研究城市交通与城市发展之间的互动关系，以及它们之间的协调发展。同时探究公交导向理念下的城市空间发展，以及其构建原则和策略。

第二章从可持续的城市空间和用地发展的角度，对"轨道城市"的内涵进行解读；通过对国外先进"轨道城市"案例经验借鉴分析，对"轨道城市"的形成、建设与发展进行研究，以期对建设轨道交通的城市提供借鉴，发挥轨道交通对城市发展的最大效用。

第三章基于轨道交通枢纽与城市中心体系双系统耦合发展内涵与耦合规律，建立了轨道线网与城市中心体系耦合发展作用模型；通过设计耦合评价体系，量化了轨道交通线网与城市中心体系耦合程度；构建了轨道交通线网与城市中心体系耦合发展模式，引导城市空间结构与轨道交通协调发展。

第四章在深入分析轨道线路与城市土地利用、功能布局的基础上，把握两者组织协同特征及存在问题，厘清契合城市用地功能的轨道线路适应性内涵与影响因素，建立一个多维度结构、科学合理、适应性强、简便易操作的综合评价体系；依据轨道线路与城市用地功能组织的协同原则，提出合理的轨道沿线用地功能组织协同模式。

第五章分析了轨道站点对其影响区的作用，提炼出轨道站点影响区用地规划布局要素，提出了轨道站点影响区用地规划布局模式构建方法；分析了不同功能主导的轨道站点影响区发展模式的优势及劣势；在城市总体规划层面对轨道站点影响区的用地规划布局，及以轨道站点为导向的城市用地发展模式进行了剖析。

第六章提出了轨道交通站点与周边存量用地之间的互动关系、协同开发可行性和开发过程中存量用地价值潜力挖掘的必要性；设计了轨道交通站点周边存量用地价值潜力评价体系，提出了轨道交通站点周边存量用地价值潜力高、中、低的三个分类标准；构建了轨道交通站点周边存量用地再开发模式和实施策略。

第七章从对轨道交通影响区的用地规划控制、面向土地使用的轨道交通规划体系、轨道交通规划管理技术规定与政策法规、轨道交通与土地使用控制实施保障策略等4个方面阐述规划管理与实施保障的相关要求，为"轨道城市"的建设提供规划和政策保障。

本书各章的编写人员是：第一章俞舒健，第二章霍雅琦，第三章张琼、崔桂籽，第四章黎洋佟、黄建伟，第五章郭宇涵、王晓，第六章王佳曦、黄建伟，第七章彭芝芬。本书由边经卫拟定详细写作大纲、组织编写、核定内容、修改完善和统稿定稿等工作，华侨大学建筑学院高悦尔参与了本书的组织编写、讨论、修订和核稿等工作。

目 录

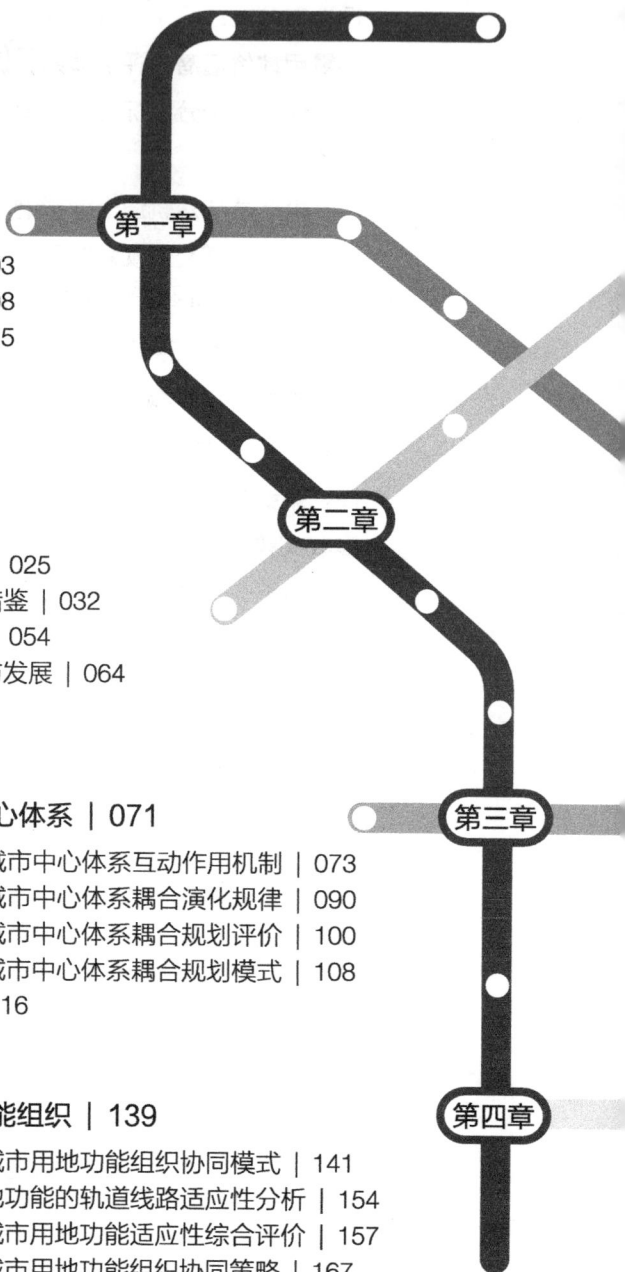

第一章

第二章

第三章

第四章

第一章

城市交通与
城市发展

纵观中外城市发展的过程，无数实例都表明了城市从诞生以来，其发展一直与交通之间存在着千丝万缕的联系。城市交通，特别是公共交通的规划与布局，极大地推动着城市在空间和土地上的利用与发展，而城市的发展也会促进城市交通得到进一步的升级与优化，它们之间存在着一种相互作用的关系。

　　本章主要从城市空间发展和城市土地利用两方面来研究城市交通与城市发展之间的互动关系，以及它们之间的协调发展。同时探究公交导向理念下的城市空间发展，以及其构建原则和策略。

1.1 城市交通与城市空间发展

城市空间是一个复杂的概念，不同的学科有着不同的理解角度。在城乡规划学的理解范畴中，城市空间是城市社会、经济、政治、文化等各类活动运行的载体，各类城市活动所形成的功能区则构成了城市空间结构的基本框架。同时城市空间是一个动态的系统，城市空间的内部结构和外部形态的变化反映着它的演变过程。

城市交通与城市空间的发展则呈现一种复杂的互动关系，它们相互影响，相互促进，共同发展。在城市发展的每一个特殊阶段总能观察到城市交通规模或交通方式的相应变化，而城市交通的相应变化又对城市空间产生巨大的反作用[1]。一方面，城市空间的发展产生了对城市交通需求变化的影响，这种变化不仅影响着城市交通方式的选择，也影响着城市交通的发展规模和速度等。另一方面，城市交通方式的变化发展引导着城市空间从外部空间形态到内部空间结构的改变。同时，城市交通的变化很大程度上会影响城市空间的发展速度、规模及其合理性。

1.1.1 城市交通与城市空间的互动关系

1. 城市空间对城市交通的作用

通过分析城市交通与城市空间的发展历程，不难得出城市空间对交通的作用主要有以下三个方面：

（1）对交通方式选择的作用

由于不同的交通方式在运载能力、行驶速度、道路空间占用比、能源消耗程度、成本投入、污染排放量上的不同，所以不同的城市规模、形态、结构在选择交通方式时会依据自身的需求而选择不同的交通方式。例如在空间规模较小、空间结构紧凑的中小城市中，居民的出行距离和出行时间较短，一般的常规公交结合自行车及步行的交通方式就基本满足居民的出行需求。

当城市空间规模达到一定程度，这时居民的出行距离较长，需要建立快速公交系统来提高居民的出行效率，从而保持城市公共交通的竞争力，必要时还需引入地铁、轻轨等大中运量的轨道交通。在满足城市需求的同时促进了紧凑型多中心城市的形成，避免城市在小汽车的主导下走向不经济的分散式空间发展。

不同的城市在空间上有地理环境、人文环境等方面的一些"特性"，这些"特性"也会影响城市对交通方式的选择。例如，有学者在对我国西南城市的调查中发现，西南山地城市（重庆市、贵阳市、遵义市）的步行出行比例都达到了50%以上，公共交通的出行比例也在25%以上，远高于我国的其他地区城市，而小汽车和非机动车出行比例则明显较低。究其原因，一方面受到高低起伏的地形条件的限制，自行车等非机动出行的难度较大；另一方面，与其他地区相比，一些西南地区的经济发展水平相对落后，居民对小汽车的经济承受能力有限。因此，居民出行大多选择经济实惠的公共交通或者步行[2]。

（2）对交通发展规模和速度的作用

城市交通的发展规模和速度主要取决于城市空间的需求。城市交通的整体规模必须与城市空间的需求相适应，而城市空间的发展则必然推动着城市交通到达更大的规模和更高层次的水平。此外，城市空间规模的快速增长往往伴随着因交通发展不足而引发的城市拥堵和城市分散化发展，为寻求解决之道，城市交通结构会随之快速发展、升级。

例如，墨西哥城自1930年以来，城市空间快速的扩大，从原来的联邦特区不断扩大到周边的墨西哥州和莫雷诺斯州，最后形成墨西哥城都市圈[3]284。如此大规模而又迅速的城市化进程使都市区内小汽车拥有率每年高速增长，交通规模不断增长的同时，堵塞和污染问题却越来越严重。为了应对这些问题，轨道交通得到了快速的发展。从1969年第一条线路的开通，到2006年已经发展为由11条线路和164个车站组成的超大尺度地铁网络，同时辅以中运量公交和非常规公交共同组成多层次公共交通网络体系。

（3）对交通设施空间布局的作用

当前城市交通的发展已不再局限于交通的本身，而是将其作为城市空间的重要组成部分加以考虑[4]。而作为城市空间的一部分，其设施空间的布局在很大程度上受城市空间的发展方向所影响。城市空间因为区域交通、地理环境、经济环境、政治决策等因素，在发展过程中呈现沿发展走廊轴向延伸的趋势，而为了支撑城市空间的发展方向，在发展走廊上会促进城市交通设施的优先和优化布局。

例如，在2015年确定通州为北京城市副中心后，由于城市新发展走廊的形成，北京不仅立即启动了八通线南延和7号线东延的建设，并在《北京城市总体规划（2016-2035）》中指出，要建设以公共交通为主导的北京城市副中心内部综合交通体系，加强北京城市副中心与中心城区、北京城市副中心与各新城之间的快速便捷联系，建设七横三纵的轨道交通线网，建设五横两纵的高速公路、快速路网络。而随着发展走廊的建设，为了更好地发挥交通运输效率，各种交通设施之间的协调与衔接优化措施将会被提出。

2. 城市交通对城市空间的引导

城市空间在影响交通发展的同时，交通也对城市空间产生着重要影响。并且在影响城市发展的诸多因素中，交通是最主要的因素之一，作用也最为显著。在作用过程中，交通主要以三种方式对城市空间产生影响。

（1）对城市外部空间形态的影响

在城市外部空间形态的发展中，城市交通发挥着关键性作用。交通工具的每一次创新都对城市外部空间形态的演变起着不可替代的作用。相关学者研究指出，在以马车、人力为代表的传统交通时期，城市空间形态因距离城市中心的远近呈现出明显的同心环状。到了以公路、铁路为主导的交通时期，人口、工业、商业逐渐向远离中心的方向发展，同心环状的城市空间形态格局被打破，代之以星形或扇形模式。最后随着城市边缘区道路网的不断分异与完善，小汽车不断增长，推动城市空间的均质、低密度化的形成，主要放射线间可达性较差的区域得以填充，此时城市空间形态又呈现出同心环状结构[5]。

目前轨道交通作为一种新兴的大容量快速公共交通工具，对城市空间演化的作用是巨大的。轨道交通不仅可以满足大量居民中长距离的快速出行，而且可以吸引人群向轨道沿线聚集，促进城市空间沿轨道轴线方向的大规模发展。例如，哥本哈根"手指状"的城市形态是在1947年指形规划及其随后更新版本的引导下[3]113，沿每一指形方向修建轨道交通，鼓励和引导城市在轨道附近发展，这才极大地促进了其城市空间向"指形化"形态的演化[6]。

（2）对城市内部空间结构的影响

城市交通不但对城市外部空间形态的塑造发挥着重要的作用，也对城市内部空间结构具有重要的影响[7]。当一个地区的交通条件得到改善，地区的可达性将会提高，可达性的提高又会产生人群在空间上的聚集与重新分配，从而带动地区空间上的发展。当这些集聚的空间在城市中不断形成时，城市的空间结构也将会形成并不断演变。

其中以小汽车为代表的个体交通，因其快速、舒适、自由度大等特性，对城市内部低密度、均质化的空间结构发展产生了巨大的推动力。而以轨道交通等大运量交通为代表的公共交通，因其快速、准时、便捷的特性，对沿线的空间具有强烈的空间吸引，特别在轨道站点周边会引起人群的聚集和重新分布，从而使城市沿着轨道发展，并在站点周边形成高密度的集聚点，最终形成串珠式的内部空间结构。同时缺乏大运量交通工具对城市空间发展的轴向拉动力将会导致城市空间无序地向周边蔓延式发展，也从反面证明了城市交通系统对城市内部空间结构的重要影响[8]。

（3）对城市空间发展速度和规模的影响

一方面，城市交通的建设时机对城市空间发展速度会产生影响。相同的交通设施，如果其建设时机不同，它对城市空间发展速度的作用就会有所不同，甚至截然相反。例如，因为交通基础设施的投资成本具有沉没性，建成后不能挪作他用，残值很低，一旦投资建成就必须按既定用途使用下去[9]，所以当城市空间规模较小时，建设地铁、轻轨等昂贵的交通基础设施会因为客流支撑不足，不但投入资金得不到回收而且会进入长期亏损的恶性循环中，城市空间的发展速度也因为资金的亏损受到影响。又因为交通设施建设具有时空性的特点，即交通基础设施的建设与社会经济发展的安排上，必须要有适当的超前意识即规划上和建设时间上的超前性[9]。所以当城市进入快速发展初期，交通建设需要有一定超前性，这时的轨道交通建设能使轨道沿线的土地发生增值，在促进城市空间快速增长的同时使城市空间布局更趋合理，形成交通导向型的发展模式。

另一方面，城市交通也会对城市的空间发展规模产生影响。一个健康合理的交通结构会增强城市自身的竞争力，使更多的人聚集到城市之中，城市空间的规模也会随之扩大。

1.1.2 城市交通与城市空间的协同发展

从上文的分析中，我们可以知道城市交通与城市空间的发展是相互影响、密不可分的，是一个互相影响的循环机体。为了塑造一个良好的城市空间和一个与之协调的交通体系，需要依据以下三项原则来实现交通与空间的协同发展。

1. 因地制宜、因时制宜、相时而动

考虑到不同城市所处的发展阶段，以及其特殊的地理环境、人文环境、经济环境、政策要求、历史环境等造成的空间特殊性，不同的城市在交通方式的选择和交通发展规模、方向等方面会有所不同，所以在制定交通发展战略时应充分考虑其特殊性，做到因地制宜。同时考虑国家政策、经济环境和城市发展阶段，给予交通建设时间维度上的考虑，做到因时制宜和相时而动。

2. 以公共交通主动引导城市空间的发展，杜绝交通被动适应型发展

城市交通与城市空间的关系应从传统的"被动适应型"发展向"主动引导型"发展转变，交通不再是城市空间的一个"适应者"，而应该作为一个"引导者"来对城市的外部形态和空间的内部结构发展做出引导，改变城市扩展模式，使无序的空间蔓延转变为"点—轴"式集约发展，推进城市空间结构向高效的多中心发展模式过渡。

3. 坚持多方式、多层次交通与城市空间的一体化发展

城市交通是一个复杂的系统，包括交通工具、交通设施和相关交通管理系统等。为了满足居民多样化、多层次、方便快捷的出行需求，应坚持多种交通方式与城市空间的一体化发展。理清各交通方式所承担的功能以及它们之间的衔接，在空间上进行统筹、协调安排，不仅使交通的利用效率得到更大的提升，也能促进绿色出行方式的发展。

1.2 城市交通与城市土地利用

　　城市土地利用是指人们根据土地的自然属性、经济属性等多方面的因素，按照一定的经济、社会等目的，运用多种方式进行开发，赋予土地使用性质、利用强度、利用结构和利用模式等。

　　城市交通与土地利用之间呈一种复杂的互动关系。一方面，土地利用是产生城市交通的源泉，决定城市交通的发生、吸引及方式选择。从宏观上规定了城市交通需求及供给模式，不同的城市土地利用状况要求不同的城市交通结构与之相适应。另一方面，城市交通系统的发展又对城市空间结构和土地利用形态产生反作用，交通改变了城市各地区的可达性。而可达性对城市用地的规模、强度及空间分布具有决定性作用[10]。因此，它们之间构成了一种循环式的互馈系统（图1-1）。

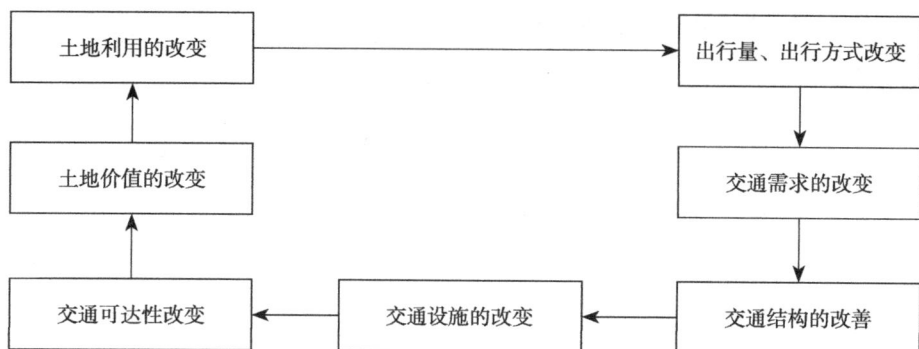

图1-1　城市交通与城市土地的互馈系统
（来源：笔者自绘）

1.2.1　城市交通与土地利用相关理论研究

1. 古典经济学派的区位论中对交通与土地利用关系的探讨

　　古典经济学派在研究区位中将交通因素作为主要因素之一进行考虑，其理论主要包括杜能的农业区位论、韦伯的工业区位论、克里斯泰勒的中心地理论等。

　　其中，杜能的农业区位论是第一次采用模型分析市场、生产与距离之间的关系，揭示交通对土地利用的影响，由此他提出了以城市为中心呈六个同

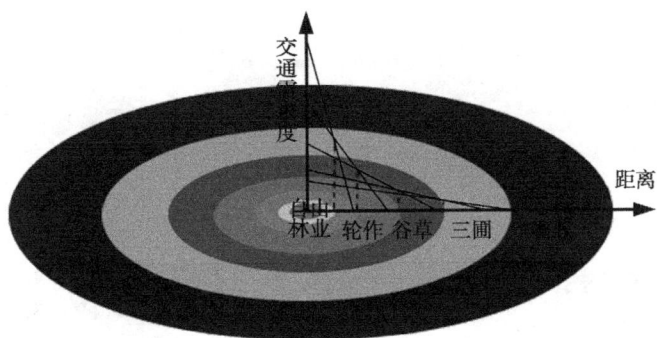

图1-2 杜能环结构
（来源：笔者自绘）

心圆状分布的农业地带理论，即著名的"杜能环"（图1-2）。

韦伯的工业区位论则认为，决定区位的基本因素是生产地、原料地、消费地三者之间的运费，其次是劳动费的节约，集聚或分散所带来的利益。可见在决定区位的诸多因素中，交通费用是首要的。

克里斯泰勒的中心地理论认为有三个原则——市场原则、交通原则和行政原则——共同支配中心地体系的形成。通过下图三种原则下中心地系统的对比，我们可以发现交通是城市中心地土地利用模式形成的重要因素之一且效率最高[11]（表1-1）。

三种原则下中心地系统的对比 表1-1

对比项	市场原则下的中心地系统K=3	交通原则下的中心地系统K=4	行政原则下的中心地系统K=7
原则	中心地按一定规律分布，一般是高级中心地位于区域边界中央，六个低一级的中心地分布在六个角上。商品和服务供应范围最大	交通线尽可能多的连接各中心地，各中心地布局在两个比自己高一级的中心地的交通连线上	六个次一级中心地位于高一级中心地区域的六个顶点附近，次一级的区域只属于一个高一级的区域
空间结构 ▬ 一级区域边界 ▬ 二级区域边界 ▬ 三级区域边界 ● 一级中心地 • 二级中心地 • 三级中心地 • 四级中心地			
运输效率	效率一般	效率高	效率低

（来源：笔者自绘）

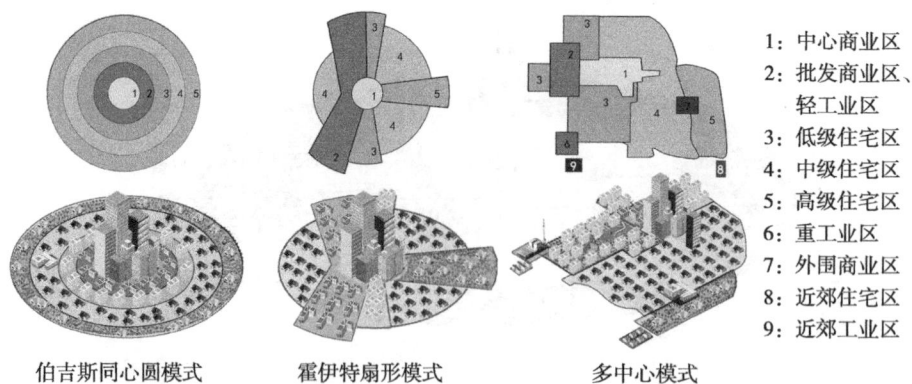

图1-3 芝加哥学派的土地利用三模式

1：中心商业区
2：批发商业区、轻工业区
3：低级住宅区
4：中级住宅区
5：高级住宅区
6：重工业区
7：外围商业区
8：近郊住宅区
9：近郊工业区

伯吉斯同心圆模式　　　霍伊特扇形模式　　　多中心模式

（来源：笔者自绘）

2. 芝加哥学派的土地利用三模式中对交通的考虑

芝加哥学派从属于社会科学领域，主要从人文生态学的角度，强调人文活动的作用，并认为作为活动的主要外部表现之一的交通必然成为各种土地利用模式形成的基础。芝加哥学派主要代表人物包括伯吉斯、霍伊特、哈里斯和厄尔曼等。

伯吉斯的同心圆模式认为，同心圆用地模式的形成是由于不同土地利用对交通条件的不同要求，产生从中心区开始、由内向外的用地类型变化。可见，交通条件是同心圆形成的基础。

霍伊特的扇形模式是在同心圆模式的经济地租基础上，着重考虑交通的易达性对土地使用性质的影响。

哈里斯和厄尔曼的多核心模式认为，城市中除CBD外，还有其他次要的中心生长点，次中心的形成由交通位置的优越性决定。可见，交通是土地利用模式的决定性因素（图1-3）[12]。

1.2.2 城市交通与土地利用的协调关系

1. 土地利用对城市交通的影响

将土地利用作为研究对象，分析城市交通发展如何被其影响。土地利用对城市交通的影响主要表现在以下三个方面：

（1）对交通方式选择的影响

城市土地利用模式主要分低密度分散式和高密度集中式两种[13]。在低密

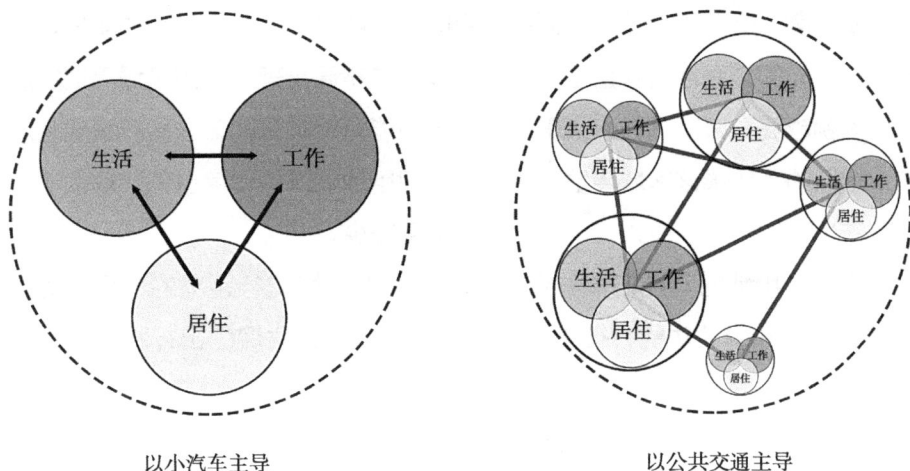

以小汽车主导　　　　　　　　　　　以公共交通主导

图1-4　土地利用对交通方式选择的影响
（来源：笔者自绘）

度分散式下，城市土地性质单一、开发密度低、城市布局分散，往往形成多个土地性质单一的中心。由于这样的城市交通流分散、难以组织公共交通，所以以小汽车为代表的个体交通，因其快速、舒适、自由度大等特性，成为主要的交通方式。而在高密度集中式下，城市土地性质综合、多元化，土地利用强度高，一般都拥有一个或多个综合中心，由于这种土地利用将会导致大量、集中的交通需求，并与高运载能力的交通方式相契合，所以很大程度上会形成并促进以公共交通为主的交通方式选择（图1-4）。

同时城市用地的功能布局也会影响交通方式的选择。例如将联系度较高的用地功能紧凑布局（如居住和工作、商业功能等），会促进短距离的出行方式（如步行、自行车、常规公交等）。相反，联系度较高的用地若功能分散布局、距离过远，人们会选择中长距的出行方式。如果没有对应的公共交通支撑，可能会引发小汽车的急速增长，从而导致不经济的城市交通结构。

（2）对出行量和出行距离的影响

人群基数限制着出行量的大小，而土地规模和开发强度分别反映的是用地的大小和人群基数在单位用地上的投影，所以土地规模和开发强度直接影响着交通出行量。容积率作为衡量土地开发强度的一个常用指标，其与土地大小的乘积值越大，则表明单位空间上产生的出行量也越大。在城市中心和郊区的对比中我们很容易就会发现这样的规律。

同时，由于用地功能的混合程度很大程度上反映着一个地区生活的丰富性与便利度，进而影响着对人群的吸引能力。所以，当一个区域的用地功能越多、功能的关联性越强且土地的开发强度和布局合理，则该区域用地的混合程度就越高，该区域吸引大量居民聚集的能力就越好，随之出行量也会增加。相反的，如果该区域用地功能单一，即用地的混合程度越低，那么该区域就缺少对居民的吸引力，随之出行量也会减少。

另外，用地的功能布局是否合理，决定着居民出行距离的长短。例如相关性很高的用地功能，在布局中离得很远，那么居民的出行距离也随之增加。

（3）对交通流时空分布的影响

不同用地功能引发的出行量和出行规律是有所不同的，这种不同会影响城市交通出行的时空分布。例如，购物广场在周末引发大量的出行，而工作日对出行量的吸引会很小；交通枢纽会在上下班时间和一些重大活动的始末引发大量的出行；学校会在上下学时间拥有大量的人流集散，而在周末或寒暑假则基本没有人流量；仓储用地通常发生的是货运流而不会吸引居民出行。总而言之，居民的出行量大小以及出行规律会由于用地功能的不同而产生不同的影响。这种影响不仅会形成城市交通流的分布，同时也成为交通设施的配给和布局的依据。

2. 城市交通对土地利用的引导

（1）对土地利用模式的引导

不同的交通方式有不同的特点，所引导的土地利用模式也有所不同。

在以小汽车出行为主、公共交通为辅的交通结构的城市中，小汽车得到优先发展，并且为了满足小汽车的使用，大规模的城市道路快速建设。同时由于小汽车自由、快速、舒适的特点和城市土地的昂贵，城市的一些功能开始远离城市，随之带来的是城市用地之间的空间分离和土地利用模式从高密度集中模式发展为低密度分散模式。更糟糕的是，随着城市功能不断地向城市边缘扩展，那些促使这种趋势发展的道路开始变得拥挤不堪。为解决这种情况，政府不得不新建道路或拓宽原有道路，促使土地利用模式低密度分散化发展。土地利用陷入了一种恶性循环[15]。

而在以大运量轨道交通为主，常规公交和其他交通方式为辅的城市中，轨道交通的发展不仅可以疏解城市中心人口，使人口在空间上得到重新优化分配，而且使轨道交通站点周边土地得到升值与紧凑高密度的开发，形成城市新的增长点，从而引领城市向多中心高密度集中式的土地利用模式发展。

（2）对土地价值和规模的引导

城市交通发展可以提高城市用地的相对可达性。在其他条件相同时，两块用地中相对可达性较高者能吸引更多的土地使用者，使用者的增加会导致对土地需求的扩大，最终会导致土地价值的提高。反过来，土地升值后，为获得更高的经济效益，城市交通会得到进一步的发展。如此循环往复，土地价值不断增加。同时可达性和使用者的增加会促进交通设施周边的土地开发，带动土地利用规模的扩大。

而当交通的发展滞后于土地利用规模发展的时候，就会发生局部拥堵现象，拥堵的产生会导致可达性的降低，从而对土地价值和土地利用规模产生限制。如西方国家从20世纪50年代到90年代，由于城市环境污染、交通拥挤等问题，出现了所谓"逆城市化、城市空心化"的现象。

（3）对用地功能布局的引导

从上文的分析中我们可以知道交通相对可达性影响着土地的价值，随着可达性逐渐减小，土地价值呈下降趋势。同时根据阿兰索的"竞租理论"我们可以得知不同的用地功能支付地租的能力是不同的，每种用地功能都会根据自身条件选择不同可达性的位置。例如商业用地对可达性要求较高，一般分布在离交通设施最近的位置，甚至和交通设施结合布置。而工业用地对可达性的要求相对较低，并且由于地价、租金等因素的影响，一般分布在交通可达性略差的外围地区，居住用地则分布在商业和工业用地的中间。

（4）对土地开发强度的引导

城市交通对土地开发强度起主导作用，交通的可达性和交通方式会促进人群的聚集和提高可达性强区域的土地价值。为了追求利益最大化，土地开发者会尽可能增加土地的开发强度，使之可以容纳更多的人。同时交通对土地开发强度的影响也符合距离衰减规律，即开发强度随着可达性的减弱而降低[14]。

当交通所能承受的范围不能满足开发强度增长所引起的交通量时，也会导致用地的可达性降低，从而限制土地价值的增长和土地开发的强度。

1.2.3 城市交通与土地利用一体化规划发展

城市的良性发展必须是以可持续性发展理念为出发点与归宿。城市交通与土地利用是支撑城市发展的两个互馈系统，它们的一体化发展是建立城市可持续交通的关键。只有城市交通与土地利用在不同层次上取得密切配合与协调，才能达到未来城市土地利用与交通系统的相互协调，从而促进城市的良性发展。

1. 契合可持续土地利用的交通供给

对于可持续的土地利用模式并没有一个准确的定义，但是可持续的土地利用模式一般具有以下几个共性：环境友好、用地紧凑集约、用地功能混合、功能布局合理和公交引导等。为了契合可持续发展的土地利用模式，在交通的供给上首先要确定的是"公交优先"原则，限制小汽车的使用。公共交通的使用尤其是大运量轨道交通的使用，会带来人群的聚集和在空间上的重新分配，使土地在聚集点周围高密度集聚发展，形成用地的紧凑集约，并且会减少土地的无序发展给生态环境造成的破坏。同时需要对交通结构进行优化，带来不同交通方式的合理配置，减少出行方式的不确定性，促进土地功能布局的优化布局。

2. 契合可持续交通结构的用地开发

不同规模的城市对不同交通方式的需求有所不同，同时受到城市自身的地理、经济条件和国家政策、经济环境等因素的影响，每个城市都应该有不同的可持续交通结构，但是可持续的交通结构一般都有以下共性：公共交通为主，多种混合交通为辅；运输效率高，环境友好；有利于城市资源的合理分配和城市环境质量的提高。而可持续的交通结构只有通过与实际土地开发的结合才能直接作用于城市的发展，所以它们的契合度是十分关键的。例如，在以轨道交通为主干的城市中，大多数新中心都应该以地铁站为中心集约紧凑开发，同时在新中心内布置混合的用地功能，并且合理布置各功能之间的位置关系，促进常规公交、步行、小汽车等交通方式的合理配置，形成一个不同交通方式合理配置、协同高效和快速运行的可持续交通结构。

1.3 以公交为导向的城市发展

1.3.1 公共交通导向的发展

1. 概念提出背景

（1）城市无序蔓延

公共交通导向的发展即"TOD"（Transit-Oriented Development）最早起源于美国，"二战"后美国汽车工业的崛起带动了私人小汽车的迅速发展，到20世纪60年代小汽车已经成为美国居民的主要出行方式。由于私人汽车的普及和公路的不断修建，加上城区人口密集、交通拥堵、地价昂贵、环境污染等问题的出现，人们为了追求更好的居住环境开始逃离城市，促使城市向郊区蔓延，导致了城市空心化和城市中心的衰退。同时伴随的是大量小汽车通勤的出现，使城市更加拥堵，进一步促进了城市的无序蔓延，形成了一种恶性循环。随着情况的日益严重，美国基于对郊区化的深刻反思，开始寻找一种解决方法，为"TOD"理论的提出做出了铺垫。

（2）公共交通复兴

在20世纪早期，美国也曾有过短暂的城市公共交通发展期。纽约、芝加哥等大城市纷纷建设地铁、轻轨、有轨电车等公共交通设施。但随着私人小汽车的普及和城市郊区化的发展，公共交通出行比例逐渐下降，部分公共交通线路在被石油和汽车公司收购后取消[15]。而在20世纪70年代后，美国掀起了城市复兴运动，为了解决城市的拥堵和环境问题，美国的一些地区（如华盛顿、旧金山、波特兰等）又开始大规模建设和改善公共交通，如在波特兰，政府在市区提供免费的公交巴士，来鼓励居民采用公共交通的出行方式。由此，美国的公共交通在大城市中心区开始复兴并逐渐向郊区发展。城市公共交通的复兴，特别是大运量轨道交通建设的兴起，为"TOD"理论的提出提供了重要的支撑条件。

2. 概念的延伸与发展

最早的"TOD"概念出现在20世纪80年代末，是一种有别于小汽车主导的城市发展模式。之后，分别有几种概念表达过"TOD"的含义，例如"公

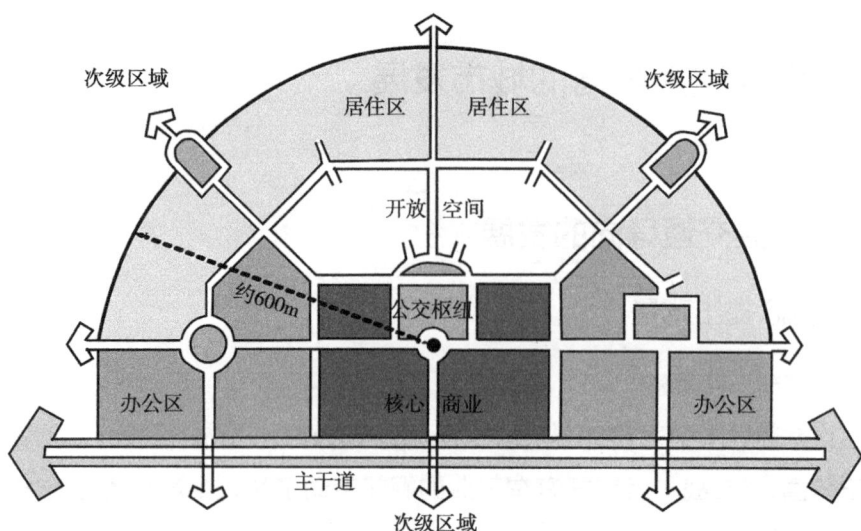

图1-5　典型"TOD"社区
（来源：笔者自绘）

交社区（Transit Village）"、以公共交通为支撑的发展（Transit- Supportive Development）以及公交友好的设计（Transit- Friendly Design），而"TOD"是使用最为广泛的术语，也能准确表达现代化公共交通系统支持下的城市土地开发模式的内在含义[16]46。对于"TOD"的概念有过多种定义，比较典型的有以下几种：

加州大学建筑和规划教授彼得·卡尔索普（Peter Calthorpe）在1993年出版的《The American Metropolis-Ecology, Community, and the American Dream》中首次对"TOD"进行了定义并制定了一整套详尽而又具体的准则。他认为"TOD"是一种土地混合使用的社区，社区边界距离中心的公交站点和商业设施大约0.25英里，适合步行交通，社区的设计、布局强调在创造良好的步行环境的同时在客观上起到鼓励公共交通出行的作用。同时一个典型的"TOD"社区由公交站点、核心商业区、办公区、开敞空间、居住区以及次级区域组成（图1-5）[17]138。

（1）核心商业区

核心商业区指紧邻站点的多用途商业区，可以使公交站点成为一个多种功能的目的地，从而增强它的吸引力，促进公共交通的使用。中心商业区的位置和规模应当按实际需求来决定，同时鼓励商住混合，使商业区成为"全天候"（Round-the- Clock）的公共中心，避免传统城市中心夜晚缺乏人气的现象再度出现。利用公共绿地与广场强化公交站点与商业区的核心地位，并保证自行车与人行通道与之便捷地联系[16]47。

（2）办公区与居住区

为了减少居住与就业分离带来的大量通勤交通，"TOD"强调职住平衡，同时办公区紧邻公交站点布置，鼓励人们更多地依靠公共自行车交通解决短距离的工作出行，保证公共交通系统的使用效率[16]47。

（3）开敞空间

"TOD"内部的各项功能应围绕着相应的开敞空间展开，为人们提供良好的交往空间，这种开敞空间包括公园、广场、绿地及担当此项功能的公共建筑，且必须保证人们能不受干扰的使用[16]48。

（4）次级区域

次级区域指不适于在"TOD"内部发展但也是需要的用地类型，密度相对较低，紧邻"TOD"，同时更适合于不愿意放弃以小汽车作为主要出行方式的人们。如果公交站点一侧由主要的干道阻隔，那么发展"次级区域"也是必要的，这种情况下，必须注意公共设施不宜在"次级区域"内设立[16]48。

加利福尼亚交通局在总结了美国和加拿大"TOD"的发展之后，对"TOD"做出了如下的定义：基于公共交通的城市发展是位于主要公共交通站点周围适合于步行的范围之内中等密度到高密度的城市开发，通常将居住、就业和商业服务设施混合布置，采用适合于行人的规划标准，但是也并不排除小汽车[16]47。

在联邦政府层面，"TOD"社区在设计和开发模式上应该具有以下特点，有利于利用公共交通、自行车、步行等方式到达商业中心、就业中心和完成某种服务。应当利用"TOD"开发模式和紧密服务于社区的公共交通来对抗导致长距离出行、交通拥挤、不利于步行和环境恶化的城市蔓延[16]47。

以上概念虽然有一些差异但是分析后我们可以发现一些共性，即"TOD"应该具有紧凑的用地模式、混合的用地功能、合理的功能布局、高效的交通结构、公共交通为核心以及良好的人居环境。

1.3.2　以公交为导向的理念对城市发展的影响

"TOD"的理念对城市发展具有很深的影响，结合上文对城市交通与城市空间、土地之间的关系我们可以将这些影响分为以下三个方面。

1. 促成精明的城市空间

因为公共交通具有方便、廉价、运量大的特点，所以人群会向公共交通设施附近聚集，从而引发城市人群在空间上的重新分布。在一些重要的公交站点会因为可达性强和人群的大量聚集形成城市新的中心，一般交通站点会形成次一级的增长中心，最后形成精明的多中心网络城市结构。同时也可以疏散城市旧中心的过剩人口，还有利于城市公共资源的合理分配。

人与自然的和谐统一是精明城市空间的前提。以大运量快速交通为核心的TOD发展模式（尤其是以轨道交通为核心），会引导城市空间沿交通线延伸，形成放射形精明的城市空间形态，避免城市空间呈现同心环状的均质化发展。不仅可以促进自然与城市的有机结合，还可以提升城市环境，增加城市的竞争力。同时在TOD区域内，以人为本的设计理念会促进建筑、街区、道路和公共空间的人性化塑造。

2. 促成精明的用地开发

精明的用地开发主要具有三个特性：集约的用地模式；混合、协调的用地功能；适当的用地规模与开发强度。首先集约的用地模式，并不是限制城市的发展，而是限制单个中心的用地规模和用地形态[17]217。在TOD发展模式下，土地开发是围绕公共交通站点进行开发的，表现出强烈的集聚性与规律性，形成多中心高密度集中式的集约型用地模式。同时由于可达性的提高，带动人群的聚集和地价的上涨，从而吸引不同功能的土地开发，并根据竞价理论和不同用地功能之间的关联度进行布局，最终形成混合、协调的用地功能。

3. 促成精明的交通体系

TOD发展模式的本身即是精明交通体系的一部分，TOD模式的运用就是促进精明的交通体系。而在TOD的发展模式下，公共交通的使用会进一步促进精明交通体系的重点——多层次交通体系的形成，即以轨道交通和大运量快速公交为主体，承担城市各中心间的中长距出行；常规公交承担中心内的短距出行；提倡以步行、自行车为代表的绿色出行。

同时多层次交通体系的形成会促进公共财政投资方向的转变，减少对道路建设投资的比例，将更多的资金用于建设公共交通设施和优化步行、自行车的出行空间。公交设施的建设和出行空间的优化会使更多人选择公共交通、步行、自行车的出行方式，进一步促进了精明交通体系的形成。

1.3.3　以公交为导向的城市发展原则及策略

1. 以公交为导向的城市发展原则

基于当今世界TOD发展成功案例的经验以及结合TOD理论的研究发展，本书提出了5项以公交为导向的城市发展原则。不同的城市可能在发展过程中有所侧重，但是这5项原则是作为一个完整的体系而发挥作用的。

（1）围绕高质量的公共交通站点进行土地开发

高质量的公共交通不仅仅是指速度快、运量高、技术先进的交通工具，其最重要的特质是通过合理的组织和线路布置以及优质的服务，使居民可以快速、便捷、舒适的出行。在这些高质量公共交通的站点，会由于其自身的优势吸引大量的人群聚集，而围绕这些站点进行土地的开发和公共设施的布置不仅会取得更大的经济效益，而且有利于形成紧凑集约的用地模式和多中心的城市空间结构，以及公共资源的合理分配。

（2）根据公共交通容量确定开发强度

虽然高密度是紧凑集约的用地模式的关键，但是公共交通的容量却限制着交通站点附近的土地开发强度。开发强度越大则代表着一定范围内设计容纳的人群数越多，一旦引发人群的使用量超出了公共交通的容量限制，则会因使用人群过多造成城市拥堵，从而影响空间的使用品质。同时由于不同交通方式的容量有所不同，所以要根据不同的公共交通方式的容量合理确定站点周边的土地开发强度。

（3）建设尺度宜人、功能混合的街区

在TOD的发展模式中，交通站点周围的空间应该是活泼的、尺度宜人的，可以很好地吸引人们以步行或自行车的交通方式出行。所以交通站点周边空间的建设范围应该是基于以上两种出行方式的出行距离而考虑的（一般站点400m半径，区域级站点1km半径内）[18][29]。同时用地功能的混合和多样性，即设置包含日常功能需求以及就业场所和居住场所的混合街区，在一个尺度宜人的范围内，可以减少机动车的使用，增加出行者采用步行或自行车的交通出行方式。

（4）提高道路网的密度，优化交通流

宽大马路有利于组织和优化高效交通流是一种常见的误解。实际上，宽马路带来的小汽车的不断增长和超大街区的形成，不但没有使交通得以顺

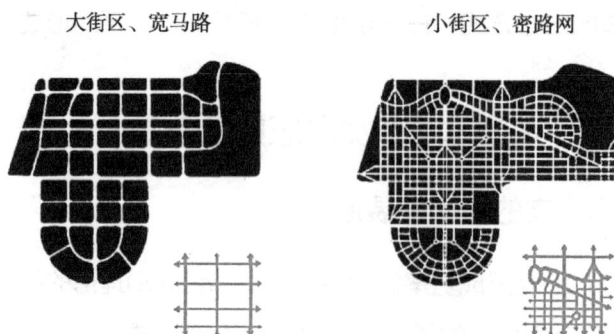

图1-6 "大街区、宽马路"与"小街区、密路网"的对比
（来源：杨保军. TOD在中国[M]. 北京：中国建筑工业出版社，2013：29-37.）

畅，还加剧了交通拥堵状况。有关研究表明，细而密的路网不但有利于优化交通流，还为步行提供了更直接的线路选择，且提高了步行过街的安全性。道路设计应该是以人的机动性为本，而不是以车的机动性为本。窄小的单向街道包含步行、自行车设施，由于缩短了交叉口信号灯延误，可以大大缓解交通拥堵并减少汽油的消耗（图1-6）[18]32。

（5）舒适、方便的步行系统和自行车系统

为了促进居民选择步行和自行车的出行方式，一个良好的步行环境和骑行环境是十分重要的。长时间以来，步行和自行车的出行方式在城市交通的发展中只是充当一个"配角"，但其作为TOD发展模式中一个重要的组成部分，远不止只是做一些原则性和目标性的讨论。我们不仅需要从宏观上考虑它们的发展战略，也要从中观上设计步行交通路线和自行车的骑行网络，还要从微观上对步行空间和自行车设施进行设计与优化。只有将三个层次进行综合，才能创造一个舒适、方便的步行系统和自行车系统。

（6）大运量快速公共交通构建的交通廊道

大运量快速公共交通包括地铁、轻轨、BRT，是形成TOD模式的一个"骨架"和核心要素，也是城市发展的交通廊道。它连接各个围绕交通站点所形成的城市中心，在满足居民中长距离出行需求的同时，促进城市中心等级的划分，并且避免了城市外部空间形态的均质化发展和小汽车的使用，促进城市与自然环境的相互融合。

2. 以公交为导向的城市构建策略

（1）大力发展公共交通

公共交通是TOD模式的基础。要在政策的支持和配合下，加大对公共交通的资金投入，因地制宜、因时制宜、相时而动地建设以大运量快速交通为骨干，多种交通方式相辅的公共交通网络。在优化各交通方式之间的衔接，促进交通效率的增长，避免交通资源浪费的同时，需要积极发展低能耗、环保、舒适的新型公共交通工具，加强城市交通信息化、科技化的建设。

（2）倡导"公交优先"原则

将"公交优先"作为城市交通发展的主导原则。高质量的公共交通服务，是城市交通发展的重要基础，在政策、管理制度和发展顺序上必须给予公交优先权，保障公交可以快捷、便利、舒适的运行，满足城市居民的生产生活要求。

（3）土地利用与交通规划的整合

土地的开发需要围绕交通站点进行，同时也要依据交通容量确定土地的开发强度，塑造交通导向下的土地开发，避免土地资源的浪费和城市公共资源的不合理分配。

（4）改善路网体系，增大路网密度

"小街区、密路网"是国家近期所倡导的一种路网体系。加大路网密度，提高城市支路的密度，不仅加强了城市的连通性，同时增加人性的街道空间，促进人们步行出行。并且在城市支路的"安宁政策"的实施会减少对小汽车的使用。

（5）优化步行交通环境和自行车骑行环境

在城市建设中应注重步行景观的塑造，塑造人车友好的步行交通环境，强化步行空间的连续性以及步行道与交通站点的连接，为步行者提供可达性高、空气污染小、环境优美、人车和谐共处、吸引力强、舒适安全的步行环境。

同时应注重自行车骑行空间的连续性、骑行线路的网络化，加强对自行车道、配套设施、导向系统的优化与建设，为骑行者创造优美、舒适、便捷、安全的骑行空间。

（6）政策与管理制度的支撑

我国国情决定了TOD模式的城市开发需要政策支持，仅依靠市场是完全不够的。在实施TOD模式的过程中，政府为了确保其顺利的实施，使城市按照目标模式进行开发，往往也需要更多的制度、法律来保障。

参考文献

[1] 王春才，赵坚. 城市交通与城市空间演化相互作用机制研究[J]. 城市问题，2007（06）：15-19.

[2] 崔叙，赵万民. 西南山地城市交通特征与规划适应对策研究[J]. 规划师，2010，26（02）：79-83.

[3] 瑟夫洛. 公交都市[M]. 北京：中国建筑工业出版社，2007：284.

[4] 黎洋佟. 契合城市发展走廊的轨道线路功能带构建策略——以厦门市轨道交通1号线为例[J]. 规划师，2017，（11）：79-84.

[5] 黄亚平. 城市空间理论与空间分析[M]. 南京：东南大学出版社，2002：281-284.

[6] Goran Vuk. Transport Impacts of the Copenhagen Metro. Journal of Transport Geography，2005（13）：223-233.

[7] 阎小培，等. 高密度开发城市的交通系统与土地利用：以广州为例[M]. 北京：科学出版社，2006：31-50.

[8] 边经卫. 大城市空间发展交通规划研究[J]. 规划师，2005（08）：5-9.

[9] 高咏玲. 城市轨道交通建设时机理论与方法研究[D]. 北京交通大学，2008.

[10] 杨励雅，邵春福，刘智丽，等. 城市交通与土地利用互动机理研究[J]. 城市交通，2006，（4）：21-25.

[11] 周素红，阎小培. 城市交通与土地利用关系研究的进展[J]. 规划师，2005，（3）：58-62.

[12] 徐永健，阎小培. 西方国家城市交通系统与土地利用关系研究[J]. 城市规划，1999.

[13] 苏珊E·布罗迪. 土地使用与城市交通规划[J]. 国外城市规划，1996，（2）：2-10.

[14] 赵童. 国外城市土地使用——交通系统一体化模型[J]. 经济地理，2000，20（6）：79-83.

[15] 王有为. 适于中国城市的TOD规划理论研究[J]. 城市交通，2016，（6）：40-48.

[16] 马强. 近年来北美关于"TOD"的研究进展[J]. 国外城市规划，2003（05）：45-50.

[17] 马强. 走向"精明增长"：从小汽车城市到公共交通城市——国外城市空间增长理念的转变及对我国城市规划与发展的启示[D]. 同济大学，2004.

[18] 杨保军. TOD在中国[M]. 北京：中国建筑工业出版社，2013：29-37.

第二章
轨道城市的构建

轨道交通依托其大运量、便捷、舒适、高效和节能等优势在方便居民出行、缓解城市交通拥堵和减少环境污染方面作用显著，同时还能引导城市结构转型以及优化城市用地功能布局，因此，许多大城市将轨道交通的建设视为治疗城市病的一剂良药而争相规划建设。根据城市轨道交通协会统计，截至2018年末，中国内地35个城市开通城市轨道交通并投入运营，开通城市轨道交通线路187条，运营线路长度达5766.6km[1]。

　　尽管轨道交通建设的热度持续走高，但是带来的结果并不像我们预期的那样美好，城市的无序蔓延、交通拥堵、潮汐交通和轨道线路运营效益低下等一系列阻碍城市可持续发展的问题依然存在。

　　本章从可持续的城市空间和用地发展的角度，对"轨道城市"的内涵进行解读。通过对国外先进"轨道城市"案例经验的借鉴分析，对"轨道城市"的形成与发展进行研究，以期为建设轨道交通的城市提供借鉴，发挥轨道交通对城市发展的最大效用。

2.1 轨道城市的内涵

　　"轨道城市"是一种以轨道交通为导向的城市发展模式，强调轨道交通与城市空间和用地发展之间的互动协调关系，是对"以轨道交通引领城市发展""建轨道即是建城市"等可持续城市发展理念的精炼总结。"轨道城市"主要是指以轨道交通网络为骨架，在轨道枢纽周边培育发展城市主次中心，同时以轨道线路引导城市功能组团合理布局，带动轨道站点周边紧凑集约的开发建设，最大限度的服务于居民出行，且轨道站点周边的居民能自发选择轨道交通出行的城市区域。成功的"轨道城市"一定是轨道交通与城市空间和用地发展之间相互促进、相互协调的结果。因此，"轨道城市"的核心内涵应包括以下三个方面内容。

2.1.1　与轨道交通相契合的城市空间结构

　　城市空间结构是指城市要素在空间范围内的分布和联结状态，是城市经济结构、社会结构和政治结构在空间上的投影。交通方式的选择对城市空间结构有很大的影响，轨道交通凭借其快速、大运量的优势，以及与城市空间扩展条件相一致的特点，克服了其他交通工具无法有效引导城市空间持续发展的瓶颈，能够有效引导城市周边新的增长点形成。

　　不同的轨道线网模式对城市空间结构有不同的影响。世界上每个城市的轨道线网模式各有特点，在对轨道线网模式进行选择时，除了考虑轨道线网的覆盖率，还要综合考虑自然条件、地理环境等环境因素以及用地布局、交通状况、城市发展阶段等因素的影响，这些影响因素的不同造成了城市轨道交通线网模式的多样性。典型的轨道线网模式主要是棋盘型、无环放射型以及有环放射型三种（图2-1）。以下重点对棋盘型线网、无环放射型线网以及有环放射型线网对城市空间结构的影响进行阐述。

"棋盘型"线网	"无环放射型"线网	"有环放射型"线网

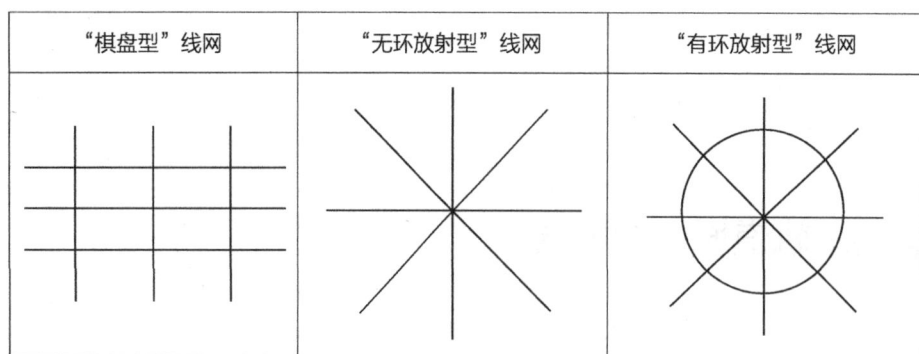

图2-1　三种典型轨道交通线网模式
（来源：笔者自绘）

1. 棋盘式线网引导城市均匀扩散

由于网格式线网是由纵向和横向的平行线交织而成的，所以它能够在两个主要方向上形成很大的客流输送能力，从而引导城市沿着这两个方向均匀地向周边发展。在同样的线网规模下，网格式线网所覆盖的区域范围比无环放射式及有环放射式的小，运输效率也较低。在线网的覆盖范围内，网格式线网分布比较均匀，各地块上的可达性差异不大，不会造成城市土地利用密度的较大差异，因而，它引导的城市居民分布比较均匀，由此产生的城市结构趋于均匀分布，不容易形成明显的市中心。由于不存在明显的市中心，城市居民可以分布得均匀而松散一些，居住环境会好一些，交通压力相对较小，但也会导致城市用地的效率降低。这种线网结构适合人口分布比较均匀、没有明显的市中心或不希望形成强大的市中心的城市。世界上采用这种轨道线网模式的城市有大阪、墨西哥、纽约以及北京等[2]。

2. 无环放射型线网引导城市单中心轴向拓展

无环放射型轨道线网通过将外围区域与城市中心区便捷的联系在一起，大大加强和扩大了城市中心区的吸引力和辐射范围，有利于中心区人口向外围疏解，形成由中心区指向郊区的多条高强度带状发展走廊，在空间上呈现指状或者带状发展的态势，比较典型的有哥本哈根、日内瓦、汉堡等城市。以哥本哈根为例，五条城市发展走廊呈五指状分布，分别指向南面的考姬、西南面的洛斯基尔德、西面的腓特烈松、西北面的希勒勒和公园区，以及北面的海滨城镇赫尔辛基，走廊间由限制开发的绿地隔开。哥本哈根新市镇均沿着区域的五条"手指"分布，使得轨道交通成为引领都市区功能组织的重

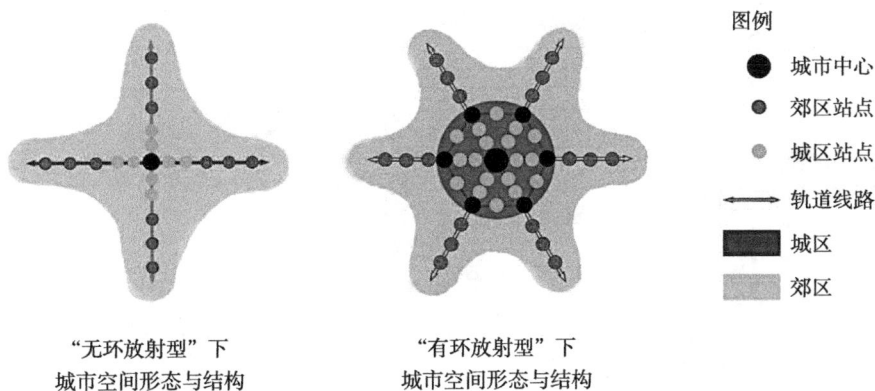

"无环放射型"下
城市空间形态与结构

"有环放射型"下
城市空间形态与结构

图2-2　两种轨道线网模式下的城市空间形态结构
（来源：笔者自绘）

要纽带。

　　但是，这种轨道线网模式下不可避免地会形成强大的市中心，吸引城市功能和人口向城市中心区高度集聚，且城市新区与市郊、新区与新区之间缺乏直接的轨道交通联系。无环放射式轨道交通网适用于中小规模的单中心城市（图2-2）。

3. 有环放射型线网引导城市多中心结构发展

　　采用有环放射式轨道交通线网的城市，在沿着放射轨道线路走廊式发展的基础上向多中心结构转变。在放射轨道线网的作用下城市会形成强大的中心区，而在环线与放射线交汇或者重要的交通枢纽处会形成新的增长点，吸引从中心区疏解的功能在此重新集聚，促进城市副中心的形成以及中心区功能的优化，使得城市从单中心结构向多中心结构转变（图2-2）。多中心结构能够遏制城市圈层式发展可能产生的用地无序蔓延，同时发挥各层级土地的区位优势，提高土地利用效率。这种类型的城市有很多，例如莫斯科、东京、新加坡等。

　　以莫斯科为例，莫斯科的轨道交通网是典型的环形放射式结构（图2-3），由在中心区两两相交的放射线和内、外环线组成。首先，放射线为城市功能向外围地区疏解提供了快速交通支撑，加快了近郊组团及卫星城镇的发展，减轻了中心城区在用地、就业和交通等方面的压力，使城市结构更趋合理化。其次，分布在市中心区附近的轨道交通内环线可有效截流到市中心换乘的客流，从而大大缓解了中心区的交通拥挤状况；同时由于该环线内部地区被高密度的站点网络所覆盖，有着优越的交通环境，更加刺激了中心

内环线

外环线

放射线

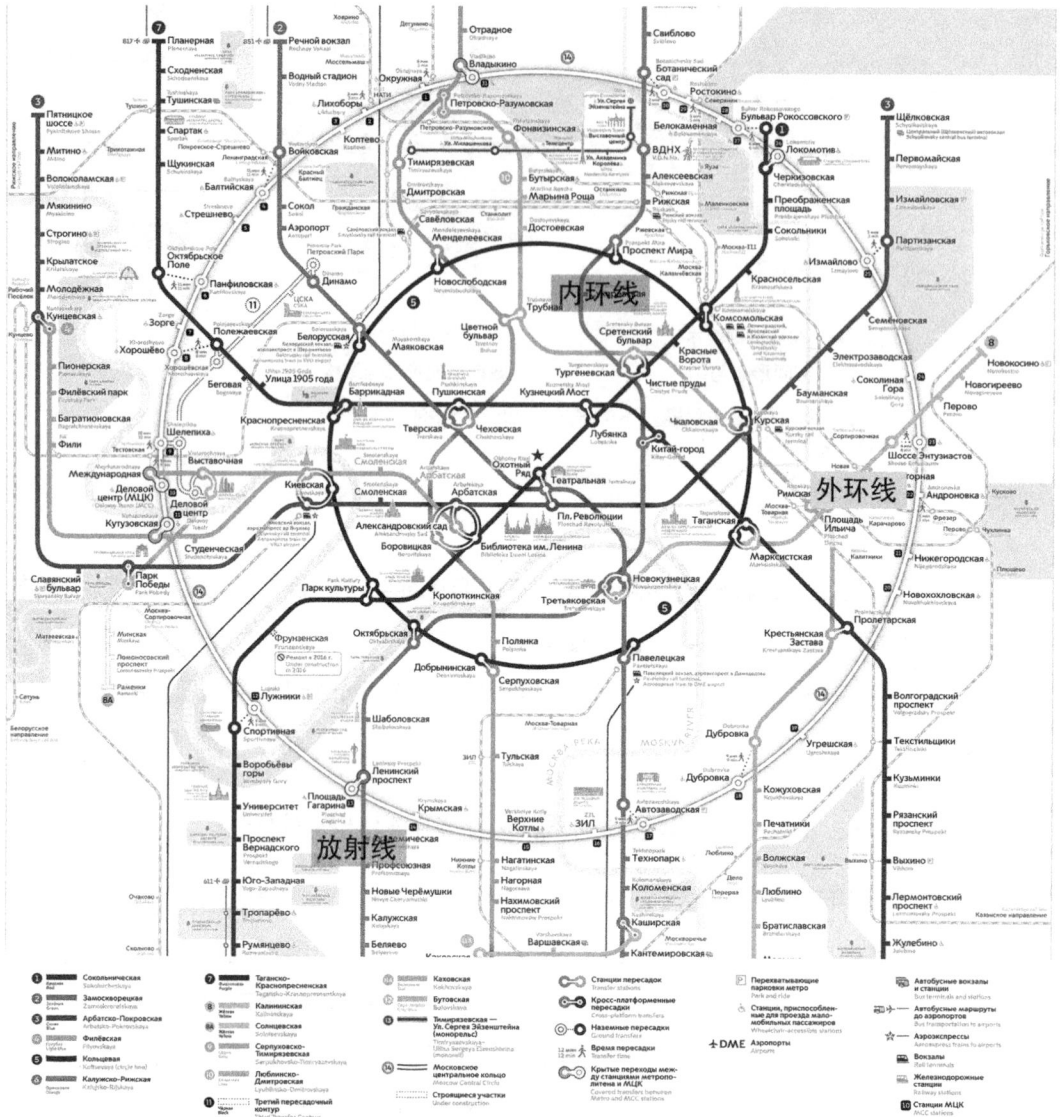

图2-3 莫斯科城市轨道交通线网图
（来源：维基百科）

区的高强度开发。最后，分布在城市边缘组团的轨道交通外环线显著加强了
市郊地区的可达性，特别在外环线和放射线交汇的地区，吸引了大量的城市
活动，区域性商场、饭店、医院、企业总部等集中于此，引导和加快了城市
副中心的形成[3]68。

2.1.2 与轨道交通相适应的用地功能组织

轨道系统从线网、线路、站点三个层次对应城市、走廊、片区不同尺度的用地布局和功能组织，分别发挥出不同形式的作用。因此，以轨道线网与城市主导功能区布局、轨道线路与沿线用地功能组织，以及轨道站点与站点影响区用地布局优化三个层次为重点进行论述。

1. 以轨道线网为导向的城市主导功能区布局

轨道交通作为一种大运量的快速交通运输工具，大大改善了城市中心区的交通条件，为人们快速、准时、便捷地出入市中心提供了交通手段，更为中心区带来了大量的客流，促进了商业、办公等功能的发展，优化了城市中心区的用地功能布局。轨道交通为中心区与郊区、新城之间提供了直接的交通联系，将过度集聚的人口以及产业向外围疏散，进而推动城市次中心的形成和郊区新城的建设，推进城市空间结构从单中心向多中心转变，遏制城市"摊大饼"式无序蔓延发展。

轨道交通引导的多中心发展模式，使得城市空间整体上呈现"分散化集中"的格局，每个圈层的土地区位优势都能够得到充分发挥，从而在整体上提高了城市土地资源的利用效率，以轨道交通为导向的城市主导功能区布局得到了优化。

2. 以轨道线路为引导的沿线用地功能组织

城市轨道交通通过廊道效应对沿线的城市土地利用产生影响，轨道交通的廊道效应主要体现在对不同性质的用地会产生吸引或者排斥作用。轨道给沿线的土地带来更高的人流量和土地价值，因此，对居住、商业、办公等用地功能产生更大的吸引，对工业用地有较强的排斥作用，对公建用地没有明显的吸引或排斥作用。对公建产生一定的分异效应，逐渐向外围发展，其总体空间分布规律符合距离衰减规律[4]。一系列的吸引和排斥作用使得轨道沿线的用地功能得到了优化，同时提升了轨道沿线用地的开发强度和密度，加剧了城市用地的空间分异。

沿轨道线路的城市用地功能具有空间分异规律，如商业、办公等产生经济效益高的功能会随着时间的推移越来越靠近交通沿线，居住等产生经济效益中等的功能则逐渐位于交通廊道腹地中间部位，工业等功能则逐渐向较远距离发展。

此外，假设轨道线路承担的城市总人口均匀分布，一条轨道沿线通常有50万左右的人口，相当于一个中等城市规模。如果轨道沿线的用地功能过于单一，必然导致轨道沿线客流分布不均匀，出现潮汐客流及换乘交通量增大，给轨道沿线居民的生活和工作带来不便。

3. 以轨道站点为导向的站点影响区用地布局优化

轨道交通带来的用地类型的改变，主要集中在以轨道站点为圆心、交通合理区为半径所组成的紧凑环形区域内。

不同区位等级站点用地具有一定的用地功能倾向。以香港地区典型站点为例（表2-1），位于城市级中心的站点，站点影响区内有高密度商业办公中心，少量高密度居住，以及区域公共文化设施；位于片区级中心的站点，站点影响区内有中高密度居住、商业办公，以及地区公共文化功能设施；一般地区的站点主要服务于附近的居住区、产业区，有少量以片区需求为主的零售服务。

香港地区不同区位典型轨道站点用地功能　　　　　　　　　表2-1

区位等级	站点名称	站点用地功能
城市级中心	尖沙咀、金钟、中环	商服为主
片区级中心	天水围、将军澳、荃湾、沙田	商服、公共
一般地区	杏花邨、宝琳	居住、产业

（来源：笔者自绘）

2.1.3　以轨道交通为导向的城市土地利用

轨道交通与城市土地利用二者之间存在着互动关系，相互影响、相互促进。城市土地利用活动是产生交通需求的基本条件，并且能够生成轨道交通的客流，保障轨道交通的运行效率。同时，轨道交通对用地可达性的提升，必将对沿线土地利用产生巨大的影响，城市土地开发强度、土地利用类型以及土地价值也必将随着轨道交通的建设发生改变。城市大容量快速轨道交通的建设将产生有效的城市轴向拉动力，从而促进土地利用结构的不断优化。

1. 轨道交通与土地开发强度

土地开发强度与交通方式选择密切相关。澳大利亚学者对世界上32个主要城市进行调查后发现，当土地使用密度低于40人·hm^{-2}时，依赖小汽车出行的可能性很大，当达到60~100人·hm^{-2}时，公共交通使用机会将大大增加。对旧金山所做的研究报告认为，土地开发强度每增加10%，总行车里程估计降低7%~8%。当居住密度为每英亩7个居住单位时，公共交通乘坐率会有所增加，当居住密度超过每英亩60个居住单位时，公共交通的乘坐率会明显增加[5]3。容积率0.5~2.0是选择交通方式的一个门槛，容积率小于0.5时，依赖小汽车出行；容积率为0.5~2.0时，一般选择公共汽车出行；容积率大于2.0时，选择轨道交通出行更有效率[6]。轨道交通能极大地改善车站周边的可达性，使其得到高密度发展。借鉴国际经验，在轨道交通车站周边200m范围内可高强度开发（容积率≥2.5），200~500m范围内可中强度开发（容积率1.0~2.5），500m以外可低强度开发（容积率≤1.0）[7]41（图2-4）。

2. 轨道交通与土地使用类型

轨道交通开通运营后，对车站周边地区用地性质将会产生很大改变。一般来说，以轨道站点为导向的站点影响区用地布局优化，0~100m圈层内为高密度的核心商业区，100m~200m圈层内集中分布商业办公，当扩展到200~500m圈层时，则会出现大量的住宅区。在轨道站点500m半径以外的地区，会设置促进城市区域均衡发展的学校、医院、公园、工厂等其他功能设施（图2-5）。例如，上海徐家汇商业中心的崛起及一些商业

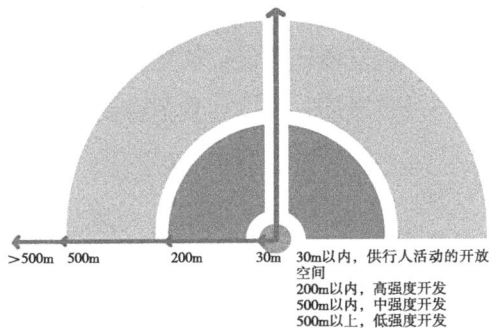

图2-4 轨道站点周边土地开发强度示意图
（来源：边经卫. 城市轨道交通与城市空间形态模式选择[J]. 城市交通，2009，7（05）.）

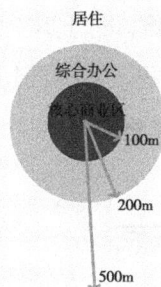

图2-5 轨道站点周边用地功能示意图
（来源：边经卫. 城市轨道交通与城市空间形态模式选择[J]. 城市交通，2009，7（05）.）

设施的兴建，与上海地铁1号线的开通直接相关[8]。在距离轨道交通车站500m范围内，就业岗位相对要少一些，以居住用地为主。在500m以外，一般以大专院校、城市公园、工业设施等用地为主，作为轨道交通车站周边的次紧密联系区[7]40。

3. 轨道交通与土地价值

轨道交通沿线土地价值分布的一般特征是沿线各车站一定范围内土地价值具有近似等价性。轨道交通具有快速、准时的特点，使出行者能掌握出行主动权，真正改变城市时空和用地布局的不等价性。尽管小汽车能达到比轨道交通更快速度，但很难做到准时，尤其城市中心区交通拥堵较严重时，小汽车的出行速度和出行时间更难保证。若不考虑其他出行方式的影响，在仅有轨道交通出行方式的完全理想状态下，区位可达性是趋于一致的。因此，轨道交通沿线各车站一定范围内土地价值具有趋同性，并向较高地价趋近。利用轨道交通车站周边地价的趋同性特征，可从城市规划上保持整个城市空间形态的整体性。同时，轨道交通一般都能伸入城市中心区，中心区的高土地附加值可向周边地区扩散，带动城市不断扩展。与道路建设相比，轨道交通能带来更高的土地使用价值[7]41。

2.2 轨道城市的经验借鉴

与世界发达国家相比，我国城市轨道交通建设起步较晚，发展历程比较短。许多世界大都市如东京、巴黎、中国香港等都形成了比较成熟的轨道城市的建设经验，对于这些轨道城市来说，轨道交通的建设史就是一部城市发展史。通过研究这些城市轨道交通建设与城市发展，可以为我国建设轨道城市提供经验借鉴。

2.2.1 东京

东京是世界上轨道交通网络最发达的国家，是典型的轨道交通主导城市发展的城市。东京都市圈是以特别行政区东京区部为中心的大都市圈，由东京都及神奈川县、埼玉县、千叶县和茨城南部地区组成，面积1.6万km²，人口3760万人（2010年）。据统计，每天进入东京中央10区的上班族平均流量达到405万人，其中90%以上的客流由轨道交通承担。

1. 东京都市圈轨道交通线网系统

东京都市圈的轨道交通系统可以划分为JR线路、地铁、私铁和其他四大类（图2-6）。其中JR线路是国有铁路，以东京站为中心，主要承担东京都市圈内部的中短途城际客运交通，并兼顾沿线通勤客流，呈现双环放射结构；地铁系统主要包括东京区部地铁系统和横滨市营地铁两部分，总长度达301.8km的13条射线均与JR山手线接驳；私铁系统在JR线路未覆盖区域中承担与区部间客流运输功能，主要由放射骨干线路及其支线组成，其中放射线路以山手线枢纽站点为起点向四周辐射；除了国铁JR、地铁、私铁外，还有以有轨电车和其他形式等存在的轨道线路（表2-2）。

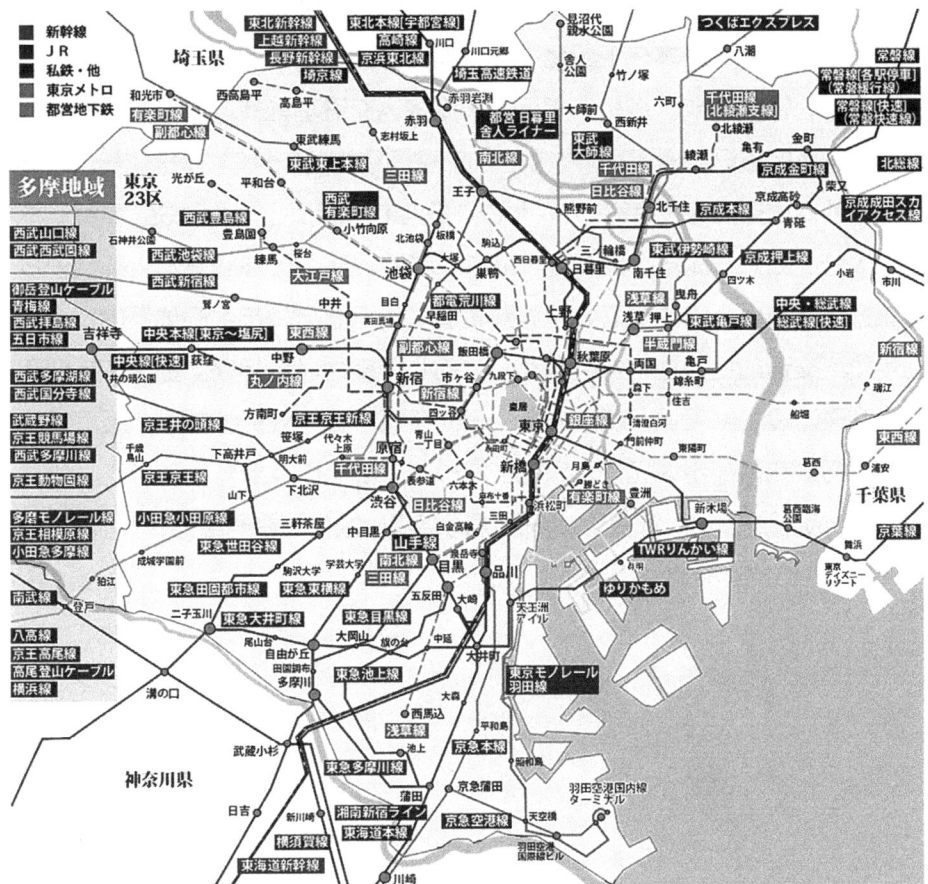

图2-6 东京都市圈轨道路线图
（来源：http://webka.jp/eki_perfectural/kanto/tokyo/）

东京都市圈轨道交通分类及功能定位   表2-2

分类	线网规模 （km）	功能定位	服务半径	一般线路长度 （km）	平均站间距 （km）
JR线	1495 （不含新干线）	主要承担东京都市圈内部的中短途城际客运交通，并兼顾沿线通勤客流	100km 交通圈	40～90 （除山手环线）	2.5～5.0（除山手环线）
私铁	1196	服务市内交通以及市区与外围城市的客运运输，是JR线的补充和竞争者	50km 交通圈	20～50	1.2～2.0
地铁	306 （不含横滨地铁）	服务市中心客运交通	15km 交通圈	20～30	0.7～1.2

（来源：王东，钱寒峰. 基于轨道城市发展理念的武汉轨道线网规划[J]. 综合运输，2018，40（01）.）

2. 轨道交通引导多中心空间结构拓展

东京是在轨道交通的主导下逐步发展的，轨道交通对其发展的支撑和推动作用十分显著。日本在工业化进程中建设了大量的铁路，在城市规模扩张的过程中，铁路功能从最初的货运和长途客运交通功能转向城市交通功能。现今，东京区部已经形成"一核七心"的空间结构，"一核"是指依托山手环线上交通枢纽形成的东京都心，"七心"是指七个副都心，即池袋、新宿、涩谷、大崎、上野—浅草、锦系町—龟户、临海。七个副都心基本上都位于放射轨道线路与山手线的交汇处，做到轨道交通枢纽与城市中心体系的契合，利用轨道交通的便捷性将各个副都心与都心紧密地联系起来。随后东京利用轨道交通建设多摩新城、筑波新城、千叶新城等五个业务核都市，缓解城市的住房问题和区部用地压力，深化各都心、副都心以及业务核的分工，协调中心区与新城的发展，最终形成多圈层网络化分散化的空间结构[10]（图2-7）。

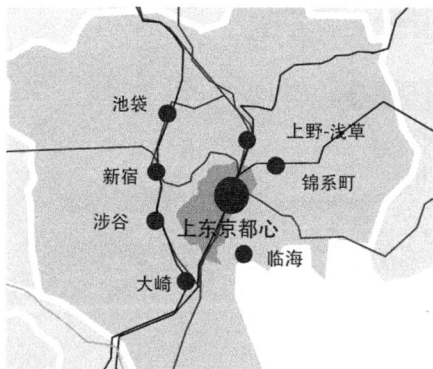

图2-7 东京区部"一核七心"城市结构图
（来源：张道海，刘龙胜，江捷. 东京轨道分担率为何如此之高?[C]// 中国城市交通规划2012年年会暨第26次学术研讨会论文集——公交优先与缓堵对策. 2012.）

3. 轨道主导城市土地开发——"轨道+物业"综合开发

轨道交通对东京地区城市中心发展和城市拓展、人口向外扩散均起主导作用。同时，轨道引导城市发展的模式也为铁路企业带来了巨大的客流效益和土地开发收益，该模式的巨大经济效益进一步激发了轨道企业和房地产企业的事业热情。1950年后，东京区部外围区域掀起了"以轨道主导土地开发"的新城建设，通过轨道交通为区部和新城提供直接联系。其中最典型的成功案例就是东急电铁主导开发的多摩田园都市新城和田园都市线。东急电铁从兼顾多摩田园都市与田园都市线的投资效益出发，保证两者的同步规划、同步建设及运营中的协调配合，实现新城"轨道+物业"的整体综合开发。

4. 鼓励轨道交通的交通政策

日本对轨道交通的管理相比其他公共交通方式是更加宽松的，主要体现在日本允许民间资本建设轨道铁路，并且允许企业在最高票价的限制下自由营销，吸引客流。正是在这种宽松的政策和市场经济的竞争下，推动了日本铁道企业的活力以及轨道交通的蓬勃发展。除此之外，日本政府对轨道的建设运营都有优厚的政策优惠和财政补贴，鼓励和扶持铁路企业积极建设运营新线路。

除了对轨道交通的推动政策，日本还实行严格的限制政策限制机动车的拥有量，通过"自助泊车政策"明确购车者必须在拥有非路边停车位的前提下才能够购买小汽车。同时，通过降低建筑停车位的配建要求，限制停车位的数量，并且对路边停车采取非常严厉的惩罚措施。正是由于这些严厉的小汽车限制政策，东京区部才能够使得机动车的拥有量处于一个较低的水平。

5. 轨道交通运营组织模式

国内的轨道交通线路一般采用独立运营的站站停靠的模式，相比之下，东京都市圈还有两类特殊的运营组织模式非常值得学习：一是利用甩站或者是越行实现快速列车服务，线路以快慢混跑模式运营；二是地铁线路与放射性轨道的直通转运[12]。东京都市圈的轨道交通系统依托其丰富的线网层次和差异化的运营模式，满足不同服务对象的出行需求，促使人们优先选择轨道交通出行。

6. 小结

东京的轨道交通被世界各国赞誉为"东京奇迹",实现了77.7%的轨道客运分担比,世界第一的土地效益。自1980年至今30多年来东京机动车保有量虽然增加了2倍,交通却提速了一倍多。首先,其最主要的经验就是建立以轨道为核心的工作生活舒适圈,有效降低了居民对机动车出行的需求。包括以"环+放射"的轨道干线支撑多中心的城市结构;依托轨道交通走廊和轨道枢纽建设集聚居住和就业;以轨道站点为核心,进行商业、商务、文化、交通等复合功能的地上、地下一体化紧凑开发。此外,东京新城建设结合轨道交通发展,其中典型的多摩新城"轨道+物业"的成功案例,给我们国家新城建设中如何加强轨道交通规划与用地规划一体化实践提供了新的思路。其次,东京便捷的交通换乘系统、先进的运营组织经验以及交通政策(如票价政策)等方面都值得学习借鉴。

然而,尽管东京轨道城市发展已经相当成熟,但并不是完全没有问题的。东京轨道网络的延伸式发展,加速了居住区与商务区的分离,居住在中心区的人口比例仅为都市圈总人口的1%左右,形成了世界上罕见的远距离上下班人潮。虽然东京轨道线网发达、运营组织高效,但还是无法满足高峰时的出行需求。根据日本国土交通省公布的数据显示,2011年度东京首都圈主要交通路线的平均拥挤率达到164%,早、晚高峰期间的交通负荷过重是东京轨道交通面临的最严重的问题之一,这也是我国轨道交通规划建设中需要关注和避免的问题。

2.2.2 新加坡

新加坡于1982年启动地铁建设,1987年开通第一条地铁线路,至1995年,新加坡轨道交通线路长度约67km;1996年新加坡《打造世界一流的陆路交通系统(1996)》(简称1996年白皮书)颁布后,新加坡开始着重建设轨道交通网络。根据新加坡政府网站公布的数据,截至2015年,已通车运营的轨道线路达183km、144座车站,其中地铁线路5条、154km、106座车站,轻轨3条、29km、38座车站[13]。同时新加坡计划在2030年再建设3条地铁线路,到2030年新加坡将有8条运行的地铁线路,贯穿全岛各地。

1. 新加坡分级轨道交通线网系统

新加坡轨道交通主要由地铁和轻轨组成。其中地铁干线以不同的颜色标注，包括红色的南北线、绿色的东西线、紫色的东北线、黄色的环线、蓝色的滨海市区线。五条地铁线路整体呈现"半放射状+环形"的轨道交通线网模式，每一个站点都是重要的连接点，将购物中心、住宅区、公共设施以及交通中心和广场密切结合。放射线路以主城区为集聚点，向外联系位于本岛西部、北部和东部的新镇，是城市中心与区域中心之间的直接联系，并通过黄色的环线连接起来，加强了城市东西向的交通联系（图2-8）。

新加坡的轻轨系统，都位于地铁线路的末梢或者某一枢纽站点呈现环状布局，用于连接地铁站点与主要的商业区和居住区（图2-9）。一些地铁覆盖不到的新镇，如武吉班让，或地铁覆盖度不高的边远新镇，如盛港和榜鹅，则辅以自动导向运输系统轻轨，每个站点与其附近主要居住区之间的最大步行距离控制在400m以内，作为轨道交通的补充。这种分级布局的轨道

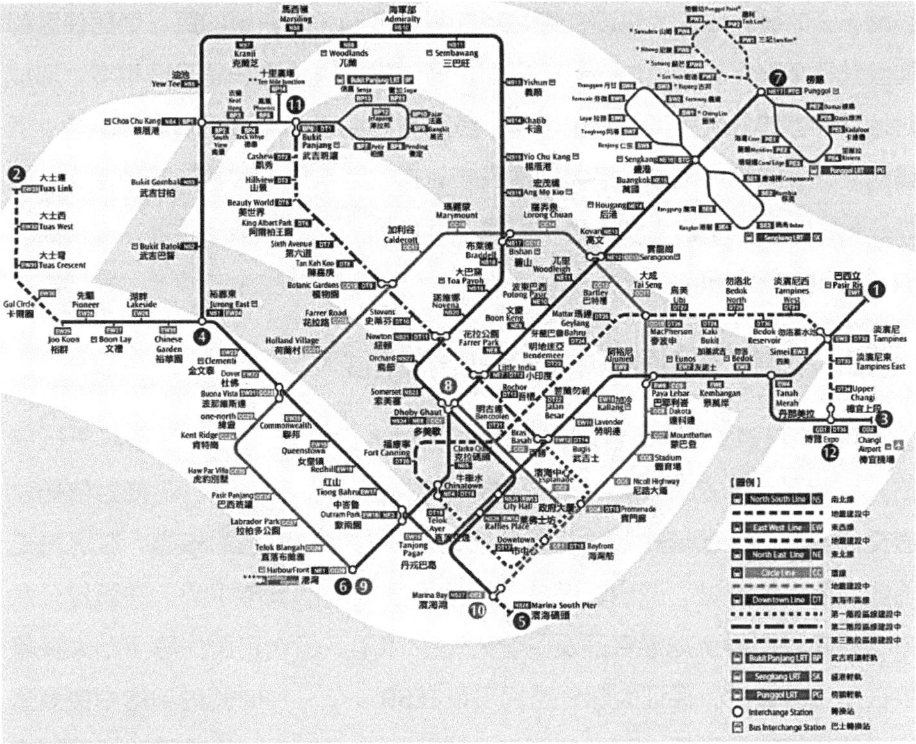

图2-8　新加坡地铁与轻轨系统地图
（来源：维基百科）

体育设施

地铁站　镇中心　轻轨站　邻里　镇中心（与轻轨站结合）
　　镇公园　　　　　公园

11

图2-9　新镇通过轻轨串联社区
（来源：[14]邹伟勇. 新加坡新镇轨道站点TOD开发对广州近郊新区规划启示[J]. 南方建筑，2015（04）.）

线网，一方面可以扩大轨道交通站点的服务范围，使新镇的每一个居住区都能够获得高水平的可达性，另一方面，通过轻轨收集沿线居民区乘客，形成对地铁的客流补给关系，不仅优化了线网布局结构，而且还降低了轨道交通线网的建设与运行成本，极大地提高了轨道交通系统的整体运行效率[14]。此外，地铁、轻轨、巴士和出租车形成多层次的"无缝换乘"系统，方便居民的"门到门"交通。

2. 轨道交通引导多中心空间结构拓展

　　新加坡在1963年结合城市发展情况对人口增长的可能性重新进行评估，否定了十年前提出的"环形+放射式"空间发展结构，调整为依托轨道交通发展的"项链式"空间布局结构，即以中心城区为核心，在区域范围内设置多个新城，围绕轨道站点设置不同等级的城市中心。并通过公共中心的建设引导土地混合开发，使购物、休闲、工作、居住等活动大多集中在新城区域内，保证大部分居民可以在30～45分钟时间内到达中央商务区或城市级产业园区上班，从而有效减少了交通出行，确立了新城区域中心地位[15]。新加坡通过轨道线路串联城市中心、区域中心及新城中心，并且从区域的视角确立轨道站点与新城公共中心的等级地位，实现了轨道系统与城市中心体系之间的相互契合，有利于多中心城市空间结构的形成和锚固。

3. 轨道交通主导新城土地开发

新加坡与我国一样，都是由政府主导城市土地资源的利用，新加坡的国土70%以上属于政府所有，城市土地的开发利用基本上是由政府控制。新加坡城市中心区外围规划了24个新城，中心区为中央商务区，是新加坡的金融商业商务中心，外围新城是兼有居住和轻型工业的新市镇，承担了85%的居民的居住需求。城市中心区与外围新城间由快速轨道交通相连，居民可以在短时间内到达工作地点。新城选址一般都靠近轨道线路，且轨道交通站点位于新城中心。在新市镇开发之初，主要建造大量的住宅和基层公共服务设施。新城轨道站点附近的商业用地暂不开发，待新市镇形成一定规模、土地价值上升后，再有计划地通过拍卖招标方式逐步交由私人发展商开发，吸引高密度投资，使新市镇中心的潜力得到充分发挥[16]。

4. 轨道站点土地TOD模式开发

针对新加坡人多地少的困境，新加坡围绕轨道站点进行高强度的开发和功能混合。以新镇居住用地为例，住宅开发以高密度为主，比重高达78%，低密度住宅、中密度住宅分别为9%、13%。普遍采用25层左右为主的高层住宅楼，容积率为2.5左右、密度约500人/hm²的建设方式。除了高层、高密度的居住方式，新加坡倡导站点周边土地功能混合使用，并强化轨道交通在公交系统中的主导地位，这在降低交通发展引起的能源能耗和环境污染的同时，为城市的自然生态系统争取了充分空间，留出更多的绿地优化居住区生活环境。

5. 小结

通过对新加坡的轨道城市建设经验的研究，总结出我国在城市轨道交通建设规划中可以借鉴的三个方面。首先，新加坡进行以公共交通为导向的城市规划，制定了集中化、分散化、一体化的发展策略，集中化即采用城市结构高密度、紧凑的发展方式，以降低公众的出行需求、降低出行距离，促进公众对公共交通的使用，降低公众对小汽车交通的依赖；分散化即区域中心是分散的，在居住地设计区域中心，可以降低购物出行距离，分散交通流量；一体化即规划设计密集化的轨道交通走廊，在主要居民区设有巴士转乘站，通过一站式便捷的无缝出行，促进公共交通的使用。其次，新加坡将轨道交通分级与巴士交通一体化设计，利用轻轨和巴士交通作为地铁的补充，串联新城社区，尽可能提高轨道交通的使用效率与运行效率。除此之外，新加坡采用TOD的土地开发模式，利用轨道交通带动新区开发，轨道站点周边新区开发以高密度、高强度开发为主。

2.2.3 巴黎

法国的巴黎大区是欧洲大陆最大的都市聚集区，地域面积约12000km^2，占法国国土面积的2.2%，聚集了约1300万人口，占全国人口近20%[9]。巴黎的轨道交通系统被称为全世界最密集、最方便的城市轨道交通系统之一。

1. 巴黎轨道交通线网系统

由市郊铁路、市域快速轨道交通（RER）、地铁、轻轨4种轨道交通模式组成（图2-10），共同承担巴黎大区的居民出行。其中，地铁和轻轨主要服务于城区内的旅客运输；市郊铁路与市域快速轨道交通（RER）以其线路里程长、站间距大、列车运行速度快等特点，主要承担巴黎市中心—市郊、市郊—市郊之间的旅客运输。市域快速轨道交通网共五条，线路全长587km，设有站点257个。为了防止周边郊县连接时必须进入巴黎城区的情况，大巴黎区还规划建设了环线，环线总长205km，全线共69座车站。市郊铁路共有8条，全长1296km，服务整个巴黎大都市区，为周边郊县和新城以及中心区之间建立便捷的交通联系。RER、环线、市郊铁路三者共同构成巴黎的市域快速轨道线网。除此之外，还有14条市区地铁线，线路总长211km，有381座车站，在105km^{2}的核心区内形成密集的线网覆盖。

2. 轨道交通引导多中心空间结构拓展

在20世纪60年代以前，巴黎中心区城市功能集聚度较高，边缘地区则主要是结构简单、单调的住宅群。进入20世纪80年代，全球经济结构出现

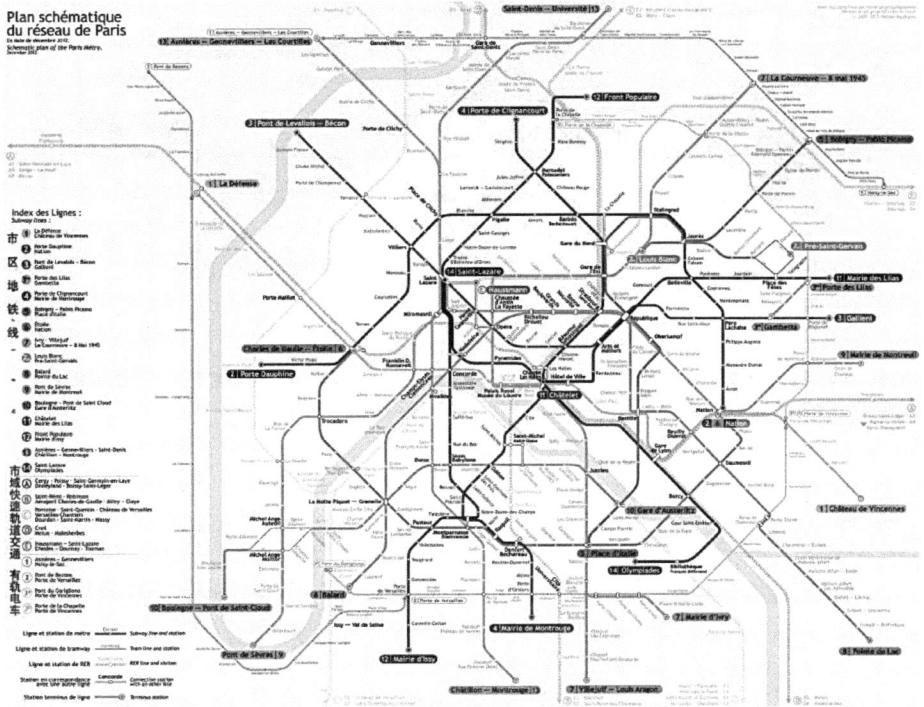

图2-10　巴黎轨道线路图
（来源：维基百科）

了重大调整，经济一体化进程也在不断加快，全球竞争日趋激烈。在这一形势下，巴黎开始重视区内不同城市组团之间的均衡发展以及各组团的高密度、集聚化建设，并在全市范围内合理分配产业空间及就业人员，更加强调大都市区不同层次城市极核，特别是外围新城在城市职能、空间布局以及区位关系上的多样性及相互之间的互补与协作[17]。巴黎1994年的SDRIF调整规划，以促进和均衡巴黎市域范围内各个地区的整体发展为目标，提出了通过"RER线"主导城市轴线的发展、新城发展和多中心城市空间结构的发展，以轨道交通站点为中心对老城区、近郊组团、远郊新城现有空间布局形态进行调整，形成城市发展轴线和多中心的区域结构形态。经过十几年的建设，巴黎已经形成了比较完善的以轨道交通为引导的发展模式，并基本形成了"多中心网络状"的空间结构模式[18]23（图2-11）。

3. 轨道交通主导新城土地开发

巴黎轨道交通成功的引导了新城建设。巴黎的新城规划除了注重各个新城之间的功能和定位差异，还注重维持新城内部的职住平衡。这些新城

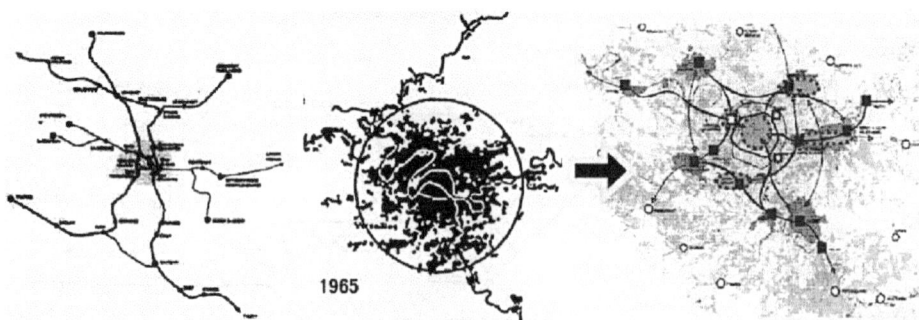

图2-11 巴黎大都市区轨道交通引导多中心空间结构拓展
（来源：李道勇，运迎霞，任晶晶. 多中心视角下大都市区轨道交通与新城的协调发展——巴黎相关建设经验启示[J]. 城市发展研究，2013，20（11）.）

除承担城市副中心的主导功能以外，还包含居住生活、商务办公、商业服务、高新技术、制造加工、商贸物流、高教科研、文化旅游和体育休闲等多种功能。

每个城镇内部均有2~5条轨道线路穿过，以轨道交通换乘站点为核心，建设开发强度高、人口分布密集的公共中心，并呈圈层式向外发展。在城镇中心集中布置商业娱乐、商务办公、科技研发等功能，插入少量居住功能；中心外围用地以居住功能为主，以轨道线路为骨架插入少量规模较小的办公、商业和生产功能；在居住用地的外围，以公路、铁路等对外交通设施为依托建设城镇主要的工业用地。以轨道交通线路为骨架，就近满足城镇居民的生活、工作和出行需求，从而增强边缘城镇的吸引力，促进城市人口的转移[19]。

4. 轨道站点周边土地开发

拉德芳斯枢纽位于巴黎拉德芳斯副中心，目前已形成了高架道路交通、地面交通和地下交通三位一体的交通系统，形成了欧洲最大的公交换乘中心。拉德芳斯枢纽周围的商业及商务开发高度密集。该地区规划建设写字楼250万m²，供12万雇员使用，共可容纳1200个公司。从20世纪60年代作为副中心建设至今，建成写字楼247万m²。其中商务区215万m²、公园区32万m²，并建成了面积达10.5万m²的欧洲最大的商业中心。枢纽周围目前就业人口约为10万余人，其中50%以上从事行政及管理工作。其商务活动的集中程度在世界名列前茅。同时，拉德芳斯枢纽同样重视居住区的开发，建成住宅区1.56万套，可容纳3.93万人。其中在商务区建设住宅1.01万套，可容纳2.1万人；在公园区建设住宅5.59万套，可容纳1.83万人。居住区的开发与商贸的发展紧密相连，居住培育了人气。居住区周围环境优美，有绿地、公园及各种娱乐游憩场所，这种花园住宅吸引了大量的巴黎市民[20]。

5. 小结

近十年，我国大城市在调整城市空间结构从单中心圈层式向多中心组团式转变上做出了巨大努力，成果却不甚显著。巴黎大都市区利用轨道交通进行城市空间结构调整的新城实践经验，对于我国大都市区的空间结构调整和新城规划建设具有重要的借鉴意义。

巴黎将新城与轨道交通建设在区域视角上综合考虑，规划将在新城市化地区内大力发展多功能的城市中心，形成多种新的区域空间格局；通过铁路、RER（区域郊区快轨）等多种交通基础设施引入潜在的城市发展区，并且作为未来城市的发展轴，将人口和就业集中在轨道沿线。同时，结合巴黎新城的发展，使巴黎成功的疏散了中心区人口，突破了环形集中式的传统空间布局模式。

2.2.4　斯德哥尔摩

瑞典首都斯德哥尔摩位于波罗的海西岸，坐落在梅拉伦湖入海处，整个市区分布在14座岛屿和一个半岛上，70余座桥梁将这些岛屿连为一体，由此享有"北方威尼斯"的美誉。斯德哥尔摩作为瑞典首都，是世界城市发展与轨道交通协调发展的典范，其十分注重公共交通服务与土地开发的有机结合。

1. 斯德哥尔摩轨道交通线网系统

斯德哥尔摩的轨道交通线网系统由9条以市中心区为核心呈放射状布局的线路构成，地铁、轻轨和市郊铁路各3条，总长超过400km，有240多个车站。其中3条地铁线路在市中心的中央火车站交叉换乘，分别向城市西北部和南部放射。地铁线路分为绿、红、蓝3种颜色（图2-12），每种颜色拥有2条或者3条分支线路。同时，斯德哥尔摩也是西欧早期建成一体化公共交通系统的城市之一，将公共汽车、有轨电车和地铁服务统一规划与协调。在这里，不同公交服务的运营时刻表和票制完全是整合在一起的。斯德哥尔

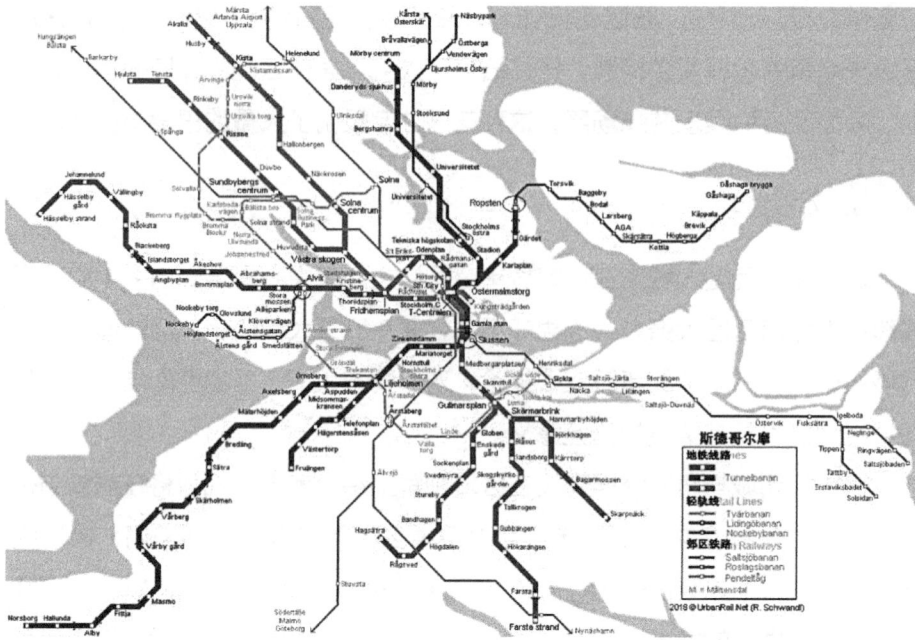

图2-12　斯德哥尔摩轨道交通线路
（来源：http://www.urbanrail.net/eu/se/stockholm/stockhlm.htm）

摩形成了以地铁线为轴线、巴士线为辐射、3000多个站点散布的公共交通
网，400m以内必有一个公交站点，公共交通出行率已高达60%以上，高于
世界上绝大多数城市[21]17。

2. 轨道交通引导城市空间结构拓展

斯德哥尔摩非常重视轨道交通在城市发展中的作用，制定了将斯德哥尔
摩建成一个以公共交通为主导的大城市的战略蓝图。规划通过用轨道交通连
接斯德哥尔摩主城区和新城，实现主城区与新城居住和就业的平衡。斯德哥
尔摩规划中新城并不是完全独立的，采用"一半一半"的规则，新城一半的
居民将在新城外工作，而新城一半的就业人口将来自别处。但与伦敦等其他
城市的新城相比，斯德哥尔摩的新城尽管被规划为就业与居住的平衡，实际
上却并不是完全平衡和独立的，而是更具有半独立的特征。在该区域的规划
中，新城次中心的功能是削弱斯德哥尔摩市中心的吸引力，诱发高效的、双
向的交通流[22]。

斯德哥尔摩通过其轨道交通将强大的市中心与周边环绕的多个卫星城连
接起来，地铁线路以市中心区为核心向六个方向放射状延伸，引导大斯德哥
尔摩区域的城市空间形态发展，使得斯德哥尔摩形成了一个卫星状、多中心

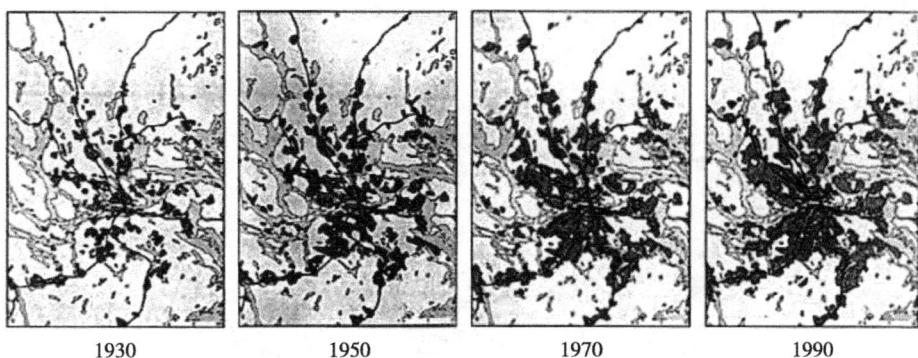

| 1930 | 1950 | 1970 | 1990 |

图2-13 斯德哥尔摩公交城市的进化：轨道交通引导的区域发展：1930～1990
（来源：Wheeler S M. The Transit Metropolis: A Global Inquiry by Robert Cervero[J]. Philosophy，2000，19（1）：107-109.）

的城市结构（图2-13）。

3. TOD模式引领城市土地开发

斯德哥尔摩轨道交通轴向拓展，在站点覆盖范围内进行高密度的土地开发，开展多功能混合的社区建设。注重卫星城镇为特征的多点居住模式的环形开发，在城市空间和土地利用上充分考虑与交通的紧密结合，将居住区、配套商业、服务设施集中化，使短距离出行更密集。同时产业的分散化，让工作靠近居住地，降低出行需求，促进高峰交通分流。采用一体化整合发展，政府主导以快速交通站点为中心的居住生活区（市镇）开发与交通建设同步，将各种不同的土地利用方式，如办公楼、公共建筑、商业中心等混合在一起[21]17。除此之外，斯德哥尔摩在中心城区与新城、新城与新城之间都有绿带隔离，土地利用符合功能要求，且整体呈现"大分散，小集聚"的发展形态（图2-14）。

4. 鼓励公共交通的交通规划与政策

斯德哥尔摩是西欧最早实现公共交通一体化的国家，在促进公共交通发展上做出了许多努力。早在1967年，斯德哥尔摩郡议会就通过了一系列措施，将公共汽车、有轨电车和地铁服务统一规划与协调。首先，将不同公交服务的运营时刻表和票制完全整合在一起，而且还保持公共交通低票价。成人车票每次仅需1～1.5克朗，与瑞典人均6万美元的GDP相比，票价很低，采取联程票折扣等形式，吸引市民乘坐公交。其次，通过机动车的限制政策抑制小汽车的购买和使用。一是加大静态交通管理。提高机动车的停车费和

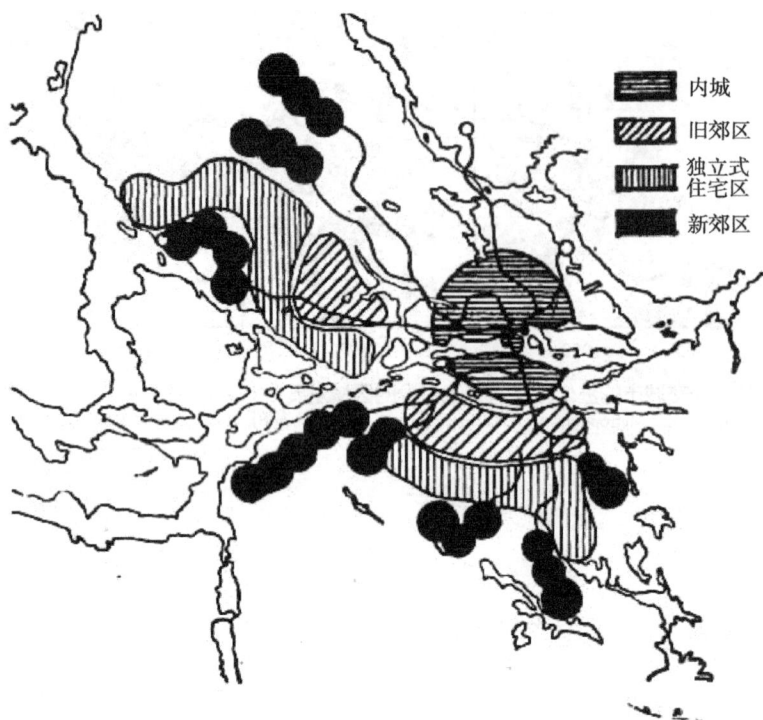

图2-14 斯德哥尔摩城市发展示意图
（来源：徐巨洲. 斯德哥尔摩城市规划印象——访瑞典随记[J]. 国外
城市规划，1992（04））

出租车费，推动市民选择公共交通，实行从外围至市中心递增的停车费率，
在市中心城区，路边停车通常是被禁止的；二是限制机动车的买卖。通过征
收高额的机动车增值税和车辆登记费（此两项税费约占车价的60%）及燃油
税（是油价的80%），限制小汽车的使用[21]18。

5. 小结

斯德哥尔摩为应对小汽车高速增长和交通拥堵所采取与其他发达国家不
同的发展道路，早在半个多世纪前，就制定了由市中心向外扩张的卫星城
镇，集中在有轨道交通覆盖范围内建设的战略模式。

首先，斯德哥尔摩强化轨道交通引导城市发展的地位，通过TOD模式引
领城市土地开发，在轨道站点周边形成高强度、高密度、混合发展的环形区
域，沿着轨道交通"串珠式"的轴向拓展，形成城市发展走廊。其次，斯德
哥尔摩将"轨交+慢行"或"公交+慢行"作为客运交通的主要发展模式，
并且制定了一系列鼓励轨道交通发展的措施和政策。

2.2.5 哥本哈根

2010年丹麦哥本哈根首都大区（The Greater Copenhagen）人口为180万人，约占全国总数的1/3，行政面积为2561km²，提供了大约100万个工作机会。大区的居民轨道交通使用比例达到61%，通勤铁路使用比例为39%，每日约40万名乘客乘坐通勤铁路。同时，哥本哈根地区的就业者平均通勤距离为全丹麦最短，仅为全国平均水平的60%，通勤时间多低于30分钟。

1. 哥本哈根轨道交通线网系统

哥本哈根大区的快速公共客运系统包括地铁和通勤铁路两类。哥本哈根有地铁线路2条、站点31个、运营长度33.5km，主要是联系市中心与阿玛格尔岛（Amager）机场。哥本哈根的市郊通勤铁路系统将哥本哈根城市中心与郊区连接起来，现有7条通勤铁路，第1条开通于1934年，丹麦铁路局负责运营该网络；在工作日，通常线路上运行间隔为10～20分钟，环线上运行间隔为5分钟。大区的主要城镇沿通勤铁路进行布局（图2-15、图2-16），形成了哥本哈根市中心—赫尔辛格市（Helsingor）（北端）、哥本哈根市中心—希勒勒市（Hillerod）（中北）、哥本哈根市中心—腓特烈松市（Frederiksstaden）（中部）、哥本哈根市中心—罗斯基勒市（Roskilde）（中南）和哥本哈根市中心—克厄市（Koge）（南端）5条自北向南的快速公共客运走廊，构成区域"五指状"空间形态[24]。

图2-15 哥本哈根快速公共客运系统图
（来源：The 2007 Finger Plan）

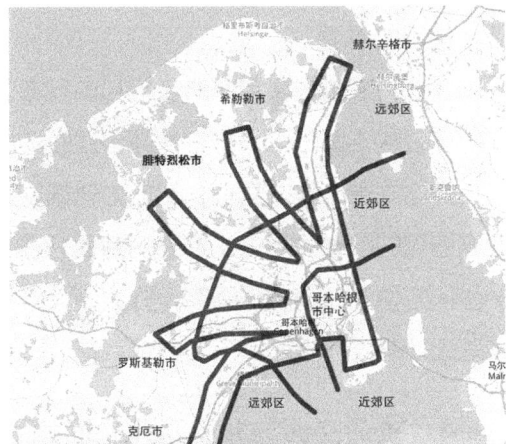

图2-16 哥本哈根空间形态
（来源：The 2007 Finger Plan）

2. 轨道交通引导城市轴向拓展

哥本哈根轨道交通网络采用放射形的走廊发展模式，轨道交通系统所支撑的走廊从中心城区向外辐射，分别指向区域的五个方向，城市的发展大都集中在轨道交通车站附近。这样的发展模式有以下优点：第一，所有的走廊都通向中心城区，有利于维持一个强大的中心城区；第二，轨道交通系统很好地覆盖了新开发地区，方便新区与市中心之间的出行；第三，这种集中发展模式可以提高土地的利用效率，并节省大量基础设施的投资，同时，走廊之间绿楔的保护也有利于维持一个良好的城市生态环境。哥本哈根的这种发展模式是在整个区域层面上实施的，充分地发挥规模效应，形成整合的优势，从而改变了整个区域的用地形态和出行特征，促进了区域发展。

3. TOD模式引领城市土地开发

哥本哈根实施以轨道交通引领的区域整体规划、带动旧城复兴和新城的建设发展，以轨道交通与土地利用相结合的手段实现了城市整体TOD发展模式。哥本哈根完善轨道沿线土地开发机制，规划要求所有的开发必须集中在轨道交通车站附近。1987年区域规划的修订版中规定，所有的区域重要功能单位都要设在距离轨道交通车站步行距离1km的范围内。随后的1993年规划修订版对此更加重视，在国家环境部制定的"限制引导"政策下，该规划要求区域内被轨道交通服务所覆盖的地区，要在当地直接规划区域到距离轨道交通车站1km的范围内集中进行城市建设。现在，在车站周围已经有足够的可利用土地，以满足哥本哈根区域未来30年里各类城市土地使用的需要。

其次，通过建设完善的步行和自行车设施，以及常规公交的接驳服务，人们可以从不同地区非常方便地到达轨道交通车站。这也就使得人们愿意选择在车站周围工作或居住，从而为轨道交通提供了大量的通勤客流，而这些通勤客流的存在又促进了沿线的商业开发，工作、居住和商业的混合开发进一步的方便了轨道交通乘客，并会继续推动沿线的土地开发，形成轨道站点周边土地开发与通勤客流的良性互动。

4. 轨道交通与非机动化交通模式的整合

由于轨道交通本身并不能直接提供"点对点"的服务，有效地提高轨道交通车站的可达性就显得非常重要。集中在车站周围的土地开发使得轨道交通覆盖了城市大量的活动区域，而完善的步行系统和自行车路网在方便了非机动化交通出行的同时也提高了轨道交通的可达性；支线公交车站设在轨道交通车站附近，将更大范围内的出行者汇集到轨道交通系统。自20世纪80年代中期以来，哥本哈根市就开始将原有的机动车道和路侧的停车区改造为自行车专用道。1970～1995年，该市自行车专用道的长度从210km增加到超过300km，自行车出行量增长了65%。在哥本哈根，到达轨道交通车站的出行中，非机动化的模式占据了相当大的比例，这种轨道交通与非机动化交通有效整合的模式，真正实现了绿色交通的发展。

5. 对机动车交通的严格限制政策

对小汽车交通的控制也是哥本哈根交通政策的重要组成部分，一方面，通过控制城区机动车设施容量，将稀缺的城市道路资源向效率更高的非机动化交通和公共交通转移；另一方面，通过各种经济手段将小汽车交通的外部成本（交通拥堵、噪声、空气污染、城市景观的破坏和社区的割裂等）内部化，从而真正体现交通的公平性。在过去的几十年间，哥本哈根市每年减少2%～3%的停车设施供应量。目前，哥本哈根市中心区只有斯德哥尔摩市中心区停车位数量的1/3。此外，哥本哈根的停车费是不断变化的，其价格一直处于较高的水平，以确保停车设施能够迅速周转。中心城区路边停车的费用高达每小时4美元，因此提高了大运量公交有效服务的区域的停车设施周转率。丹麦的税收体系也被用于限制小汽车的拥有和使用方面。拥有私人小汽车所需要缴纳的税款大致是购车费用的3倍。同时，为了限制购买大型、高油耗的车辆，购车缴纳的税款随着车重和发动机排量的增加而增长。以上这些措施有效地抑制了哥本哈根的小汽车发展，使其成为发达国家中小汽车拥有率最低的城市之一[25]。

6. 小结

丹麦首都哥本哈根是通过利用城市轨道交通建设引导城市有序发展的成功案例。首先，哥本哈根城市的开发要沿着几条狭窄的放射形走廊集中进行，形成五条从中心城区向外辐射的发展走廊。城市整体采用TOD开发模式建设，沿线的土地开发与轨道交通的建设整合在一起，大多数公共建筑和高密度的住宅区集中在轨道交通车站周围，使得新城的居民能够方便地利用轨道交通出行。其次，哥本哈根建设完善的步行和自行车交通体系与轨道站点的结合，强化"轨道+慢行"客运交通模式。最后，哥本哈根采取严格的小汽车停车、买卖的限制政策也非常值得借鉴。

2.2.6　中国香港

香港是世界上人口密度最大的城市之一，其道路网络并不发达（以两车道或四车道为主），但城市交通运行却能保持较高的水平，成为国际大都市交通发展的典范。这主要源于"以轨道交通为主导的高密度发展"的"香港模式"。香港以仅248km长的轨道交通线路，承担了37%的公共交通出行，并结合沿线物业开发，成为世界上少数轨道交通盈利的城市之一[26]94。

1.　香港轨道交通线网系统

香港轨道交通系统由地铁、九广铁路、轻轨和有轨电车等组成。目前，香港共有5条地铁，分别为东涌线、荃湾线、观塘线、港岛线、将军澳线；3条九广铁路，分别为东铁线、西铁线和马鞍山线；另外还有为特殊服务而设置的机场快线、迪士尼线，以及轻轨和昂坪360缆车线。香港轨道交通线路呈放射状布局，线路层次分明、枢纽换乘高效（图2-17）。使用轨道交通已成为香港市民日常生活的组成，全港约45%的人口居住在离轨道交通车站500m的范围内；如果仅以九龙和香港岛的市民计，这一比例更高达65%。香港市民出行选乘公共交通的比率达到80%以上，选乘轨道交通的比率达到25%[27]。

2.　香港沿轨道线路开发阶段

香港沿轨道交通线路开发分为两个阶段，一是轨道交通改造旧区（SOD）阶段，在第一、二代新市镇开发时期，轨道的建设是在新市镇开发形成之后，主要通过轨道解决新市镇与港九地区之间的交通问题，具有"线跟着人走"的开发特征。二是轨道交通引导新区（TOD）阶段，第三代新市镇开发的核心理念则是通过轨道建设引导城市开发，在新建轨道的同时对站点周边土地进行高密度的住宅及商业开发，具有"人跟着线走"的特征。

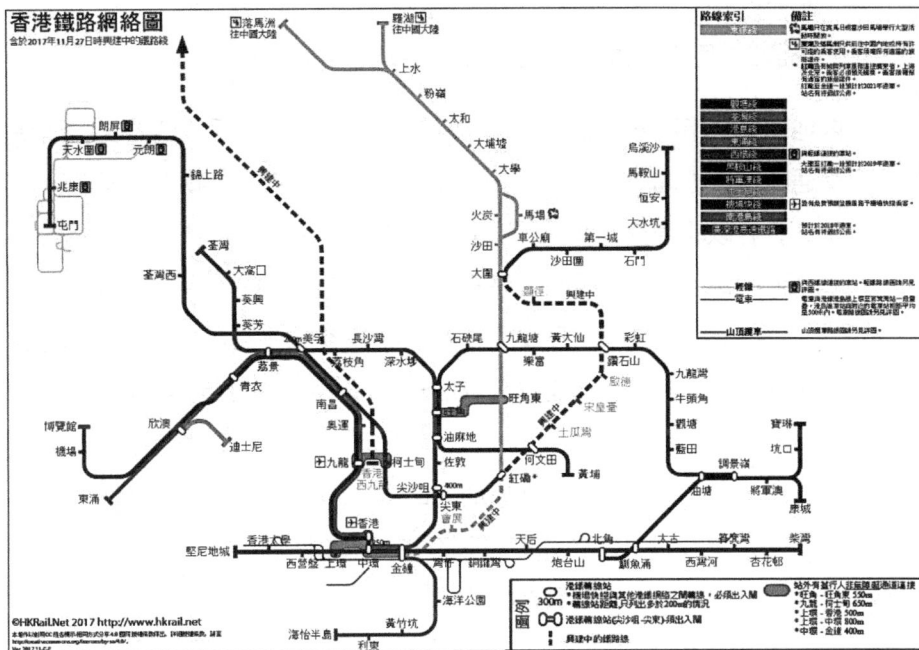

图2-17　香港铁路网络图
（来源：香港铁路网：香港铁路：简介http：//www．hkrail．net/hk/Brief/）

3. 轨道交通规划与用地规划的互动

纵观香港城市轨道交通的线路规划，大多都遵从一个模式，那就是以港岛和九龙为始点，以新市镇为线路的终点，从而最有效地发挥轨道交通的廊道效应。为实现城市轨道交通与土地的同步经营，香港在城市轨道交通网络布局阶段遵循两个原则：①线路尽可能穿越城市策略发展地区；②配合轨道交通建设，对轨道交通沿线的土地及其他公共交通作出相应的优化调整。香港针对每条轨道交通线路都进行了沿线土地利用的规划调整，通过调整土地利用性质、开发强度等来集约利用土地。

城市轨道交通规划与用地规划的持续互动，一方面促进了将新市镇与港九母城的紧密联系，形成了新的城市格局，造就了一个大规模的网络、节点型城市结构，形成了一种对轨道交通依赖的城市形态和市民生活方式；另一方面通过站点周边的高密度开发，也为轨道交通发展提供了强大的客流支持。如配合将军澳开发建设的地铁将军澳线，使将军澳镇人口从不足1万人发展到34万人，其中约85%的人口（约29万人）住在离地铁线路5个车站800m以内的地方。

4. 轨道站点"轨道+物业"及"3D"开发模式

与内地许多城市不同，香港的轨道交通线路并不是布设在道路上，而是让轨道交通线路穿越地块，将轨道交通车站的建设与周边的物业开发紧密地结合在一起，并以轨道交通车站的步行影响范围（步行10~15min的距离，约600~1000m）为核心，规划"高密度（Density）、多样性（Diversity）、合理设计（Design）"的物业开发模式。而轨道交通车站周边的土地由港铁公司统一开发的政策，有效地保证了轨道交通车站建设与用地开发的协调。

目前，轨道交通位于城市商业中心区的中环、铜锣湾、尖东、旺角等车站周边地块的开发容积率大多在9~15之间，新建的机场快线、地铁将军澳线的车站地区开发密度也都在5以上。

此外，围绕轨道交通车站综合布局居住、工作、商业以及休闲等不同功能的物业开发，形成多样性的土地使用混合形态，形成一种"衣、食、住、行"高度集中于轨道交通站点的高效生活模式（图2-18）。

5. 交通设施与网络的整合

发达、便捷的换乘设施是香港轨道交通成功的重要经验。轨道交通开发部门充分考虑各种换乘的需要与便捷性，在车站上建立综合交通换乘设施，以提高轨道交通的可达性，提升地铁物业及周边地区的吸引力。便捷的换乘包括两方面：一是利用独特的轨道交通换乘车站设计实现轨道交通线路之间的零换乘，特别是包括轨道交通线路之间的同站台换乘（图2-19）；二是利用轨道交通车站实现与其他交通方式之间的无缝衔接。

香港轨道交通共有19座换乘站，其中绝大多数是同站台换乘。在确定轨道交通车站的换乘要求时，地铁公司明确要求同站台换乘时间不得多于

图2-18 香港地区级轨道站点核心区开发模式示意
（来源：笔者自绘）

至观塘站　太子站　　　　　　　　旺角站　　　至麻油地站

上层站台　　　　　　　　上层站台　　　中环

下层站台　　　　　　　下层站台　　　油麻地站

至荃湾站　　　　　　　　　　　　　　　　至中环

（a）单岛4线换乘

L2
站台　　　4号站台　荃湾列车往中环方向　　　　　←

岛式站台，左边车门将会开启

3号站台　港岛线列车往柴湾方向　　　　　　　→

L3
站台　　　1号站台　荃湾线列车往荃湾方向　　　　　→

岛式站台，右边车门将会开启

2号站台　港岛线列车往上环方向　　　　　　　←

（b）双岛4线换乘

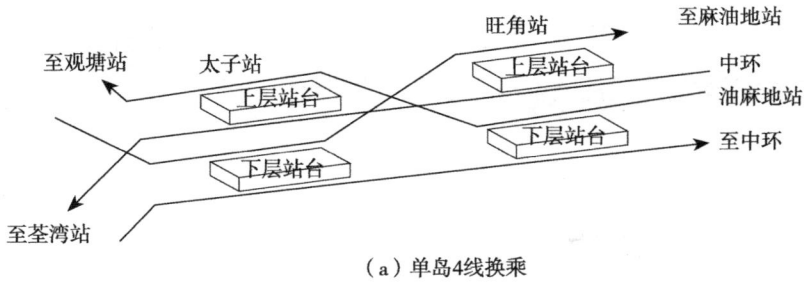

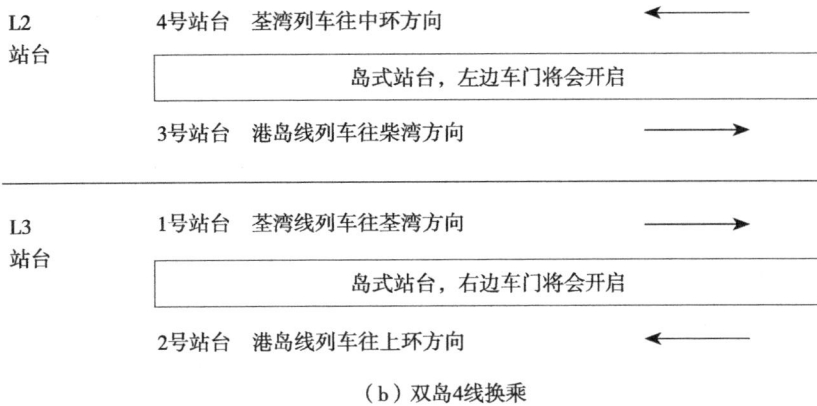

图2-19　香港轨道交通同站台换乘示意图
（来源：刘海洲，周涛，高志刚. 城市轨道交通规划建设"香港模式"的成功经验[J]. 城市轨道交通研究，2011，14（12）.）

60s，而不同站台的换乘不得多于3min。香港十分重视轨道交通与其他交通方式的衔接。在香港82座轨道交通车站中，大部分车站与公共汽车等其他交通方式联系紧密，在港岛线、荃湾线、观塘线之后的新建车站，都将轨道交通车站与道路公交车站、出租车站统一建造，以形成综合性的地区交通枢纽。同时，在城市外围区，规划轨道交通与私人小汽车交通"P+R"（停车+换乘）换乘设施[26]96。

6. 小结

香港与新加坡一样都深受人多地少的困扰，通过对香港的城市轨道交通发展经验的研究，香港十分注重轨道交通规划与用地规划的互动、协调，我国在城市轨道交通建设规划中可以借鉴很多经验。

香港轨道线网开发分为两个阶段：第一阶段——"线跟着人走"，主要目的是解决市民出行，缓解交通压力。第二阶段——"人跟着线走"，主要目的是引导新城开发；香港轨道站点周边用地开发采用"3D"模式（高密度、多样性、合理的设计），并且实施"轨道+物业"的综合开发措施，能够有效地保证轨道车站的建设与用地开发的同步和协调。

2.3 轨道城市的形成

2.3.1 轨道交通结合城市发展的形成过程

1863年，世界首条城市地铁在英国伦敦诞生，距今已有156年的历史。一条由帕丁顿（Paddington）开往弗灵顿（Farrington）的地下城市铁路（Metropolitan Railway）正式通车运营，此后"Metro"一词成为世界上大多数国家城市轨道交通的标志和代号[27]。

轨道交通在城市发展的不同阶段承担着不同的使命。首先，在19世纪中期，以英国伦敦为代表的工业城市人口规模迅速扩大，落后的交通工具与道路建设无法承担人口规模迅速增长所带来的大量客流，这个时期轨道交通主要作为快速大运量交通运输工具来解决城市的交通需求。其次，在20世纪60年代以后，以伦敦、巴黎为代表的几个欧洲大城市的发展已经基本达到极限，中心城区难以承受新的人口增长和空间扩张，随后出现郊区化带来的中心区衰败现象，这个时期轨道交通承担着引导城市空间和用地发展的功能。

除此之外，不同城市的轨道交通结合城市发展的路径也不尽相同，但是通过对世界典型轨道城市东京、新加坡、巴黎、香港等案例的研究，发现城市轨道交通结合城市发展的形成过程有三个层面的共同之处。

1. 轨道网络对城市空间结构的引导

城市根据自身外在因素和内在的发展需求，选择适当的轨道网络结构形态，比较常见是"环形+放射"轨道网络形态，这种形式的轨道网络在建设初期引导城市沿放射线交通方向向外扩张，沿着放射型轨道线路形成轨道发展走廊，突破了集中式布局方式。然后随着环线的建设，环线与放射线路交点处产生新的增长点，最终发展形成以轨道交通为轴线的多中心布局结构。采用"环形+放射"轨道网络结构形态的城市有很多，比如东京、新加坡等。

东京都市圈的形成是在轨道交通网络的引导下发展起来的。东京郊区的居民区沿着辐射状城市轨道形成区域发展，并在城市轨道交通的终点站产生城市次中心。在大都市圈中，商业区的分布越来越密集地沿轨道线分布[28]。后来随着城市中心区不允许延伸到郊区的私铁的进入，私铁不得不将终点站建在山手线上，一些大的私营铁路公司在池袋、新宿、涉谷等站设置了换乘站，这些换乘中心吸引了大量的客流，在山手线上形成比城市中心还要高度发展的商业区（池袋、新宿和涉谷等地区）。最终，东京市区形成以东京站为核心、以山手线及其外围地区发展的七个城市副中心构成"一核七心"的城市空间结构。而大都市圈则形成以东京市区为中心，以山手线、武藏野铁路线和国铁JR线组成，及以JR铁路为骨架的多中心城市空间结构。

2. 轨道线路引导城市轴线发展

城市轨道交通线路既是构建轨道网络的基础，又是串联轨道站点的纽带，作为城市轨道交通系统的中间环节，在城市空间和用地发展中发挥着关键作用。轨道线路能够引导城市轴向拓展，并且影响与客流密切相关的居住、工业产业、商业等用地功能的重组，通过外在拓展和内在重组实现城市轨道与城市空间、土地二者间的动态平衡。

哥本哈根是轨道线路引导城市轴向发展的典型案例。首先，哥本哈根著名的"指状规划"规划了5条轨道交通线路，同时哥本哈根国家环境部制定了"限制引导"的政策，限制将城市所有的建设活动控制在轨道交通沿线，并且随着车站周边允许建设的密度不断提高，政府逐步推出了开发密度补贴政策，从而进一步刺激了轨道沿线商业活动的发展。其次，系统完善的步行、自行车、常规公交与轨道交通的接驳换乘体系，可以使居民快速到达车站，从而增加了在车站周边居住或者工作的机会。居民的出行为轨道交通提供了大量客流的同时，也带动了轨道沿线商业的开发，就业、居住和商业等多种功能的混合又为乘客提供了便捷服务，如此往复，持续推动城市轨道线路沿线的土地开发[29]。轨道线路给城市带来的内聚力结合城市规划的强制控制，使得哥本哈根沿着五条发展廊道轴状拓展。

3. 轨道站点影响区的土地利用模式

轨道站点是轨道交通联结周边城市空间的重要节点，站点是客流进入轨道系统的入口，轨道站点影响区内土地使用方式对轨道的客流效益以及城市发展模式都有很大的影响。目前，世界上建设轨道的国家都积极实践对轨道站点影响区内土地的综合开发，通过相对较高强度的开发和土地混合使用，最大限度地使用土地，促进土地集约利用。

比较特殊的是香港铁路公司独创的"轨道+物业"综合开发模式。在轨道交通的可行性研究过程中，就将轨道交通的运营开通与沿线物业发展规划紧密结合，从而为建成后的公司物业开发奠定了规划基础。在规划过程中，香港铁路公司遵循充分发掘沿线土地的发展潜力原则，首先向政府取得有关车站、上盖或邻近地区的发展权，其后将沿线物业发展项目分成几个独立项目组合向开发商进行逐一招标，物业开发所得利润按照协议进行分配。从微观角度来看，物业项目发展本身能够为铁路运营公司带来巨额利润，有利于弥补建设资金的不足，并且土地利用的高强度开发能够吸引大量住宅区和商业区的迁入，居住人口的增长也带动了乘客流量的持续攀升；从宏观角度来看，轨道交通与土地利用的科学规划，有益于为城市土地的结构性调整和土地利用强度的提高提供助力[30]。

2.3.2 轨道交通与城市空间的互动关系

1. 轨道交通形态特征与线路类型

（1）轨道交通形态特征

城市轨道交通系统是由点—轴形成的复杂网络系统，由"点（节点）、线（轴线）、面（网络）"三种要素构成，系统核心为系统内的各重要节点，节点间由轴线连接，构成网络。网络的复杂性由点的数量和点与点之间的联结数量和联结关系决定。

轨道线网指城市（都市区）范围内，由全部轨道交通运营线路组成的交通网络。一个理想的轨道交通网络不仅有助于城市交通问题的解决，更能够配合并支持城市功能布局与结构形态的调整，强化中心区职能，促进多中心结构的形成，提升边缘地区的区域地位，引导城市客流、物流和商业流的科学分布[31]。轨道线网有许多种不同的形态特征，通过对世界大城市轨道交通

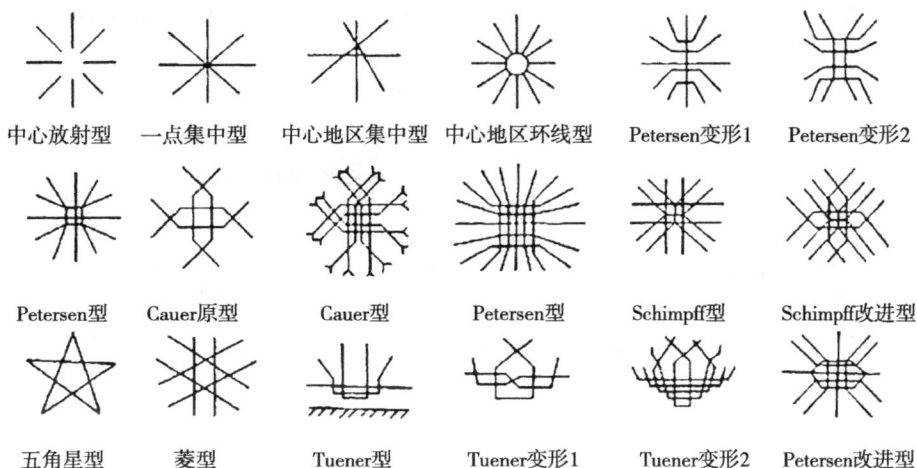

图2-20 轨道交通线网基本形态
(来源：马超群. 城市轨道交通网络规划理论与方法研究[D]. 西安：长安大学，2007.)

线网形态的研究，发现轨道交通线网形态的选择需要因地制宜，没有哪个国家的轨道交通线网是完全一致的。在城市轨道交通建设初期，其线网形态由较为简单的几何图形构成，随着线网的加密，并受各个城市具体的人文地理环境等条件制约，便形成了千姿百态的线网形态[32]。日本学者通过总结得出18种基本的轨道交通线网形式（图2-20），轨道交通线网形态由以下一些基本形式组成：

世界范围内最为典型的轨道交通形式仍主要为棋盘型、无环放射型及有环放射型三种。

（2）轨道交通线路类型

轨道线路的类型划分方式十分多样，根据轨道线路的几何形态特征可以划分为直线、环线、分支线三种；根据线路与地面位置的关系可以分为地下线、地面线和高架线；根据线路在运营中的作用可以分为正线[①]、辅助线[②]和车场线[③]；根据轨道线路的基本职能特征将其划分为放射线、环线、半环线、加密线、郊区线五种。这些轨道线路类型划分是对轨道线路的几何形态特征和技术性能的分类，无法与城市的空间发展产生互动关系。而根据轨道线网的位置、走向以及功能定位划分为中心城区线、市区半径线、市区直径

───────────────

① 用于运营线路，即乘客搭乘的线路。
② 用于辅助正线运营的线路，如交出渡线、临时停车线、折返线等。
③ 主要在车辆段和停车库的线路，如检修线、出入库线、试车线、洗车线等。

线和郊区线[33]（表2-3），对城市用地功能组织和客流特征的研究有更强的指导意义。

城市轨道线路类型的划分　　　　　　　　　表2-3

类型	区域位置	功能定位
中心城区线	中心城区	联系城市中心城区客流集散点
市区半径县	跨越市区—中心城区	加强某一方向的辐射
市区直径线	跨越市区—中心城区—市区	加强城市外围区与中心城区的联系
郊区线	中心城区外	建立新城与中心城区的联系

（来源：钱堃. 城市轨道交通客流强度特征和换乘组织研究[D]. 北京：北京交通大学，2015. ）

①中心城区线

中心城区线主要功能定位是加强城市中心区各客流集散点的交通周转能力，如轨道交通环线等。

②市区半径线

市区半径线跨越中心城区内外，线路一般起始于中心城区终止于郊区。市区半径线在中心城内部、中心城区与郊区交界处一般会产生大量换乘客流。为加强城市某一方向的辐射发展时可设置市区半径线。

③市区直径线

市区直径线跨越中心城区，主要功能定位是加强城市郊区与中心城区的联系。市区直径线一方面引导中心城区居住压力向外围区扩散，另一方面增加居民通勤、通学的便利性，减轻中心城区压力。

④郊区线

郊区线全线主要位于中心城区之外的郊区，主要功能定位是建立新城与中心城区快速轨道交通的联系，分解中心城区人口压力，引导中心城区职能向郊区新城有机疏散。郊区线一般呈放射状与中心城区边缘站点相连，衔接地点大多在城市边缘集团，衔接点有很高的换乘比例。

（3）轨道站点类型

轨道交通站点是在轨道交通线路上，供列车停靠、乘客候车和乘降的设有相应设施的场所。轨道站点是人与轨道交通发生和结束联系的节点，人流的集中和疏散都是通过站点来实现的。轨道站点的敷设方式以及站点出入口与周边建筑环境的协调程度将对人们的日常活动产生最直接的促进或制约作用，是轨道交通与城市功能及空间相互关联的基础和关键；而轨道站点对客流的集散辐射能力则影响着周边地区的功能组织方式与土地使用模式。轨道站点通过不断地向轨道网络输送血液，使整个系统得以正常运行，因此，在轨道交通的规划建设中应特别重视轨道站点的定位、形式与周边用地和空间的协调发展[3]10。

对于城市轨道交通站点的分类，具有普适意义的主要包括节点导向型和场所导向型。节点导向型分类方法以站点的交通功能进行划分；场所导向型的分类方法以站点的场所功能为考察点[34]。据此，将轨道站点的类型按节点导向型和场所导向型两个方面来分类。

①节点导向型

节点导向型分类以站点的交通功能为依据，不同类型等级的轨道车站因规模、客流量大小以及站点与其他交通方式间的关系等不同，在城市交通中承担不同的功能。这种分类体系仅考虑站点的交通功能的差异，将轨道交通站点划分为枢纽站①、换乘站②和中间站③等类型。

②场所导向型

场所导向型分类的依据主要是站点影响范围内的城市功能，具体可分为公共中心型站点、商业型站点、居住型站点等类型。这种分类体系将站点与站点周边的城市功能整合在一起，对站点影响区的用地布局与土地利用具有很强的指导意义。

2. 城市空间发展

（1）城市空间形态及其演变

城市空间形态受多种要素影响，与城市相关的各种要素都可成为其变量，而常用的形态变量有：政治因素、城市职能、区位条件、空间结构、道路交通、用地功能和地理、人文环境等，这些变量根据自身所占比重，相互叠加，相互作用，最后形成了城市基本的形态框架。

综合有关城市形态的研究，按照城市用地形态和道路骨架形式，我们可将城市形态分为两大类：集中式布局的城市空间形态和分散式布局的城市空

---

① 同时集中多种交通方式（如公交巴士、出租车、铁路、飞机等）、交换大量客流的车站。
② 两条及以上线路交叉处设置的车站，也包括始末站和折返站。
③ 同①。

间形态。集中式布局的城市空间形态包括网格状、环形放射状等，分散式布局的城市空间形态又包括组团状、带状、星状、环状、卫星状等[35]。不同的城市会由于自身的特点而形成不同的城市空间形态，同时，在城市不断地发展中，城市形态也可能会由于某些变量的改变而改变。研究国内外城市形态的演变并结合上一章城市交通与城市空间形态之间的关系，我们不难发现交通在城市形态形成与演变中占据极其重要的位置，尤其是轨道交通。

在城市发展历程中，人们对于合理城市形态的探索可以追溯到城市的产生，城市形态只有符合当时的城市发展大环境才能算是一个合理的形态，所以并没有一个永远合理的城市形态。在当前城市快速发展的时期，影响城市形态演变的新因素也在不断地出现，结合城市形态的探索历程及相关研究，我们可以总结出在当代合理的城市形态构建的过程中，应具有一个重要的特征——公共交通的引导，在有轨道交通的城市，轨道交通的引导效率显得尤为突出。

（2）城市空间结构及其演变

城市结构是城市功能活动的内在联系，是社会经济结构在土地使用上的投影，反映构成城市经济、社会、环境发展的主要要素，在一定时间形成的相互关联、相互影响与相互制约的关系[35]。城市的空间结构同样分为集中和分散两种形式。不同发展阶段的城市，其空间结构可能会有差别。一般来说，早期的城市是单中心集中式的空间结构，后来由于城市的扩张或由于其他限制条件，城市往往会呈现单中心、分散式组团状发展，其后各组团不断扩张、相融，城市又趋于单中心集中式的空间结构。最后，当城市达到一定规模时，为了解决城市过于拥挤的情况，城市结构又会趋于分散，形成单中心"大饼"式的空间结构或者多中心集约式的空间结构。

虽然不同规模的城市会有自己合适的空间结构，但是只要城市不断地发展，城市终将跨入最后的分散阶段，那么如何才能形成多中心集约式的空间结构，避免形成单中心摊大饼式的空间结构，以及如何保持这种多中心集约式的空间结构则是需要认真研究的问题。

3. 二者的互动关系

综合世界城市轨道交通发展的进程，轨道交通的建设受到城市政治、经济、科学技术、国际重大活动、城市空间结构形态等一系列因素的影响，反之，轨道交通的建设同样也会对这些因素的发展产生推动或引导作用，与之

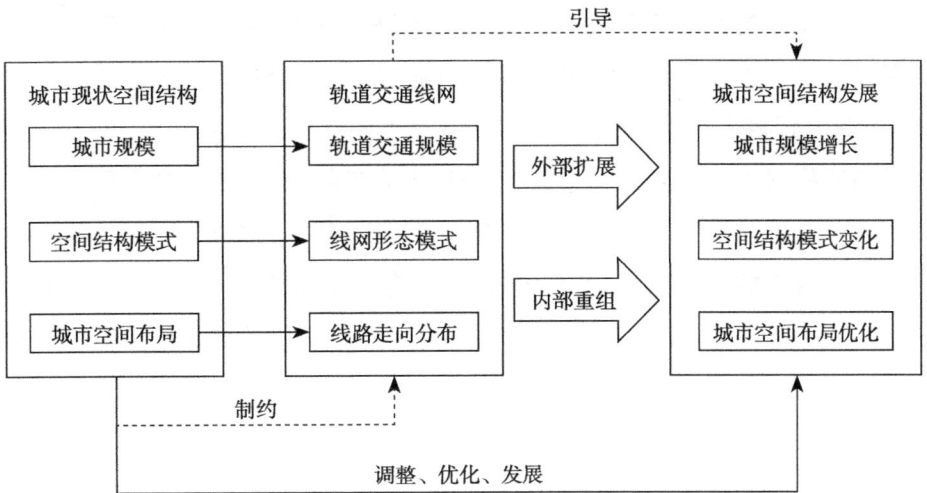

图2-21 轨道交通与城市空间结构发展间的互动关系
（来源：高长宽. 大城市轨道交通与城市空间结构发展的协调关系研究——以天津市为例[D]. 天津：天津大学，2011. ）

形成相互影响、相互促进的关系。其中，从城市空间与用地发展的角度，起主导作用的是轨道交通与城市空间结构形态的相互关系（图2-21）。

二者的关系可以分为正反两个方向[18]25：一个方向是以解决交通供给不足问题、符合现状最大客流的"客流追随型"（service-oriented development，SOD）模式。SOD模式是以轨道交通解决城市交通需求为目标，适应现有城市空间结构的轨道线网模式。在此模式下，轨道交通规划以疏导人流、缓解现有交通问题为目标，具有"线跟人走"的特征，是轨道交通规划以城市空间发展情况为依据的发展模式。

SOD模式的主要优点是基于城市交通现状进行交通线网的布局规划，可有效缓解城市拥堵现状并保障轨道建成后的客运量，风险较小、时效性强。该模式的主要缺陷是经营成本较高，可持续发展能力不足，首先是线网布局在城市建成区，拆迁成本和建设难度较高；二是建成区内土地资源有限，线网周边可开发用地不足或权属问题较为复杂，不利于长期发展；此外，在城市建成区内进行轨道交通施工，往往会给城市正常的运行带来一段时间的不利影响。

另一方向是引导土地开发导向、支持新区建设的"规划导向型"（transit-oriented development，TOD）模式。TOD模式是交通引导开发、城市空间发展适应轨道交通建设的轨道线网规划模式。在TOD模式下，要求城市空间发展以轨道交通的发展和完善为基础，轨道交通站点周边的各类功能的开发均以轨道交通发展的效益最大化为基本原则，最终实现城市的集约化和可持续发展。这种规划模式具有"人跟线走"的特征，是城市空间发展以轨道交通为依据的规划模式。

TOD模式强调围绕轨道交通建设进行土地综合利用，将复合多元的用地功能组织在以轨道交通站点为核心的社区步行环境中，从而为城市发展带来更好的社会效益、经济效益和环境效益。该模式的缺陷在于它是基于预测的规划模式，因此存在较大的不确定性。此外，由于轨道交通建成初期客流量较小，因此项目投入运营的近期经济、社会效益也不明显，线路开通后的一段时期内在线路运营方面也难以实现财务收支平衡。

这两个方向不具有固定的时间和阶段，根据不同城市的轨道交通与城市空间发展情况，可能出现单一或混合的关系类型，也有可能在二者共同发展的不同阶段产生各自不同的关系。因此，要根据城市空间发展的阶段性和服务范围的需求，对二者的次序进行协调。

2.3.3 轨道交通与土地利用的互动关系

1. 土地利用模式

城市土地利用模式主要分低密度分散式和高密度集约式两种，低密度分散模式是指城市土地利用用途单一、开发密度低、城市布局分散的一种城市土地利用模式。高密度集约模式是指城市土地利用综合化、多元化、土地利用密度高、城市布局集中的城市土地利用模式[36]。随着我国土地资源的日趋短缺以及对生态环境的越发重视，城市发展正从"增量扩张"向"优化存量"转型，城市土地的高密度集约式利用是实现城市可持续发展的重要方式。

以高密度集约土地利用为特征的城市土地开发，必将导致大量且集中分布的交通需求，从而要求与有高运载能力的交通模式相适应，如轨道交通。同时大运量交通的发展，又会促进站点周边土地的高密度集约化利用。

2. 城市土地的开发规模及其强度

城市土地的开发规模和强度决定着一个区域所能容纳的人口数，其主要受到环境承载力、配套设施的承载力和交通设施承载力等方面的影响。不同的城市以及不同的城市区域，都有一个合适的开发规模、强度的范围。如果开发强度过低则会导致城镇土地扩展速度过快，而开发强度过高则会导致城市环境质量下降。如何保证一个城市或一个区域避免这两种不良倾向，国内外的许多学者做过研究，如"TOD"开发模式便是一个城市土地开发的成功探索。

3. 城市用地功能布局

城市用地功能布局指的是不同使用性质的土地在空间上的设置与分布。一些城市或区域可能会由于自身资源特征专业化于一个或几个产业，使其用地功能单一，导致地区活力下降和安全问题的产生。在雅各布斯的《美国大城市的死与生》一书中我们可以很清楚地看到，20世纪美国城市中心区和社区因为用地功能单一所导致的衰退以及安全问题。然而在强调用地功能布局混合性的同时，用地功能布置的比例、用地间的相关度以及用地的分布位置也需要充分考虑。

4. 二者的互动关系

城市轨道交通与土地利用两者间是相互促进、相互协调的互动关系。轨道沿线土地利用直接影响轨道交通站点客流的覆盖率，对轨道的运营效益及运能的发挥有很大影响。而城市轨道交通的建设对城市土地利用影响主要表现为对沿线土地价值、土地使用性质和土地利用强度的影响（图2-22）。

城市轨道交通由于其大运量、快速、便捷的特征，会导致城市人口、资源、设施在空间上的重新分配。因此，轨道交通的发展建设必然对城市土地

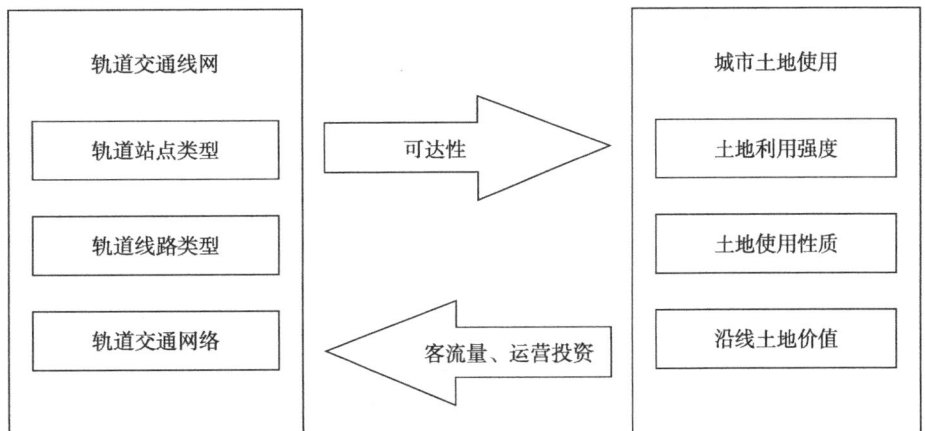

图2-22 轨道交通与城市土地利用间的互动关系
（来源：笔者自绘）

的利用产生深远影响。轨道交通线路对沿线，特别是站点周边的土地开发具有刺激性作用。一般来讲，城市轨道交通站点周边的土地会呈现高密度开发，甚至会带动轨道站点周边地下空间的开发，商业与其他公共设施也会根据人群的聚集情况进行布置。

由于轨道交通是站点周边土地开发的一个支撑条件，所以在轨道交通可达性的范围内，站点周边土地开发会呈现以轨道交通站点为中心，向心、集约和高密度的土地利用模式。同时依据城市地租理论，距离轨道交通站点越近的土地其租金越高，不同的用地功能会依据自身的要求来选择合适的位置。所以也促进了城市用地功能布局的优化。并且在当前城市建设的趋势中，围绕轨道交通的站点往往会采取"TOD"或与其相似的土地开发模式。即以轨道交通站点为中心，商业和服务设施围绕站点布置，形成社区中心，周围布置居住或其他建筑，不同规模的开放空间穿插其中，整个社区的开发强度由中心向外围逐渐降低。这种模式的土地开发不仅会促进土地的集约使用，同时进一步促进居民使用轨道交通。

2.4 轨道城市的建设与发展

"轨道城市"建设与发展不是一蹴而就的。"轨道城市"建设应该是通过结合轨道线网的支撑能力开展新城开发和城市更新工作，以轨道交通支撑能力来实施差别化的城市开发和管理政策，吸引居住人口及就业岗位不断向轨道站点影响区集聚，实现城市空间和用地发展的可持续。从而使"轨道城市"的建设与发展逐渐升级，让城市交通出行更加绿色、便捷和高效。

2.4.1 轨道城市的建设阶段

高密度的轨道线网并不是"轨道城市"的必要条件，"轨道城市"建设的重点在于建立起以轨道为核心的居住、就业的生活方式。住房和城乡建设部发布的《城市轨道沿线地区规划设计导则》中也对相关内容做出了明确的要求：轨道影响区内，应以高密度的就业及居住安排为目标安排城市功能，力争轨道引导的城市新建地区达到50%以上的居住人口和通勤交通需求分布在轨道影响区范围内。一般来说可以将轨道站点影响区范围内的居住人口和就业岗位覆盖率①作为指标以衡量轨道城市建设所处的发展阶段。

通过对香港、新加坡、深圳和武汉城市轨道站点人口和岗位覆盖率的对比研究（表2-4），总结不同轨道交通建设阶段与城市人口岗位覆盖率目标的相互关系，大致可以分为轨道建成初始期（30%左右人口和岗位聚集度）、轨道成熟期（50%以上人口和岗位聚集度）以及轨道主导期（70%以上人口和岗位聚集度）三个阶段（图2-23）。国内大部分城市都处于轨道建成初始期的阶段，以深圳轨道建设的现状水平为例，轨道站点影响区人口和岗位覆盖率都在30%左右的阶段；在后续的城市规划建设中，轨道引导城市用地发展的模式逐渐提升为成熟期，将会达到50%左右的人口和岗位覆盖率，目前香港的轨道建设正处于这个阶段。轨道主导期的"轨道城市"的人口和岗位覆盖率应达到70%以上，现状新加坡就是以轨道交通为主要出行方式的这类城市代表。

不同城市不同阶段轨道影响区范围人口和岗位覆盖率情况　表2-4

城市	现在水平（2015年）	未来规划目标
深圳	34%人口和39%岗位覆盖率	60%左右的人口和岗位覆盖率
香港	50%左右的人口和岗位覆盖率	70%的人口和80%的岗位覆盖率
新加坡	80%左右的人口和岗位覆盖率	90%左右的人口和岗位覆盖率

（来源：笔者自绘）

对于我国而言，绝大部分建设轨道交通的大城市，轨道站点影响区内人口和岗位覆盖率都在30%左右，不少城市还停留在轨道建成初始期。这种情况不利于发挥轨道交通作为大容量运输工具的优势，从轨道运营的角度也不利于轨道交通建设的资本回收，同时也是对轨道交通运输资源的浪费。轨道主导期的"轨道城市"东京，充分利用了轨道交通给城市带来的外部效益，结合轨道交通的高承载力在站点周边进行了高密度的城市开发。大丸有地区是东京千代田区最核心的CBD功能区，是大手町、丸之内和有乐町的结合体。该区域的核心为东京站，是日本多条铁道路线的起点站，也是东京主

---

① 用轨道交通站点影响区范围（站点周边500m）涵盖的居住人口和就业岗位数与城市总人口和总就业岗位数的比值。

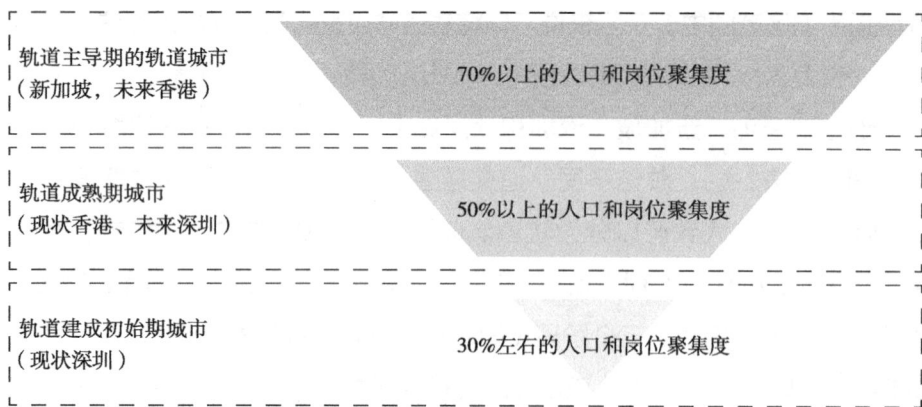

图2-23　不同轨道建设时期对影响区人口岗位覆盖率要求
（来源：笔者自绘）

要的大型车站之一。大丸有总面积1.2km²，占市区面积的0.5%，目前容积率为6.8左右，指定容积率①达到13，目前仍在翻新建设中。高容积率、高密度的大丸有地区集聚了大量的居住和就业岗位，现有工作人口达到23.1万人（平均就业密度为192500人/km²），这意味着该CBD地区的就业机会占整个东京市（非东京都）的29%。大丸有地区是日本本国和国外大部分企业总部所在的综合性商务中心，也是亚洲最重要的国际商业中心之一[37]。而我国建设轨道的城市在依托轨道进行差异化城市开发和更新上还有很大的提升空间，站点周边土地开发效益没有充分挖掘，城市轨道站点土地再开发困难重重，居住人口和就业岗位分散等一系列的问题是轨道建设引导城市空间和土地可持续发展的巨大阻力，是"轨道城市"建设的难点，也是推进我国"轨道城市"建设向下一阶段发展的主要努力方向。

2.4.2　轨道城市的发展目标

　　"轨道城市"发展是打造以轨道为核心的居住、就业和生活方式为目标，实现未来的城市或将成为一座轨道上的城市，以支撑城市的可持续发展。"轨道城市"的发展是解决高密度人居环境城市交通问题的唯一途径，也是打造人本城市的有效途径。
　　作为"轨道城市"的发展目标，今后应朝着以下4个方向努力，共同推

———————————

① 指定的容积率的上限，即建筑总面积与地基面积的比率。

进"轨道城市"的建设。

1. 快速组网，推动轨道网络化

（1）按照统筹衔接、经济适用、便捷高效和安全可靠的原则，突出轨道交通的前瞻性布局、一体化衔接和引领式发展，切实发挥轨道交通在城市空间发展和用地布局中的引领作用。

（2）网状推动轨道发展，使轨道交通快速形成网络化，以迅速改善大城市交通出行的便捷性，更好地发挥轨道交通的网络效应。

2. 汇聚客流，提升轨道交通活力

（1）加大轨道沿线地块开发容量。以轨道站点为中心，梳理出轨道站点影响区范围内的土地，形成轨道社区。通过提高轨道站点开发容量，增加轨道线路客流的产生和吸引，对轨道交通的运行活力形成有效保护和提升。

（2）重新审视轨道站点综合开发方式。加大综合开发地块的功能复合度，编撰适用于"轨道城市"的相关技术规定，在保证日照、消防等基本要求的条件下，调整容积率、建筑高度、功能复合度等要素，以利于产生客流、吸引客流和促进客流流动。

（3）将自带流量属性的公共服务配套设施向轨道站点聚集，特别是向轨道枢纽聚集。利用公共服务设施吸引客流量大的特点，将之作为"轨道城市"的重要活力源。通过公共服务设施的客流吸引，也增大了轨道线网客流量，持续为轨道线路的运营输送客流，促进流量增加，提高轨道交通的运营效益。

3. 统筹衔接，重建公共交通体系

（1）充分运用现代信息技术，推进各种交通方式统筹衔接、信息共享，通过"互联网+轨道交通"，打造智慧轨道和"零距离"换乘的综合客运枢纽，实现市内市外交通无缝化连接，站内站外换乘一体化衔接，形成分工合理、衔接顺畅、高效智能的城市公共交通网络。

（2）改变交通组织方式，重建公共交通体系。建立以轨道交通为主导，常规公交为补充，小汽车为高端服务，慢行交通便捷渗透的轨道公交体系。构建枢纽化的轨道站点，以轨道站点为基础，结合常规公交首末站、出租车临停点、慢行交通设施，统一规划、设计和建设，使换乘体验更舒适便捷。

（3）以轨道站点为中心，调整常规公交线网。取消原有长距离跨区域公交线路，以轨道站点为中心辐射、常规公交连接、慢行系统换乘，形成轨道站点影响区域及更大范围的轨道交通客流腹地，源源不断地为轨道交通输送客流。

4．物业支撑，实现轨道运营的可持续发展

（1）由于轨道交通具有较强正外部性，建设需要大量资金，且短期盈利不足，仅靠财政投资及以政府信用担保的建设融资方式，无法支持短期内大规模建设的特点，因此，应通过轨道交通建设所产生的土地溢价，来反哺轨道交通建设资金缺口，并确保轨道交通系统经营的可持续发展。

（2）"轨道交通+物业"综合开发被证明是解决这一挑战的最佳模式。因此应快速推进轨道沿线地块的物业发展，沿线地块物业在轨道运营的同时，也能同步做到完成招商入驻和运营，以实现轨道运营整体效益的最大化。

（3）进一步明确轨道交通投融资机制的开发策略，物业用地的取得方式及相应的法律基础、技术条件、障碍等，提出具体可操作性的实施细则，为轨道交通可持续发展提供法规政策支持。

我国整体上呈现人口众多、土地资源紧张的特点，尤其是城市人口密度高、城市建设环境容量大，城市具有显著的高密度人居环境的特征。在这种高密度的人居环境下，我国城市轨道交通的建设并没有达到解决交通问题的效果，交通拥堵仍在不断增加，城市交通效率低下和环境污染等问题依然普遍存在。因此，如何推进"轨道城市"的发展进程，实现"轨道城市"发展的目标，让城市更加宜人、绿色和高效是我们急需思考和研究的问题。

参考文献

[1] 2018年统计报告. 中国城市轨道交通协会

[2] 王辉. 城市轨道交通线网规划与综合评价研究[D]. 重庆：重庆交通学院，2004.

[3] 任利剑. 城市轨道交通系统与城市功能组织协调发展研究——以天津市为例[D]. 天津：天津大学，2014.

[4] 杨文博. 基于经络学原理的城市交通廊道功能复合研究[D]. 哈尔滨：哈尔滨工业大学，2013.

[5] 布罗. 土地使用与城市交通规划[J]. 国际城市规划，1996（2）：2-10.

[6] 田莉. 快速轨道交通沿线的土地利用研究[J]. 现代城市研究，1999（3）：26-29.

[7] 边经卫. 城市轨道交通与城市空间形态模式选择[J]. 城市交通，2009，7（05）：40-44.

[8] 黄建中. 我国特大城市用地发展与客运交通模式研究[D]. 上海：同济大学，2003.

[9] 王东，钱寒峰. 基于轨道城市发展理念的武汉轨道线网规划[J]. 综合运输，2018，40（01）：87-94.

[10] 厦门市城市规划设计研究院. 面向土地使用的轨道交通规划研究——以厦门实践为例[M]. 北京：中国建筑工业出版社，2017：46-51.

[11] 张道海，刘龙胜，江捷. 东京轨道分担率为何如此之高？[C]//中国城市交通规划2012年年会暨第26次学术研讨会论文集——公交优先与缓堵对策. 2012.

[12] 刘龙胜，杜建华，张道海. 轨道上的世界——东京都市圈城市和交通研究[M]. 北京：人民交通出版社，2013：135-144.

[13] 小而美的新加坡 如何让城市交通井井有条[OL]. http：//news. sina. com. cn/c/2017-06-05/doc-ifyfuvpm7412535. shtml

[14] 邹伟勇. 新加坡新镇轨道站点TOD开发对广州近郊新区规划启示[J]. 南方建筑，2015（04）：36-43.

[15] 李道勇，运迎霞，董艳霞. 轨道交通导向的大都市区空间整合与新城发展——新加坡相关建设经验与启示[J]. 城市发展研究，2013，20（06）：148-151.

[16] 郑捷奋，刘洪玉. 新加坡城市交通与土地的综合发展模式[J]. 铁道运输与经济，2003（11）：4-7.

[17] 李道勇，运迎霞，任晶晶. 多中心视角下大都市区轨道交通与新城的协调发展——巴黎相关建设经验启示[J]. 城市发展研究，2013，20（11）：81-86，106

[18] 高长宽. 大城市轨道交通与城市空间结构发展的协调关系研究——以天津市为例[D]. 天津：天津大学，2011.

[19] 王宇宁，运迎霞，高长宽. 轨道交通影响下大城市边缘城镇发展模式研究——巴黎和天津的对比分析[J]. 城市规划，2017，41（01）：40-44，88.

[20] 王治，叶霞飞. 国内外典型城市基于轨道交通的"交通引导发展"模式研究[J]. 城市轨道交通研究，2009，12（05）：1-5.

[21] 侯德劭. 斯德哥尔摩"公交都市"发展模式对奉贤区交通发展的启示[J]. 交通与运输，2014，30（03）：17-19.

[22] Wheeler S M. The Transit Metropolis：A Global Inquiry by Robert Cervero[J]. Philosophy，2000，19（1）：107-109.

[23] 徐巨洲. 斯德哥尔摩城市规划印象——访瑞典随记[J]. 国外城市规划，1992（04）.

[24] 赵虎，李迎成，倪剑波. 特大城市快速公共客运走廊地区规划刍议——基于探寻职住平衡调控有效空间载体的视角[J]. 城市规划，2015, 39（01）：35-40.

[25] 冯浚，徐康明. 哥本哈根TOD模式研究[J]. 城市交通，2006（02）：41-46.

[26] 刘海洲，周涛，高志刚. 城市轨道交通规划建设"香港模式"的成功经验[J]. 城市轨道交通研究，2011, 14（12）：94-97.

[27] 张临辉，李朝阳，李俊果. 香港轨道交通枢纽简析及启示[J]. 城市轨道交通研究，2011, 14（01）：11-15, 19.

[28] 舒慧琴，石小法. 东京都市圈轨道交通系统对城市空间结构发展的影响[J]. 国际城市规划，2008（03）：105-109.

[29] 刘倩男. 城市轨道交通与沿线土地协调开发策略研究——以天津运营地铁1号线为例[D]. 天津：天津大学，2012.

[30] 王宇. 轨道交通与土地利用的协调关系研究[D]. 北京：北京交通大学，2012.

[31] GB/T 50833-2012. 城市轨道交通工程基本术语标准[S]. 北京：中国建筑工业出版社，2012.

[32] 马超群. 城市轨道交通网络规划理论与方法研究[D]. 西安：长安大学，2007.

[33] 钱堃. 城市轨道交通客流强度特征和换乘组织研究[D]. 北京：北京交通大学，2015.

[34] 蔡朝阳，张茜. 城市轨道交通站点分类及用地开发研究——以天津市地铁2，3，5，6号线为例[J]. 居业，2017（6）：69-70.

[35] 李德华. 城市规划原理[M]. 3版. 北京：中国建筑工业出版社，2001.

[36] 周素红，阎小培. 城市交通与土地利用关系研究的进展[J]. 规划师，2005,（3）：58-62.

[37] 周辉宇. 中日高密度功能区与城市交通协调发展比较研究——以北京东京为例[J]. 现代城市研究，2015（3）：9-15.

第三章

轨道线网与城市中心体系

许多城市虽然意识到轨道交通在缓解城市交通拥堵上的作用，但忽视了轨道交通对城市空间结构的引导作用，没有利用轨道交通建设优化城市空间结构，从源头上缓解城市交通拥堵问题。

　　本章基于轨道交通线网层面，以轨道交通枢纽与城市中心体系为研究对象，首先，基于二者相互作用原理，模拟轨道交通枢纽与城市中心体系互动作用机制；其次，基于双系统耦合发展内涵与耦合规律，建立轨道线网与城市中心体系耦合发展作用模型；第三，通过设计耦合评价体系，量化轨道交通线网与城市中心体系耦合程度；第四，构建轨道交通线网与城市中心体系耦合发展模式，引导城市空间结构与轨道交通协调发展。

3.1 轨道线网与城市中心体系互动作用机制

3.1.1 轨道线网对城市中心体系作用机理

对城市中心区来说，有效的公共交通是其持续发展的基本条件。有研究表明，无论常规公交系统如何组织运行，实际客运量最大也只能达到单向每小时2万人次，当沿城市主要发展轴的客运量达到该数值时，就会阻碍城市中心区的持续发展[1]142。轨道交通具有大容量、快速准确、安全性高的特点，通过规划建设轨道交通可以缓解大城市交通需求困境，推动城市中心区的发展。而轨道交通正好可以弥补常规公交系统的不足，其对城市中心体系的作用主要表现在以下三个方面。

1. 提升地块活力

常规公交系统往往无法承担高强度开发的城市中心区地段的巨大交通需求，并导致城市中心区面临严重的交通拥堵问题，中心区吸引力逐渐降低。轨道交通具有大容量、高效、快速等一系列优点，可以承担中心区大部分的客运量，快速分散市中心的客流，有效解决市中心的交通拥堵问题[2]。

轨道交通枢纽是指轨道交通线路交汇处、衔接处形成的换乘站点，是普通轨道交通站点中的高级别站点。轨道交通枢纽往往承载着相对普通站点更大的客流量与出行分布，因此，随着轨道交通的运营，轨道交通枢纽周边地块的可达性增加，枢纽站对周边地区的吸引力得到提升，周边地块活力增强，从而促进原城市中心的改善或形成新的城市中心。

如日本涩谷站是连接8条轨道线路的综合枢纽站，日均乘客数约242万人次，是日本第4大车站。涩谷站所处地块原先由于线路所属不同且建造时期不一，存在换乘不便等交通问题，周边存在一定的消极空间及中心颓败景象。涩谷站更新项目将现有8条线路及站位加以优化，并利用重新整合的城市用地新建高层建筑，通过竖向设计将轨道交通枢纽、城市公共设施、私有

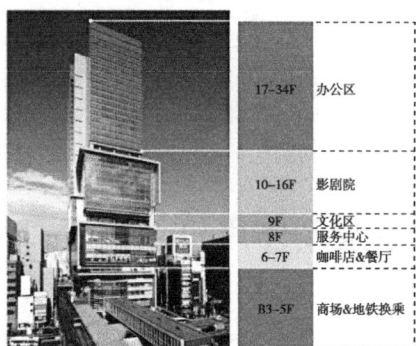

图3-1　涩谷站综合体设计
（来源：笔者自绘）

图3-2　涩谷站人流
（来源：视觉中国）

物业一体化建设（图3-1），形成舒适便捷的步行网络，以多层次步行空间连接交通空间与城市空间；将交通换乘、休憩逗留、商业娱乐等各种功能叠加，使单一目的性的"人流"转化为多重目的性的"人留"，构筑以轨道交通为中心、高步行环游性的活力城区；以功能复合化与空间多元化为媒介，塑造丰富城市生活以提升城市活力，创造富有震撼力的城市形象枢纽。多种功能在涩谷站周边地区高度复合促使涩谷站区成为一个全时段的活力城区，无论是白天还是黑夜，工作日还是节假日，具有不同行为目的的人流在此穿行、停留、聚集，成功塑造活力涩谷中心的新形象（图3-2）。

2. 改变土地利用

伴随轨道交通周边地块可达性与吸引力的提升，站点周边一定范围内的土地利用将会产生较大改变。主要体现在土地价值的提升、开发强度的增加与用地性质的改变三方面。

（1）土地价值提升

轨道交通枢纽在轨道线网中具有重要作用，其承载的较高出行量为其周边用地带来更多活力与吸引力，并通过土地价格的上升表现出来。上海的有关调查表明，在影响房价的三大因素（轨道交通、大型绿地周边、滨水）中，85%的购房者最先考虑的因素就是选择轨道交通站点周边楼盘[3]。同济大学叶霞飞教授通过调查1991～2000年间上海地铁1号线莘庄站至漕宝路站线路沿线的房价数据发现，上海地铁1号线对城市边缘沿线车站2km圈内的房价产生了巨大影响。以枢纽站莘庄站为例，1991年莘庄站附近2km圈内平均房价为600元/m²，而2km圈外平均房价为929元/m²，但从1992年开

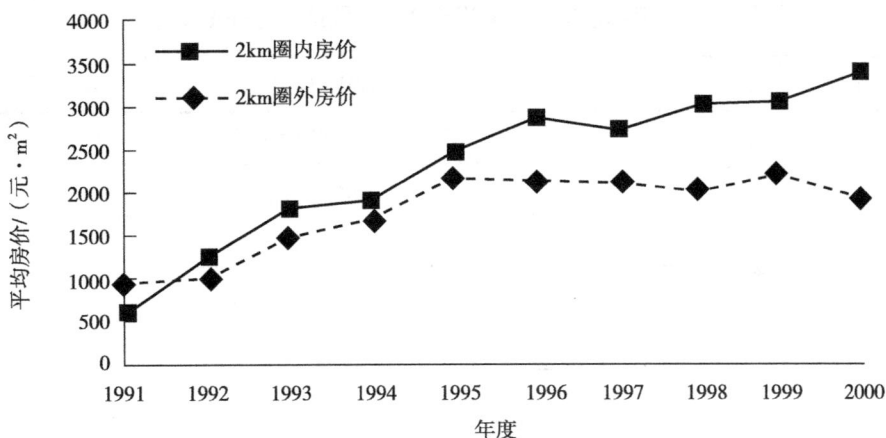

图3-3 1991~2000年间上海莘庄站2km圈内外多层平均房价变化
（来源：叶霞飞，蔡蔚. 城市轨道交通开发利益的计算方法[J]. 同济大学学报，2002（04）.）

始，莘庄站2km圈内的多层住宅房价开始显著高于圈外房价，而且其上升趋势要强于圈外房价（图3-3），因此认为地铁1号线的建设及运营对莘庄站附近的房价产生了重要影响[4]。

（2）开发强度增加

目前我国许多城市面临着城市建设用地有限，而人口却高度密集的困境。截至2016年，我国全国城市人均建设用地面积为112.43m²，而北京、上海、重庆等城市人均城市建设用地面积却低于80m²[5]。在城市有限的空间内要布置居住、商用、工业、交通等满足城市日常运转的基本用地，必然导致人均道路用地和城市绿地的减少。轨道交通不仅比其他常规交通占地少，且运输能力更强、更快、更准时。因此，通过建设轨道交通，可有效促进城市人口在轨道交通线路两侧聚集，促进沿线土地高强度开发与利用，促进城市用地集约化和居住环境的改善[6]。

例如，日本东京在"第三次东京都长远发展计划"中提出，基于轨道交通枢纽打造高强度开发的城市中心区，东京各级轨道交通枢纽周边用地均采用了高强度开发的模式（表3-1）；香港通过在轨道交通站周围形成商业和办公中心，聚集了全香港70%的人口，位于市郊的奥运站、青衣站和东涌站的开发强度超过4.0，位于市中心的香港站和九龙站开发强度更大（表3-2）[7]。

日本东京各级轨道交通枢纽周边用地开发强度 表3-1

地段	枢纽	土地用途	开发强度
一级中心	银座	娱乐、零售、商业为主	10~15
	新宿	商业、饮食、文化、娱乐为主	10~15
	涩谷	商业、饮食、文化、娱乐为主	9.5~12
	池袋	商业、饮食、文化、娱乐为主	10.5~12
二级中心	上野	商业、饮食为主	8~10
	浅草	商业、饮食为主	8~10
三级中心	中野	商业、饮食为主	5~8

(来源：甘勇华. 城市轨道交通枢纽综合开发模式研究[D]. 武汉：华中科技大学，2011.)

香港轨道站点及非轨道站点周边土地最大容积率对比[8] 表3-2

交通状况	定位	地段	最大容积率
轨道站点周边	一级商务中心	中环	12~15
	二级商务中心	尖沙咀	10~12
	零售商业中心	铜锣湾	12~15
	新市镇中心	荃湾	9.5
	住宅区中心	九龙湾	12
	一般住宅区	奥运、九龙	8
		西湾河	6
		荔枝角	7.5
非轨道站点周边	中心区附近	坚尼地域	5
	新市镇	新界、西贡	3

(来源：廖骏. 城市轨道交通站点周边土地利用优化策略研究[D]. 成都：西南交通大学，2012.)

（3）用地性质变化

由于轨道交通可缩短人们的出行时间，因此可使城市居住、商业、工业等功能在地理空间上分散开，使工业区从市中心撤离，住宅和商业设施的用地需求将增加。因此，城市轨道交通沿线的土地利用类型也将根据市场规则而变化。

如学者通过研究北京市轨道交通沿线土地利用发展规律发现，从站点往外，居住用地比例呈现先增加后下降的趋势，商业办公金融用地比例呈现逐

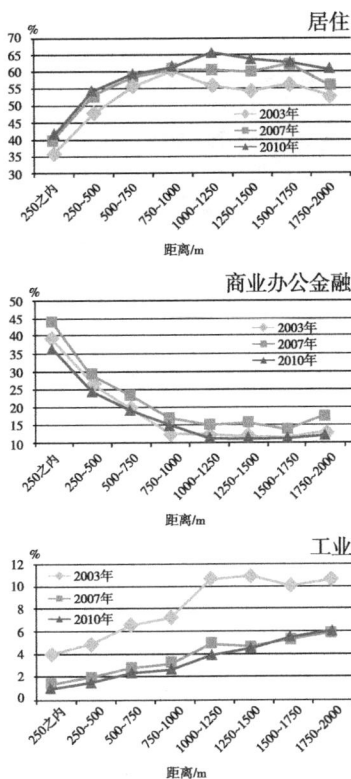

图3-4 北京市轨道交通站点周边用地比例变化示意图
(来源：姚智胜，熊志华. 北京城市轨道交通沿线土地利用发展规律研究[J]. 现代城市轨道交通，2015（04）.)

渐下降趋势，而工业仓储用地比例呈现逐渐增加的趋势（图3-4）[9]。

3. 引导空间结构

我国城市中心区往往采用传统的混合用地发展模式，从而导致中心区面临人口高度聚集、业态过于集中、交通出行拥堵等一系列发展阻碍。常规的交通出行方式由于出行时间和出行成本的限制，制约了出行距离，不利于城市空间的有机疏散。轨道交通可以克服常规公交的一系列运输能力的不足，引导城市空间结构优化与重组，具体表现在引导城市规模增长和城市形态变化两个方面。

首先表现为引导城市规模增长。由于轨道交通大大降低了人们的出行时间成本，越来越多的人选择居住在城市外围片区以获得相对城市中心区较低的居住成本，因此，城市逐渐选择在城市外围的轨道交通站点区域建设新城或卫星城，引导人口和城市功能疏散，城市新区人口规模增长，城市用地规模增加。如巴黎通过轨道交通建设，引导人口往城市新区迁移，经过半个世纪的发展，老城区承载人口由280万人降低至220万人，而外围新城区则承载超过400万的人口；城区面积远小于郊区面积，城郊用地规模之比达1：15（表3-3）。

其次，引导城市形态变化。轨道交通引导下的城

巴黎城市用地规模与人口规模数据[10]　　　　　　　　　表3-3

	CBD	内城区	外城区	郊区	周边地区	总面积/总居住人口
面积（km²）	23	82	650	11257	145645	157657
人口（千人）	246	2152	3989	4520	10661	21568

（来源：吴雪明. 世界城市的空间形态和人口分布——伦敦、巴黎、纽约、东京的比较及对上海的模拟[J]. 世界经济研究，2015（04）.）

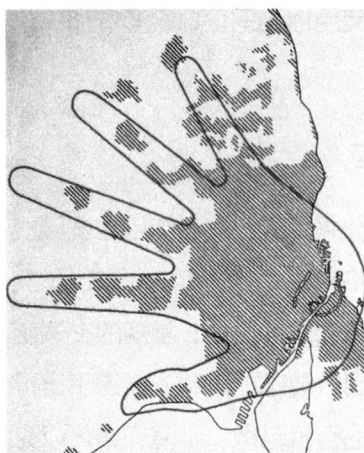

图3-5　哥本哈根指状规划
（来源：https://baike.baidu.com/item/）

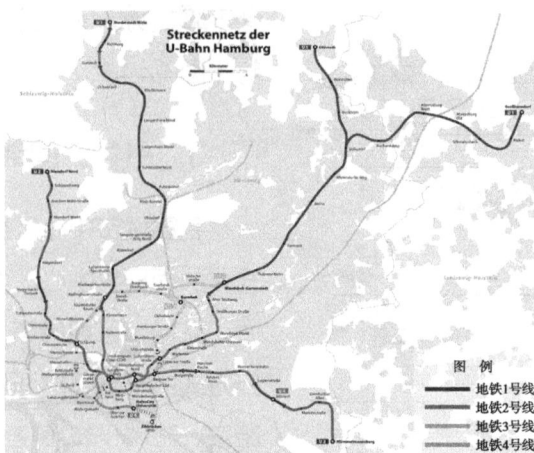

Streckennetz der
U-Bahn Hamburg

图例
地铁1号线
地铁2号线
地铁3号线
地铁4号线

图3-6　汉堡地铁线路图
（来源：地铁线路图https://www.dir126.com/p/503）

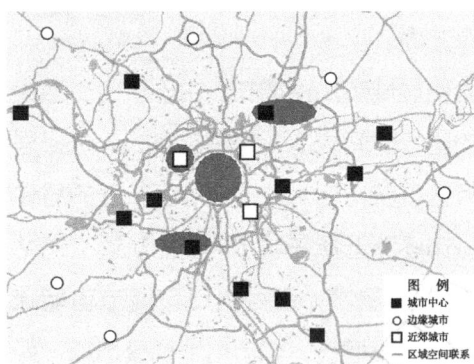

图例
■ 城市中心
○ 边缘城市
□ 近郊城市
— 区域空间联系

图3-7　巴黎组团式发展
（来源：曾刚，王琛．巴黎地区的发展与规划[J]．国外
城市规划，2004（05）．）

图例
● 城市主核
● 城市副中心

图3-8　东京"一核七心"结构
（来源：笔者自绘）

市形态变化主要表现为"轴向发展"和"组团式发展"两种方式[1]。"轴向发展"的典型城市有哥本哈根、斯德哥尔摩、汉堡等。如哥本哈根依托5条交通发展轴线，引导城市发展形成带状新城（图3-5）[11]；德国汉堡自1919年开始，便在城市总体规划中明确城市的发展布局是沿交通轴线呈放射状发展，这一构思一直延续至今（图3-6）[12]。"组团式发展"的典型城市有伦敦、巴黎、东京等。如巴黎提出在郊区和新城市化地区结合轨道交通站点规划多功能城市中心，引导城市由"单中心"结构向"多中心"结构转变（图3-7）[13]；东京利用由主中心散发出的"放射状"地铁线与外围"环状"JR山手线构成主要轨道交通线网，形成"一核七心"的城市空间结构（图3-8）。

随着我国城市化水平的不断提升，大城市人口规模持续上涨、城市建设用地不断扩张，传统"单中心"城市发展模式逐渐无法满足城市的实际发展需求，因此在规划建设城市副中心时，有效利用轨道交通对城市产生的影响，合理规划轨道交通线网与城市中心体系的关系，利用枢纽站点打造城市副中心，结合轨道线路形成城市发展轴线，将轨道交通线网作为城市发展骨架，可促进城市空间结构与轨道交通结构协调互助式发展。

3.1.2 城市中心体系对轨道线网作用机理

对轨道交通来说，其线网结构往往成为城市发展的基本骨架。在轨道交通线网布局阶段，需要结合城市不同片区交通出行需求进行相应的规划布置。城市中心体系由城市各级中心区有机组成，中心区与中心区之间、中心区与城市普通用地之间、普通用地与普通用地之间的联系会产生不同的交通需求，其对轨道交通产生的影响主要体现在影响交通出行需求、影响交通出行距离和影响轨道交通线网结构三个方面。

1. 影响交通出行需求

城市中心区相对于城市中的其他片区，其用地性质往往呈多元复合的特征。城市中心区通过在有限的用地范围内聚集商业、商务、休闲、文化、展览等公共服务功能，成为城市主要出行目的地，吸引着城市主要的客流，因此面临着一定的交通压力。当常规交通无法满足城市中心区的客运流通后，轨道交通的规划建设就被提上日程。轨道交通枢纽相对轨道交通普通站点是汇集了多条轨道交通线路的高级别换乘站点，其提供更多交通出行目的地选择，因此，可以解决更多的交通出行需求。所以，城市中心区由于其高吸引力的特征，产生了较高的交通出行需求，从而推动了轨道交通的规划建设与轨道交通枢纽的选址与布局。

例如，通过统计分析上海轨道交通客流空间分布数据得知，中心城内部轨道交通客流＞进出中心城客流＞城市外围客流（图3-9）[14]。对上海轨道交通1号线每个站点的日进出站客流量统计发现，进出站客流量较高的轨道站点基本地处城市中心区[15]（图3-10）。

2. 影响交通出行距离

随着城市化进程的不断发展，我国许多城市人口和用地规模不断上升，城市用地开始向外蔓延。为缓解城市原中心区面临的一系列发展瓶颈，许多

图3-9　上海各区域间轨道交通客流量示意
（来源：王波. 上海轨道交通客流空间分布特征分析[J]. 交通与运
输，2016（01）.）

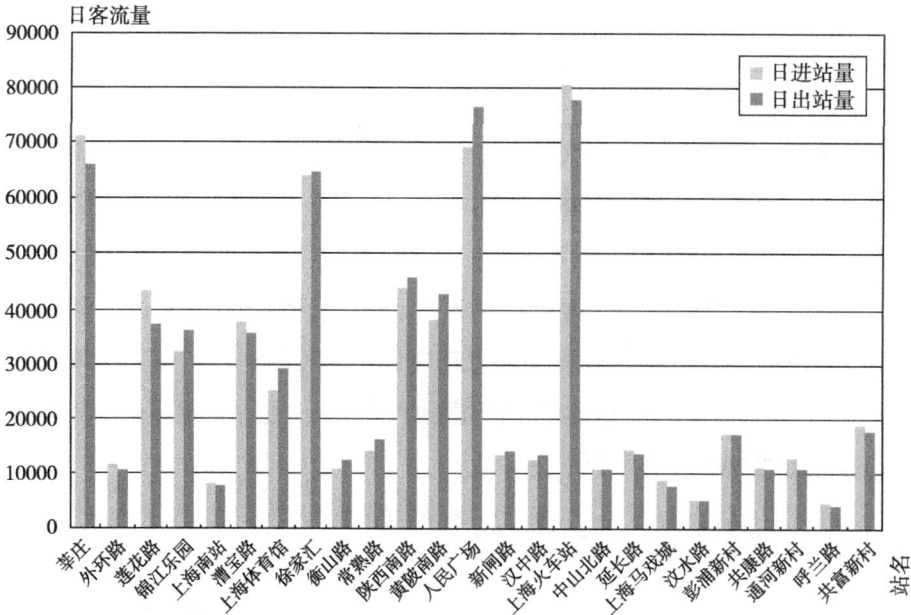

图3-10　上海1号线各站客流量（2006年4月）
（来源：方礼君. 城市轨道交通客流相关问题研究[D]. 上海：同济大学，2008.）

城市开始进行城市中心体系的转型，由单中心城市逐渐向双中心、多中心城市过渡发展。

城市原中心区因开发年代较为久远，土地功能较为复合，长时间以来一直承担着城市的主要交通出行，城市中心区在高峰时刻常常面临交通拥堵问题甚至交通瘫痪现象。规划建设城市新中心区可以缓解城市原有中心区的压力，引导城市中心体系合理转型。从空间结构角度分析，城市新中心的选址一般会距离原中心一定的空间距离，以保证新中心在发展初期不会受原中心影响而无法形成[16]36。如斯德哥尔摩在"战后"新城规划建设中，明确以公共交通为导向打造"大分散、小集中"的土地利用模式，其规划的新城一般都离斯德哥尔摩市中心城区10km以上的空间距离（表3-4）[17]。

斯德哥尔摩新城区位条件

表3-4

	新城	同中心城区的空间关系	同轨道交通系统的关系
第一代新城	Vallingby	位于市中心以西13km处	与西段地铁系统相连（T19）
	Farsta	位于市中心以南22km处	地铁线南端的终点站（T18）
	Skarholmen	位于市中心西南方向14km处	与西南段地铁系统相连（T13）
第二代新城	Spanga	位于市中心西北方向12km处	与西北段地铁系统相连（T10）
	Kista	位于市中心西北方向16km处，并处于通往国际机场及Uppsala大学城的主要干道上	与西北段地铁系统相连（T11）
	skarpnack	位于市中心以南10km处	地铁线东南端的终点站（T17）

（来源：吴晓. 斯德哥尔摩战后新城的规划建设及其启示[J]. 华中建筑，2008（09）.）

单中心城市的交通路网往往是在城市中心区地段高密度布置，在城市外围片区路网密度较低，新中心的形成需要有力的交通条件支撑。轨道交通时速往往分布在60～80km/h区间，在缓解出行距离过长、支撑新城开发建设上具有较强的可操作性。

3. 影响交通空间结构

轨道交通的客流具有时空特征。在时间方面，根据研究表明，轨道交通客流在高峰时刻与非高峰时刻、周末与工作日、节假日与平时存在显著的客流差异，具体表现为一天内的轨道交通客流数据存在潮汐现象，呈驼峰状分布；在一周内，工作日的轨道交通客流存在明显早晚进出站高峰现象，而周末的客流则相对均衡；一年内，国家法定节假日、旅游日等轨道交通客流数据有明显上升趋势。在空间方面，轨道交通站点的区位不同，其承载的交通出行量也存在差异，研究表明中心城区的客流高于城市外围的客流；此外，站点周边用地性质对人流的吸引程度也影响着轨道站点的客流强度，如居住、商业、办公等功能对人流有集聚效应，而工业用地等对人流具有排斥性；轨道线路性质不同，其承载的交通运输功能不同，产生的客流强度也不同：如穿越城市中心区的直径线其客流分布呈"纺锤形"，表现为两头低，中间高的规律；而呈放射状的郊区线路则呈"楔形"，两头的客流差异较大；中心区环线因同时满足集散和换乘功能，其客流分布较为均质[18]。

城市中心体系指的是一个城市中，由不同主导职能、不同等级规模、不同服务范围的中心区集合构成的联系密切、互相依存的有机整体[16]34。城市中心体系是一个系统，在微观层面，其内部的各中心区存在等级性与差异性，对人流的吸引力度不同，产生的交通需求不同；在宏观层面，城市中心区不是独立发展的，中心区与中心区之间会产生轴向联系，中心区与城市普通片区之间会有信息流的交换，城市的主次发展廊道集聚了不同比例的居住与岗位，即对交通流向产生影响。因此，城市中心体系影响轨道交通的空间结构。轨道交通线网走向布局需与城市中心体系的要求相呼应，顺应城市发展方向，形成支撑城市发展的轨道交通结构。

3.1.3　轨道线网与城市中心体系互动作用因子

轨道交通与城市中心体系都是复杂的系统。在一维点状层面，轨道交通由无数个轨道交通站点组成，城市中心体系由各城市中心组成，点与点之间存在差异性，主要通过等级差异体现；在二维平面层面，轨道交通站点对其周边用地会产生一定范围的影响，城市中心区也存在边界，即作用存在一定影响范围；在三维网络层面，轨道线网和城市中心体系依据城市发展方向进行规划布局，结构特征通过布局模式体现。因此，研究轨道线网与城市中心体系互动作用因子分别从等级、影响范围和布局模式三方面进行。

1. 等级

（1）轨道交通枢纽分级

不同等级的轨道交通枢纽具备的交通运载能力不同，对城市产生的作用力度不同。国内目前针对轨道交通车站分级的相关研究较少，通过梳理国内几座城市轨道交通枢纽分级概况可以发现，北京、上海、广州、深圳等大城市对轨道交通枢纽分级主要依据衔接交通方式种类、衔接的轨道交通线路数和枢纽所在地的土地开发类型等指标[19]（表3-5）。

国内主要城市轨道交通枢纽分级概况　　　　　　　表3-5

城市	分级指标	分级概况和标准
北京	衔接方式种类； 衔接的轨道交通线路数	一级枢纽：与大型对外交通枢纽衔接的轨道交通枢纽； 二级枢纽：轨道交通线路之间的换乘枢纽，一级轨道交通与多条常规公交线路衔接的换乘枢纽； 三级枢纽：与常规公交站点衔接的轨道交通车站
广州	衔接的交通方式种类； 枢纽所在地的土地开发类型	客运枢纽站：与大型对外交通枢纽衔接的轨道交通枢纽； 公交枢纽站：位于大型常规公交枢纽、线路衔接处或CBD地区的轨道交通枢纽； 公交换乘站：与一般常规公交枢纽衔接处的轨道交通枢纽； 一般换乘站：与常规公交站点衔接处的轨道交通车站
深圳	衔接方式种类； 枢纽所在地的土地开发类型	综合换乘枢纽：位于大型常规公交枢纽及对外交通枢纽衔接处或对外口岸、城市主次中心的轨道交通枢纽； 大型换乘枢纽：位于常规公交站点衔接处或片区中心的轨道交通枢纽； 一般换乘站：与常规公交站点衔接处的轨道交通车站
上海	衔接的轨道交通线路数	大型换乘枢纽：三条市区级或两条市域级线路节点； 换乘车站：两条市区级线路衔接的节点； 一般车站：其他轨道交通车站

（来源：戴子文，谭国威，戴子龙. 城市轨道交通车站分类及等级划分研究[J]. 都市快轨交通，2016，29（04）.）

（2）城市中心体系分级

城市中心体系包含城市内部各中心区，各中心区在等级、职能、规模上存在差异，以在城市发展中达到分工明确的目的。一般认为城市中心体系由城市级中心和片区级中心组成，其中，城市级中心又可划分为主中心与副中心，呈现"城市主中心—城市副中心—片区级中心"的结构模式（表3-6）[16]34。

城市中心体系分级[20]　　　　　　　　表3-6

分级		地位	主要职能
城市级中心	主中心区	市级综合性公共中心	城市结构和功能的核心地区；主导职能为商业餐饮、商务办公、文化娱乐等
	副中心区	市级专业性公共中心	对主中心区起辅助职能，以某一类或两类市级专业性服务职能为主导
片区级中心		城市二级公共中心	片区内部服务功能的载体

（来源：崔桂籽. 轨道线网与城市中心体系耦合规划模式研究[C]//中国城市规划学会，杭州市人民政府. 共享与品质——2018中国城市规划年会论文集. 中国城市规划学会，2018.）

　　城市中心体系除了包括常规的城市级中心和片区级中心，近年来越来越多的城市中心区逐渐往更高级别发展。在某些联动发展的区域，区域主要城市的城市主中心逐渐发展成为区域级中心，辐射整个区域；此外，一些全球性城市的城市中心区功能十分复杂，包罗万象，其辐射强度是全球性的，如纽约、伦敦、巴黎等城市的中心区[21]。

2. 影响范围

（1）轨道交通影响范围

　　目前关于轨道交通站点影响范围界定的方式主要有三种（表3-7）：一是依据行业标准，如《城市轨道沿线地区规划设计导则的通知》中规定："轨道影响区"是指距离站点约500～800m，步行15min以内可以达到站点入口，与轨道功能紧密关联的地区；"轨道站点核心区"指距离站点约300～500m，与站点建筑和公共空间直接相连的街坊或开发地块。具体范围可以根据地形、现状用地条件、城市道路、河流水系、地块功能及用地完整性等实际情况进行调整。二是依据可达性原则，根据行人出行方式、出行速度、出行条件以及出行时间忍受度等条件进行影响范围的计算。如王检亮等提出利用零售力法则，建立不同交通接驳方式下轨道站点影响范围模型，确定枢纽站点步行影响范围内为高强度开发区域；自行车接驳范围内为中高强度开发区域；公交接驳范围内为中低强度开发区域[22]。三是基于轨道站点对周边土地开发产生影响随距离增加而衰减的原理，其空间衰减规律应满足随距离轨道站点距离增加用地开发强度逐渐降低，直至降低到城市平均开发强度（图3-11）。此方法需要收集体现轨道站点周边土地开发产生变化的相关数据，如开发强度变化、房价波动等，进行回归分析，从而划定轨道站点对其周边用地的具体影响范围。如潘海啸分别选取上海城市中心区、中心区边缘和城区外围的轨道交通站点进行轨道交通站点的距离与楼盘价格的回归分析，并得出中心区轨道站点影响区为600m，中心区边缘轨道站点影响区为1km，城区外围轨道站点影响区为2.8km的结论[23]。

轨道交通站点影响范围界定方法对比　　　　　　　　表3-7

划分依据	站点影响范围	优缺点
行业标准	影响区、核心区	从可达性和路网密度角度出发； 忽略了站点与站点之间的差异性
出行成本	步行影响范围 自行车接驳范围 公交接驳范围	考虑了不同接驳方式产生的影响范围差异； 忽略了站点与站点之间的差异性
空间衰减	中心区站点影响范围 城区边缘站点影响范围 城区外围站点影响范围	考虑到不同区位轨道站点影响力差异； 需要站点周边用地变化相关数据，仅适用于 轨道建成一定时期后的城市

（来源：笔者自绘）

　　影响轨道交通枢纽辐射能力的因素有很多，如轨道交通站间距、交通出行成本、轨道交通枢纽区位、轨道交通枢纽等级等。根据《城市道路交通规划设计规范》中公共交通站间距的规划标准，对含有各类公共交通方式的换乘枢纽来说，其影响区域在满足不超过两个车站间距的条件下，枢纽影响范围大概在500~1500m之间；从可达性角度分析，由于轨道交通枢纽作为高级别的轨道交通站点，可以提供更多的出行目的地选择，行人对枢纽站的出行时间忍耐程度比普通站点高，因此，轨道枢纽站对其周边土地的影响能力大于普通轨道站点；从区位角度分析，有学者研究发现，轨道交通枢纽站离市中心越远，其对周边用地的影响范围就越大[24]。这是由于市中心的开发已较成熟，周边用地受多因素综合影响，而市中心以外的新区由于开发程度较低，新区内的轨道枢纽站点成为对其周边土地产生影响的主要因素，因此，新区的枢纽站影响范围大于城市中心区的枢纽站影响范围；此外，不同等级的枢纽站影响范围应不同。枢纽等级不同，其承载的交通出行量存在差异，其在城市轨道交通线网结构中的地位不同，产生的影响范围不同。

　　目前国内外暂无有关轨道交通枢纽影响区界定的统一标准，因此，借鉴

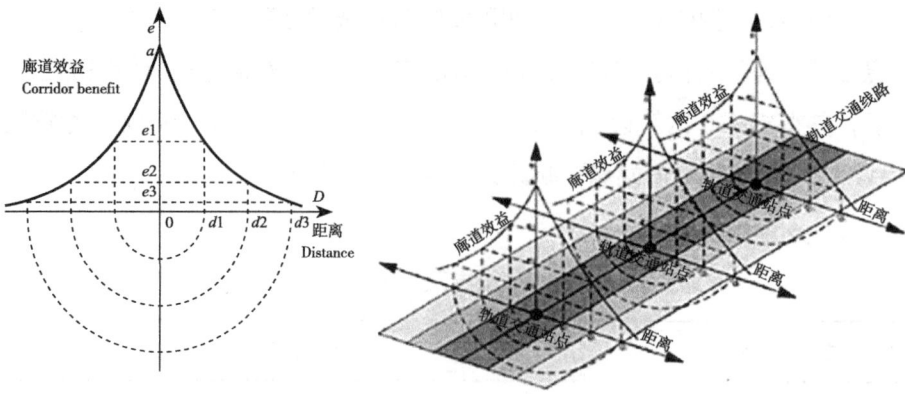

图3-11 城市廊道距离衰减函数曲线[25]
(来源: 宗跃光. 城市景观生态规划中的廊道效应研究——以北京市区为例[J]. 生态学报, 1999, 19 (02).)

轨道交通站点影响区的界定方法，尝试对轨道交通枢纽影响区进行划定。首先是行业标准法，在行业标准中并没有针对轨道交通枢纽影响范围的划定，因此，只能大致划定枢纽影响范围应大于行业标准中划定的普通站点影响范围（500m），枢纽影响区域应满足不超过两个车站站间距的条件（即1500m之内）；其次是出行成本法，从城市使用者角度出发，考虑不同接驳方式产生的影响范围差异，从而划定步行影响范围、自行车接驳范围和公交接驳范围，但其计算结果忽略了不同枢纽之间的差异性；第三是空间衰减法，此方法运用实际数据做回归分析，可以有效划定每个枢纽站的具体影响范围，此方法适用于轨道交通已开通运营一段时间，轨道沿线用地已发生相应变化的城市，且需要大量的相关数据。

假设轨道线路穿过中心城区和城市新区，中心城区包含中心城区普通站点、中心城区枢纽站点以及中心城区高等级枢纽站点；城市新区包含新区普通站点、新区枢纽站点以及新区高等级枢纽站点。其产生的影响范围用数值S表示，其周边用地开发强度用K表示，该线路上轨道交通枢纽影响范围如图3-12所示。

由于轨道交通枢纽等级越高，其周边开发强度越高，即$K_{高级枢纽} > K_{枢纽} > K_{普站}$；而城市中心区的开发强度高于城市新区，即$K_{中心高级枢纽} > K_{新区高级枢纽} \geqslant K_{中心枢纽} > K_{新区枢纽} \geqslant K_{中心普站} > K_{新区普站}$。

由于轨道站点等级越高，其影响力越大，因此$S_{高级枢纽} > S_{枢纽} > S_{普站}$；且轨道站点在新区的影响力大于在中心城区的站点，即$S_{新区高级枢纽} > S_{中心高级枢纽} \geqslant S_{新区枢纽} > S_{中心枢纽} \geqslant S_{新区普站} > S_{中心普站}$。

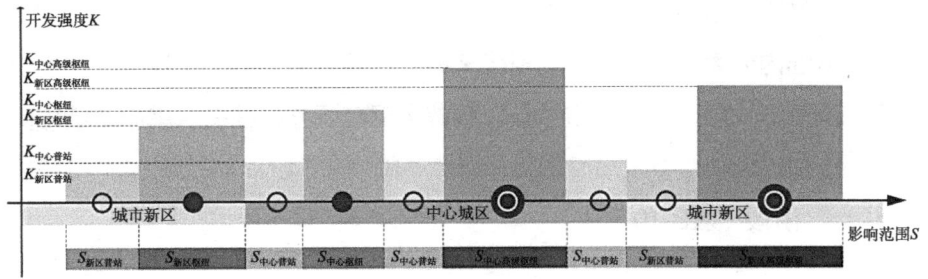

图3-12 不同区位轨道交通枢纽影响范围和开发强度示意
（来源：笔者自绘）

（2）城市中心影响范围

目前，学界对城市中心影响范围的识别常以路网密度、人口和就业密度、用地功能形态和新型数据为划定指标[26]（表3-8）。

城市中心影响范围划定方法对比

表3-8

划定指标	划定方法	方法特征与不足
路网密度	收集各级道路信息，建立道路密度网，识别中心区域及边界	暂无统一标准，基于界定者主观认知，缺乏科学支撑
人口和就业密度	以街区为单元，建立人口密度或就业密度分布地图，通过空间分析法确定中心区域	数据大多来自统计或人口普查，存在时效性不足、空间分布不均，缺少流动人口数据等不足
用地功能形态	依据土地使用特征和地块开发强度识别中心区域	可精确掌握城市每块用地属性；需多部门合作，人力、时间成本较高
新型数据	如手机信令数据、电子地图导航数据等，通过人的行为活动轨迹反推城市空间结构	可精确获取人的行为轨迹；数据获取难度较大

（来源：周婕. 基于夜间灯光数据的城市中心体系识别及特征研究——以武汉市为例[C]//中国城市规划学会，东莞市人民政府. 持续发展理性规划——2017中国城市规划年会论文集（07城市设计）. 2017.）

3. 布局模式

（1）轨道线网布局模式

每座城市在规划轨道线网时会依据城市本身山水格局、城市发展目标等进行综合考量，形成的轨道线网形式多样，但通过抽象简化，大体上可以分成"棋盘式""无环放射式"和"有环放射式"三类[20]（表3-9）。

（2）城市中心体系布局模式

根据国内外大城市发展演变规律来看，伴随城市化脚步的推进，城市空间形态逐渐向外围拓展，城市中心体系做出相应调整，往往从单中心结构向多中心结构过渡，主要发展阶段可以分为"单中心"阶段、"双中心"阶段、"多中心"阶段（表3-10）。

三种轨道线网布局特征一览 表3-9

模式	"棋盘式"线网	"无环放射式"线网	"有环放射式"线网
图示			
特征	方格网状路网，线路关系多为平行与"十"字型	线路主要经过或从中心区发出	穿越市中心的径向线+环绕市区的环形线
优点	线路顺直，易于施工；布线均匀，客流吸引范围较大	线网中心区域可达性好；线路间换乘方便	具备无环放射式优点；加强了市郊间联系；缓解中心区的交通压力
不足	线路走向单一，多方向联系不便，需换乘	市郊之间联系不便；加剧市中心的交通拥堵；抑制市中心发展	市中心压力较大
城市	大阪、墨西哥、纽约等	芝加哥、台北、杭州等	巴黎、东京、莫斯科等

（来源：崔桂籽. 轨道线网与城市中心体系耦合规划模式研究[C]//中国城市规划学会，杭州市人民政府. 共享与品质——2018中国城市规划年会论文集. 中国城市规划学会，2018：9. ）

三种城市中心体系特征一览 表3-10

阶段	"单中心"城市体系	"双中心"城市体系	"多中心"城市体系
图示			

● 综合主中心
■ 专业副中心
• 区级中心

阶段	"单中心"城市体系	"双中心"城市体系	"多中心"城市体系
组成	一个城市主中心； 多个城市副中心； 一定数量的区级中心	两个城市主中心； 多个城市副中心； 一定数量的区级中心	3个或3个以上主中心区； 多个副中心区； 数量极大的区级中心
特征	主中心绝对领导地位； 城市结构呈内聚式	新、旧主中心联动发展	规模等级不明显； 功能趋于专业化，精细化
优点	资源高度集中； 土地利用高效	缓解旧主中心压力； 促进城市空间有序发展； 城市服务水平提高	各中心区联系紧密； 功能业态高度成熟
注意事项	需要市政、交通等基础设施的强力支持	不能脱离城市发展水平强行规划建设双主中心区； 中心区需要错位发展	形成门槛很高

（来源：崔桂籽. 轨道线网与城市中心体系耦合规划模式研究[C]//中国城市规划学会，杭州市人民政府. 共享与品质——2018中国城市规划年会论文集. 中国城市规划学会，2018：9. ）

3.1.4 轨道线网与城市中心体系互动作用机制

综上所述，轨道交通枢纽与城市中心体系存在相互作用。轨道交通枢纽对城市中心体系的作用主要通过3个作用因子实现——轨道交通枢纽等级、影响范围、布局模式，其共同影响轨道交通枢纽对城市中心体系的作用力度；其作用通过3个途径展现——提升地块活力、改变土地利用与引导空间结构；轨道交通枢纽促进城市中心改变表现为两个方向——轨道交通枢纽缓解城市旧城中心交通问题，促进原中心区复兴与发展；轨道交通枢纽周边地可达性较高，逐渐影响周边用地构成，形成新的城市中心。城市中心体系对轨道交通枢纽的作用主要通过3个作用因子实现——城市中心体系等级、影响范围和布局模式，其共同影响城市中心体系对轨道交通枢纽的作用力度；其作用通过3个途径展现——影响交通出行需求、交通出行距离和交通空间结构；城市中心体系对轨道交通枢纽的作用一方面体现在影响轨道交通枢纽的选址上，另一方面体现在影响轨道交通枢纽体系的形成上（图3-13）。

图3-13 轨道交通枢纽与城市中心体系相互支撑作用机制
（来源：笔者自绘）

3.2 轨道线网与城市中心体系耦合演化规律[27]

轨道交通线网是由全部轨道交通运营线路组合而成的交通网络系统，合理的轨道交通网络不仅有助于解决城市交通问题，更能有效配合并支撑城市用地功能布局、空间结构形态调整，引导人流科学合理地分布[1]44。

城市中心体系可以看作是城市内部各中心区构成的整体，作为城市内部公共服务设施的空间节点，其主要的构成单元为城市主中心—副中心—区级中心[16]34。但城市中心体系不是所有中心区的简单叠加，作为公共服务设施集聚的城市节点，多个不同等级、规模和主导职能的公共节点的集合是城市中心体系的空间基础，城市中心体系同时强调这些节点之间的相互联系，这些相互联系的节点构成了城市中心共同体。因此，城市中心体系指的是在一个城市中，由不同主导职能、不同等级规模和不同服务范围的中心区集合构成，是一个彼此联系密切和互相依存的有机整体[16]34。

3.2.1 轨道线网与城市中心体系耦合内涵

1. 耦合的含义

耦合（Coupling）是指两个或两上以上的系统或运动方式之间通过各种

相互作用而彼此影响以至联合起来的一种现象①，也是指这些系统发展出的动态协调性相互关系，即良性耦合。良性耦合的目标是为了降低耗费，提高效率，但在具体的形式上有不同的表现。在各学科的研究中，系统之间相互作用和彼此影响的现象十分普遍，因此，耦合的概念在交通、经济、地理等学科得到广泛的应用。

2. 耦合发展的意义

轨道线网与城市中心体系耦合发展对城市科学、合理地发展具有重要意义。双系统耦合的目的是促进城市中心体系和轨道交通线网的动态协调发展。此时，两个子系统本身会得到提升，双系统构成的耦合系统将会得到更好的发展。

（1）城市整体层面

首先，有效推动城市有机疏解。轨道交通能够大量减少人们的出行时间，缩短城市各点之间的距离，使城市蔓延打破原有空间结构，在近郊区形成新的城市节点，拉开城市骨架，构成多中心的城市结构。其次，促进土地集约使用。通过结合轨道站点合理布局用地，在距离轨道站点的不同区间进行不同程度的功能混合，以圈层式进行商业、居住和办公用地的配置；同时，利用轨道站点客运量大的特点，引导沿线用地高密度开发，并通过平衡职住，减少跨区交通，减轻城市交通压力并保证新区的人口规模。第三，引导城市立体化发展。从地下、地面、地上三个层次对城市节点空间进行多维度的耦合规划，通过开发建设地下综合体，将交通功能和部分城市功能转移到地下，减少地面交通压力；空出的地面空间则可以进行娱乐、休闲、绿化等功能的建设，满足城市多样化功能需求；通过建设天桥系统以连接轨道交通设施与周边建筑，既保证行人安全、营造了良好步行环境，也给周边环境带来了经济利益。最后，提升城市居民满意度。城市轨道交通是一种低碳绿色的交通方式，使城市整体环境质量上升；大量城市人口迁入轨道交通影响范围内，轨道交通周边的集中开发使得居民出行成本降低。

（2）城市中心体系优化

首先，促进城市中心区发展。从城市新区建设来看，随着与城市旧中心或其他重要功能区连接的轨道线路通往新城，在适宜的发展条件下城市新区

---

① 周宏. 现代汉语词典[M]. 北京：光明日报出版社，2003.

的中心区将逐渐发展为城市副中心。其次，推动城市轴向发展。城市发展轴是指城市中指向明确的各种干道或人造轴线，其中交通是影响城市未来发展方向的主要因素。轨道交通线路延伸的方向即为城市发展轴的指向，由于轨道交通对土地高密度利用的引导作用，形成串珠式发展，并利用吸引到的大量客源，促进客运走廊的形成，进一步提高轴线上的交通可达性。

（3）轨道交通系统提升

首先，保证了新区的公交竞争力。城市新中心与轨道交通耦合建设背景下，在居民出行方式选择稳定前期，便确立了公交主导的出行方式，保证了轨道交通系统的竞争力；传统公交在建设初期难以满足交通需求，与小汽车交通相比优势较低，而轨道交通准时和快速的特点有助于大幅度提升轨道交通整体吸引力，抑制新区的中小汽车使用率。其次，促使公共交通网络规模效益提升。城市中心与站点耦合有助于保障轨道交通的客流量；同时，在合理的中心体系规划建设基础上，与其网络一致的轨道交通能够得到有序安排，逐渐形成完善的网络结构；成网过程中，新增线路和原有线路发生乘数效应，其影响范围和影响作用将得到不同程度的叠加，与轨道换乘的公共系统也将受到轨道网络影响，最终整个轨道交通系统和公共交通系统的效益都将得到大幅度提升。

基于轨道线网与城市中心体系互动作用机制和耦合发展所带来的诸多效益，目前我国城市正处于新一轮总体规划编制研究阶段，趁此机会探究轨道线网与城市中心体系耦合发展的规律，构建二者耦合发展模式，可引导轨道交通与城市空间结构协调发展，优化我国城市空间结构。

3. 耦合发展的基础

轨道线网与城市中心体系具有耦合发展的基础。首先，二者具有相似的"点—轴—网络"结构，是二者可以耦合发展的空间基础；其次，轨道交通与城市中心体系的发展都是动态协调的过程，表现为"扩张—稳定—再扩张"的演化路径；最后，二者均通过对周边土地产生影响展现系统本身的城市效益，可用于评估城市是否呈现良性耦合状态（表3-11）。

（1）空间基础

双系统在空间层面的充分结合是其产生耦合效益的物质前提。城市空间是城市内各系统的物质支撑，轨道交通系统必须依托城市用地进行建设和拓展，城市空间布局变化影响城市交通包括轨道交通的线网布局和规模，尤其是城市各中心区，作为重要的城市交通源，对轨道交通的客源和线路布局等更是起到决定性作用。同时，城市中心体系的确立和完善也受到城市公共交通系统的影响，其中轨道交通对城市中心体系的结构、网络和节点各个层面的引导作用更为显著。

从结构构成来看，两个系统都是由"点—轴—网络"构成，核心为系统内各重要节点（中心区、车站），节点间由轴线（道路、轨道交通线路）连接构成网络（中心体系、轨道交通线网），并具有相似的网络层级结构，相同等级的节点在位置、规模、功能等方面具有一定的耦合建设和发展基础。

（2）动态协调

从动态演化模式来看，两个系统从简单形态过渡到复杂网络的过程均为"扩张—稳定—再扩张"模式。城市中心体系以新建中心区的方式向外拓展，新中心在规模和等级上与原中心存在差异，而节点用地功能布局和用地开发强度使得新中心有了非同质化发展，达到完善整个城市中心体系网络的目的。轨道交通网络则通过复制不同功能和规模的车站，延长和增加线路，从单线运营到形成复杂的轨道交通网络系统。

城市中心体系与轨道交通是城市土地—交通反馈系统中重要的耦合层次，两者之间存在复杂的动态反馈关系。一方面，从土地—交通现有耦合系统转变为以轨道交通为主导的耦合系统需要一定时间；另一方面，从两个系统自身建设时序上来看，不同建设阶段有不同耦合状态，最终形成良性耦合状态也需要演化过程。

城市规模扩张的过程中，城市内部空间区位发生变化，在规划和实际建设中产生的各等级中心之间的用地开发差异造成了客源点间交通需求的差异，从而导致轨道交通系统的调整，这种互动式作用提高了服务区域的出行效率，使得城市各地区可达性发生变化，影响城市内居住和产业在微观层次的聚集，最终完成城市宏观区位的强化或调整（图3-14）。

（3）外部效益

系统论中，为了保持系统的长期发展，一方面，城市系统要通过与外界进行互换保持整个系统的开放性，另一方面，系统内部在寻求不均衡性的同时要求系统"涨落"能够保持在可调整范围内。由于城市用地、人口规模等差别导致了不同地块的势差，促使城市内部"流"的产生。与小汽车主导的交通模式进行对比可以发现，基于轨道交通的耦合系统把城市中大量人口和高密度用地集中到几个节点，一方面保证了系统的不均衡性能够产生足够的

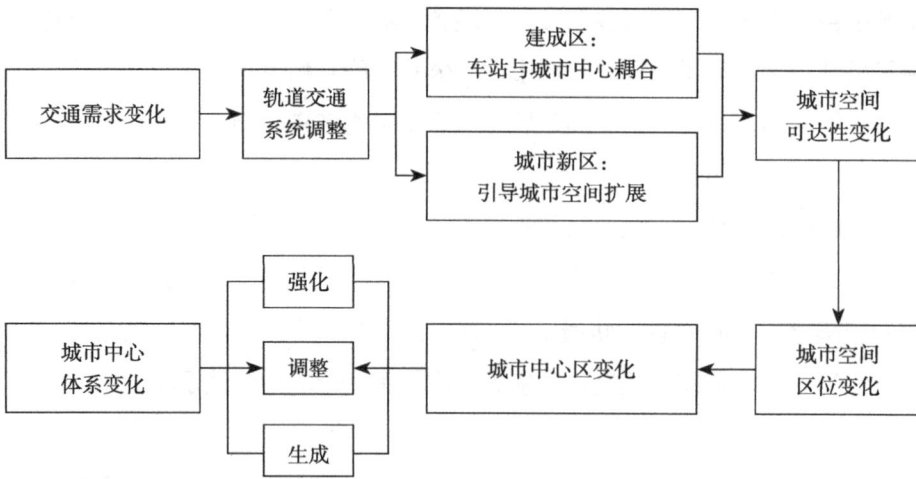

图3-14 城市中心体系与轨道交通系统互动流程
（来源：笔者自绘）

"流"来维持系统活力，另一方面又提高了"流"的秩序性，以此来减少不可测的交通"涨落"。

从城市发展角度来看，双系统耦合的最终表现应当从城市整体效益的角度进行分析。城市中心体系形成完整结构，城市以中心节点和站点为中心高密度开发[28]。作为一个不断发展的复杂系统，城市中心体系与轨道交通耦合系统不可避免地有失衡的可能性，即非良性耦合，这是我们应尽量避免的状态。在非良性耦合状态下，可能是城市中心体系建设失控，未能完成结构转变，城市依然按照单中心模式继续蔓延，导致城市问题进一步恶化；另一种可能是轨道交通规划预见性不足，与周边土地开发协调不足，近远期建设结合不足，交通问题解决不到位。

城市中心体系与轨道交通的耦合基础   表3-11

系统	相关性			
	结构相似	生长演化	外部效益	协同促进
城市中心体系	点—轴—网络模式，各中心区有等级和类型差异	扩张—稳定—再扩张模式，中心区复制，新的中心区性质变异，完善中心体系	在土地使用功能、强度以及土地价格等因素的影响下，随着距中心区核心位置距离增大，用地圈层式拓展，功能改变	轨道交通系统的物质基础；中心区人流量多，可达性要求高

系统	相关性			
	结构相似	生长演化	外部效益	协同促进
轨道交通	点—轴—网络模式，车站按位置和规模可分为不同类型	扩张—稳定—再扩张模式，车站复制，线路延长、增加，形成复杂网络系统	由可达性变化导致区位变化，车站区形成综合开发程度较高的公共服务中心，用地向外拓展，强度和功能改变	引导城市中心体系拓展；车站地区可达性高，需要高水平客流量支持
耦合基础	空间基础	动态协调	内在联系	耦合意义

（来源：笔者自绘）

4. 耦合层次

轨道交通与城市中心体系的耦合是多层次的耦合，是时间与空间、物质与非物质层面综合作用下的结果。

（1）时间与空间的耦合

时间维度上，城市中心体系发展是一个演化过程，轨道交通建设也存在分期建设阶段，两个系统分别演化的过程中存在着一定的联动关系。首先，从历史角度来看，交通运输工具的发展与城市的发展息息相关。在城市发展的不同阶段，为了满足不同的交通运输需要产生了不同的交通工具。其次，从国内大城市的城市化经验来看，两个系统的发展过程中城市中心体系和轨道交通系统的建设本身是分时段的。第三，从一般发展规律来看，城市空间结构与交通方式的相互作用有一定的时间差。一方面，中心体系与轨道交通双系统形成耦合状态前还有很长一段时间；另一方面，目前我国许多城市的交通仍是以小汽车为主导，从一种主导交通模式向另一种主导交通模式演化需要较长时间。

空间维度上，城市空间是城市内各系统的物质支撑，轨道交通系统必须依托城市用地进行建设。城市轨道交通线网的延伸引导城市中心体系的扩展，继而导致城市整体用地布局及土地开发变化，从而影响城市交通结构，形成对城市轨道交通的反馈回环。

（2）物质与非物质的耦合

物质层面上，由于城市中心体系和轨道交通是物质性的存在，因此两个系统间最重要的是人员、土地与物质等方面的耦合。人员角度，在地人员由于通勤、休闲等原因通过轨道向城市各个部分运动；土地角度，既是物质支撑也有物质的传送。

非物质层面上，在城市发展过程中，除了人与物质的传送外，能量流、信息流、资金流等流动也是城市重要的职能。在各非物质流通的过程中，城市的社会、经济、生态等受到两个系统的影响，也对两个系统产生了影响，使得城市中心体系和轨道交通产生了广泛意义上的耦合效益。

3.2.2 轨道线网与城市中心体系耦合模型

城市空间结构与轨道交通有多种组合演化情况，本节主要考虑一般单中心城市依托轨道交通向多中心城市演化的耦合模型。城市中心体系与轨道交通系统具有复杂自组织系统的相关特点，学界常用Logistics方程对该系统演化模式进行描述。本节采用Logistics曲线模型对两个系统的独立演化规律进行拟合，并建立双系统耦合演化的相互作用模型。该模型对限制条件和系统推动力进行了简化，以便更明确地模拟出双系统耦合演化规律。

1. 单系统演化模型

首先建立城市中心体系单系统演化的Logistics方程：

$$\frac{\mathrm{d}x}{\mathrm{d}t} = rx\left(1 - \frac{x}{M}\right) \tag{3-1}$$

式中：x为城市中心区面积（km^2），代表城市中心体系演化状态；t为演化时间变量（a）；r为中心体系固有增长率（%）；M为城市中心体系的升级门槛（km^2），代表城市中心体系的空间规模限制。

图3-15为城市中心体系演化的阶段示意，拐点的含义是城市中心体系在目前结构下发展达到稳定状态。当城市中心体系跨越规模门槛向更高级别的城市中心结构发展时，曲线继续呈S型延伸。曲线的斜率代表城市中心体系发展的速率，可以看出，在演化初期，城市中心体系发展较为缓慢，在外力作用下速度加快，在拐点处进入稳定阶段后，发展速度逐渐下降，在达到城市中心体系发展门槛后，若无进一步推动力，则保持目前的中心区规模。

用相同的方法建立轨道交通系统的Logistics模型，其中x为城市轨道交通发展水平（km^2），选用轨道交通网络里程进行数值拟合；t为演化时间变量（a）；r为轨道交通网络里程增长率（%）；M为轨道交通系统的升级门槛

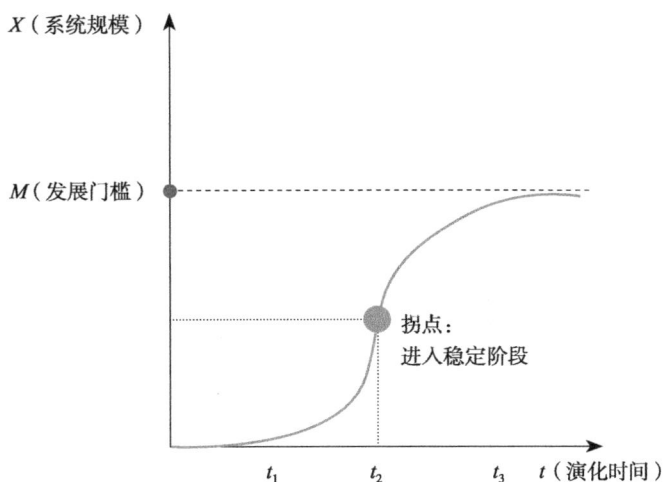

图3-15 单系统扩展"扩张—稳定—再扩张"演化模型
（来源：笔者自绘）

即建设规模限制（km²）。轨道交通系统的Logistics曲线随变量t变化，生成类似图3-15的S形曲线。

2. 双系统耦合演化模型

引入反馈系数，建立系统动态相互作用的非线性微分方程组，计算公式为

$$\begin{cases} \dfrac{\mathrm{d}x_1}{\mathrm{d}t} = r_1 x_1 \left\{ 1 - \dfrac{x_1}{M_1} + \alpha_1 \dfrac{x_2}{M_2} \right\} \\ \dfrac{\mathrm{d}x_2}{\mathrm{d}t} = r_2 x_2 \left\{ 1 - \dfrac{x_2}{M_2} + \alpha_2 \dfrac{x_1}{M_1} \right\} \end{cases} \quad (3\text{-}2)$$

式中：x_1，x_2分别为城市中心区面积（km²）和轨道交通里程（km）；t为演化时间变量（a）；r_1，r_2为系统固有增长率（%）；M_1为城市中心体系的升级门槛（km²），M_2为轨道交通系统的升级门槛（km）；α_1为轨道交通对城市中心体系反馈系数，α_2为城市中心体系对轨道交通反馈系数，$\alpha_1 > 0$，$\alpha_2 > 0$。根据相关文献，当$\alpha_1 < 1$，$\alpha_2 < 1$，$\alpha_1 \alpha_2 < 1$时，系统间可以达到稳定平衡[29]。

城市中心体系扩展的初期阶段早于城市轨道交通建设，因此，耦合曲线应从轨道交通建设启动开始。由于中国轨道交通建设初期规模和速度均高于大多数国外城市，因此，第一阶段的耦合曲线呈现明显上升趋势[30]。在后续

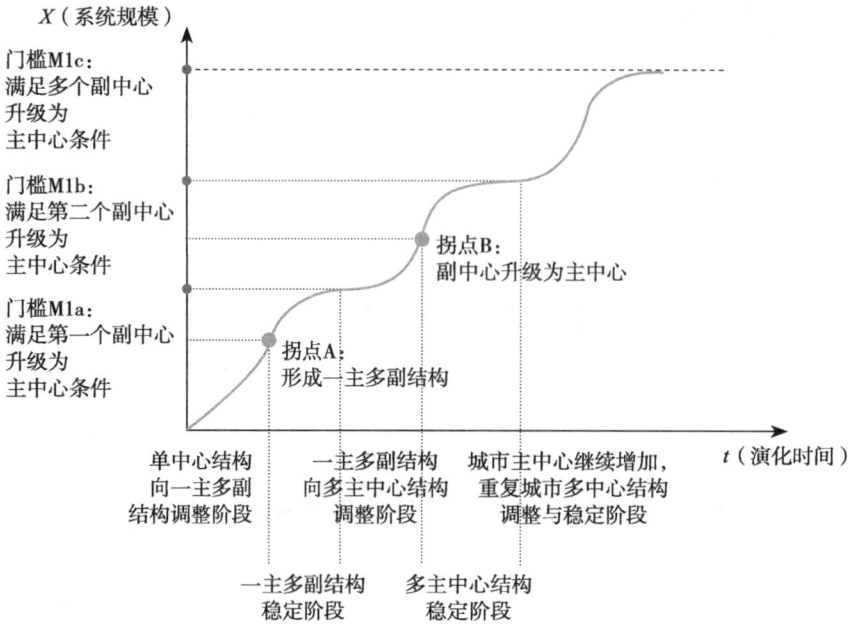

图3-16 城市中心体系耦合演化模型
（来源：笔者自绘）

阶段的耦合演化中，中心体系结构受影响调整的力度相对降低。

　　根据上述分析，得到以城市中心体系演化为基础的系统耦合动态模型曲线。图3-16为城市中心体系不断跨越升级门槛连续演化的过程，分为以下几个阶段：①单中心结构向一主多副结构调整阶段；②一主多副稳定阶段；③一主多副结构向二主中心结构调整阶段；④二主中心结构稳定阶段。之后，城市主中心继续增加，重复多中心结构调整与稳定阶段。

　　在理想耦合情况下，单中心城市依托轨道交通发展城市新区，轨道交通运量大、速度快，为城市新区带来大量人流，在人口疏散和服务业转移的情况下，新区迅速发展为城市副中心，完成中心体系结构升级，进入稳定阶段。随后，中心体系和轨道交通发展速度相对下降，在中心体系和轨道交通建设达到某个稳定点时，两者均处于良好发展时期，轨道交通满足中心体系的交通需求，中心体系的规模与轨道交通承载力匹配。此时，若贸然进行中心体系建设，可能导致交通和用地的失衡。因此，在城市中心体系和轨道交通达到发展的规模、经济门槛时，可通过政策调整和支持，促使在轨道交通线路和城市发展轴上的城市副中心升级为城市主中心，建设多主中心结构。之后，不断重复这一过程，使系统向更高级别的城市中心结构升级。

3.2.3 轨道线网与城市中心体系耦合规律

轨道线网与城市中心体系耦合模型描述了城市中心体系与轨道交通在理想耦合情况下的大致情形，其演化一般分为以下几个阶段。

1. "单中心"结构向"一主多副"结构调整阶段

此阶段城市旧中心区向周边蔓延式扩张，造成中心区地价昂贵、交通拥堵、环境质量下降等问题。为寻求更好的发展，部分工业和服务业选择跳出中心区在近郊区重新聚集，形成未来具有发展成市级副中心或区级中心潜力的城市新区。在新区建设初期，其吸引力不足，用地功能单一，建筑密度较低。为解决旧城的人口和功能疏散，采用轨道交通支撑新区开发。轨道交通线路建设初期一般采用"十字形"骨架，覆盖主要客源点，为随后的轨道交通网络升级打下基础，并围绕新区轨道交通车站进行高强度的用地开发，有助于后期新区的可持续发展和中心体系顺利升级。

2. "一主多副"结构稳定阶段

此阶段城市新区规模逐渐扩张，产业继续聚集，形成城市的专业副中心，原有主中心与新的专业副中心构成"一主多副"的城市中心体系结构。城市轨道交通系统逐渐发展为主要交通方式，承担大部分公共交通出行，其基本骨架形成，线路覆盖范围增加至新增的城市副中心，在近郊的轨道交通沿线居住和工作的人口逐渐增加。此时，城市空间结构调整进入稳定期，城市发展从向外扩张转向向内优化。旧城主中心在更新过程中注重景观文化品质提升，开展公共交通衔接，以及步行和自行车交通系统的建设；副中心开发中注重功能混合，并在合适的轨道交通车站培育下一层级的区级中心，为服务范围内的人口提供公共设施服务。

3. "一主多副"结构向"多中心"结构调整阶段

"一主多副"稳定状态下，主中心区首位度较高，但辐射范围和能力难以继续大幅度提升。随着城市经济、人口规模发展到一定程度，在市场和政府调控下，处于城市主要发展轴上的某个副中心拥有空间区位、基础设施、交通条件较好等优势，吸引各类服务产业在此聚集，且副中心土地存量多，内部产业结构优化，职能由专业化向综合化、多元化转变，最终发展为新的城市主中心。

这一时期，轨道交通建设规模也同步扩张，车站、线路进一步增加，新的城市主中心与原城市主中心间的交通联系也会进一步加强，从而形成城市范围内轨道交通的主通道骨架。同时，在副中心周边也会产生新的轨道交通线路，为区级中心辐射范围提供交通服务。

4. "多中心"结构稳定阶段

新的市级中心形成后，城市发展又将进入稳定阶段，直到适宜条件下新的城市副中心升级。这一时期城市的主中心之间进行错位发展，避免因同类竞争妨碍整个城市中心体系可持续发展。为提高各主中心的识别度，中心区建设以不同类别的高端产业集聚和区域形象塑造为主，而副中心仍延续综合化发展为继续升级做好准备[16]。轨道交通在骨架线网的基础上增加线路和车站，重视主中心之外的城市节点间连接，通过接驳体系覆盖城市大部分地区，根据城市具体情况在不同城市分区建设不同密度的轨道交通线网，并在公共交通出行比例中占主导地位。

上述4个阶段的耦合演化规律表明：轨道交通对城市空间形态起着决定性导向作用，轨道交通在引导城市空间结构变迁、促进城市中心发展、优化城市用地布局等方面具有十分重要的作用。在城市空间发展中，应充分利用轨道交通的特点，调整和优化城市空间布局，实现城市的可持续发展[31]。

3.3 轨道线网与城市中心体系耦合规划评价

本节旨在通过构建轨道交通线网与城市中心体系的耦合评价体系，模拟轨道线网与城市中心体系耦合流程，量化双系统间的耦合力度，以发现城市现存规划的不足，提出改善措施并探讨轨道交通与城市结构有机结合的发展模式，以引导城市空间形态与轨道交通协调发展。

3.3.1 耦合评价体系构建原则

轨道线网与城市中心体系的耦合是多因子、多角度、多层面合力作用下的一种城市协调发展状态。对轨道线网与城市中心体系的耦合效益进行评估需要以定性与定量结合的手段对双系统进行多方面、多目标的综合评价分析，其评价指标的选取应遵循以下原则。

1. 系统性原则

评价指标的选取应满足指标之间既相互独立，又彼此关联，从而构成逻辑通顺的有机指标体系；按照逻辑关系，从宏观到微观层层深入进行全面的耦合分析，从而展现耦合过程中方方面面的特征与内在关联。

2. 典型性原则

轨道线网与城市中心体系耦合是个系统概念，涉及方方面面，耦合评价指标的选取不可能将所有相关因子全部纳入指标体系，而是应该选取典型代表指标，即使在减少指标数量的情况下也能准确反映出耦合状态，从而提高耦合评价结果的可靠性。

3. 科学性原则

评价体系的建立是为了客观、真实地反映出城市轨道线网与城市中心体系耦合状态，因此，必须选择可靠的数据来源、科学的评价方法。

4. 动态性原则

轨道线网与城市中心的耦合发展是动态协调的过程，需要在不同城市发展阶段进行纵向对比研究。因此，指标的选择要充分考虑不同发展阶段轨道线网规划和城市总体规划中的相关数据变化。

5. 可比、可操作、可量化原则

首先，评价指标应采用国际通用的名称、概念和计算方法，使之具备必要的可比性，以便进行不同城市间的横向对比；其次，评价指标选取要考虑相关数据的获取难易程度，做到简洁明了、通俗易懂；最后，选择指标时也要考虑能否进行定量处理，以便进行数学计算和分析。

3.3.2　轨道线网与城市中心体系耦合评价方法

目前，大多数学者对轨道交通与城市空间结构耦合关系的研究多为理论研究，主要研究二者在时空上的互相影响。在对轨道交通与城市空间耦合评价的数据量化方面，目前主要有以下几种方法。

1.　层次分析法和专家打分法

层次分析法是一种系统分析法，对能分解为多层次树状结构的目标系统进行评价和分析。首先将问题或目标分解为不同层次：最高层（一般是系统的总目标或问题的最优解）、最底层（解决措施、分目标或可选方案）以及中间层（比最底层更高一级的解决措施或分目标），然后通过确定最底层和中间层相对于最高层的重要性计算各指标的相对权重，以决定不同措施和目标的优劣。

专家打分法是指对不同数量和领域的专家分发问卷或进行访谈，对收集结果分类整理，通过采纳被访者专业性较强的经验，对难以定量分析的问题或状态进行合理估算的方法。

在构建评价体系时，层次分析法与专家打分法常常结合在一起使用。如张琼在研究厦门市轨道交通与城市中心体系耦合时，提出利用层次分析法建立轨道交通和城市中心体系单系统的评价和双系统在空间、动态、绩效和可行性方面的评价，并通过专家打分法确定各项评价指标的权重系数[32]（表3-12）。此方法可以综合考虑双系统在多层次、多角度的耦合，但在指标权重的确定上存在一定的主观性。

轨道交通与城市中心体系耦合规划评估方案　　　　表3-12

目标层	准则层	指标层	权重
城市中心体系与轨道交通耦合发展	网络一致	节点耦合度	0.0394
		线路与城市发展方向一致性	0.0717
		远期线网覆盖率	0.0109
	功能优化	系统建设适宜度	0.1326
		中心体系完善度	0.0113

目标层	准则层	指标层	权重
城市中心体系与轨道交通耦合发展	功能优化	中心体系级差度	0.0086
		中心体系形态舒展度	0.0094
		轨道交通效率	0.0382
		轨道交通换乘便利性	0.0291
		中心区可达性	0.0170
		节点用地集约度	0.0268
		节点承载力	0.0467
	方案可靠	规划目标与政策协调度	0.2726
		规划近期建设协调度	0.0991
		规划反馈机制	0.0486
		与上下位规划协调度	0.1114
		与相关部门协作机制	0.0267

（资料来源：张琼. 城市中心体系与轨道交通耦合规划研究[D]. 泉州：华侨大学，2016.）

2. "空间一致度指标"[33]

潘海啸在研究上海市轨道交通站点与城市中心体系耦合关系时提出建立"空间耦合一致度"指标，通过将轨道枢纽体系与城市中心体系叠加，统计城市内所有中心区覆盖轨道枢纽的比例来获得城市中心体系与轨道交通的"空间耦合一致度"指标，包括中心耦合一致度和站点耦合一致度，其中，

$$\alpha_1 = \frac{\sum_{i=1}^{n_1} \delta_1 \cdot \mu_1}{\sum_{i=1}^{n_1} \mu_1} \qquad \alpha_2 = \frac{\sum_{i=1}^{n_1} \delta_1}{n_2} \qquad (3\text{-}3)$$

$$\delta_1 = \begin{cases} 1, & \text{当两者相叠合时} \\ 0, & \text{其他} \end{cases}$$

其中 α 为"空间耦合一致度"指标，α_1 为中心耦合一致度指标，α_2 为站点一致度指标；n_1 为城市中心的个数，n_2 为轨道交通站点的个数；μ_1 为城市中心区的权重，市级中心区为4，地区中心区为2，社区中心区为1。

α_1 为中心耦合一致度指标，反映城市公共活动中心体系得到轨道交通

网络的支撑程度。该值越大反映轨道交通网络对城市中心体系网络的支撑越充分，因此，α_1可视为轨道交通对城市空间发展作用的指标。α_2为站点耦合一致度指标，此值越大，反映轨道交通线路网络的效率越高。

"空间耦合一致度"的界定：潘海啸等认为，城市各级公共活动中心区范围与城市轨道交通站点地区（以站点为核心500m半径的范围）在空间上有重合，即可视为两者之间在空间上的耦合一致。如果两个范围无重合，则视为两者之间空间不耦合，其意味城市中心地区和轨道交通未能依据临近性原则布置，两者之间不能达到最有效的相互支撑状态，不能通过步行方式而必须通过其他交通方式完成在城市中心地区和轨道站点之间的换乘联系。此种方法在空间上对轨道交通与城市中心体系的耦合进行了评价，但评价结果只有"耦合"与"不耦合"两种情况，缺少对耦合程度的量化。

3. "空间叠合"程度指标[34]

李春亮在研究轨道站点与城市公共中心的耦合时根据轨道站点与公共中心区内标志性目的地的距离构建站点地区与公共中心区的"空间叠合"程度指标。笔者把地铁站点与公共中心区内的标志性目的地的距离定义为D，把地铁站点地区的半径定义为R（R为人的合理步行半径500m），通过比较D与R的关系，将轨道交通站点与城市公共中心的"空间叠合"程度分为"非空间叠合""轻触式空间叠合""部分空间叠合"和"完全空间叠合"四类（表3-13）。

四种空间叠合程度指标内涵对比 表3-13

叠合程度	划分依据	耦合状态
	轨道站点地区与城市公共中心区在平面上不存在空间重合	轨道站点与城市中心区间无法形成相互扶持的发展作用
"非空间叠合"	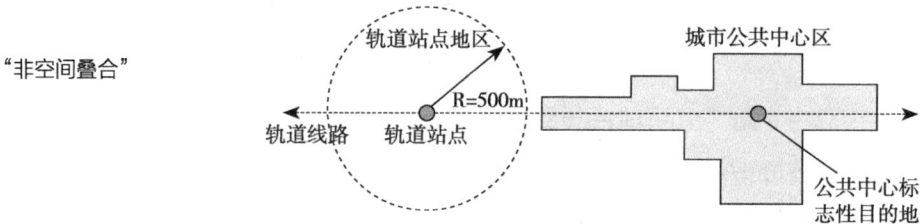	

叠合程度	划分依据	耦合状态
	地铁站点地区与城市公共中心区在空间上存在叠合的关系，但是叠合的程度较为轻微	这种叠合程度下，中心区的标志性目的地并不在站点地区的范围内，此时轨道站点与公共中心的相互支撑作用不大
"轻触式空间叠合"		
	地铁站点地区与城市公共中心区内的标志性目的地满足 0<D<R=500m 的距离关系	在行人的合理步行范围内，可从地铁站点到达中心区内的标志性目的地。轨道站点与中心的相互支撑作用较明显，属于良性"空间耦合"状态
"部分空间叠合"		
	代表地铁站点与城市中心区内的标志性目的地是综合开发的概念	在轨道或主要出行目的地规划之初便将二者有机结合考虑，充分体现了轨道站点与公共中心耦合发展的思想
"完全空间叠合"		

（来源：李春亮. 轨道站点地区与城市公共中心区空间耦合程度研究[D]. 广州：华南理工大学，2010.）

3.3.3 轨道线网与城市中心体系耦合评价体系

通过前文分析可知，双系统的耦合评价需要考虑二者在空间上是否相互支撑、在动态发展过程中是否相互协调、耦合程度是否足够为城市发展带来积极效益。因此，耦合评价将围绕这三个方面进行。

1. 空间耦合评价

空间耦合评价是对轨道交通枢纽及城市中心区在空间地理位置上是否相互支撑的考量，二者在空间布局上应结合设置，轨道交通网络和城市的中心体系之间得以充分整合，每个轨道枢纽耦合地区都成为整个空间结构系统中的重要节点，每个节点都可以作为提供高可达性的综合性平台，同时将不同等级的公共服务设施（包括商业办公）布置在这一地区以保证邻近性（proximity）和可达性（accessibility）的统一，并通过友好城市空间设计，将耦合节点转化为实现人们多样化目的的多功能复合中心或者是社会意义上内涵丰富的、具备归属感的人性化场所[35]。对空间支撑的评价包括整体评价和局部评价。

（1）整体评价

通过将轨道枢纽体系与城市中心体系空间叠加，统计城市内所有中心区覆盖轨道枢纽的比例来获得城市中心体系与轨道线网的"整体空间耦合"指标，该指标可以反映城市轨道线网与城市中心体系的整体耦合情况，是宏观的、网络层面的评价结果，用于发现轨道线网布局与城市中心结构间的协调情况。

整体评价需要城市中心体系和城市轨道交通线网的相关资料，需要准确的城市中心区空间分布、范围界定和中心区等级以及轨道交通枢纽的空间分布、影响范围界定和枢纽等级信息。

（2）局部评价

不同城市的中心区具有不同特征，同一城市中的不同中心区也存在差异。因此，关于城市中心区与轨道交通枢纽的空间耦合评价需要根据具体情况具体分析。如某些城市原中心区由于发展年代较为久远，用地复合程度较高，其边界已模糊，呈大面积片区分布。此时以轨道枢纽到中心区内主要目的地的距离、行程时间为评价标准则更具科学性；而某些城市新区，因为尚在规划或初步形成阶段，其中心区边界较为清晰，此时可选择以中心区范围与轨道枢纽影响范围叠合面积为评价指标。

2. 动态耦合评价

动态耦合评价是评价系统内部阶段发展的协调程度。轨道系统与城市系统的规划建设是动态的过程，对双系统的耦合评价需要考虑规划对象历史及现状发展阶段以及二者的协调程度、规划对象的建设时序安排是否合理、远期规划是否协调等。

在轨道线网方面，城市轨道交通建设往往依据现状基础条件、规划定位与目标等分为近期轨道线网、远期轨道线网，不同时期的轨道线网布局形式与结构可能存在差异，对城市的引导方向也存在区别；在城市结构方面，规划建设是分阶段进行的，现阶段的中心体系与未来努力构建的目标中心体系也存在差异。因此，将轨道线网与城市中心体系的耦合评价延伸至不同开发阶段中，有助于认识轨道规划与城市规划的前进方向是否出现偏差，便于及时调整，引导轨道交通与城市科学合理发展。

时序耦合评价需要掌握城市不同发展阶段轨道交通和城市中心体系的相关规划数据，从而进行城市发展历程中的纵向对比研究。

3. 耦合力度评价

轨道线网与城市中心体系的耦合不仅需求定性规范，也需要量化支撑。对轨道交通与城市中心体系的耦合评价结果不能仅局限于"耦合"或"不耦合"，还应当量化出二者耦合多少，即耦合力度值。耦合程度不同，对城市的影响力度存在差异。本文以中心区每平方公里覆盖的枢纽个数为耦合力度指标，以国内外轨道交通建设比较成功的城市的耦合力度值为参考标准，为其他城市的轨道交通规划提供指引，即

$$\delta = \frac{N}{M} \qquad (3\text{-}4)$$

式中 δ 代表该中心区覆盖枢纽指数，N 为该中心区范围内包含的轨道交通枢纽个数，M 为该中心区面积。

3.4 轨道线网与城市中心体系耦合规划模式

3.4.1 轨道线网与城市中心体系耦合发展原则

1. 目标定位一体化

轨道交通线网规划与城市规划需要目标定位一致。轨道交通是大城市空间发展的重要支撑与引导因子，轨道交通线网布局必须立足于城市整体发展的视角，追求最大限度的发挥轨道交通优势，提升轨道交通周边用地价值，形成城市发展脉络，引导城市空间结构合理有序的发展。城市的发展带来交通需求的变化，城市的规划建设应充分考虑城市交通需求，以交通为结构骨架，搭建出行便捷、健康可持续的城市空间结构。在规划轨道线网与城市中心体系时，不能仅仅局限于线网与中心区，而应着眼于轨道交通系统与城市总体规划，统筹考虑轨道交通与城市之间的联系与分工，在线网模式选择、线网形态布局等方面与城市空间发展之间保持目标与定位的统一，形成良好、有序的协作关系。

2. 空间位置一致性

轨道交通线网布局与城市中心体系布局在空间位置上应保持一致。轨道交通系统包含轨道交通站点、轨道交通线路与轨道交通线网三个层面，其产生的交通效益表现在土地价值上：站点周边土地可达性高，从而具有较好的发展基础；线路串联所有站点，从而形成交通廊道，成为城市发展轴线；网络搭建出城市骨架，成为城市发展的基本构架。城市中心区相对于其他用地吸引更多的人流，从而需要满足其交通可达性需求；中心区与中心区之间的联系通廊即为城市发展的轴线，其周边土地价值高，功能复合，聚集更多的居住与就业，对交通提出要求；城市中心体系是城市主要发展区域，需要交通等多方面的支撑协调。因此，轨道线网与城市中心体系的耦合规划需要使二者在空间位置上接近，形成彼此互相促进的良性耦合。

3. 动态发展与可持续

轨道交通与城市的发展包括形成、发展与更替，是动态发展的过程。二者的可持续性表现在随着城市化进程的不断加深而面临不同需求与不同目标，需要不断进行更新提升，向更高一级发展。因此，轨道线网的规划建设要始终与城市中心体系发展相统一，用动态发展的眼光来应对城市发展中的新问题与新需求。

4．因地制宜与特色建设

轨道交通线网规划与城市规划必须强调因地制宜，特色化发展。当前，我国进入轨道交通建设的高潮，城市化进程也进入白热化，在借鉴国内外成功规划案例的同时，应结合本身实际情况，取其精华，扬长避短，培育和发展具有城市特色的轨道交通结构与城市中心体系结构。

3.4.2　轨道线网与城市中心体系耦合规划模式

轨道交通线网与城市中心体系的耦合规划需要从多方面、多角度去培育，以保证轨道线网与城市中心体系的耦合程度。

1．上层规划的协调统一

由于我国轨道交通建设起步较晚，在轨道交通规划的理论研究与建设实践方面还缺少协调轨道交通与城市空间结构共同发展的成熟成果。国内不少学者对二者的关系进行了相关研究，但大多都是从单一方面入手，对轨道交通与城市空间结构发展的"相互关系"和"协调发展"关注较少，综合分析二者关系的整体性研究较少。因此，应总结发达国家大城市的研究和实践成果，借鉴国外学者提出的理论和方法，结合我国大城市的现状特点，在规划建设上重视轨道交通与城市中心体系的耦合关系，在政策上给予二者协调规划的支持与保障，寻找适合我国大城市轨道交通与空间结构相互关系的协调方法。

轨道交通枢纽体系布局规划与城市的发展策略、发展方向及近远期发展目标应相结合，将轨道交通枢纽与城市中心区充分连接，建立通往城市中心片区的高效率交通走廊，充分利用轨道交通枢纽对城市中心区发展的促进作用，发挥轨道交通枢纽的最大效益；反过来，在轨道交通枢纽体系基本确定后，应结合城市的实际发展情况，分析轨道交通枢纽对城市发展及城市土地所产生的最大影响，进行相关空间规划的调整，如城市总体规划、分区规划、控制性详细规划，结合轨道交通枢纽的建设，对无支撑的城市中心区进行范围调整或结构调整等。

2. 空间布局的临近可达

轨道交通枢纽与城市中心体系在空间布局上应结合设置，轨道交通枢纽和城市的中心体系之间得以充分整合，可达性高的枢纽影响地区逐渐成为城市空间结构系统中的重要节点，并填充多元、复合的公共功能，集聚更多居住与就业人口，并逐步将枢纽节点转化为城市中心片区。

在轨道交通建设发展的新时代，城市的中心区应当与轨道交通协调发展，互相支撑。在空间上，两大系统的点线面均应协同发展（图3-17）。在点的层面上，城市中心区是城市中综合地位较高的片区，轨道交通枢纽是轨道交通系统中地位较高的站点，二者在空间上应当靠近，以相互支撑发展；在线的层面上，中心区与中心区之间的联系需要轨道交通线路去支撑，轨道交通线路往往成为城市发展轴线，引导城市发展廊道的形成；在网的层面上，存在两种轨道线网发展模式：第一种是轨道交通线网走向以解决城市现状交通问题为目标的"客流追随型"SOD（service-oriented development）模式，该模式的轨道交通线网规划依据现有城市中心体系进行布局规划，可以有效缓解城市原中心区的交通拥堵，从而推动原中心区的复兴；第二种是城市发展走向依据轨道交通线路的"规划导向型"TOD（transit-oriented development）模式，该模式是依据轨道交通线网，城市结构做出相应调整的规划模式，从而推动城市新中心的形成[36]。

3. 开发时序的相辅相成

城市中心与轨道交通发展是动态的过程，双系统的耦合也是一个动态的

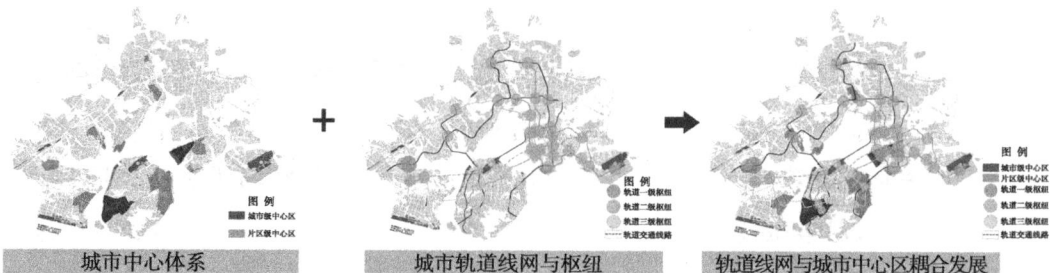

图3-17　轨道线网与城市中心体系耦合空间策略示意
（来源：笔者自绘）

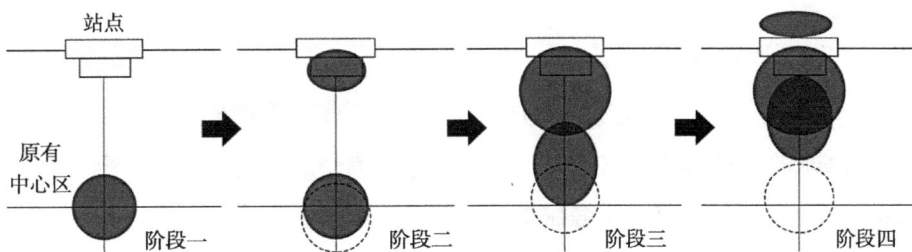

图3-18　轨道线网与城市中心体系开发时序支撑策略
（来源：潘海啸. 轨道交通与大都市地区空间结构的优化[J]. 城市发展研究，2008（S1）.）

耦合。两者的相互作用可以表述为以下四个阶段（图3-18）[37]。

第一阶段：由于现存城市中心地区用地紧张，新的枢纽站点设置在中心的周边地区；

第二阶段：由于枢纽地区人流集中，站前商业设施开始聚集，与此同时中心区的商业设施受到影响，规模开始减少，但并不明显；

第三阶段：站前商业发展速度和潜力进入快速增长阶段，中心区的现有功能衰退并向枢纽站点地区空间转移；

第四阶段：枢纽站点内部的联合开发趋于立体化和综合化。站点以及周边地区的再开发规模增大，进一步向周边拓展，同时开发品质进一步提升，成为该地区新的城市中心（包括原有中心的部分地区）或者比原有中心更高级的城市中心。

因此，在城市中心与轨道交通的动态发展过程中，可以从两方面进行耦合的调整。一方面，在城市中心既定的情况下，轨道交通规划建设应当依据中心体系合理规划设置轨道交通线网、线路与站点，利用轨道交通枢纽支撑城市中心发展。另一方面，在轨道交通规划既定的情况下，城市结构、中心体系等规划应当协同轨道交通建设思路，轨道交通枢纽周边用地具有较高可达性，具有良好的发展基础，因此，中心区可以基于轨道枢纽周边用地进行布置与发展。为了保证双系统在不同时期的良性发展，在制定相应规划策略时，应按照其自身发展阶段和未来发展潜力进行具体分析。

（1）"单中心"城市

"单中心"城市与轨道交通枢纽支撑规划策略以向"一主多副"的城市空间结构转化为主，重点是城市旧城功能分散和新区初期建设。在此过程中轨道交通建设从无到有，形成骨干网络，以满足城市交通需求和引导新区建设发展。

（2）"一主多副"中心城市

"一主多副"城市稳定发展的要点是通过轨道交通加强各个中心区的联系，完善城市中心体系内各个节点，并促进轨道交通枢纽与城市重要节点土地的一体化开发。选择在主要城市发展轴上的城市副中心进行重点开发，培育特色职能和产业，实现与主中心错位发展，利用政策导向吸引多样化的服务业和人口集聚，实现副中心跨越式多元化、混合化发展。

（3）多中心城市

进入多中心稳定发展阶段的城市一般已经成为区域乃至更大范围内的中心城市，在支撑规划策略上主要针对多中心体系和轨道交通系统功能的内涵提升。一方面，引导城市中心体系形态与更高层级的区域空间结构相互协调，在区域范围重新整合城市中心主导职能，轨道交通枢纽与对外交通枢纽衔接，加强城市间合作交流，强化人口和产业互动；另一方面，应注重双系统的内部升级，调整中心体系节点职能分工[38]，满足城市腹地的多元化需求，并按照城市不同功能区的要求整合轨道交通资源配置。

4. 耦合力度合理支撑

量化轨道线网与城市中心体系的耦合程度，可以充分认识城市结构与交通的协调情况，发现规划中的不足，积极寻找应对措施。本节通过研究国内外轨道交通建设较成功的案例城市，计算其轨道交通枢纽对城市中心区的支撑力度，为其他城市的轨道交通规划提供指引。研究中，以中心区每平方公里覆盖的枢纽个数为轨道交通枢纽对城市中心体系支撑力度的指标。即

$$\delta = \frac{N}{M} \qquad （3\text{-}5）$$

其中 δ 代表该中心区覆盖枢纽指数，N 为该中心区范围内包含的轨道交通枢纽个数，M 为该中心区面积。

（1）深圳

依据《深圳市城市总体规划（2010—2020）》，规划明确深圳建构"三轴两带多中心"的城市空间结构[39]，其城市中心体系表现为"两主多副"结构，即前海中心和福田—罗湖中心为城市主中心，其余各片区中心为城市副中心（图3-19）；依据《深圳市城市轨道交通近期建设规划（2011—2020）》[40]，其轨道交通线网布局呈"半环放射式"布局（图3-20）。通过计算，深圳

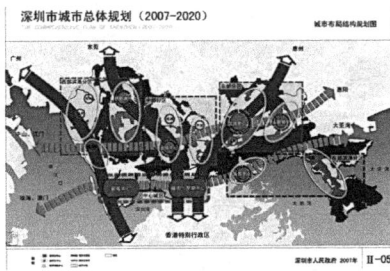

图3-19 深圳城市中心体系示意图
（来源：《深圳市城市总体规划（2010—2020）》）

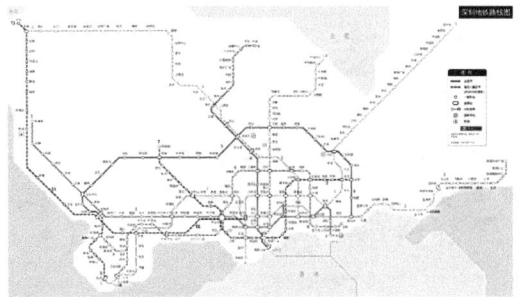

图3-20 深圳轨道交通线路图
（来源：百度图库）

的城市主中心$\delta > 1$个/km²，城市次中心δ主要分布在0.4~1.0个/km²区间（表3-14）。其中心区一般与大型交通枢纽结合布置。

深圳轨道交通枢纽对城市中心体系支撑情况   表3-14

中心区	中心区等级	中心区面积M（km²）	枢纽个数N（个）	枢纽指数δ（个/km²）
福田—罗湖中心区	城市主中心	16.71	24	1.44
前海中心区	城市主中心	11.31	12	1.06
龙岗中心区	城市次中心	1.89	2	1.06
坪山新城中心	城市次中心	1.80	2	1.11
龙华中心区	城市次中心	2.60	2	0.78
光明新城中心	城市次中心	2.72	1	0.38
盐田中心区	城市次中心	2.29	1	0.44

（来源：笔者自绘）

（2）新加坡

依据《The Planning Act Master Plan Written Statement 2014》，规划明确新加坡为"一主多副"的城市中心体系[41]，城市中心片区为城市主核，其余各片区发展服务于本片区的城市副中心（图3-21）；依据新加坡大众捷运线路图（图3-22）可知，其轨道交通线网布局呈"环型放射式"布局。通过计算，新加坡的城市主中心δ约为0.8个/km²，区级城市中心区δ分布在0.3~0.8个/km²区间（表3-15）。

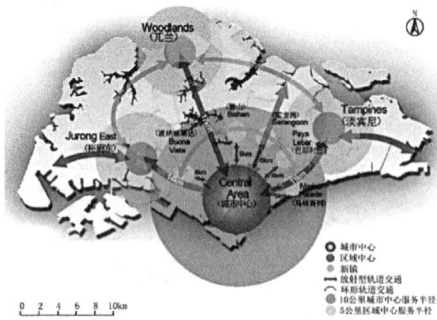

图3-21 新加坡城市中心体系示意图
（来源：https：//www.ura.gov.sg/maps/?
service=MP#）

图3-22 新加坡轨道交通线路图
（来源：https：//exploresg.com/ditie/）

新加坡轨道交通枢纽对城市中心体系支撑情况
表3-15

中心区	中心区等级	中心区面积M（km²）	枢纽个数N（个）	枢纽指数δ（个/km²）
城市中心	市级中心	12.71	10	0.79
东北中心	区级中心	2.763	2	0.72
西部中心	区级中心	5.82	2	0.34
北部中心	区级中心	1.986	1	0.50

（来源：笔者自绘）

（3）香港

《香港2030+：跨越2030年的规划远景与策略》中提出，作为高度密集的都市，香港未来最可取的空间发展模式如图3-23所示，即将大量发展集中于轨道车站的周边，以促进利用环保交通工具快捷及大量的运载市民[42]。对应的城市中心体系为"一主多副"结构，其城市主中心为香港岛北部片区及九龙半岛南部片区组成的城市核心区，其余各新市镇中心为城市副中心；其轨道线网布局形式为"无环放射式"（图3-24）。通过计算，香港市级中心δ均大于1个/km²，新市镇中心δ约0.5个/km²（表3-16）。

香港轨道交通枢纽对城市中心体系支撑情况
表3-16

中心区	中心区等级	中心区面积M（km²）	枢纽个数N（个）	枢纽指数δ（个/km²）
港岛中心	市级中心	2.78	3	1.08
九龙中心	市级中心	3.2	6	1.88

（来源：笔者自绘）

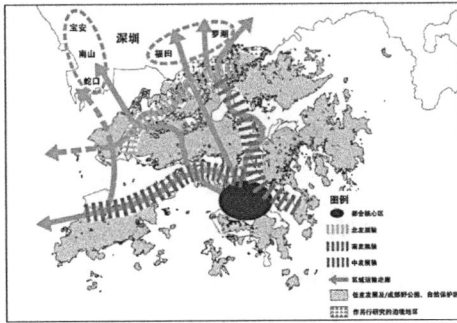

图3-23 香港城市中心与轨道枢纽耦合图
（来源：《香港2030+：跨越2030年的规划远景与策略》）

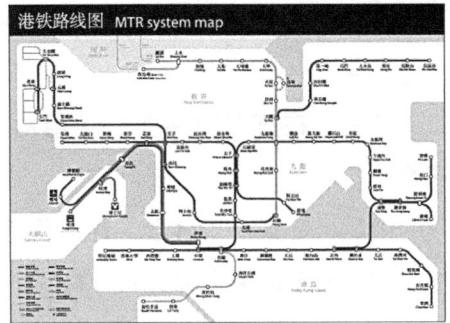

图3-24 香港轨道交通线路图
（来 源：http：//www. mtr. com. hk/ch/customer/
services/system_map. html）

通过对深圳、新加坡和中国香港等城市的轨道线网与城市中心耦合力度的计算，量化出各城市轨道交通枢纽对城市中心体系支撑力度，并得到以下规律（表3-17）。

轨道交通枢纽对城市中心体系支撑力度要求   表3-17

中心区等级	枢纽指数δ（个/km^2）	
城市级中心	一级枢纽[①]	≥1
	二级枢纽[②]	1～1.5
片区级中心	二级枢纽	0.5～1

（来源：笔者自绘）

3.4.3 轨道线网与城市中心体系耦合规划策略

因此，建立城市中心体系与轨道交通枢纽耦合发展的规划模式，需要从四个方面着手：

首先，在上层规划政策上，应重视轨道线网与城市中心体系耦合发展的重要性，在上层规划层面进行协调统一，并提供政策保障；

---

① 一级枢纽：本文定义三条及三条以上轨道交通线路衔接处的轨道交通站点为轨道交通一级枢纽。

② 二级枢纽：本文定义两条轨道交通线路衔接处的轨道交通站点为轨道交通二级枢纽。

第二，在空间位置上，双系统应在空间上就近布置，以形成相互促进的良性耦合局势；

第三，在开发时序上，要用发展的眼光看问题，促进双系统动态的耦合；

最后，在耦合力度上，通过借鉴国际优秀轨道交通城市双系统耦合指标，提出城市级中心需要1个以上的一级轨道交通枢纽，且每平方公里配有1~1.5个左右的二级轨道交通枢纽；片区级中心区每平方公里应配备0.5~1个二级轨道交通枢纽。

3.5 案例研究

厦门由于自身山水格局的限制，在空间上表现为由本岛（思明区、湖里区）和岛外四区（海沧区、集美区、同安区、翔安区）组成（图3-25）。本岛资源有限但开发较为成熟，居住、办公以及主要的公共服务设施等大多集

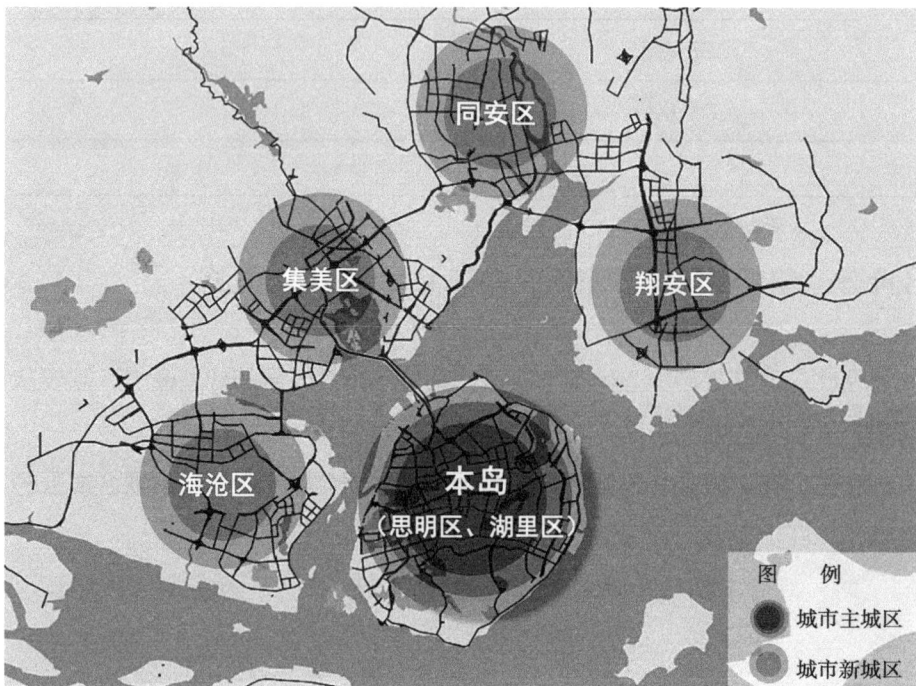

图3-25　厦门市行政区划示意图
（来源：笔者自绘）

中于岛内；岛外四区目前开发强度较低，发展潜力较大但交通联系不便。因此，要加快跨岛发展，加强岛内外联系，促进岛内外均衡发展，有助于厦门构建"大海湾、大山海、大花园"的城市空间发展格局。目前，厦门处于轨道交通研究与建设初期，且正逢新一版总体规划编制研究时机，利用轨道交通建设优化厦门空间格局，促进轨道交通与城市空间相辅相成对于推动厦门未来科学合理的发展具有重要意义。

3.5.1 厦门市轨道线网规划及枢纽体系分析

1. 厦门市轨道线网规划

依据厦门市城市总体规划和轨道交通线网规划，2020年轨道交通规划目标网由6条线组成，其中1号线、2号线、3号线、5号线、6号线（一期）为普线，4号线为快线。总长度约267km，共设车站139座，含换乘站18座（表3-18），形成"三向出岛、环湾联络"的网络框架（图3-26）[43]104。

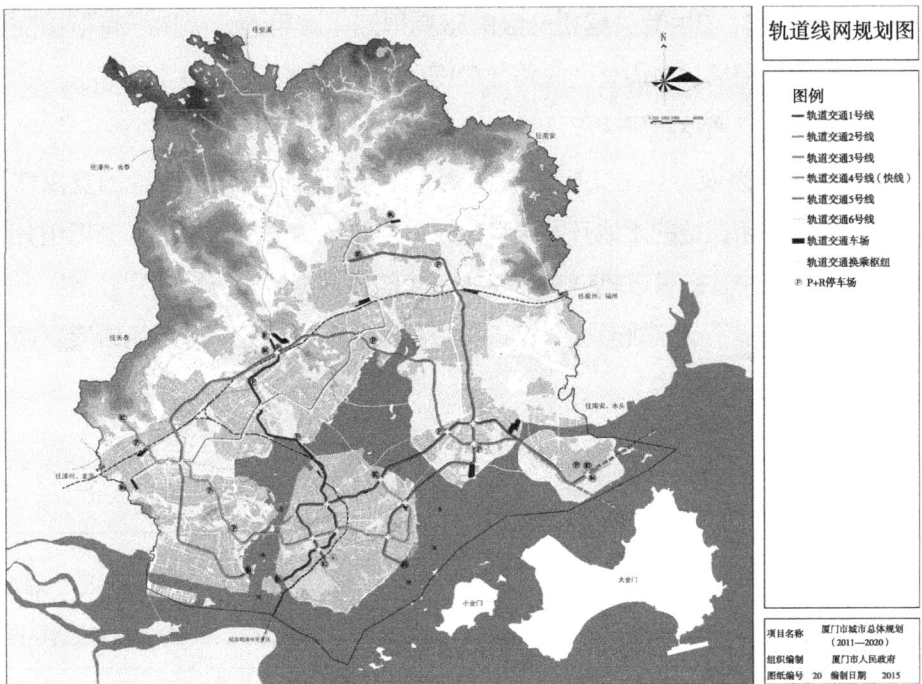

图3-26　厦门轨道交通线网规划目标网
（来源：厦门市地铁办公室. 厦门市城市轨道交通建设规划（2015～2022）[R]. 厦门：厦门市人民政府，2016.）

2020年规划目标网线路特征 表3-18

	线路	起讫点	长度（km）	车站数（换乘站）
普线	1号线	镇海路—厦门北站	30.23	24
	2号线	天竺山—五缘湾	41.63	32
	3号线	厦门火车站—翔安机场	37.86	26
	5号线	会展中心—新民镇	43.10	30
	6号线（一期）	林埭—同安影视城	44.50	27
快线	4号线	嵩屿码头—翔安机场	69.60	18
	合计		266.92	139（18）

（来源：厦门市地铁办公室. 厦门市城市轨道交通建设规划（2015-2022）[R]. 厦门：厦门市人民政府，2016.）

2. 厦门市轨道枢纽体系分析

（1）厦门轨道枢纽分级

根据前文3.1.3中有关枢纽分级的研究得知，常用的分级指标有衔接交通方式种类、衔接的轨道交通线路数和枢纽所在地的土地开发类型等。

厦门轨道交通枢纽研究仅从轨道交通本身出发，因此忽略了枢纽衔接的交通方式种类因素；且本文旨在研究轨道交通枢纽对其周边用地的支撑作用，因此枢纽所在地的土地开发类型这一分级指标也不纳入轨道交通枢纽分级的参考指标中。即仅以轨道交通枢纽衔接的轨道交通线路数为分级指标，衔接线路数越多，认定轨道交通枢纽等级越高，反之越低。厦门的轨道交通枢纽分级概况（表3-19）。

厦门轨道枢纽分级 表3-19

划分指标	等级	分级概况
衔接的轨道交通线路数	一级枢纽	三条及三条以上线路衔接处的轨道交通站点
	二级枢纽	两条线路衔接处的轨道交通站点

（来源：笔者自绘）

（2）厦门轨道交通枢纽影响区划定

如前文3.1.3所述，目前国内外暂无有关轨道交通枢纽影响区界定的统一标准，而常见的轨道交通站点影响区界定方法有行业标准法、出行成本法和空间衰减法。

厦门市于2010年全面启动城市轨道交通规划建设工作；2012年《厦门市城市轨道交通近期建设规划（2011—2020年）》获国家发展和改革委员会批准；2017年12月31日，厦门地铁1号线开通试运营，厦门成为中国第34个，中国大陆地区第31个开通运营地铁的城市。由于厦门轨道交通开通时间较短，不适用空间衰减法计算枢纽的影响范围，因此，本文选择基于行业标准法和出行成本法结合的修正方法划定厦门轨道交通枢纽影响范围。

厦门由本岛和岛外四区构成，本岛开发较为成熟，公共服务设施集中，是厦门中心城区所在，岛外四区均属于开发潜力较大的新区。因此，在计算厦门轨道交通枢纽影响范围时将厦门的轨道交通枢纽分为本岛枢纽和岛外枢纽，其中本岛枢纽包含本岛一级枢纽和本岛二级枢纽；岛外枢纽包括岛外一级枢纽和岛外二级枢纽。由前文得出的$S_{新区高级枢纽} > S_{中心高级枢纽} \geq S_{新区枢纽} > S_{中心枢纽} \geq S_{新区普站} > S_{中心普站}$，厦门轨道交通枢纽影响范围应为$S_{岛外一级枢纽} > S_{岛内一级枢纽} \geq S_{岛外二级枢纽} > S_{岛内二级枢纽}$（表3-20）。

厦门轨道交通枢纽影响范围   表3-20

区位	等级	影响范围（m）
本岛	本岛一级枢纽	1200
	本岛二级枢纽	800
岛外	岛外一级枢纽	1500
	岛外二级枢纽	1000

（来源：笔者自绘）

（3）厦门轨道交通枢纽布局模式

2020年厦门市轨道交通线网规划目标网由6条线组成，其中1号线为南北骨架线，厦门岛与集美片区之间的快速跨海连接通道，并服务于岛内外火车站；2号线为东西向骨架线，厦门岛与海沧区之间的快速跨海连接通道；

3号线为西南—东北向骨架线，厦门岛与翔安南部新中心的快速连接通道，并服务于厦门火车站和新机场；4号线为厦门岛外四区之间、自西向东、环海湾的快速连接通道，实现海沧自贸区、厦门北站与新机场之间的大型对外交通枢纽联系，线路继续向东延伸，可在更大的范围对接泉州的区域客流；5号线为厦门岛东部与翔安中心、同安的快速连接通道；6号线环海湾串联岛外四区，构建海湾型城市连接通道。

对该6条线的设站情况及换乘站进行梳理，得到2020年厦门市轨道交通规划目标网枢纽概况（表3-21），其空间分布如图3-27、图3-28所示。

厦门轨道交通目标网枢纽概况　　　　　表3-21

序号	站点名称	换乘线路	车站位置	枢纽等级	影响半径（m）
1	湖滨东路	1、3	岛内	二级枢纽	800
2	吕厝	1、2	岛内	二级枢纽	800
3	火炬园	1、3	岛内	二级枢纽	800
4	集美中心	1、6	岛外	二级枢纽	1000
5	厦门北	1、4	岛外	二级枢纽	1000
6	马銮西	2、6	岛外	二级枢纽	1000
7	马銮中心	2、4、6	岛外	一级枢纽	1500
8	体育中心	2、3	岛内	二级枢纽	800
9	岭兜	2、5	岛内	二级枢纽	800
10	高林	2、5	岛内	二级枢纽	800
11	五缘湾	2、3	岛内	二级枢纽	800
12	洪坑	3、4	岛外	二级枢纽	1000
13	市民公园	3、5	岛外	二级枢纽	1000
14	大嶝北	3、4	岛外	二级枢纽	1000
15	翔安机场	3、4	岛外	二级枢纽	1000
16	官浔	4、6	岛外	二级枢纽	1000
17	彭厝北	4、5	岛外	二级枢纽	1000
18	新民镇	5、6	岛外	二级枢纽	1000

（来源：笔者自绘）

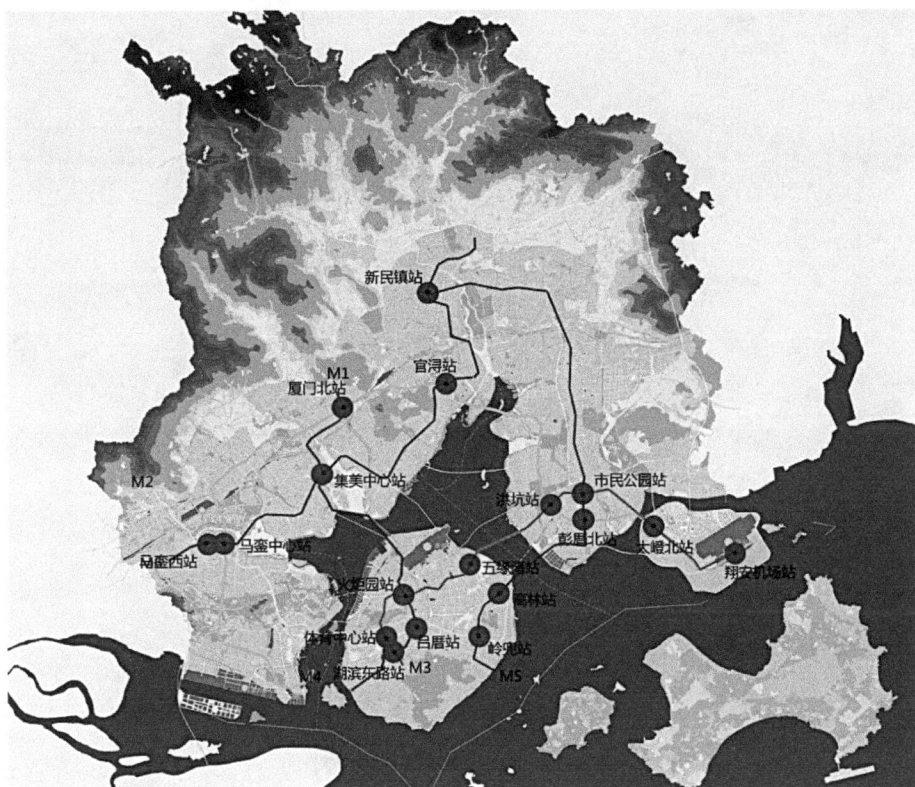

图3-27 规划目标网轨道交通枢纽布局
（来源：笔者自绘）

通过轨道枢纽分布位置可以得出，厦门轨道交通规划目标网形成的18个轨道交通枢纽中，分布在岛内的有7个，其余11个分布在岛外，其中海沧区2个，集美区2个，同安区2个，翔安区5个。

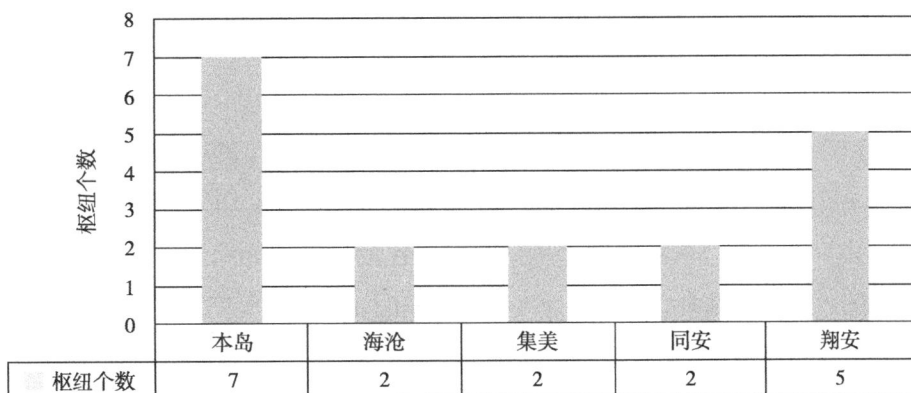

	本岛	海沧	集美	同安	翔安
枢纽个数	7	2	2	2	5

图3-28 规划目标网轨道交通枢纽空间分布
（来源：笔者自绘）

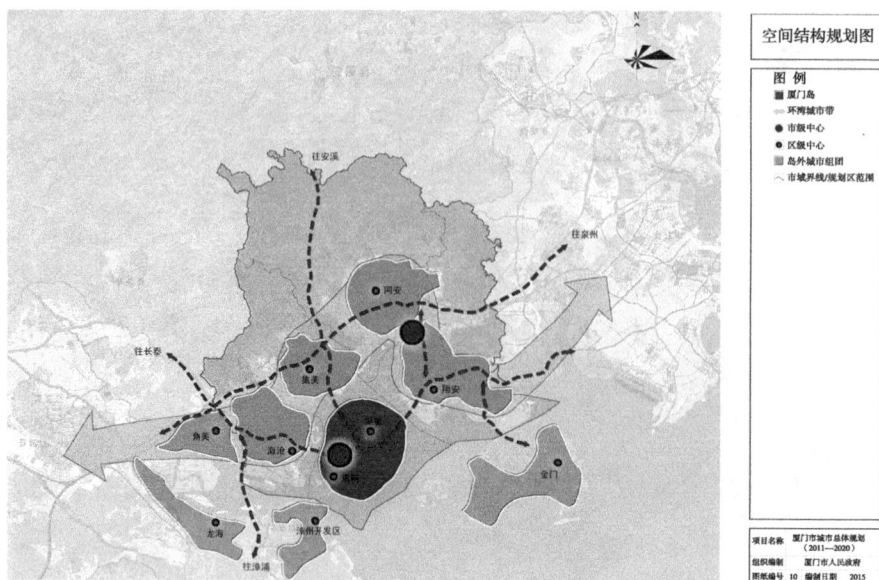

图3-29 厦门城市空间结构图（2020年）
（来源：《厦门市城市总体规划（2011—2020）》）

3.5.2 厦门城市总体规划中心体系分析

1. 厦门市城市空间结构

2020年厦门总体规划中对厦门城市空间结构的描述为"一岛一带双核多中心"，其中"一岛"指厦门本岛，"一带"为环湾城市带，从漳州开发区到角美、龙海、海沧、集美、同安、翔安、金门、南安。"双核多中心"指的是厦门本岛市级中心、翔安东部市级中心以及海沧、集美、同安、翔安4个区级中心（图3-29）[44]32。

2. 厦门城市中心体系分析

（1）厦门城市中心分级与边界

根据厦门总规对厦门城市中心体系的描述，厦门市的城市中心体系由10个城市中心构成：城市级的公共中心为本岛西部中心以及翔安东部综合中心；片区级中心分布在整个厦门市域，包括海沧区的海沧CBD和马銮湾中心区、集美旧城中心与集美新中心、同安旧城中心与同安新中心、翔安区中心以及本岛东部金融中心（图3-30）。

（2）厦门城市中心体系布局模式

依据厦门城市总体规划中的描述，厦门将由"一主多副"城市向"两

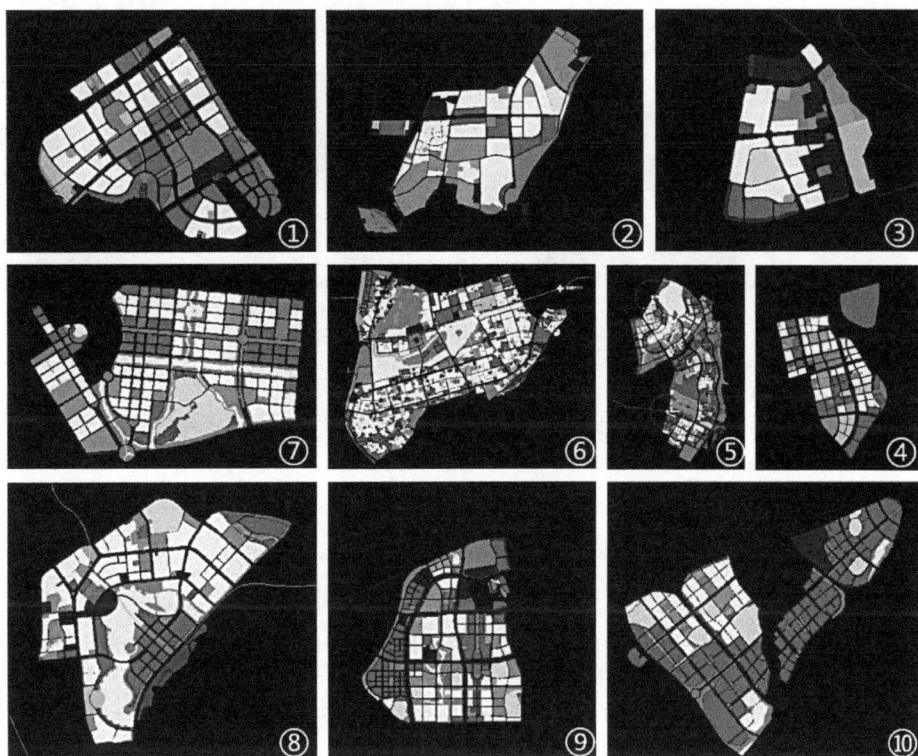

①集美新中心；②集美旧中心；③同安旧中心；④同安新中心；⑤本岛东部金融中心；⑥本岛西部中心；⑦马銮湾中心；⑧海沧CBD；⑨翔安中心区；⑩翔安东部综合中心

图3-30　厦门城市中心范围界定（来源：笔者自绘）

主多副"城市中心体系结构转变。两个主中心分别由已发展较为成熟的本岛西部综合中心和未来发展重心——翔安东部综合中心组成，其余片区级中心均匀分布在厦门的每个片区，其空间布局如图3-31、图3-32所示。

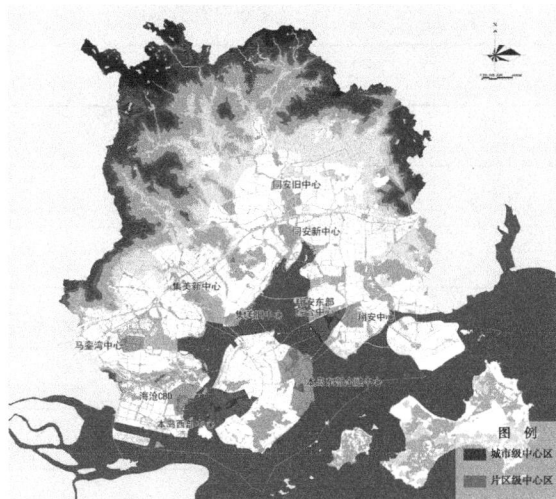

图3-31　厦门城市中心区空间布局
（来源：笔者自绘）

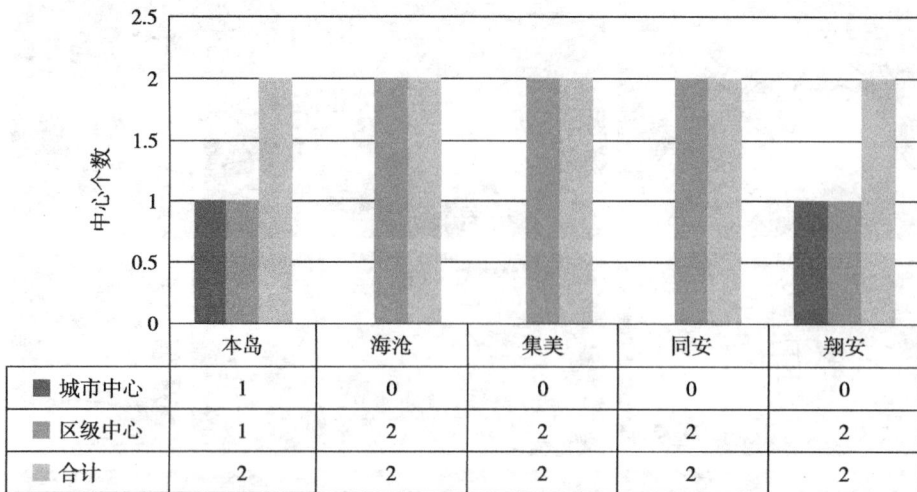

	本岛	海沧	集美	同安	翔安
■ 城市中心	1	0	0	0	0
■ 区级中心	1	2	2	2	2
■ 合计	2	2	2	2	2

图3-32　厦门城市中心区空间分布
（来源：笔者自绘）

从分布上看，城市级中心分布在厦门本岛和翔安区，其余各区均含有区
级中心；从数量上看，各行政区均包含2个中心区。

综合以上分析内容获得厦门城市中心体系综合概况（表3-22）。

厦门中心体系综合概况　　　　　表3-22

序号	名称	等级	区位	规模（km²）
1	本岛西部中心	城市主中心	本岛	13.01
2	翔安东部综合中心	城市主中心	翔安	8.91
3	本岛东部金融中心	区级中心	本岛	13.96
4	海沧CBD	区级中心	海沧	2.75
5	马銮湾中心	区级中心	海沧	3.87
6	集美旧中心	区级中心	集美	2.61
7	集美新中心	区级中心	集美	3.39
8	同安旧中心	区级中心	同安	1.13
9	同安新中心	区级中心	同安	2.26
10	翔安中心区	区级中心	同安	6.17

（来源：笔者自绘）

3.5.3　厦门轨道交通枢纽与城市中心体系耦合评价

1. 空间耦合评价

厦门市中心区存在较大差异：本岛中心区由于发展年代久远、开发成熟，无明显中心区边界，无法准确划定本岛中心区的影响边界；岛外中心区发展较晚，且中心区开发特征与周边用地存在较明显差异，可较为准确的划定岛外中心区的影响边界。因此，在对厦门市轨道交通枢纽与中心体系耦合评价时，针对不同类型中心区选择采用整体评价与局部评价两种评价方法。

（1）整体评价

通过将轨道枢纽体系与城市中心体系叠加，统计厦门所有中心区覆盖轨道枢纽的比例，以获得厦门线网规划与城市中心体系耦合的整体情况（图3-33）。通过计算厦门每个中心区覆盖的枢纽个数，得到厦门轨道交通枢纽与城市中心体系耦合的整体情况（表3-23）。厦门轨道交通枢纽共18个，城市中心区有10个，其中覆盖枢纽的中心区与未覆盖枢纽的中心

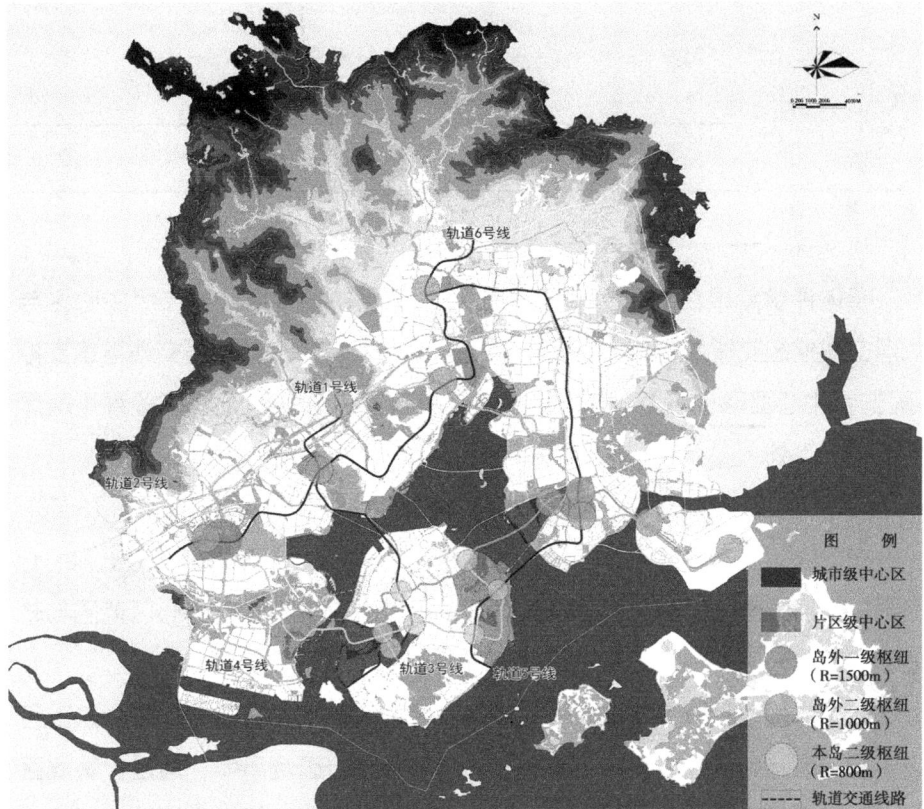

图3-33　轨道交通枢纽与中心区空间耦合
（来源：笔者自绘）

区之比为6：4；本岛中心区覆盖枢纽6个，翔安中心区覆盖枢纽3个，海沧中心区覆盖枢纽2个，集美中心区覆盖枢纽1个，同安中心区没有覆盖枢纽。

厦门轨道交通枢纽与中心体系耦合整体情况   表3-23

中心区等级	位置	名称	覆盖枢纽个数	合计	
城市级中心区	本岛	本岛西部中心	3	4	
	翔安	翔安东部综合中心	1		
片区级中心	本岛	本岛东部金融中心	3	3	8
	海沧	海沧CBD	0	2	
		马銮湾中心	2		
	集美	集美旧城中心	0	1	
		集美新城中心	1		
	同安	同安旧城中心	0	0	
		同安新城中心	0		
	翔安	翔安中心区	2	2	

（来源：笔者自绘）

整体评价结果：厦门2/5的中心区没有覆盖轨道枢纽；城市级中心区与轨道交通枢纽支撑力度不足；新规划的片区中心基本上有轨道交通枢纽支撑（同安新中心区除外）；片区级旧中心区与轨道交通枢纽无支撑关系（两岸金融中心除外）。

（2）局部评价

在岛内，由于岛内中心区具有大面积连片式特点，因此，以枢纽到中心区内主要目的地的距离和行程时间为评价因子；在岛外，以中心区范围与轨道枢纽影响范围的叠合面积为评价因子。

1）本岛西部中心：作为厦门最核心的区域，此区域包含众多民众出行主要目的地，如各商业网点、旅游景点以及行政办公场所等。通过计算此区域内轨道交通枢纽到各出行目的地的空间距离与出行时间，得到该区域中心区的耦合情况（图3-34，表3-24）。

枢纽	枢纽到主要目的地空间距离（km）	行人步行时间（min）
	到行政办公区：2.4	36
湖滨东路站	到中山路商圈：4.1	61
	到火车站商圈：0	0
	到行政办公区：1.7	25
体育中心站	到中山路商圈：4.2	63
	到火车站商圈：1.2	18
	到行政办公区：4.2	63
吕厝站	到中山路商圈：6.3	94
	到火车站商圈：2.6	39

本岛西部中心耦合情况　　　　　　　　　　　表3-24

（来源：笔者自绘，行人步行速度按4km/h计算）

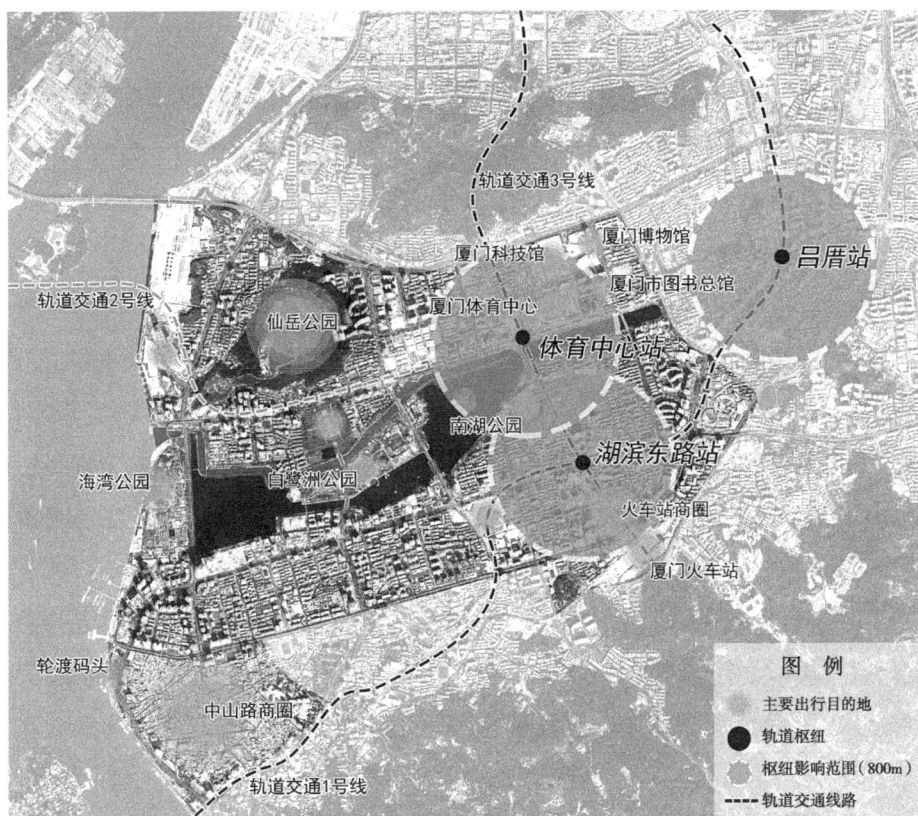

图3-34　本岛西部中心耦合情况
（来源：笔者自绘）

本岛西部综合中心耦合评价结果：此区域包含众多主要出行目的地，目的地分布均匀，但中心区内仅包含3个轨道交通枢纽，数量过少；且该3个枢纽位置整体偏东，与主要目的地距离较远，因此，耦合度较低。

2）本岛东部金融中心：此区域呈南北向狭长形态，主要包括五缘湾、观音山以及会展中心等主要出行目的地。通过计算此区域内轨道交通枢纽到各出行目的地的空间距离与出行时间，得到该区域中心区的耦合情况（图3-35，表3-25）。

本岛东部金融中心区耦合情况　　　　　　　　表3-25

主要目的地	枢纽到主要目的地空间距离（km）	行人步行时间（min）
五缘湾站	到五缘湾：0	0
	到观音山：5.2	78
	到会展中心：7.3	109
高林站	到五缘湾：1.0	15
	到观音山：2.5	37
	到会展中心：5.1	76
岭兜站	到五缘湾：5.0	75
	到观音山：2.7	40
	到会展中心：2.0	30

（来源：笔者自绘，行人步行速度按4km/h计算）

本岛东部金融中心耦合评价结果：主要目的地呈狭长带状分布，该中心区内仅3个轨道枢纽，数量较少且轨道枢纽南北向跨度过长，与主要目的地距离较远，因此，耦合度较低。

3）岛外四区中心：厦门岛外四区中心区的开发建设具有较为明显的用地特征，可以划定出中心区的影响范围，因此，在计算岛外中心区与轨道交通枢纽的耦合度时采用中心区面积与枢纽影响面积叠加的方法，耦合结果（表3-26）。

图3-35　本岛东部金融中心耦合情况
（来源：笔者自绘）

厦门岛外中心区耦合情况　　　　　　　表3-26

区位	名称	中心区等级	中心区面积（km²）	覆盖枢纽（个）	叠合面积（km²）	耦合度
海沧	海沧CBD	片区级中心	2.75	0	0	0
	马銮湾中心区	片区级中心	3.87	2	3.87	100%
集美	集美旧中心区	片区级中心	2.61	0	0	0
	集美新中心区	片区级中心	3.39	1	1.83	54%
同安	同安旧中心区	片区级中心	1.13	0	0	0
	同安新中心区	片区级中心	2.26	0	0	0
翔安	东部综合中心	城市级中心	8.91	1	2.63	30%
	中心区	片区级中心	6.17	2	5.13	83%

（来源：笔者自绘）

岛外四区中心耦合评价结果：①海沧区：CBD与轨道耦合度为0；新中心区与轨道耦合很好。②集美区：旧中心区与轨道耦合度为0；新中心区与轨道耦合较好。③同安区：旧中心区、新中心区与轨道耦合为0。④翔安区：东部综合中心与轨道枢纽耦合力度一般，中心区与轨道枢纽耦合力度较好。

2. 开发时序耦合评价

到2020年，规划目标网中，厦门城市轨道交通线网由6条轨道交通线路组成，形成18个轨道交通枢纽；到2035年，规划远景线网中，厦门城市轨道线网由10条线路组成，形成42个轨道交通枢纽。分别与城市中心体系耦合结果如图3-36、图3-37所示。

规划目标线网与中心体系耦合情况：同安中心区与轨道枢纽均错位，不耦合；集美中心区仅覆盖1个轨道枢纽；岛外旧中心区均无枢纽覆盖。

规划远景线网与中心体系耦合情况：同安中心区、集美中心区与轨道枢纽耦合度较差；翔安中心区覆盖轨道枢纽过多；岛外旧中心区均无枢纽覆盖。

3. 耦合力度评价

城市中心体系与轨道线网的耦合需要力度保障。在耦合程度上，通过借鉴国际优秀轨道交通城市双系统耦合指标，提出城市级中心需要1个以上的一级轨道交通枢纽，且每平方公里配有1～1.5个左右的二级轨道交通枢纽；

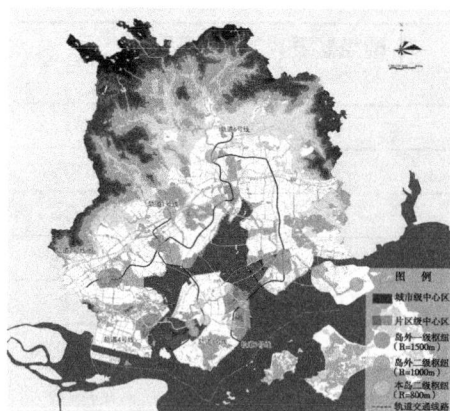

图3-36 规划目标线网与用地耦合
（来源：笔者自绘）

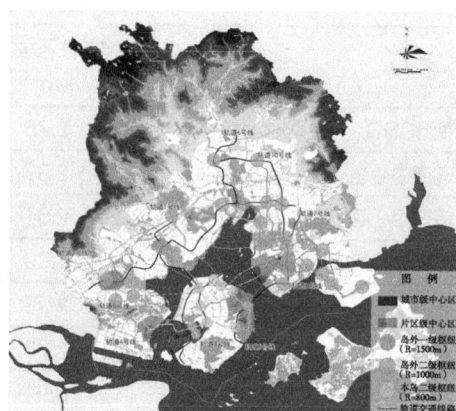

图3-37 规划远景线网与用地耦合
（来源：笔者自绘）

片区级中心区每平方公里应配备0.5～1个二级轨道交通枢纽。对厦门轨道交通枢纽与城市中心体系的支撑力度进行计算，得到表3-27。

厦门轨道交通枢纽对城市中心体系支撑力度　　　　　表3-27

中心区名称	中心区等级	中心区规模（km²）	目标线网（6条线）		远景线网（10条线）	
			N（个）	δ（个/km²）	N（个）	δ（个/km²）
本岛西部中心	城市主中心	13.01	3	0.23	5	0.38
翔安东部综合中心	城市主中心	8.91	1	0.11	3	0.34
海沧CBD	片区级中心	2.75	0	0	0	0
马銮湾中心	片区级中心	3.87	2	0.52	2	0.52
集美旧中心	片区级中心	2.61	0	0	0	0
集美新中心	片区级中心	3.39	1	0.29	1	0.29
同安旧中心	片区级中心	1.13	0	0	0	0
同安新中心	片区级中心	2.26	0	0	1	0.44
本岛东部金融中心	片区级中心	13.96	3	0.21	3	0.21
翔安中心区	片区级中心	6.17	2	0.32	2	0.32

（来源：笔者自绘）

通过计算发现，在规划目标线网阶段：厦门有2/5的中心区无轨道交通枢纽支撑；厦门城市级中心区与轨道交通枢纽支撑力度远低于国际水平；片区级中心中仅有马銮湾中心符合国际标准。在远景线网阶段，厦门仍有约1/3的中心区无轨道交通枢纽支撑；城市级中心区与轨道交通枢纽支撑力度有所上升，但与国际水平仍存在较大差距；片区级中心与轨道交通枢纽支撑力度有待提高。

4. 耦合结果与改善措施

（1）对2020年厦门城市中心体系与轨道交通枢纽耦合评价结果如下：

整体上，厦门3/5的中心区覆盖轨道枢纽，2/5的中心区未覆盖枢纽；

局部上，岛内旧中心区与轨道枢纽耦合度不高：本岛中心区规模较大，覆盖轨道枢纽数目较少，与轨道线网耦合度不足；马銮湾中心区、翔安规划中心区与轨道线网耦合度较高；集美规划中心区与轨道枢纽耦合一般；同安中心区与轨道线网不耦合；岛外旧中心区与轨道枢纽不耦合。

开发时序上，随着开发阶段的深入，厦门城市主中心的轨道枢纽覆盖数量增加，但是同安区线网与中心区不耦合的现象仍未解决；且翔安区聚集枢纽个数占全厦门枢纽总数一半左右，资源分布不合理。

在枢纽支撑力度上，2020年轨道交通枢纽与城市中心体系耦合力度远低于国内外其他优秀轨道交通建设城市。

（2）对2020年厦门城市中心体系与轨道交通枢纽的支撑提出以下建议：

在空间上，厦门市中心区与轨道枢纽应耦合布置。目前厦门中心区10个，其中海沧中心区、集美旧中心、同安新中心和同安旧中心无轨道枢纽支撑。

在规划时序上，在中心区既定的情况下，应调整轨道线网，在中心区形成轨道枢纽；在轨道线网既定的情况下，应调整中心区位置，与轨道枢纽耦合布置。

在支撑力度上，2020年厦门城市中心区与轨道枢纽支撑力度远低于国内外优秀轨道建设城市，应当提高中心区内覆盖轨道枢纽个数，提升轨道枢纽对城市中心的支撑力度。

3.5.4 厦门市未来轨道交通与用地布局情景模拟

如今正值厦门新版总体规划编制阶段，在此对厦门未来可能形成的城市空间结构作出多种情景假设，分别基于城市空间结构建构相应的城市轨道线网，为新一轮厦门城市总体规划下的轨道交通与用地发展模式提供选择。

1. "一核二心多点"的城市空间结构

"一核二心多点"中的"一核"指厦门本岛都市区发展核，其辐射范围包括厦门与周边城市；"二心"分别指马銮湾中心区和翔安东部中心区，其为城市的副中心区；"多点"包括岛内外的新城和旧城中心，具体包括本岛西部行政中心、本岛北部商贸中心、本岛东部金融中心、海沧旧城中心、集美新城中心、集美旧城中心、同安新城中心、同安旧城中心、翔安新中心。

此种城市空间结构下，轨道线网结构表现为"三向出岛、环湾联络"的

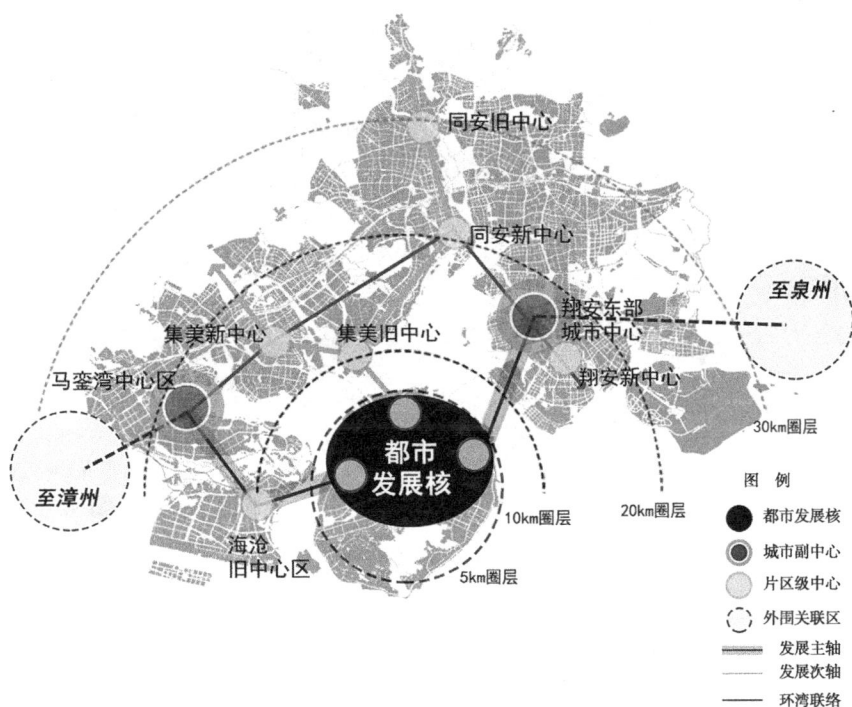

图3-38 "一核二心多点"城市空间结构下轨道线网布局模式
（来源：笔者自绘）

空间形态（图3-38）。其中以本岛为核心，与马銮湾城市副中心、翔安东部城市副中心之间的联系为城市轨道线网的发展主轴；本岛与集美中心区、同安中心区之间的联系为城市轨道的发展次轴；岛外各级中心区之间通过环湾线进行连接。

2. "双核多中心"的城市空间结构

"双核多中心"中的"双核"分别指厦门本岛都市区发展核和翔安都市区发展核；"多中心"分别指本岛、海沧、集美、同安和同安的各级中心区，其中马銮湾中心区等级高于其他中心区，其余中心区表现为专业型的中心区。

此种城市空间结构下，轨道线网结构表现为"双心放射、环湾联络"的空间形态（图3-39）。其中本岛都市核与翔安都市核之间的联系最强，主要体现在本岛东部金融中心与翔安中心区的共同发展；再分别以本岛都市核、翔安都市核为核心向其他各区布置放射型轨道线，以达成都市发展核与多中心之间的联系，其中与马銮湾中心区的联系较强；岛外各级中心区之间通过环湾线进行连接。

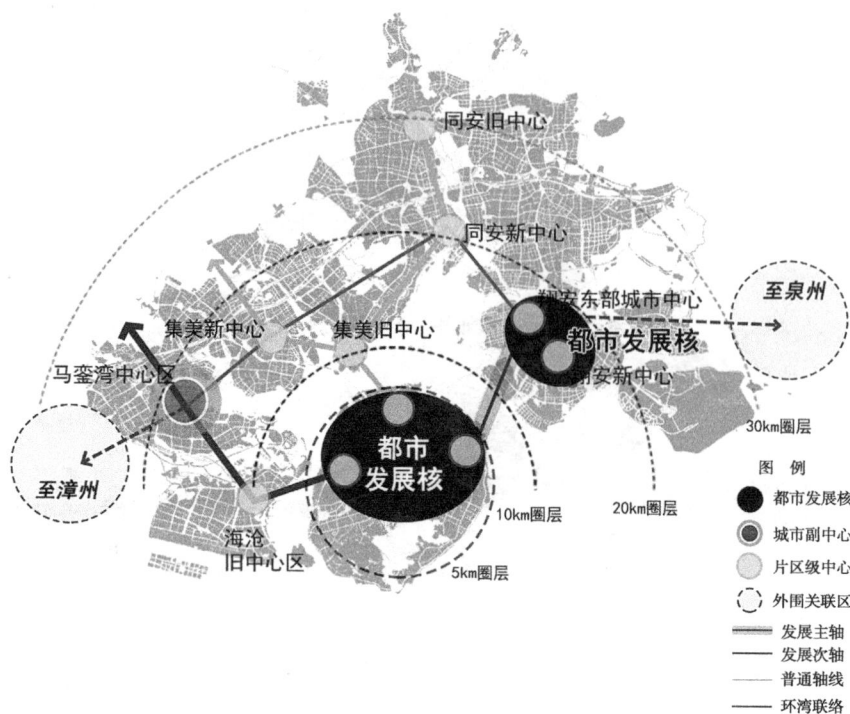

图3-39 "双核多中心"城市空间结构下轨道线网布局模式
（来源：笔者自绘）

3. "三核多中心"的城市空间结构

"三核多中心"中的"三核"分别指厦门本岛都市区发展核、翔安都市区发展核和海沧都市区发展核；"多中心"分别指本岛、海沧、集美、同安以及翔安的专业型中心区或片区中心。

此种城市空间结构下，轨道线网结构表现为"廊道联络、强环联系"的空间形态（图3-40）。其中本岛都市核、翔安都市核和海沧都市核之间形成城市发展廊道，并与泉州和漳州形成联系通廊；本岛与集美、同安中心区之间的联系为城市轨道发展次轴；岛外各级中心区之间通过环形轨道线进行连接。

4. 新一轮厦门轨道交通与用地发展模式选择

通过对厦门未来可能出现的空间结构进行多情景的模拟，可基于厦门的城市空间结构规划相应的城市轨道线网结构。三种情景模式中推荐第三种"三核多中心"的厦门城市空间结构，即在本岛、海沧和翔安发展多个城市主中心，包含综合中心和专业中心，形成面向区域和城市的城市中心

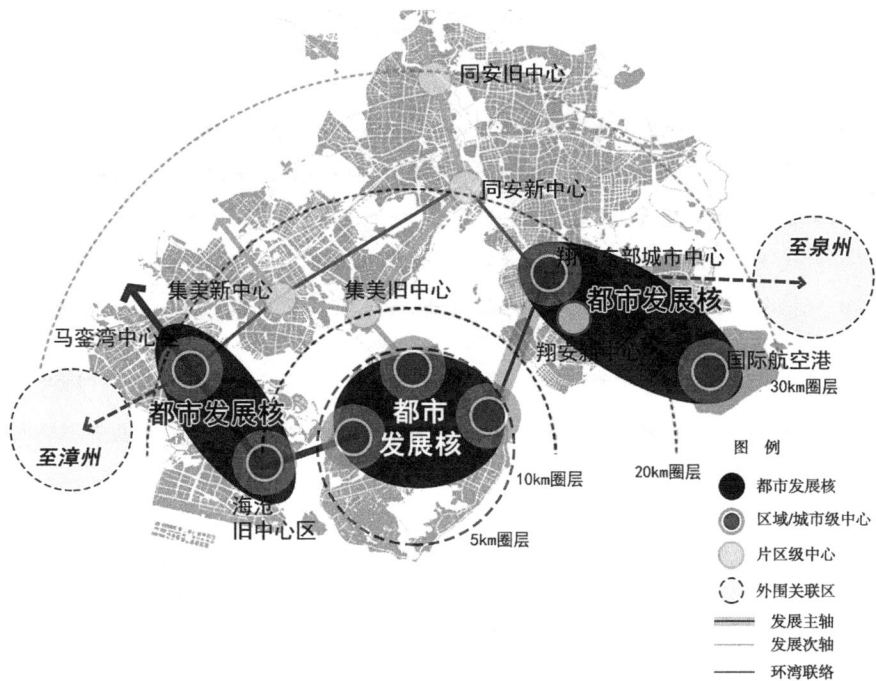

图3-40 "三核多中心"城市空间结构下轨道线网布局模式
（来源：笔者自绘）

发展核。

　　基于现状耦合分析发现，厦门本岛、马銮湾以及翔安东部均有较好的轨道交通支撑条件，有发展成为都市核心区的基础。但是，厦门本岛中心枢纽个数偏少，可以进行枢纽个数的增加；海沧区马銮湾中心虽拥有较高等级的轨道交通枢纽，但是整体上拥有枢纽个数偏少，且海沧CBD无轨道枢纽支撑，可相应作出补充；翔安区线网过密，枢纽过多，但与中心区的空间耦合较差，可以对中心区位置或枢纽位置做出相应调整；同时应特别注重在轨道环湾线与放射线相交的枢纽处，布置城市中心、副中心或片区中心，以支撑"三核多中心"厦门城市空间结构目标的实现。

参考文献

[1] 边经卫. 城市轨道交通与城市空间形态模式选择[J]. 城市交通, 2009, 7（05）: 40-44.

[2] 李青青. 城市轨道交通对城市空间的引导作用研究[D]. 沈阳: 沈阳建筑大学, 2013.

[3] 钟宝华. 轨道交通对周边住宅价格影响的研究[D]. 上海: 同济大学, 2007.

[4] 叶霞飞, 蔡蔚. 城市轨道交通开发利益的计算方法[J]. 同济大学学报, 2002（04）: 431-436.

[5] 祝培甜, 李树枝. 我国城市人均建设用地和人均居住用地研究[J]. 国土资源情报, 2018（09）: 47-50.

[6] 韩丽. 轨道交通对城市空间发展作用的研究[D]. 南京: 南京林业大学, 2005.

[7] 甘勇华. 城市轨道交通枢纽综合开发模式研究[D]. 武汉: 华中科技大学, 2011.

[8] 廖骏. 城市轨道交通站点周边土地利用优化策略研究——以成都市地铁一号线为例[D]. 成都: 西南交通大学, 2012.

[9] 姚智胜, 熊志华. 北京城市轨道交通沿线土地利用发展规律研究[J]. 现代城市轨道交通, 2015（04）: 57-61+64.

[10] 吴雪明. 世界城市的空间形态和人口分布——伦敦、巴黎、纽约、东京的比较及对上海的模拟[J]. 世界经济研究, 2003（07）: 22-27.

[11] 杨滨章. 哥本哈根"手指规划"产生的背景与内容[J]. 城市规划, 2009, 33（08）: 52-58, 102.

[12] 钟德浩, 王训国. 关于德国·汉堡市的城市规划与开发[J]. 上海城市规划, 1998（04）: 23-25.

[13] 曾刚, 王琛. 巴黎地区的发展与规划[J]. 国外城市规划, 2004（05）: 44-49.

[14] 王波. 上海轨道交通客流空间分布特征分析[J]. 交通与运输, 2016（01）: 140-143.

[15] 方礼君. 城市轨道交通客流相关问题研究[D]. 上海: 同济大学, 2008.

[16] 杨俊宴, 章飙, 史宜. 城市中心体系发展的理论框架探索[J]. 城市规划学刊, 2012（01）: 33-39.

[17] 吴晓. 斯德哥尔摩战后新城的规划建设及其启示[J]. 华中建筑, 2008（09）: 164-170.

[18] 马超群, 王玉萍. 城市轨道交通客流特征与规律分析[J]. 铁道运输与经济, 2015, 37（06）: 85-91.

[19] 戴子文, 谭国威, 戴子龙. 城市轨道交通车站分类及等级划分研究[J]. 都市快轨交通, 2016, 29（04）: 38-42.

[20] 崔桂籽. 轨道线网与城市中心体系耦合规划模式研究[C]//中国城市规划学会, 杭州市人民政府. 共享与品质——2018中国城市规划年会论文集. 中国城市规划学会, 2018: 9.

[21] 吴明伟, 孔令龙, 陈联. 城市中心区规划[M]. 南京: 东南大学出版社, 1999.

[22] 王检亮, 谭国威, 宗传苓. 轨道交通站点开发利益影响范围研究[J]. 交通标准化, 2014, 42（14）: 5-10.

[23] 潘海啸, 钟宝华. 轨道交通建设对房地产价格的影响——以上海市为案例[J]. 城市规划学刊, 2008（02）: 62-69.

[24] 张小松, 胡志晖, 叶霞飞. 城市轨道交通开发利益影响范围研究[J]. 同济大学学报, 2005（08）: 1118-1121.

[25] 宗跃光. 城市景观生态规划中的廊道效应研究——以北京市区为例[J]. 生态学报, 1999, 19

（02）：3-8.

[26] 周婕. 基于夜间灯光数据的城市中心体系识别及特征研究——以武汉市为例[C]//中国城市规划学会，东莞市人民政府. 持续发展理性规划——2017中国城市规划年会论文集（07城市设计）. 中国城市规划学会，2017：11.

[27] 张琼，边经卫. 城市中心体系与轨道交通耦合演化规律[J]. 城市交通，2017，15（06）：51-56.

[28] 韩凤. 城市空间结构与交通组织的耦合发展模式研究[D]. 长春：东北师范大学，2007.

[29] 王春才. 城市交通与城市空间演化相互作用机制研究[D]. 北京：北京交通大学，2007.

[30] 孔哲，过秀成，侯佳，等. 大城市轨道交通网络演变的生命周期特征研究[J]. 城市轨道交通研究，2013（8）：32-38.

[31] 边经卫. 大城市空间发展与轨道交通[M]. 北京：中国建筑工业出版社，2006.

[32] 张琼. 城市中心体系与轨道交通耦合规划研究[D]. 泉州：华侨大学，2016.

[33] 潘海啸，任春洋. 轨道交通与城市公共活动中心体系的空间耦合关系——以上海市为例[J]. 城市规划学刊，2005（04）：76-82.

[34] 李春亮. 轨道站点地区与城市公共中心区空间耦合程度研究[D]. 广州：华南理工大学，2010.

[35] 潘海啸. 大都市地区快速干道和城镇发展关系研究[M]上海：同济大学出版社，2002.

[36] 任利剑. 城市轨道交通系统与城市功能组织协调发展研究[D]. 天津：天津大学，2014.

[37] 潘海啸. 轨道交通与大都市地区空间结构的优化[J]. 城市发展研究，2008（S1）：25-34.

[38] 张道海，刘龙胜，杜建华. 轨道交通上的世界：东京都市圈城市和交通研究[M]. 北京：人民交通出版社，2013.

[39] 中国城市规划设计研究院. 深圳市城市总体规划（2010—2020）[R]. 深圳：深圳市城市规划学会，2013.

[40] 深圳市城市交通规划设计研究中心有限公司. 深圳市城市轨道交通近期建设规划（2011—2020）[R]. 深圳：深圳市城市规划学会，2013.

[41] Urban Redevelopment Authority. The Planning Act Master Plan Written Statement 2014[R]. Singapore：Singapore Government，2016.

[42] 香港规划署. 香港2030+：跨越2030年的规划远景与策略[R]. 香港：香港特别行政区政府，2017.

[43] 厦门市地铁办公室. 厦门市城市轨道交通建设规划（2015—2022）[R]. 厦门：厦门市人民政府，2016.

[44] 厦门市人民政府. 厦门市城市总体规划（2011—2020）[R]. 厦门：厦门市人民政府，2016.

第四章

轨道线路与用地
功能组织

"轨道城市"是应对当前城市迅速扩张、土地紧缺，以及小汽车快速增长引发的"大城市病"所采取的一项城市发展策略。其中，作为轨道系统中观层面的轨道线路，是组成"轨道城市"网络的基础骨架，是串联城市空间发展的廊带，它将引领城市实现新的空间结构改变和打破原有"摊大饼"式的城市空间格局

　　本章在深入分析轨道线路与城市土地利用、功能布局的基础上，把握两者组织协同特征及存在问题，厘清契合城市用地功能的轨道线路适应性内涵与影响因素，依据轨道线路形式提出可能的用地功能组织协同模式，建立一个多维度结构、科学合理、适应性强、简便易操作的综合评价体系。

4.1 轨道线路与城市用地功能组织协同模式

4.1.1 轨道线路与城市用地功能组织协同特征

1. 轨道交通线路的技术经济特征

（1）线路类型与功能定位

城市轨道交通种类繁多，技术指标差异较大，世界各国的评价标准也不尽相同，并无严格的类型划分。城市轨道交通按运能范围、车辆类型及主要技术特征可分为有轨电车、地下铁道、轻轨交通、市郊铁路、单轨道交通、新交通系统、磁悬浮交通七类；按运营组织方式，可分为传统城市轨道交通、区域快速轨道交通和城市（市郊）铁路；根据线路交通职能的不同又可分为城市组团快线、城市干线和市区局域线。亦有学者研究从轨道线路的基本职能入手，将其划分为联系城市中心区和边缘地区的径向线路（放射线）；联系城市内部各主次中心及对外联系枢纽线路（环线）；线路两端位于城市中心区，中间段位于城市边缘地区的马蹄状线路（半环线）；城区加密线；串接中心城区外围各组团的线路（郊区线）；[1]以及更为强调轨道线路走向与功能定位，类型囊括性更广的中心城区线、市区半径线、市区直径线和郊区线。不同类型的轨道线路的功能定位、服务半径、站点间距、时速及运能各有差异，对线路类型的准确划分将有利于后期线路相关数据指标的类比分析（表4-1）。

国内轨道交通线路功能层级体系 表4-1

层级	市域级快速轨道		城区轨道交通	
	市郊线路	轨道快线	城区干线	市区局域线
功能定位	远郊组团及重要卫星城镇的联系	近郊组团与中心城区的联系	中心城区高强度、高密度客流走廊联系	中心城区局部次级组团片区客流走廊联系

层级	市域级快速轨道		城区轨道交通	
	市郊线路	轨道快线	城区干线	市区局域线
服务半径（km）	40~100	<40	20~40	<20
设站间距（km）	3.0~5.0	2.0~3.0	0.8~2.0	0.8~1.5
最高时速（km/h）	160~250	100~120	60~80	60~80
行程时速（km/h）	60~80	45~60	35~40	25~35
设计运能（万人次/h）	>20.0	4.0~8.0	2.0~6.0	1.0~3.0
出行时间（h）	>1	0.5~1	<30	<30

（来源：《城市轨道交通线网规划编制标准》GB/T 50546—2009）

由于不同运能及速度等级的轨道线路对城市发展轴线的覆盖率和支撑度存在较大差异，因此在空间布局上，轨道快线覆盖了通勤圈内的主要客流走廊，服务于城市发展轴带沿线客流主要的交通发生吸引点（包括就业岗位、居住地和主要交通枢纽等）；普速服务线路（干线和局域线）在很大程度上缓解城市中心及组团之间的交通压力，是"轨道城市"建设的有力支撑。

而在线路未能覆盖的区域以及纵深腹地，可以结合更小层次的生活圈和组团，通过公共交通方式与轨道交通形成良好的衔接，以提供补充服务。

（2）线路结构与运营效率

轨道交通线路结构包括线路长度、设站间距、车辆制式等组成部分，线路结构搭配是否合理、与城市发展走廊客流需求是否契合，直接影响线路运营的效率。轨道线路长度主要由客流出行OD分布决定，在空间上的体现则是城市功能片区的分布情况。通常认为，随城市空间形态的生长发育，不断向纵深腹地拓展，新城市组团的形成会起到一定的"反磁力中心"作用，那么轨道线路设置越长，乘客在该线路上出行的距离将越大。而相关研究及实践检验显示，轨道运营效益与线路长度、设站间距呈抛物线关系，且线路长度与出行距离也并非线性关系[2]，即随线路长度的增加会出现一个临界值拐点，所以，轨道线路长度存在一个"合理距离"。《城市轨道交通工程项目建设标准》[3]从工程建设角度建议单条轨道线路的长度不宜大于35km，最短不宜小于15km，合理的平均站间距分布在1~2km之间，而且对于同一制式的轨道线路，速度越高，对长线路的适应性越强，但对设站间距的变化也越敏感。过长或过短的线路都会对轨道系统的运营效率、功能联系及廊道效应产生不利的影响。

由于轨道线路的类型不同，其功能定位有较大差异，例如，快线将承担更多城市主要功能间"点到点"的快速运输，运能相应较大，而作为生活性普速服务线，则是以承担走廊间主要客流的通勤出行、满足日常生活需求功能为目标，两者的运能指标不能简单地对比。因此，还应以城市规模、城市形态、客流需求特征为依据，充分考虑出行时耗、舒适性、便捷性等因素。出行效率及交通可达作为时空效益的重要衡量指标，是乘客选择轨道交通方式出行的关键，同时也是轨道线路运营效率的直接体现。

（3）廊道效应与端点效应

轨道交通线路自建成通车起，其在所覆盖影响范围内产生的廊道效应便会随线路的运营逐渐显现且不断提升，短期即可吸引和集聚各种优势随走廊带生长发育，并不间断地互动协调、调整回馈，最终形成一系列与线路功能相契合的，以带状用地布局为单元的城市功能节点。轨道交通线路作为产生这一"廊道效应"背后强有力的经济体源，决定了效应影响范围的远近、强弱。廊道效应以走廊带为中心向周边区域辐射，辐射区域大小会根据城市土地开发模式、职住空间分布、居民出行方式选择以及廊道覆盖城市路网状况等条件的不同而有较大差异，并呈梯度衰减态，单条线路的影响范围基本在1.5～3km内。廊道效应具有流通效应与场效应两个特征，流通效应即促进客流、物流、资金流、信息流等要素的快速转移和累积加成，并具有"势"的属性。随着城市规模的拓展和战略指引，沿走廊发展带的城市功能逐渐将从具有较强城市竞争力但却面临超负荷的中心区（高"势能"区）向基础薄弱但潜力空间巨大的郊区（低"势能"区）转移，从而形成一定规模的新功能节点或组团，这是在建立平衡与重构"端点磁极"间动态的过程（图4-1）。这也在一定程度上反映了廊道效应的不均衡性和时空差别政策的导向性，同一条轨道廊道带上的不同区段，对城市功能、土地利用及基础设施的影响作用是不一样的。

同时，端点效应具有反磁力中心的特征，它强调的是利用设施的规模产生"虹吸效应"，形成分散的集中，尽管端点空间的集聚能力可能不及一个更大规模的中心实体，但仍然可以借鉴阿隆索（Alonso）所称谓的"规模互借（borrowedsize）"，在一定的地理空间范围内实现经济的规模收益和集聚

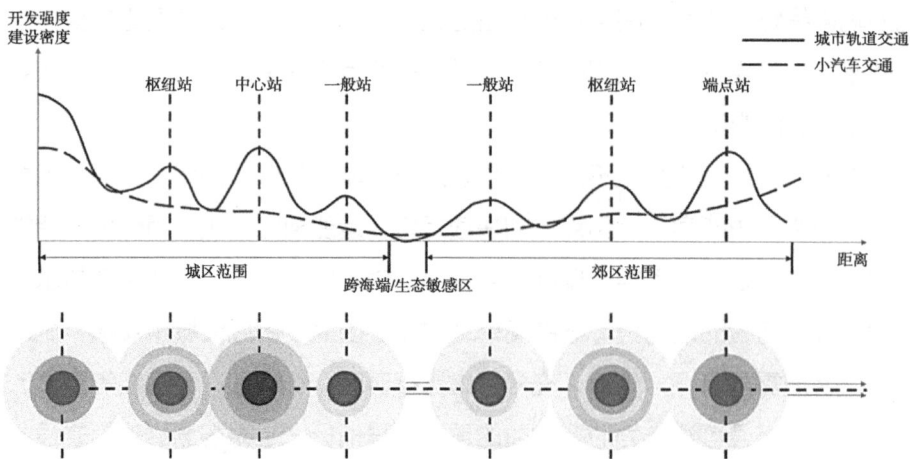

图4-1　城市轨道交通线路廊道效应与端点效应特征图
（来源：笔者自绘）

效应。同时将城市中心的外溢功能、产业向远端转移，从而实现功能差异互补发展，达到规模收益和集聚效应。

（4）社会风险与环境影响

城市轨道交通线路的建设与运营，在政策支持与规划协调下，外部效益逐步显现、内聚力增强，吸引客流、物流、资金流、信息流等"流"要素在空间上快速集聚和转移，从而促进了走廊区域经济的发展，并逐渐带动城市化水平的提高。轨道交通的建设增加了城市居民的出行方式选择，且较私家车出行相比交通成本更低，其时空效益是显而易见的。未来区域范围内已不再是单纯追求指定空间内居住和就业岗位的匹配，而是更强调区域时间上的平衡（通勤≤30min）与普通人出行选择的平衡（社会公平性导向），线路廊道带的建设应以满足所覆盖城市人口的生活基本需求为目标，从而促进居民生活水平的提高。由于"流"效应的增强，空间载体内便可容纳更多的就业岗位和直接或间接地提供多元的就业机会。据有关数据统计，在我国大城市中轨道交通工程每投资建设1亿元，就可提供8466个就业机会[4]。同时所诱发的城市功能竞争关系也相应存在，线路上的负荷量会逐站不断累加，走廊区域的承载力是有限的，因此，在走廊核心区段应保证城市优质功能的配置。

除此之外，轨道交通线路建设的社会风险与环境影响因素还涉及国内、国际政治形势的变化、市场风险及资金风险、相关法律法规的配套完善程度、项目工程的技术可靠、后期经营维护的管理风险，以及生态脆弱性评

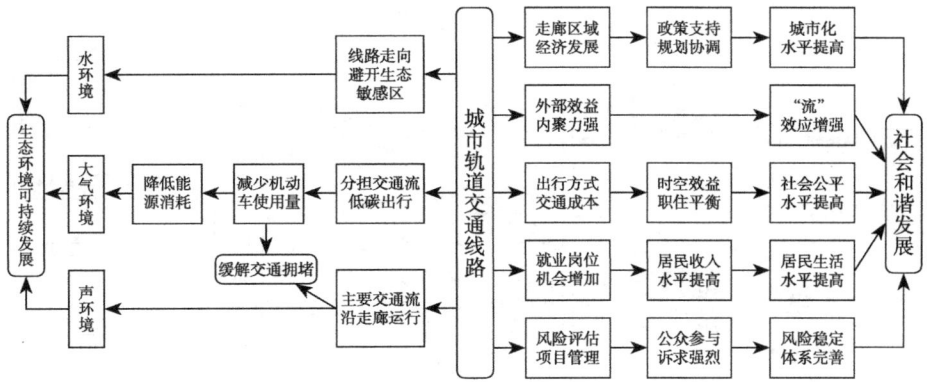

图4-2　城市轨道交通线路社会风险与环境影响机理特征图
（来源：笔者自绘）

价、环评工作的扎实有效、低碳指标的与时俱进等因素，轨道交通线路的社会风险评估与环境影响评价是一个系统工程，不能只考虑线路本身单一、直接的影响（图4-2）。

2. 轨道交通线路建设与城市用地功能组织的互动关系

（1）轨道交通线路建设与城市总体结构的互动关系

轨道交通线路建设对城市的生长与拓展有较强的适应与引导作用。相反，城市的空间及功能结构也在一定程度上促进和制约着轨道线路的规模、形态、走向和制式选择，以便于在城市发展走廊外部扩展与内部重组的博弈过程中，线路建设能够更好地调整、优化与发展，从而适应城市规模的增长、空间形态的调整、空间结构与功能布局的优化，两者间是一种协调共生的动态发展过程。当城市人口与用地规模、经济财力等达到一定基础时，合理地引入轨道交通反映在两个方面：一方面，在城市老城区或已开发成熟的城市中心区是以优化调整现有公共交通的高质量服务与技术，并引导沿线土地的紧凑混合布局及存量提升，以最好地适应城市的发展形态；另一方面，在城市新城区或外围组团是以发展沿城市主要公共交通走廊集中，合理配置城市专项功能、用地及公共服务设施，以高效地服务拉动城市的发展，实现区域空间平衡（图4-3）。

（2）轨道交通线路建设与走廊空间布局的互动关系

1）轨道交通线路建设对走廊空间布局的适应与引导

城市轨道交通运量大、影响辐射范围广的特点能够促进走廊带的外部效益，增加客流流量；准点率高、运行速度快的特点能有效缩短时空距离，快

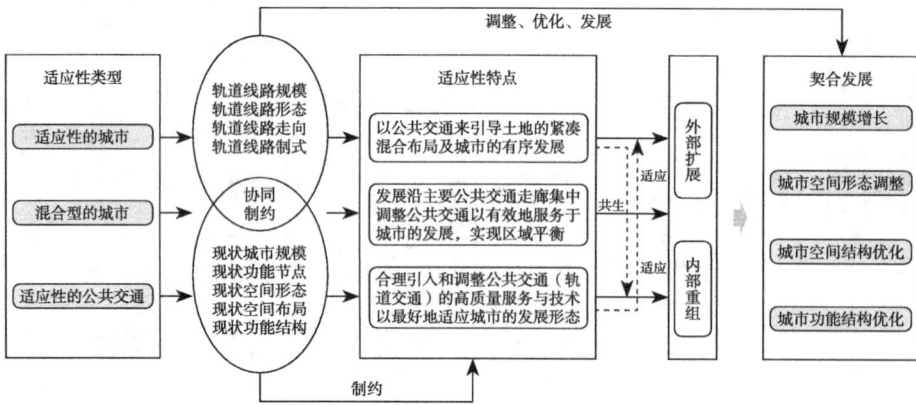

图4-3 城市空间及功能结构与轨道交通线路建设的协调关系图
（来源：黎洋佟. 契合城市发展走廊的轨道线路功能带构建策略——以厦门市轨道交通1号线为例[J]. 规划师，2017（11）.）

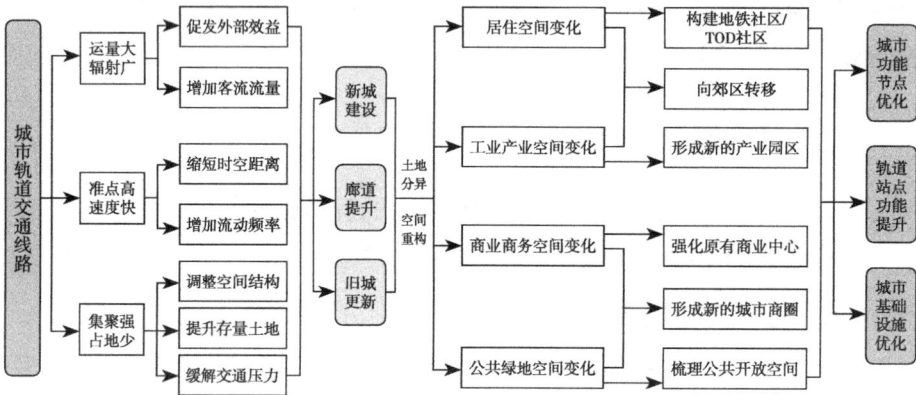

图4-4 城市轨道交通线路建设对走廊空间布局的适应与引导
（来源：笔者自绘）

速将人流送达指定地点，增加流动频率；除此之外，轨道交通线路还具有较强的集聚效应，且占城市建设用地少的特点，有利于适应与调整城市现状空间结构与功能布局，提升旧城存量土地的使用价值，在很大程度上起到缓解交通压力的作用。轨道交通线路建设作为城市战略性的基础设施，在城市的新城建设、廊道提升和旧城更新中承担着关键的引导角色，强有力地推动城市空间布局的分化重组。在这过程中伴随着土地的分异以及空间的重构，以适应廊道带的发展。轨道线路走廊效应的特性对于城市空间布局的影响集中于与客流密切相关的居住空间、工业产业空间、商业商务空间和公共绿地空间的变化等方面（图4-4）。

2）轨道交通线路建设对特色功能节点的调整与重构

"发展轴"型轨道交通线路规划过程中，通常主要关注城市已成熟功能节点及主要交通枢纽的布局，特别是职住功能，即就业岗位与居住地的空间位置和承载量，主要服务于通勤交通需求。但这仅为两大功能区段间的主要交通产生，除此之外，还有商业、娱乐、就医服务、就学等交通需求，这部分需求的出行流量也相当庞大，尤其是在城市物质生活质量日益改善的今天，社区及周边步行可达范围内的服务设施配套标准大幅提升，基本满足生活所需，但单个社区的服务配套仍远不能满足现代城市居民高档次、定制化、特色化的消费服务需求。加之优质基础教育设施集中于城市中心区，具有一定规模的医院及娱乐体育设施等按规定服务范围布设，而小规模基础设施的服务质量有限，促使大量出行客流的产生。因此，构建一条集聚活力的轨道功能带的关键在于对功能布局的提升。一方面，整合现有城市已成熟功能节点及主要交通枢纽，契合"发展轴"型轨道线路走向，在各组团片区中实现主要功能的全覆盖。另一方面，轨道线路走廊也可视作是由若干城市功能区块经过多次、反复的动态调整而组成的城市发展轴线，轨道沿线站点在满足城市组团及社区基本服务、出行需求配套的基础上，逐步挖掘和组织各功能片区的特色化消费项目，促进其轴线的发展。

（3）轨道交通线路建设与走廊土地利用的互动关系

城市轨道交通线路建设对土地使用性质、土地利用构成、开发强度以及用地空间形态均有较大的影响。但是轨道线路对土地利用开发强度的提高不是没有上限的，这与走廊空间承载力关系密切。当空间承载处于瓶颈期、土地开发强度达到上限，便会出现一定的分化。此时若得到政府战略决策引导及开发商投资支持，走廊带土地利用性质将进一步调整、土地开发面积增加、站点服务片区土地开发强度再次实现提升、沿线存量土地实现再开发，从而促使土地价值上升，土地交易成本提高，引导政府适时进行土地供给；若仍由市场主导，则城市交通与土地利用间又会在博弈中达到动态平衡，或是城市交通无法疏解高密度集中客流，交通拥堵进一步恶化升级。因此，城市轨道线路建设与土地控制规划始终是一种相辅相成的促进关系。需要将走廊带土地与轨道线路建设一并捆绑开发（例如香港"地铁+物业"模式），这不仅有利于匹配走廊客流需求，而且能够减少政府的一次性投资，从而实现轨道线路建设与土地开发效益的双赢（图4-5）。

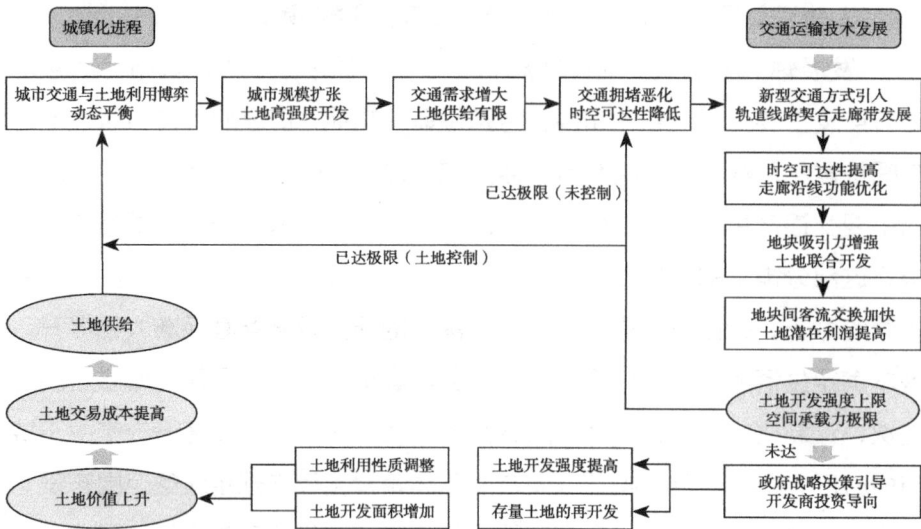

图4-5　城市轨道交通线路建设与走廊土地利用的互动关系
（来源：笔者自绘）

（4）轨道交通线路建设与走廊运营效益的互动关系

轨道交通与城市交通、经济环境、社会环境之间产生的互动影响关系构成了轨道走廊运营的综合效益系统，综合效益系统按影响层级又可划分为直接效益系统和间接效益系统。轨道交通线路建设对走廊运营效益的影响首先反映在大幅度提高客流流量、调整客运结构、时空可达性、交通安全性以及增加出行方式选择等方面，这些效益构成了城市轨道交通系统的直接效益。通过直接效益传递，又可进一步影响城市经济与社会两个层面的子系统，即城市经济效益及城市社会效益构成了城市轨道交通系统的间接效益。

轨道线路建设带来的经济效益表现在对交通条件的改善和走廊构成要素价值的提升上，其作用表现在线路走廊空间内经济发展要素的快速转移与交换，提高了要素配置的效率上；走廊沿线土地开发强度提高、人口高密度聚集，房地产增值；就业岗位数量增加，劳动力流动频率加快，劳动力价值提升；创新科技的提高以及"退二进三"的产业结构调整优化，从而促进城市经济水平的提高。轨道线路建设带来的社会效益表现在对社会发展条件的优化和走廊环境品质的提升方面，其作用表现在轨道线路走廊高效率的运行，生产生活要素的集聚，居民基本生活需求得到满足，城市活力提升等方面；轨道线路建设与运营的不同阶段，需要大量的劳动力投入，在很大程度上缓解了城市就业压力；线路走廊轴带式的发展是以带状用地布局为单元的拓展模式，促使土地高度集约利用；绿色的出行方式减少大量污染物排放；随着

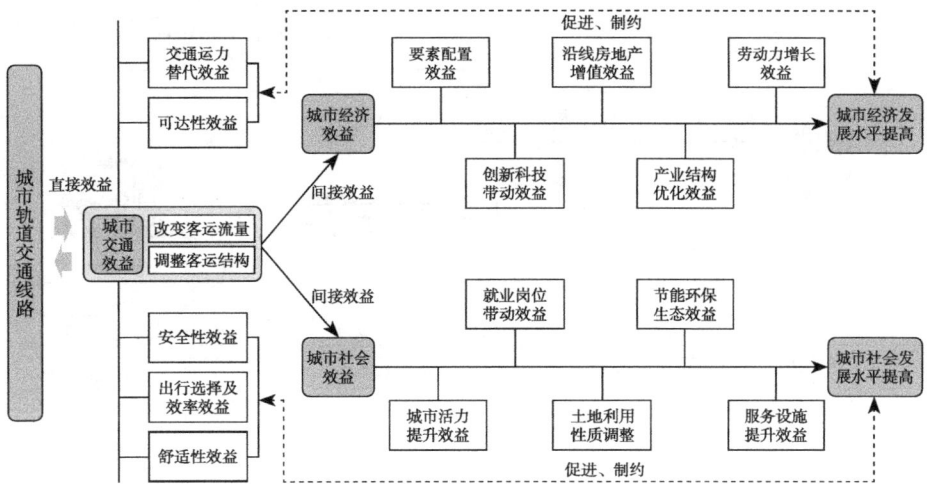

图4-6 城市轨道交通线路建设与走廊运营效益的互动关系
（来源：笔者自绘）

线路走廊土地与功能结构的优化，配套的服务设施也将逐步完善，从而提升城市社会的认同感与幸福感。同时，城市经济与社会发展环境的改变也会促进和制约城市交通效益，进而促使城市轨道交通线路建设做出适应性的调整（图4-6）。

（5）轨道交通线路建设与公交智慧管理的互动关系

轨道交通建设的初衷，即为实现高效率的运营以满足城市大运量出行客流的需求，其次作为带动城市经济运转的强力引擎，两者不能本末倒置。因此，保障运营效率是轨道交通规划、建设、运营管理过程中始终坚守的基础任务。要实现轨道线路的高效运营，离不开客流、线路、车辆以及信息这四个要素在走廊内的合理调控和智慧管理。在大城市中心区，轨道交通多采用"密集网络化"布局，依附城市肌理和结合城市主次干道道路系统，实现对中心区主要城市功能用地的直接覆盖，保证"核心主体片区"的通达性。外围则沿相对高密度客流走廊，以"发展轴"的形式支撑城市空间结构骨架，并串联非连片发展区域的重要功能节点。由于每条轨道交通线路的区位及功能属性不同，在轨道线网中扮演的角色有较大差异，因此，线路的制式也不尽相同。

在城市核心区及顺应"多中心、组团化"的城市发展趋势中，为保障轨道运营效率，提高时空效益是关键。而要想从根本上解决目前国内地铁线路能力过饱和、服务质量较低、运力不足等问题，仅依赖增加轨道线路长度是一大误区，还应致力于对轨道线路本身功能定位、运营管理的改进

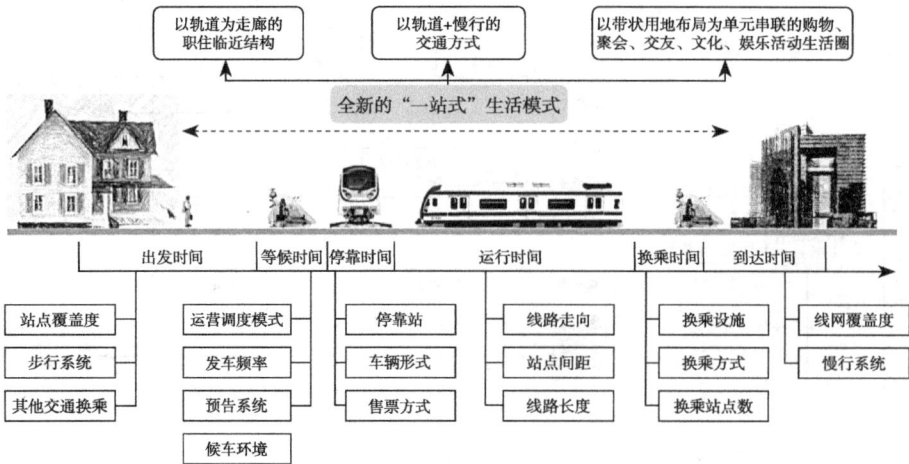

图4-7　轨道交通走廊带"一站式"生活模式运营系统
（来源：笔者自绘）

与创新，构建全新的"一站式"生活模式（图4-7）。例如纽约城市核心区与居住区距离较远，分区明显，通勤客流具有明显的潮汐式特征，为适应高峰时段客流需求，在部分线路段采用了快慢线并行的线路设置来提高运能；香港城市轨道交通通过"搭接式"的建设模式，将城市功能节点逐个串联，不断生长延伸，合理调控不同片区的站点间距和功能配置，线路走廊所覆盖的人口与就业岗位比例较高，使乘客不需要多轮换乘即可到达目的地，平均乘车距离尽可能缩短，时空效益及城市竞争力增强。因此，在已达到满负荷运载的轨道交通线路中，再增加线路长度、列车班次和减小发车间隔等方案只会大幅提高建设成本，而收效甚微，应尝试在线路走廊上培育并引导差异化功能节点的发展，制定时空差别政策，从而保障轨道线路运营的高效与安全。

4.1.2　不同轨道线路形式导向下的客流分布特征

由于轨道线路类型和功能定位的差异，因而所辐射的影响区范围、线路串联的城市功能组团及服务的客流强度亦存在较大差异。依据前文对轨道交通线路结构和类型的归纳，轨道线路划分为中心城区线、直/半径线及郊区线三种形式[5]，不同轨道线路形式导向下的客流分布特征有所不同。

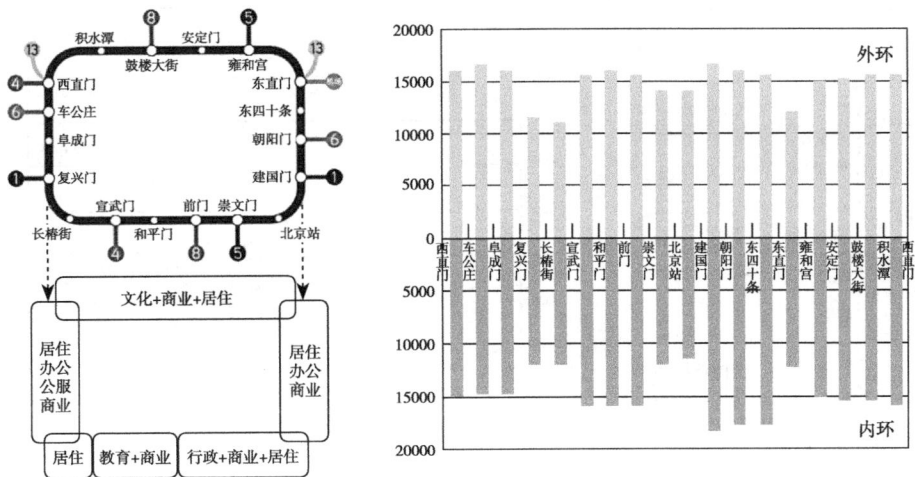

图4-8　北京地铁2号线沿线功能布局和日断面客流量图
（来源：笔者自绘）

1. 中心城区线的客流分布特征

中心城区线为全线位于中心城区的轨道线路，以轨道环线最为常见，例如北京地铁2号线、10号线及深圳5号线等，多建于城市中心区或临近城市中心区的边缘地段，其主要功能是加强中心城区内各中心功能节点、集散点的周转能力以及衔接各条径向线路的换乘。由于中心城区是城市最早开发建设和功能优化的片区，线路沿线土地开发相对成熟，功能分布较为均衡，加之进入中心城区的径向线路通常与环线衔接，因而换乘站点功能呈现居住、商业、办公、休闲等高度混合的特征，线路所串联的多个组团客流吸引量和产生量基本处于同一层级，中心城区线的客流分布也相对均化。例如北京地铁2号线是全线位于北京二环以内的中心城区线，沿线用地功能高度紧凑，轨道线路客流数据显示，该线路日断面客流上下行方向不均衡系数与单向断面客流不均衡系数分别为 $\alpha_1=1.03$ 与 $\alpha_{2上行}=1.23$（$\alpha_{2下行}=1.25$），该结果表明，北京地铁2号线上下行方向客流与线路全日断面客流都较为均衡（图4-8）。

2. 直/半径线的客流分布特征

轨道交通直径线是穿越中心城区，同时两端位于外围区的线路，其功能是满足中心区和城市外围区域的交通需求，由于城市中心区强大的吸引力，轨道交通直径线的客流向心性较为明显，通常以通勤需求为目的，在线路的

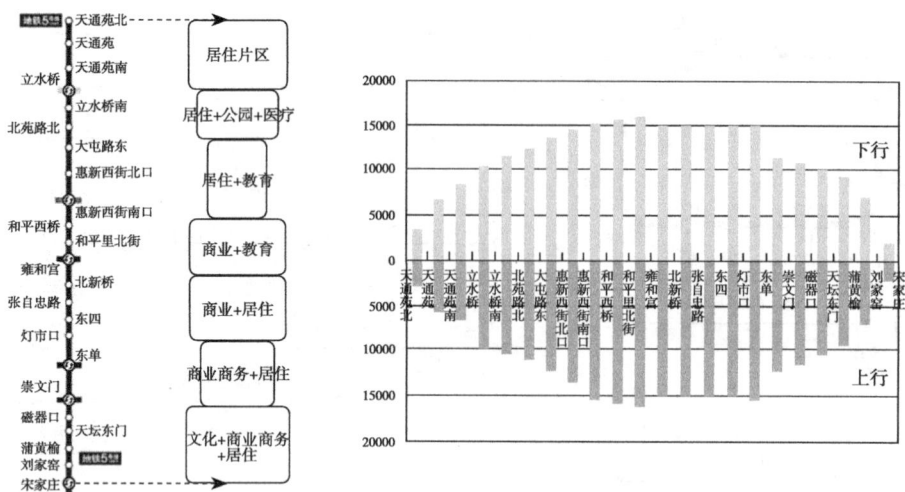

图4-9 北京地铁5号线沿线功能布局和日断面客流量图
（来源：笔者自绘）

起始端（通常是城市外围区），向心性客流开始逐渐积累，到达中心区达到最大值，而中心区之后的路段，客流主要以离心客流为主。轨道交通半径线则是一个端点位于中心城区，远端点位于外围区的线路，半径线与直径线功能相似，是衔接城市中心城区与外围组团、卫星城的重要交通走廊，是轨道线路中不可缺少的线路类型。因而无论是直径线还是半径线，其用地功能均呈现中心城区段用地高度混合，以商业商务、居住、办公、文化与教育等基础设施集中布局为主；外围组团则呈现以围绕居住功能为主进行相应功能配套的功能组织特征。例如北京地铁5号线为一条穿越北京中心城区的南北向直径线，在该线路的两个外围端点，集中了大量的居住组团及相应的服务配套设施，以居住功能为主；在线路中间段则为城市中心区，是土地利用高度紧凑、功能多样的强中心。因而，北京地铁5号线的日断面客流呈现典型的纺锤形，轨道线路客流数据显示，该线路日断面客流上下行方向不均衡系数与单向断面客流不均衡系数分别为 $\alpha_1=1.10$ 与 $\alpha_{2上行}=1.45$（$\alpha_{2下行}=1.46$），该结果表明，北京地铁5号线上下行方向客流较为均衡，上行和下行的日断面客流呈现线路中段高、两端低的"纺锤形"分布特征（图4-9）。

3. 郊区线的客流分布特征

郊区线则主要是位于中心城区外围的线路，线路的主要功能亦相对专一，即为联系外围城市组团的交通廊道，亦有部分郊区线路承担着城市空

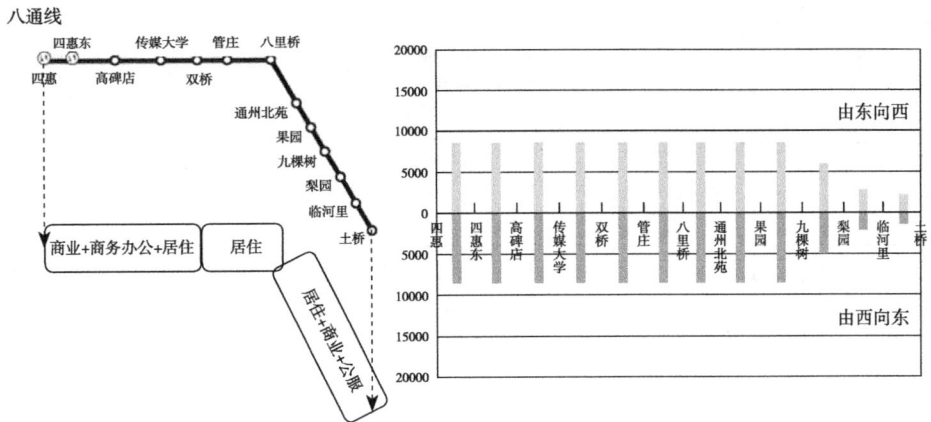

图4-10 北京地铁八通线沿线功能布局和日断面客流量图
（来源：笔者自绘）

间径向拓展的功能，并服务于外围城市组团客流，将其运送到直/半径线路上，实现近郊换乘。北京的八通线、昌平线、房山线等均为典型的郊区线路。例如北京地铁八通线作为衔接北京城市副中心通州片区与轨道1号线的郊区线路，在郊区线与直径线交汇点，用地功能相对混合，站点片区聚集了大量的就业岗位和基础服务设施，服务客流生活所需与换乘需求；除此之外，郊区线路沿线及远端城市组团则以居住功能为主的"卧城"，服务配套基本公共服务设施，用地功能较为单一，客流的潮汐特征极为明显，日断面客流则呈现典型的渐变型特征。轨道线路客流数据显示，该线路日断面客流上下行方向不均衡系数与单向断面客流不均衡系数分别为 α_1=1.02与 $\alpha_{2上行}$=1.70（$\alpha_{2下行}$=1.72），该结果表明，北京地铁八通线上下行方向客流较为均衡，但线路日断面客流由于强烈的通勤潮汐特征导致不均衡程度较高（图4-10）。

4.1.3 轨道线路与城市用地功能组织的协同发展框架

根据研究的分析尺度和层次体系，建立起城市轨道交通线路与城市用地功能组织协调发展研究的模式框架，分析从两大系统的定位与竞争、配置与回馈、结构与决策的对应关系切入。轨道线路类型定位带来的城市用地功能竞争状况，决定了第一阶的协调绩效；轨道线路要素配置与沿线用地功能布局的关系，形成了第二阶的协调绩效；轨道线路结构与城市用地功能的区位决策相结合，获得了第三阶的协调绩效（图4-11）。

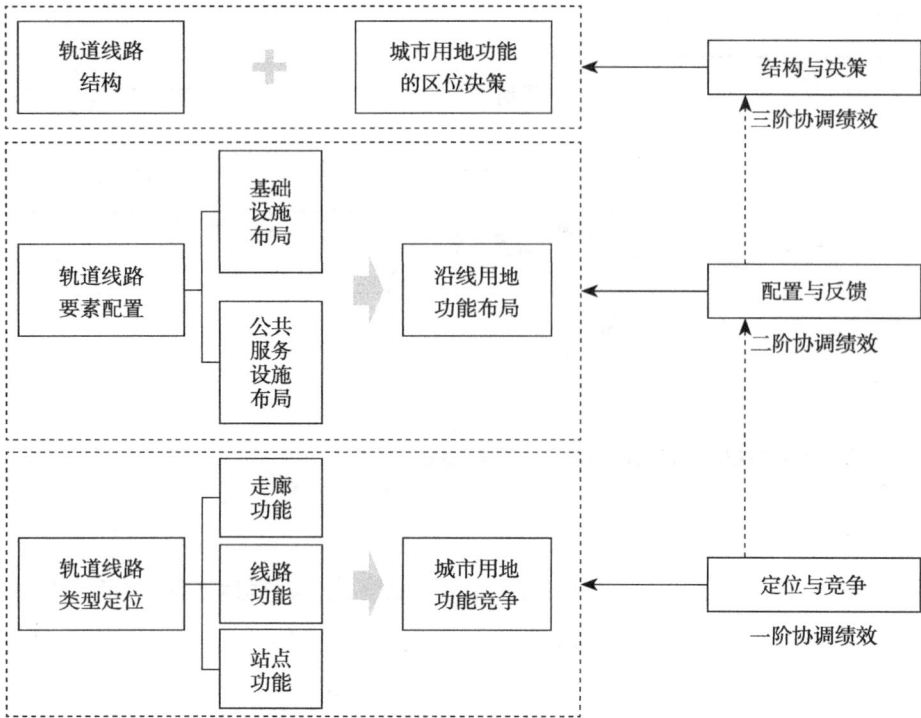

图4-11 轨道线路与城市用地功能组织协同发展框架
（来源：笔者自绘）

4.2 契合城市用地功能的轨道线路适应性分析

4.2.1 契合城市用地功能的轨道线路适应性内涵

　　轨道线路是轨道线网系统的重要组成部分，是串联线网与站点节点的有机纽带，是社会个体实现生活、生产、居住的空间载体。在现代大城市中，轨道线路与城市发展走廊之间，尤其与走廊带所覆盖的城市功能、土地利用及基础设施等形成了紧密的互动关系：一方面，廊道效应促使人员、物资、资金和信息在空间上集聚积累与分散传递；另一方面，廊道内客流、物流、资金流和信息流的快速交换反过来对功能与土地配置，基础设施布局产生影响。在城市轨道交通发展初期，通勤需求占主导，静态的城市功能与重要基础设施在走廊中起着决定性的作用。由于城市规模与人口扩增、空间结构调整、土地稀缺矛盾凸显和功能高度混合化，而轨道线路规划与修编的时间一般为五年，跨度较长，其是否与城市发展走廊相契合，能否有效引导城市发展则至关重要。

探索将轨道线路沿线空间发展视为一个"带形城市"，并对以带状用地布局为单元的城市发展走廊进行合理构建，重视对轨道线路的适应性研究与评价，为综合引导城市空间及功能结构的合理构建与可持续发展，城市轨道规划建设与高效运营提供参考。为此，本文将轨道线路与城市用地功能组织间的协调适应关系称为"适应"。

4.2.2　契合城市用地功能的轨道线路适应性框架

轨道线路与城市用地功能的适应性，主要是指轨道交通线路与城市总体空间形态、空间结构配置、沿线土地利用与开发、沿线功能布局与组织、出行客流需求、可持续发展趋势及效益等的适应程度。具体工作内容包括（图4-12）：

1. 协同发展诉求与趋势

在总结城市轨道交通线路、城市土地利用和城市功能布局的基础上，厘清轨道线路与城市用地功能组织协同发展的诉求，重申应继续秉承"建轨道即为建城市"的规划理念，提出基于"带形城市"和紧凑城市规划理论为基础与启示，将轨道线路沿线空间发展视为一个"带形城市"，并对以带状用地布局为单元的城市发展走廊进行合理构建的发展目标。

2. 基础理论与研究前景

在系统地梳理了城市轨道交通与城市用地功能组织协同发展诉求以及相关研究进展的前提下，总结得到，已有研究中对城市交通发展走廊系统要素指标的量化及预评价，轨道线路层面的评价指标体系和适应性分析，轨道线路规划与城市发展走廊的功能与用地匹配等的研究成果尚显不足。因而提出了针对轨道线路层面的适应性综合评价的研究前景。

3. 体系构建与综合评价

结合前文4.1对轨道线路与城市用地功能组织协同的互动特征、不同轨道线路形式导向下的客流特征分析可以看出，契合城市用地功能的轨道线路适应性影响因素较多且复杂，总体归纳概括为以下六个方面：总体协同、空间布局、土地利用、运营效益、技术工程和实施管理适应性六大模块，并通过专家筛选，最终确定合理且具备专业水准的因素指标，构架起城市轨道线路适应性综合评价指标体系，对实证对象进行适应性分析与评价。

4. 协同策略与改善建议

根据适应性综合评价结果，对实证对象的适应性提出协同策略与参考性建议。

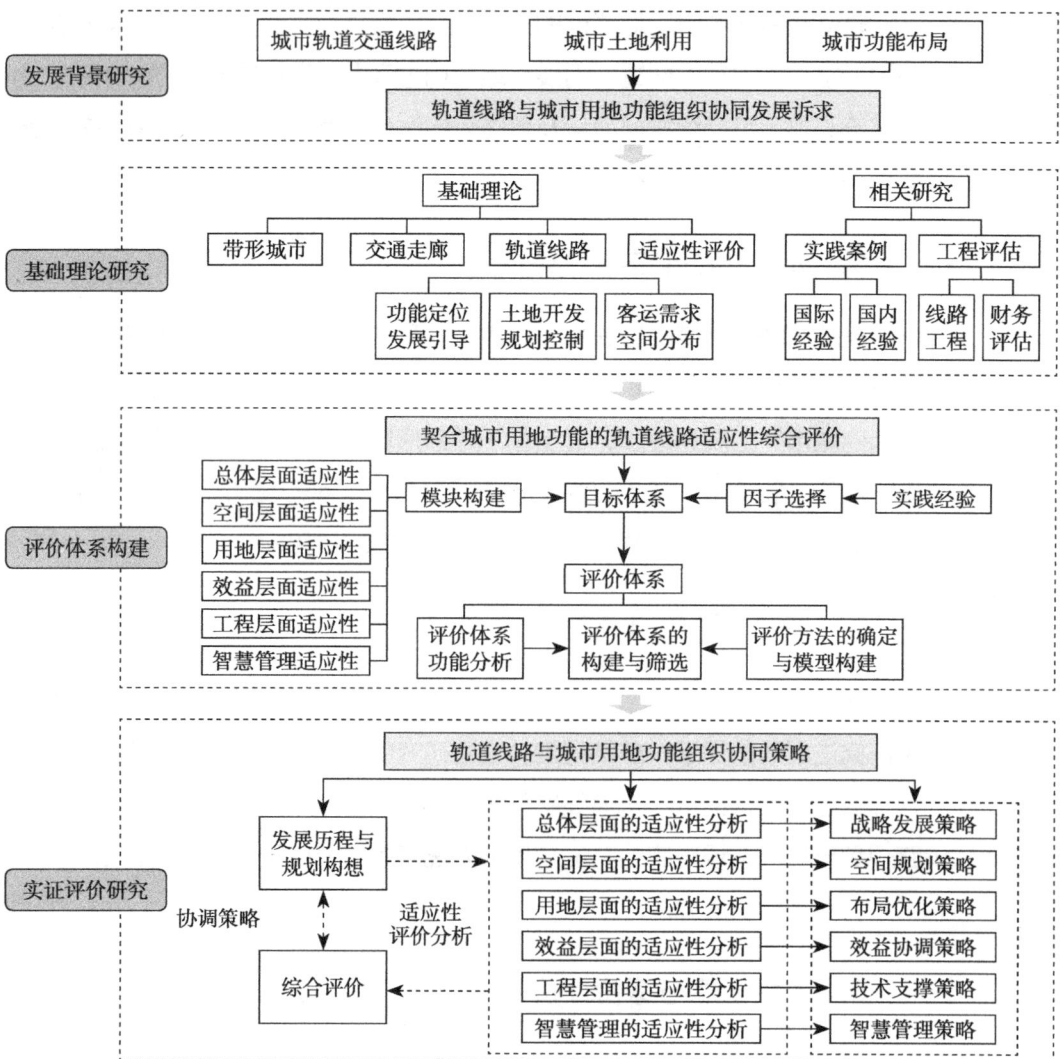

图4-12　契合城市用地功能的轨道线路适应性框架
（来源：笔者自绘）

4.3 轨道线路与城市用地功能适应性综合评价

4.3.1 轨道线路与城市用地功能适应性综合评价目标体系

轨道交通引导下的城市轴向发展能否与城市发展走廊相契合，决定了城市未来的整体空间格局和城市运行效率，从而影响城市的综合竞争力。城市轨道交通线路适应性评价的核心要务是在线网评价体系的基础上，提出一套适用线路层面，覆盖面广、针对性强、专业且系统的指标体系。轨道线路与城市发展走廊适应性问题涉及轨道线路本身的技术经济特征，线路与走廊互动关系特征，城市经济、社会与环境，城市多模式交通和城市居民等诸多方面。本部分以系统分析的角度，突出目标体系的多维度导向与模块化整合，尝试性地构建了契合城市发展走廊的适应性评价体系。

1. 目标体系的多维度导向

城市轨道交通线路是构建轨道线网系统的基础，串联网络与轨道站点的重要纽带，在城市发展走廊建设中发挥着关键作用。一方面，不同的轨道线路类型通过自身技术经济特征影响走廊空间布局、土地利用和客流分布，并建立以轨道站点为核心的高密度紧凑布局、一体化开发；另一方面，轨道线路是以带状用地布局为单元的轴带发展模式，走廊空间随轨道线路的运营形成综合的廊道效应，影响走廊区域的功能组织、社会和经济环境效益、客流时空分布特征以及综合交通管理等，加快客流、物流、信息流、资金流和技术流的交换频率，成为推动城市发展走廊整体结构和组织模式优化的动力。因此，基于契合城市发展走廊的轨道线路适应性评价，应建立多维度导向下的目标体系，着重探讨城市轨道线路与城市发展走廊的互动关系及影响因素，为更为准确地作出判断分析打下坚实的基础。

2. 目标体系的模块化构建

为较为清晰地厘清城市轨道交通线路与发展走廊的互动关系和影响因素，在此引入了模块化的分解思路，将庞杂的关联系统逐层划分成若干属性、反映其内部特性的模块。目标体系中模块层及准则层的建立，脱离不了宏观轨道线网层面指标的限制与影响，以及在轨道交通规划与建设过程中政府部门、开发商、轨道交通运营商、投资方和城市居民多元主体的利益需求和职责制约，在评价指标的选取中应适当结合考虑。目前，国内外如日本、新加坡、北京、广州、深圳、上海、郑州等城市对轨道线网规划、建设以及综合评价有相应的研究，评价指标体系主要反映线网结构与规模、运营效果、建设实施、社会与环境效益、战略发展与城市协调、出行与交通改善，以及乘客服务等方面的评价；站点层面主要反映城市功能组团与站点的空间耦合、土地利用、多模式交通组织和社会经济效益等。由于轨道线路层面介于两者之间，模块层及准则层的建立亦应兼顾两者的要素，因此，本文在结合上述分析和目标体系的多维度导向基础上，将轨道线路规划、功能定位、综合开发和运营管理联系起来，对轨道线路模块层和准则层进行重组划分，即总体层面适应性、空间层面适应性、用地层面适应性、效益层面适应性、工程层面适应性、智慧管理适应性六个模块（图4-13），并从宏观、中观、微观层面综合考虑规划者、工程实施者、投资者、管理者、使用者五方利益，为契合城市发展走廊的轨道线路适应性综合评价体系的构建提供更为具体的指标支撑。

（1）V_1总体层面适应性——对接宏观轨道线网层面的规划指标，判别轨道线路与城市战略发展、总体规划的适应关系；

（2）V_2空间层面适应性——反映轨道线路与城市组团结构、生产生活服

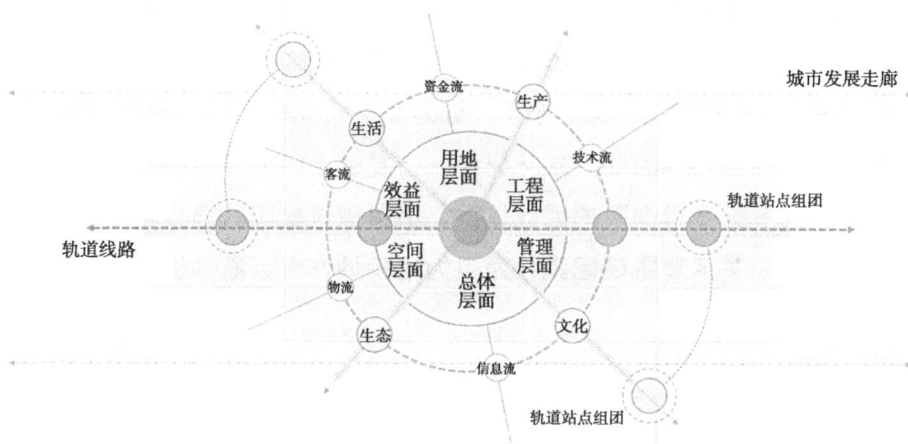

图4-13　契合城市发展走廊的轨道线路适应性评价的多维度目标导向
（来源：黎洋佟. 契合城市发展走廊的轨道线路功能带构建策略——以厦门市轨道交通1号线为例[J]. 规划师，2017（11）：79-84. ）

务功能区、职住空间分布特征的适应关系；

（3）V_3用地层面适应性——对接微观轨道站点层面的实操指标，判别轨道线路与沿线土地利用构成、土地开发强度的适应关系；

（4）V_4效益层面适应性——反映轨道线路在线路运营水平、经济与环境效益、居民出行环境等综合社会效益的适应关系；

（5）V_5工程层面适应性——从轨道线路结构、工程实施、财务经济评估角度考虑线路规划方案与实施的合理性与可持续性；

（6）V_6智慧管理层面适应性——反映轨道线路在智慧化管理设计前瞻性和运营综合服务水平时代性的适应关系。

4.3.2 轨道线路与城市用地功能适应性综合评价体系建构

通过对城市轨道交通线路适应性评价目标体系多维度因素的考量以及模块化构建，对目标指标和因子的层级关系和构成有了系统的认知。建立契合城市走廊发展的轨道线路适应性评价指标体系，有利于了解二者互动协调的发展演化进程、发展状态、协调机制和发展规律。目前，由于业界对轨道线路层面的研究与评价尚少，可参考的评价指标选取类型有限。因此，本文仍借助现已成熟的轨道交通线网评价指标体系，以及参考国内外公共交通方面相关的评价指标进行判断与筛选，以期建构一套具有可操作性的综合评价指标体系。

1. 评价指标体系的构建与确定

从详细指标的筛选可知，城市轨道线路的适应性评价与轨道线网规划层面、站点效益层面的评价是不同的，是两个层面的评价体系。后者主要注重对不同规划方案的比选或对现已初具规模的城市轨道线网及站点运营效果进行评价，找出实际运营与规划方案的矛盾与新问题，引导新一轮的线网规划编制的及时调整与站点开发优化；而前者则是对既定的规划或已建成方案与城市发展走廊是否相契合的关系进行评价，判断二者的适应性程度，评价指标不仅需要衔接轨道线网的部分影响指标和发展走廊协调关系指标，而且更应突出线路本身的经济技术特征、线路客流分布特征、线路所覆盖的人口和岗位数、用地指标以及线路所产生的廊道效益指标，并根据不同城市特征与实际情况各有侧重点。

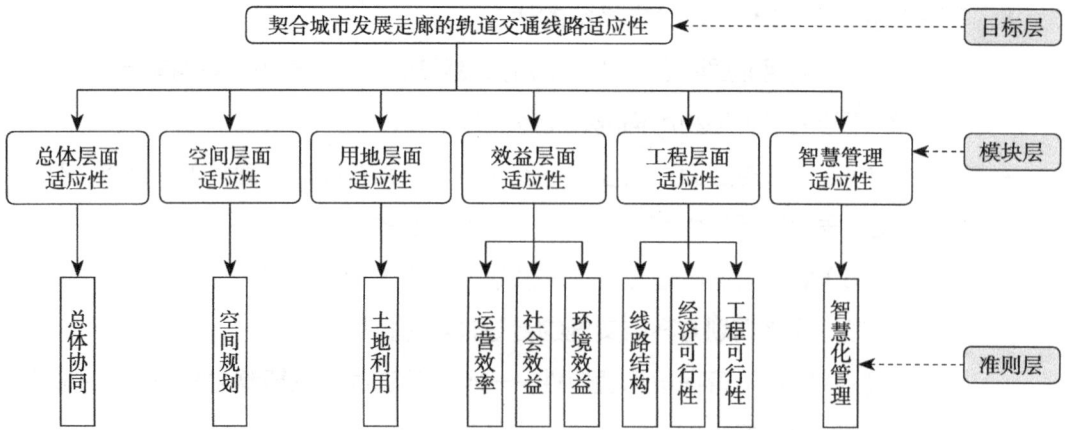

图4-14 契合城市发展走廊的轨道线路适应性评价的各层级指标框架
（来源：笔者自绘）

根据目标体系的模块化构建，从轨道线路与城市发展走廊适应性关系中的总体层面适应性、空间层面适应性、用地层面适应性、效益层面适应性、工程层面适应性和智慧管理适应性六个方面入手，初步构架契合城市发展走廊的轨道线路适应性评价的各层级指标框架（图4-14）。

结合前文对轨道交通线路与城市发展走廊之间复杂关联的多维度目标导向与模块化构建研究，对适应性评价指标进行了初步划分和整合。但由于轨道线路层面与城市发展走廊所涉及的关联因素较多，部分因素由于受数据获取难、偏差大等原因影响，操作性较低，不利于最终评价的实施，因此，需要进一步研究论证并邀请相关领域专家和专业人员进行审核和判断，以确保整个评价指标体系的完整性和可靠性。本文在模块化目标体系的基础上，采用了德尔菲法（专家评价与筛选）和隶属函数（研究对象中隶属于某一条件集合的子目标的关联度判断）的方法对各项指标进行进一步筛查，并参考《厦门市城市总体规划（2011～2020年）》[6]、《厦门市城市轨道建设规划（2011～2020年）》[7]、《厦门轨道交通1号线一期工程可行性研究报告》[8]、《厦门市城市轨道交通一号线综合开发规划（2012版控制规划）》[9]的数据信息，进一步确定本次适应性评价指标体系研究的四级"目标—模块—准则—指标"层次结构，其中包含6大模块、8个子系统和29项评价指标（图4-15）。

在评价指标的初选中，专家建议可对环境效益与交通工程实施相关指标予以弱化，认为虽然两项指标是组成研究轨道线路适应性指标体系的一部分，但其存在一定的必然性（环评结论与工程可行性研究均已有翔实的分

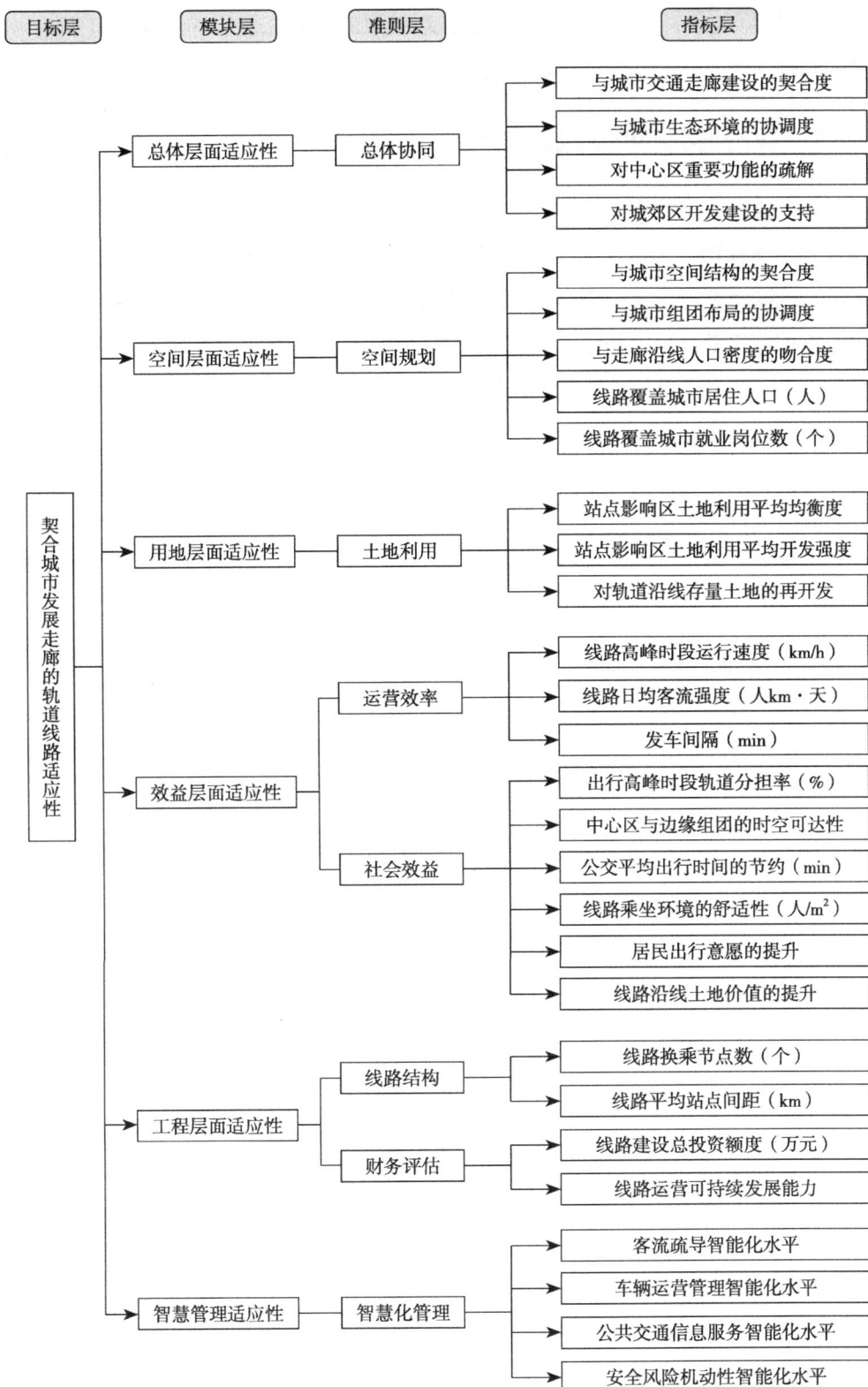

图4-15　契合城市发展走廊的轨道线路适应性评价指标结构图
（来源：笔者自绘）

析），且指标与条件集合的关联度不强，对结果的判断和矛盾的反映没有直接的影响。因此，在本文的指标选取中未将这两项指标列入。

2. 评价指标的权重赋值与修正

结合适应性评价指标的初选和相关领域专家的筛选建议，为了得到每项指标的合理权重，运用yapph软件制作调查问卷，并邀请相关专家、规划工作者、地铁运营管理人员进行各项指标相对重要程度的打分。通过软件完成判断矩阵的权重计算，最终得到完整的适应性评价指标体系。通过对适应性评价体系中的指标进行权重赋值，并结合专家咨询和打分结果，运行层次分析软件进一步修正权重指标，在评价指标的类型判定中，将其划分为评价指标（专家经验判断）、效益指标（指标值高为优）、区间指标（指标值处于一定范围为优）、成本指标（指标值低为优）（表4-2）。

适应性综合评价指标权重赋值与修正　　　　　　表4-2

模块	准则层	指标层	指标判定	权重
总体层面适应性	总体协同	与城市交通走廊建设的契合度	评价指标	0.4212
		与城市生态环境的协调度	评价指标	0.0779
		对中心区重要功能的疏解	评价指标	0.3871
		对城郊区开发建设的支持	评价指标	0.1138
空间层面适应性	空间规划	与城市空间结构的契合度	效益指标	0.1422
		与城市组团布局的协调度	效益指标	0.0337
		与走廊沿线人口密度的吻合度	效益指标	0.2204
		线路覆盖城市居住人口	效益指标	0.3018
		线路覆盖城市就业岗位数	效益指标	0.3018
用地层面适应性	土地利用	站点影响区土地利用平均均衡度	区间指标	0.1140
		站点影响区土地利用平均开发强度	区间指标	0.4806
		对轨道沿线存量土地的再开发	效益指标	0.4054

模块	准则层	指标层	指标判定	权重
用地层面适应性	运营效率	线路高峰时段运行速度	区间指标	0.1396
		线路日均客流强度	区间指标	0.3325
		发车间隔	区间指标	0.5278
	社会效益	出行高峰时段轨道分担率	效益指标	0.0467
		中心区与边缘组团的时空可达性	成本指标	0.0826
		公交平均出行时间的节约（便捷性）	成本指标	0.3440
		线路乘坐环境的舒适性	效益指标	0.0908
		居民出行意愿的提升（可靠性）	效益指标	0.1423
		线路沿线土地价值的提升	效益指标	0.2936
工程层面适应性	技术工程	线路换乘节点数	区间指标	0.3273
		线路平均站点间距	区间指标	0.0727
		线路建设总投资额度	区间指标	0.1518
		线路运营可持续发展能力（现金流量）	效益指标	0.4482
智慧管理适应性	智慧化管理	客流疏导智能化水平	效益指标	0.1544
		车辆运营管理智能化水平	效益指标	0.2697
		公共交通信息服务智能化水平	效益指标	0.0818
		安全风险机动性智能化水平	效益指标	0.4940

（来源：笔者自绘；注：评价指标权重一致性比例CR为0.0906，λ_{max}判断矩阵的最大特征值6.5706。）

3. 适应性评价方法选择与模型构建

本文采用层次分析法（AHP）及隶属度函数聚类法相结合，对轨道交通线路进行多层面的综合评价。该模型主要由两部分组成，即采用层次分析法确定线路评价指标体系中各层次的指标权重，得到模块层及指标层的权重向量；采用隶属度函数聚类法进行评价，并将聚类结果划分在分级的隶属程度中进行表述（图4-16）。

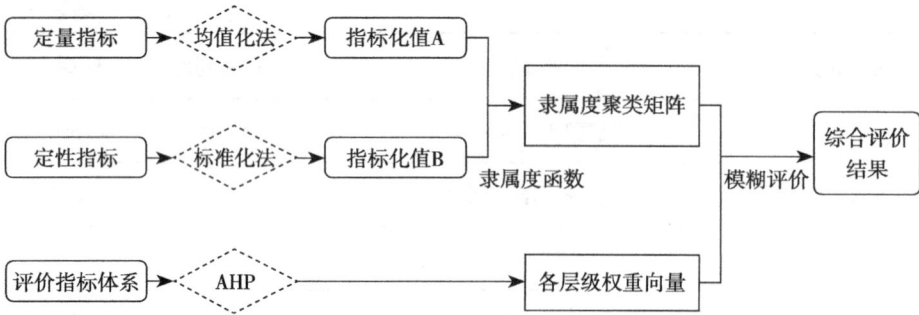

图4-16　轨道交通线路适应性综合评价流程图
（来源：笔者自绘）

4. 适应性综合评价结果分级标准

本文在对轨道线路的适应性综合评价中不只是将评价结果简单地划分为适应与不适用的概括表述，而是将其归入设定的五个分级等级中进行描述，即U={U_A、U_B、U_C、U_D、U_E}（表4-3），评价结果定义为U_A等级隶属于超前适应，U_B等级隶属于适应，U_C等级隶属于基本适应，U_D等级隶属于一般适应，U_E等级隶属于滞后。

轨道线路适应性综合评价结果分级标准　　　　　　　　　表4-3

分级标准	1.0~0.8	0.8~0.6	0.6~0.4	0.4~0.2	0.2~0.0
评价等级	超前适应	适应	基本适应	一般适应	滞后

（来源：笔者自绘）

5. 适应性综合评价指标处理

由于评价指标中涉及多种指标类型，需将各类型指标转化为可供统一输入表达式的标准化值，并运用隶属度聚类函数分别将定量与定性标准化值输入隶属度聚类矩阵。

6. 定量指标的无量纲化处理

城市轨道交通线路适应性综合评价指标包括效益型指标（指标值高为优）、区间型指标（指标值处于一定范围为优）、成本型指标（指标值低为优）。定量型指标以客观数值为主，本文尝试采用直线型无量纲化方法中的均值化法对原始数据进行处理，得到隶属度向量。

$$e_{ij} = x_{ij} / \bar{x}_J \qquad (4\text{-}1)$$

均值化后的各项指标的均值为1，方差表达式为式（4-2），表达式中，均值化后各项指标的方差值为各项指标对应变异系数$\sigma_j / \bar{x}_j$的平方：

$$\text{var}(e_j) = (\sigma_j / \bar{x}_J)^2 \qquad (4\text{-}2)$$

式中，综合评价指标体系中共有n个模块层，m个指标；

x_{ij}——表示第i个模块层的第j个原始指标值；

e_{ij}——表示经过无量纲化处理的第i个模块层的第j个原始指标值；

$\bar{x}_J$——表示指标x_j的均值；

σ_j——表示指标x_j的标准差；

$\text{var}(e_j)$——表示无量纲化处理后第j个原始指标值的方差。

在对各类型定量指标无量纲化的基础上，参照适应性综合评价中对评价结果设定的五个分级等级划分，并参考已有文献[10], [11]中应用的隶属度函数（图4-17），得到单项指标的隶属度向量，即$\tilde{R} = (r_1, r_2, r_3, r_4, r_5)$，其中隶属度函数表达式为：

$$R_1(e) = \begin{cases} 0 & e \leq 0.7 \\ 5e - 3.5 & 0.7 < e < 0.9 \\ 1 & e \geq 0.9 \end{cases} \qquad (4\text{-}3)$$

$$R_2(e) = \begin{cases} 0 & e < 0.5 \\ 5e - 2.5 & 0.5 \leq e < 0.7 \\ -5e + 4.5 & 0.7 \leq e < 0.9 \\ 0 & e \geq 0.9 \end{cases} \qquad (4\text{-}4)$$

$$R_3(e) = \begin{cases} 0 & e \leq 0.3 \\ 5e - 1.5 & 0.3 < e < 0.5 \\ -5e + 3.5 & 0.5 \leq e < 0.7 \\ 0 & e \geq 0.7 \end{cases} \qquad (4\text{-}5)$$

$$R_4(e) = \begin{cases} 0 & e \leq 0.1 \\ 5e - 0.5 & 0.1 < e < 0.3 \\ -5e + 2.5 & 0.3 \leq e < 0.5 \\ 0 & e \geq 0.5 \end{cases} \qquad (4\text{-}6)$$

$$R_5(e) = \begin{cases} 1 & 0 \leq e \leq 0.1 \\ -5e + 1.5 & 0.1 < e < 0.3 \\ 0 & e \geq 0.3 \end{cases} \qquad (4\text{-}7)$$

式中，R_x——表示适应性评价结果等级；

e——该项指标无量纲化结果标准化值。

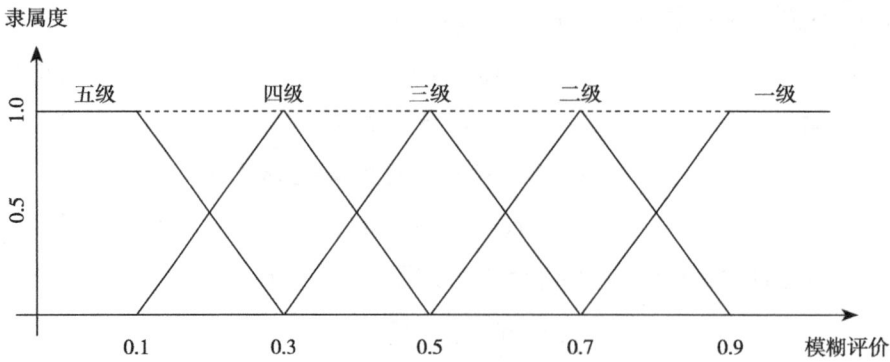

图4-17 标准化指标隶属度函数
（来源：笔者自绘）

7. 定性指标的无量纲化处理

在轨道交通线路的适应性评价指标中，涉及包括总体层面、空间层面、效益层面、智慧管理层面的定性评价型指标，定性评价指标主要通过对相关领域与管理人员的访谈、专家打分等得到评价等级，以主观分值为主。本文采用直线型无量纲化方法中的标准化法对原始数据进行处理，线性变换后使其结果落在[0，1]区间，具体表达式为式（4-8）。并将标准化值带入隶属度函数解析式，得到单项指标的隶属度向量，即$\tilde{R}=(r_1, r_2, r_3, r_4, r_5)$。

$$e_{ij}=(x_{ij}-\bar{x}_J)/\sigma_j \qquad (4\text{-}8)$$

式中，x_{ij}——表示第i个模块层的第j个原始指标值；

　　　e_{ij}——表示经过无量纲化处理的第i个模块层的第j个原始指标值；

　　　$\bar{x}_J$——表示指标x_i的均值；

　　　σ_j——表示指标x_i的标准差。

8. 适应性综合评价模型构建

（1）轨道交通线路各模块层适应性评价

通过对城市轨道交通线路各子模块层的专家打分，对应指标 β 的权重赋值，以及各项指标数据的标准化处理，构架起单项指标隶属度向量，最终求得各模块层适应性评价解析式为：

$$\tilde{V}_\alpha=W(Q_\alpha)\times\tilde{R}_\alpha \qquad (4\text{-}9)$$

式中，$\tilde{V}_\alpha$——表示各模块层 α 的隶属度向量；

　$W(Q_\alpha)$——表示各模块层 α 所对应子项指标的权重向量；

　　　$\tilde{R}_\alpha$——表示单项指标的隶属度向量。

$$\tilde{R}_\alpha = \begin{bmatrix} \tilde{R}_{\beta 1} \\ \tilde{R}_{\beta 2} \\ \vdots \\ \tilde{R}_{\beta m} \end{bmatrix} = \begin{bmatrix} r_{11} & r_{12} & r_{13} & r_{14} & r_{15} \\ r_{21} & r_{22} & r_{23} & r_{24} & r_{25} \\ \cdots & & & & \vdots \\ r_{m1} & r_{m2} & r_{m3} & r_{m4} & r_{m5} \end{bmatrix} \quad (4\text{-}10)$$

$$\tilde{V}_\alpha = W(Q_\alpha) \times \tilde{R}_\alpha = (W_{\beta 1}, W_{\beta 2}, \cdots, W_{\beta m}) \begin{bmatrix} r_{11} & r_{12} & r_{13} & r_{14} & r_{15} \\ r_{21} & r_{22} & r_{23} & r_{24} & r_{25} \\ \cdots & & & & \vdots \\ r_{m1} & r_{m2} & r_{m3} & r_{m4} & r_{m5} \end{bmatrix} \quad (4\text{-}11)$$

$$= (v_{\alpha 1}, v_{\alpha 2}, v_{\alpha 3}, v_{\alpha 4}, v_{\alpha 5})$$

（2）轨道交通线路适应性综合评价

结合评价指标体系中对各模块层的权重判断和隶属度向量，求得轨道线路适应性综合评价解析式（4-12），并依据最大隶属接近度原则最终判定其适应性评价等级。

$$\tilde{Z} = W(Q) \times \tilde{V} \quad (4\text{-}12)$$

式中，$\tilde{Z}$——表示城市轨道交通线路适应性的隶属度向量；

$W(Q)$——表示各模块层 α 的权重向量；

$\tilde{V}$——表示各模块层 α 的隶属度向量。

$$\tilde{Z} = W(Q) \times \tilde{V} = (w_1, w_2, \cdots, w_\alpha) \begin{bmatrix} v_{11} & v_{12} & v_{13} & v_{14} & v_{15} \\ v_{21} & v_{22} & v_{23} & v_{24} & v_{25} \\ \cdots & & & & \vdots \\ v_{\alpha 1} & v_{\alpha 2} & v_{\alpha 3} & v_{\alpha 4} & v_{\alpha 5} \end{bmatrix} \quad (4\text{-}13)$$

$$= (z_{\alpha 1}, z_{\alpha 2}, z_{\alpha 3}, z_{\alpha 4}, z_{\alpha 5})$$

4.4 轨道线路与城市用地功能组织协同策略

4.4.1 轨道线路与城市用地功能组织的协同原则

1. 兼顾运营效率与社会公平的用地规划

轨道交通作为城市战略性的基础设施，提升其运营效率与促进社会公平是轨道交通建设与发展中的核心议题之一，两者通常会呈现出此消彼长的关系。在轨道线路以及所串联的站点周边地区，由于交通条件改善带来的区位价值与外部效益提升必然会吸引城市各项功能和设施在此集聚；而在对稀缺用地资源的竞争中，那些竞租能力强的功能往往会占据距离站点较近的核心圈层，并且表现出较高的集聚强度，最终形成更有助于提升经济效益的土地使用模式。这种营利性功能的高强度集聚是一种在不同城市、不同线路的各个轨道站点周边地区普遍存在的城市开发模式，并且随着轨道站点与地区节点不断的相互支撑和促进，这种特征会变得更为显著。因此，国内城市有必要因地制宜地对不同轨道线路及站点圈层地区原有的开发控制规定（包括从用地性质到开发强度的各个方面）进行调整，以充分发挥轨道站点地区由于可达性改善所产生的经济效益。这样做不仅可以增强城市整体的运营效率，有助于城市竞争力的提升，而且还可以将更多的经济产出用于弥补轨道线路建设的资金缺口，也能够为轨道交通带来充足的客源。

此外，轨道线路与站点周边地区的规划建设在着重提升经济效益的同时，更应强调对社会公平问题的关注；反映在功能组织与用地模式上，主要表现为公共服务类设施配置以及住宅类型选择两个方面。一方面，在线路走向及站点周边配置足够数量且多样化的公益性服务设施以及公园、开放空间等区划类型，以满足新市镇居民对各类公共活动的需求；另一方面，可以借鉴新加坡的经验，在轨道线路影响区，尤其是站点周边建造政府组屋（住宅），这些组屋的开发强度、环境特征及邻里组织模式大体一致，并共同享有轨道交通带来的出行便利，这样就能够保证居民在住宅选择上的公平性，从而有利于避免不同收入阶层或社会群体在居住上的空间分异，进而在对交通优势区位的竞争市场中促进社会的公平和谐。

2. 以主导功能带动用途混合的功能组织

由于城市空间形态的差异，串联不同城市功能片区的轨道线路及各类轨道站点地区有着不同的功能组织与土地使用特征，而且这种差异还会随轨道交通与城市用地相互作用时间的增长而愈发显著。因此，不同类型轨道交通线路的线路走向和功能定位有所差异性，中心城区线为全线位于中心城区的线路，市区半径线为线路端点一个位于中心城区、一个位于外围区的线路，市区直径线为线路穿越中心城区，同时两个端点位于外围区的线路，郊区线为线路大部分落在外围区的线路。

根据线路走向、串联功能、站点区位、辐射规模等因素，往往会呈现侧重于某一类主导功能用地特征，同时也会吸引或培育出多元化的辅助功能；

以此形成了以某类性质为主导、多种用途混合共存的用地模式。然而这种混合使用并非整体均衡化的混合使用，而是在不同类型站点地区、不同圈层范围内形成不同侧重内涵的用途混合。

在将轨道线路沿线空间发展视为一个"带形城市"，并对以带状用地布局为单元的城市发展走廊进行合理构建，以及对轨道站点地区进行紧凑混合开发的过程中，切勿把近年来流行的土地混合使用理念机械地套用于规划建设中，过度追求微观层面的就业——居住平衡。而应通过组织"主导功能+混合用途"式的用地结构，构建沿轨道交通线路的就业——居住平衡发展走廊，实现功能组织与用地布局的整体最优。

3. 统筹近期建设与远期发展的综合开发

目前国内城市也纷纷效仿新加坡、中国香港等城市的轨道交通增值回馈机制，通过建立城市土地储备制度对轨道站点周边的可开发土地进行先期收储，并通过"土地储备——增值收益——轨道建设"等具体操作，将土地的增值收益纳入到轨道建设的投融资体系中来。而从另一个角度看，轨道交通的发展也有利于强化创新城市土地储备制度，并有利于城市政府规范和调控土地市场，推进土地使用制度的深化以及城市总体规划的实施。[12]由于轨道交通建设投资巨大，各城市均采取了对轨道站点周边所收储土地进行整体出让的方式，以期尽快收回建设成本，但这种在轨道线路运营初期（有些甚至是在建设以前）就一次性出让储备土地的做法是值得商榷的。首先，这种方式将直接影响轨道站点周边地区的功能构成，破坏站点对城市用地布局的作用机制，使土地的经济价值无法在充分竞争的市场环境中最大化体现，进而影响轨道全线的用地功能组织。其次，这种方式会使政府失去调控土地市场的主导权，而且助长了开发商加价收益的行为，最终可能会导致政府举债、百姓还债而开发商收益的失衡局面的出现。此外，"竭泽而渔"式的土地出让模式以近期的收益透支了未来发展的空间，不仅是一种不可持续发展的做法，而且主动放弃了储备土地在持续升值过程中的额外收益。城市轨道交通系统与城市用地功能组织协同是一个长期互动发展的过程，其间蕴藏的潜力、机遇及诸多可能性是当前所难以预见的。因此，不能以眼前的短期收益透支未来的持续增值与发展空间，而应以近远期统筹的视角应对轨道线路与城市用地功能的组织布局与协同发展，以期构建一个集聚活力的"带形城市"，并以此为基础，最终形成兼具实力、活力、魅力的"轨道城市"。

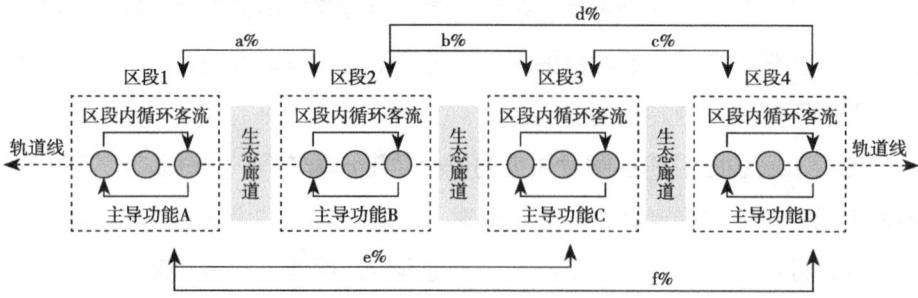

图4-18 轨道线路与城市用地功能组织协同模式图
（来源：笔者自绘）

4.4.2 轨道线路与城市用地功能组织的协同方式

轨道线路与城市用地功能组织有以下2个协同方式：

方式1：沿线功能区分为几个循环组团，循环组团内采用功能的异质性和互补性的开发模式，每个循环组团内发展相对独立的综合服务功能和主导特色功能，减少对中心的依赖程度，使循环组团内达到客流的相对平衡。同时，组团的核心站点进一步完善换乘系统，成为辐射更大范围的交通中心，从而更有效支撑组团综合功能的发展。

方式2：由于每个循环组团不可能植入所有功能，在循环组团内达到相对的内部客流循环后，组团间的客流量决定着全线客流平衡，要使全线达到客流平衡，需要对各个组团进行特色主导功能的植入，对线路进行功能复合，降低对某一组团的过度依赖，使全线的客流达到相对平衡（a%≈b%≈c%≈d%≈e%≈f%），减少某个区段客流量过大的现象。

从图4-18可以看出，各个功能区段的主导功能依托核心站点进行特色化建设，一般可以发展功能包括商业、居住、工业、行政、交通枢纽、文化等，使得每个功能区段功能各异又彼此协调互补。

4.4.3 基于轨道交通客流平衡的轨道沿线用地功能组织模式

为促进轨道交通客流在循环组团之间与组团内部的客流相对平衡，提出基于轨道交通客流相对平衡的轨道沿线用地功能组织模式。

从农业化时期的功能混合到工业化时期的功能分区，再走向后工业化时代的功能混合，这个演进的过程其实是不同时代背景下的生产、生活与交通

维度	城市尺度	组团尺度	功能模块尺度
空间示意	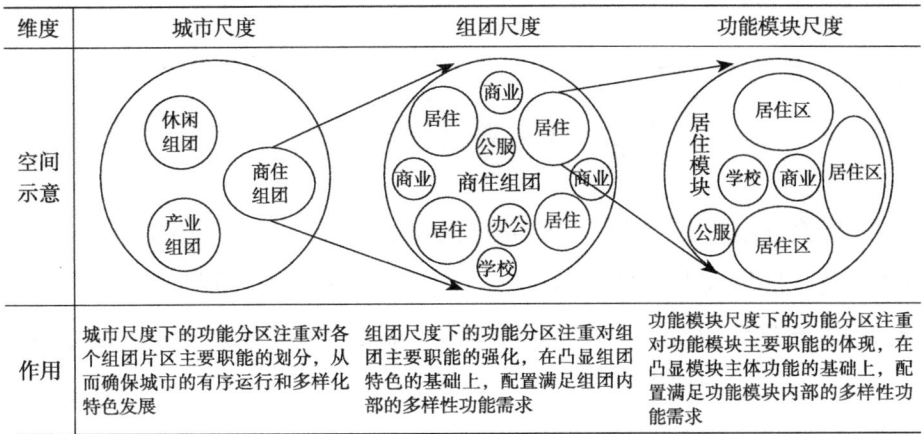		
作用	城市尺度下的功能分区注重对各个组团片区主要职能的划分,从而确保城市的有序运行和多样化特色发展	组团尺度下的功能分区注重对组团主要职能的强化,在凸显组团特色的基础上,配置满足组团内部的多样性功能需求	功能模块尺度下的功能分区注重对功能模块主要职能的体现,在凸显模块主体功能的基础上,配置满足功能模块内部的多样性功能需求

图4-19 城市不同尺度下功能分区与混合的模式图
(来源:笔者自绘)

方式影响的结果。经过对功能分区与功能混合的重新思考,目前学者们的观点是,宏观层面功能分区是有必要的,但是不能采取过于严格的功能分区,在不发生活动冲突的情况下,允许并提倡互不干扰的功能区进行适度混合,后工业化时代的城市用地功能组织模式将会是"大分区+小混合"(图4-19)的有机结合[13]。

"大分区"——在城市规模日趋庞大、功能结构越来越复杂的今天,城市系统要保持高效的发展和稳定的运行,在宏观层面进行适度的功能分区是有必要的。这是因为城市不同片区的自然环境、水文地质条件、气候条件和区位因素的差异,会对城市功能布局产生重要的影响,比如污染较大或者对居民有影响的工业区应该布局在城市外围的盛行风向的下风向、对交通或者区位有较高要求的功能应该布局在交通便利区位较好的位置、生态环境脆弱的区域应该减少城市建设活动等,适度的城市分区可以减少不必要的冲突和干扰,更加合理的利用城市资源和保护城市环境。

"小混合"——城市的分区并不意味着机械的、绝对的分区,在宏观层面的城市分区后,每个功能片区的主导功能由一种或几种功能决定。在功能片区内部,各项设施配套建设,综合发展,应该包含各式各样的城市功能,包括办公、商业、居住、医疗和教育等,使其能够基本保证片区的日常生活完整性,从而为片区市民提供完备的、满足各种生活需求的城市生活环境[14]。

4.5 案例研究

　　轨道交通是在厦门城市跨岛环湾发展、力求突破阶段引进的交通方式，线路具有"线随人走"与"人随线走"的双重特征，而轨道1号线能否成为契合并引导城市走廊发展，疏解本岛功能，促进走廊内功能与设施的优化配置，实现客流双向均衡分布，有待进一步研究验证。因而，对轨道线路规划进行适应性分析与评价则尤为关键。轨道1号线作为厦门城市"单中心多核、多组团"空间结构的关键串联走廊，是完善整体线网U线型走向的重要组成部分（图4-20、图4-21）。本文结合厦门特殊的城市形态与线路功能定位，把握轨道1号线与厦门城市发展走廊的适应程度，提出规划及政策层面的优化提升策略，研究成果将有助于为厦门目前轨道交通规划与建设提供决策支持。

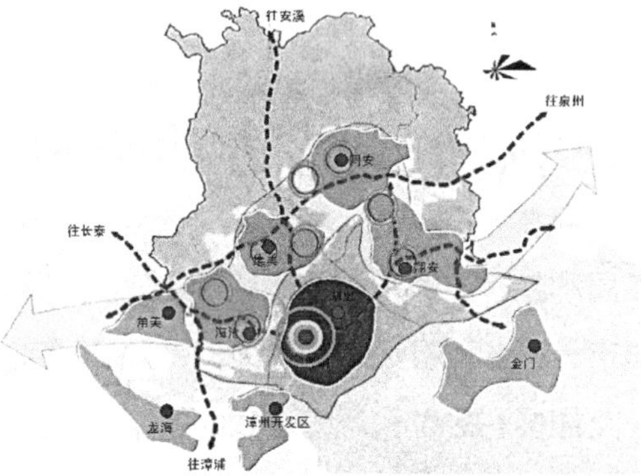

图4-20　城市空间结构规划图
（来源：厦门市城市规划设计研究院. 厦门城市远景发展战略规划研究.）

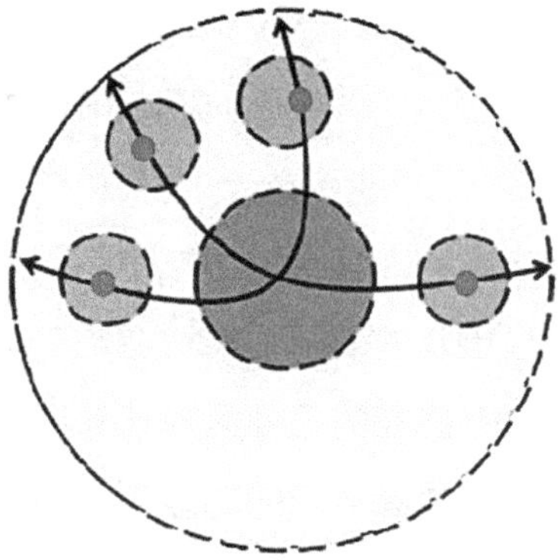

图4-21　轨道中心型线路U型线示意图
（来源：笔者自绘）

4.5.1　厦门城市轨道交通1号线适应性特征分析

1. 总体层面的适应性分析

　　厦门轨道1号线作为轨道交通线网中唯一一条南北向跨海通道，是厦门城市传统南北向发展走廊的延续与强化（图4-22）。且线路本身具有明显的放射型特征，有效促进了厦门本岛与外围组团的联动发展，未来轨道1号线

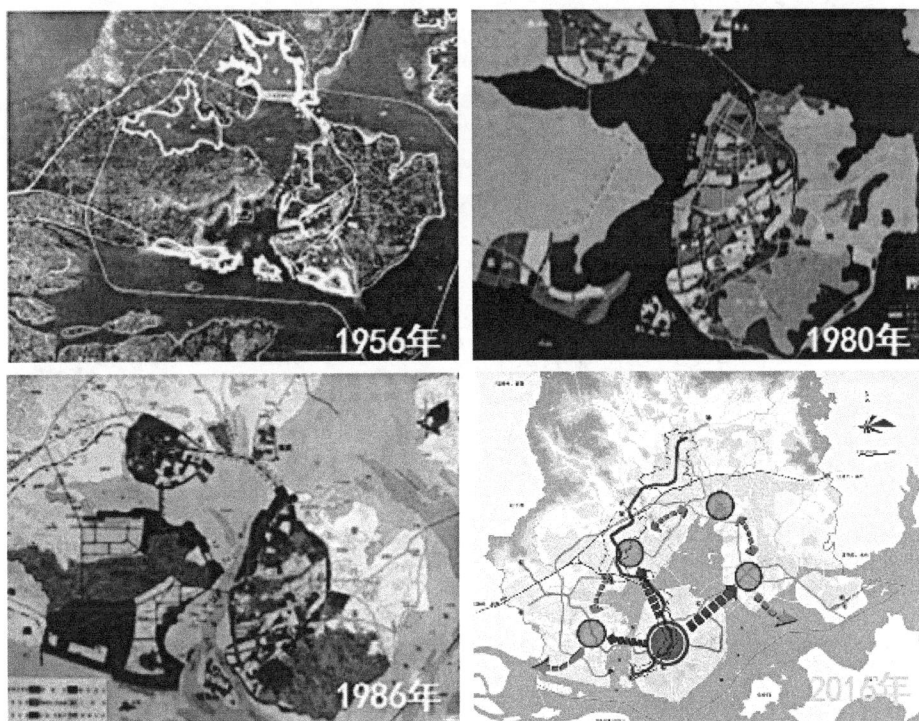

图4-22　厦门传统城市南北向发展走廊
（来源：边经卫. 城市形态：演变与发展：厦门城市空间发展规划研究[M]. 北京：中国建筑工业出版社，2013.）

将进一步承担起跨海交通出行的重任，从而带动沿线岛内外城市土地的开发和功能的完善，南北交通走廊的作用会更加显著。

目前，轨道线网结构与厦门市总体空间结构相吻合，将重点加强岛内岛外间的互动发展，带动岛外及岛内东部新城的建设。目前断面预测客流量超过10000人/小时的公交走廊共有3条，其中厦门轨道1号线所处的南北跨海公交走廊，二者的耦合度达到70%以上（图4-23）。但同时也发现，轨道线路与城市各级中心的耦合度不一，岛内仍主要集中于南部老城区，中心节点与线路走向契合度较高，线路基本覆盖了城市的主中心和副中心，对轨道沿线影响区内的商业购物中心、大型居住组团、对外交通枢纽、重要公共服务设施都实现了空间耦合，层级结构完整；而岛外片区则相对零散，层级结构单一，中心节点分散，部分区级中心、居住区级中心处于轨道间接影响范围，甚至位于影响范围之外的区域，未与轨道线路走向形成良好的互动，若要构建集聚活力的轨道线路功能带，则需重构部分站点地区的中心体系（图4-24）。同时，线路穿越的思明区、湖里区及集美区三区实现的GDP约占全市62%，是厦门市南北向最主要的经济发展带。尤其是湖里区和集美区经济

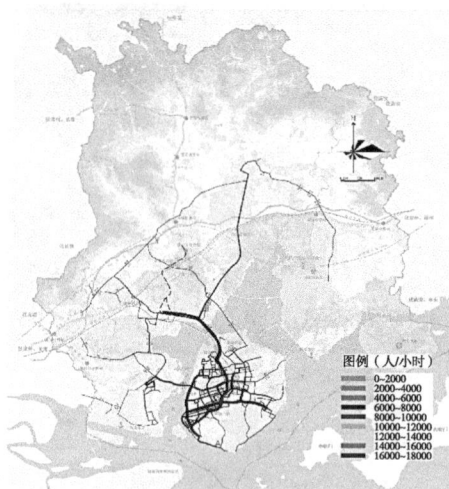

图4-23　厦门现有公交走廊分析图
（来源：《厦门市轨道交通建设规划修编客流预测》）

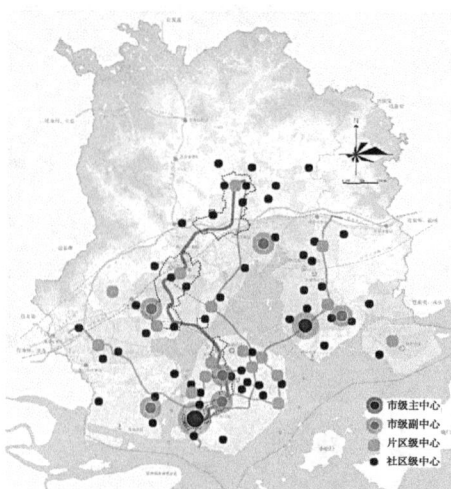

4-24　轨道线网与城市中心体系的关系
（来源：《厦门市轨道交通建设规划修编客流预测》）

发展逐年加快，办公、商业及酒店物业开发潜力巨大，轨道1号线将成为培育这一走廊巨大经济体和功能服务配套的有效载体。

2. 空间层面的适应性分析

网络化时代的发展，城市居民的居住—就业空间尺度已逐渐突破传统功能空间，有呈现就业多中心的趋势。轨道1号线作为厦门城市南北主要发展轴线上的重要客运交通走廊，若显著地提升跨海出行的时空效益，则线路范围所覆盖和辐射的人口与就业岗位指标将是衡量其是否适应城市发展、高效支撑走廊经济的关键因素。通过对厦门2020年的轨道线网居住人口和就业岗位覆盖预测得到，居住人口覆盖率为23.01%，就业岗位覆盖率为19.73%。而厦门轨道1号线沿线影响区范围的人口与就业岗位覆盖密度三阶段预测数据显示（图4-25），两者比例基本持平，依据交通小区数据统计，2020年1号线站点500m范围覆盖人口近25万人，覆盖就业岗位近13万个。线路走向与城市人口密度分布相对吻合，尤其是线路本岛段，串联多个大型居住组团及生活服务圈（塘边、吕厝、文灶等片区）；反观就业岗位密度分布，岛内—岛外则呈现出较大差异，即岛内段较为契合，岛外段存在一定程度的空间分离。如厦门本岛具备优越的空间区位条件和人口基础，城市道路网及公交线路覆盖率高，就业岗位分布亦相对密集于交通可达性较高且公交设施服务完善的交通干道；而火炬园站以北段（含岛外段），城市道路网及公交线路覆盖有限，BRT线路对沿线土地与市场的拉动力度不足，导致就业

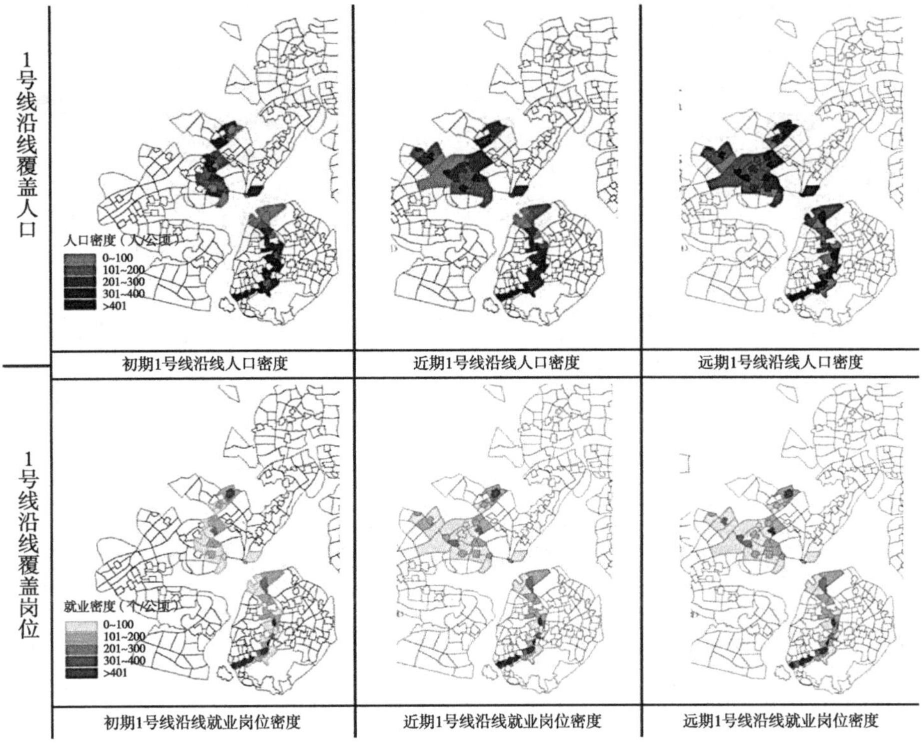
1号线沿线覆盖人口
人口密度（人/公顷）
0~100
101~200
201~300
301~400
>401
初期1号线沿线人口密度
近期1号线沿线人口密度
远期1号线沿线人口密度
1号线沿线覆盖岗位
就业密度（个/公顷）
0~100
101~200
201~300
301~400
>401
初期1号线沿线就业岗位密度
近期1号线沿线就业岗位密度
远期1号线沿线就业岗位密度

图4-25　厦门轨道1号线沿线人口与就业岗位覆盖密度三期预测
（来源：黎洋佟．契合城市发展走廊的轨道线路功能带构建策略——以厦门市轨道交通1号线为例[J]．规划师，2017（11）.）

岗位分布相对偏平，未形成有效聚集（图4-26）。

通过获取2016年厦门城市居民出行调查报告的OD数据、建设用地承载数据，以及厦门市划分的6个大区、47个交通中区数据，对厦门市整体静态职住均衡程度进行分析。结果显示，轨道沿线，规划建设用地承载人口密度在200~300人/hm^2，线路本岛南段，可达到300人/hm^2以上（图4-27）；厦门本岛就业岗位集中于中部（顺延成功大道、湖滨南、北及莲前东、西路）（图4-28）；岛内—岛外的静态职住均衡度高，比值在0.85~1.20之间（图4-29）；目前，厦门本岛土地开发已近饱和，稀缺资源及区位的诱导效应，使得人口、岗位、土地价格迅猛攀升，因而岛内—外职住空间关系存在明显差异，本岛内部通勤出行高达75.6%，职住平衡度较高，高出岛外四区10%。然而，以中区为单位，岛内中区职住平衡度反而比岛外组团更低（除翔安、同安区），大概在30%~40%左右，说明岛内段跨中区中短距离通勤量较大，轨道沿线就业岗位聚集度尚处不足（图4-30）。据统计，香港和东京等较为成熟的轨道站点周边500m范围内覆盖的就业岗位比例均高于人口

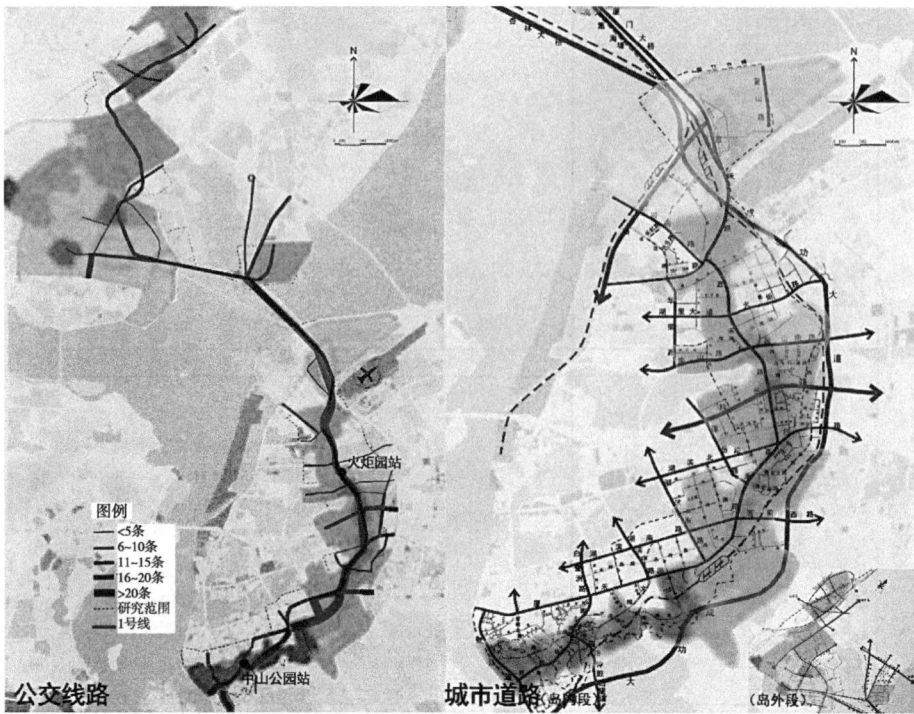

图4-26 厦门轨道1号线沿线覆盖岗位密度与影响区公交线路及城市道路叠加图
（来源：笔者根据相关数据绘制）

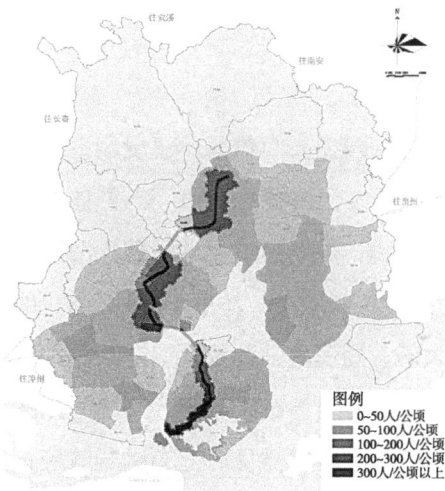

图4-27 沿线规划建设用地承载人口密度
（来源：笔者根据相关数据绘制）

图4-28 厦门本岛就业岗位分布情况
（来源：笔者根据相关数据绘制）

覆盖比例10%以上[13]。因而，厦门轨道1号线沿线所覆盖的人口及就业岗位数量仍有较大的提升空间。

为进一步评估规划轨道线路对城市"隐形结构"（功能设施配套）的支

图4-29　厦门中区静态职住比示意图
（来源：笔者根据相关数据绘制）

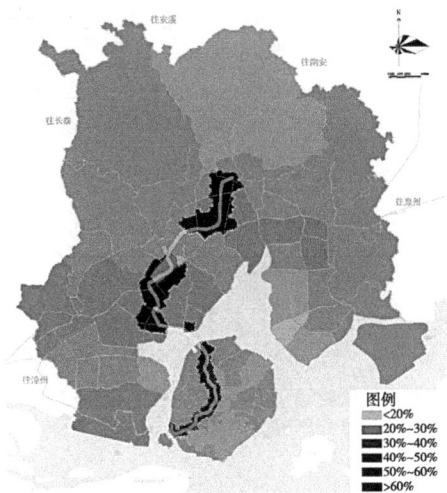

图例
■ 静态职住比>1
■ 静态职住比<1

图4-30　　厦门中区职住平衡度示意图
（来源：笔者根据相关数据绘制）

图例
■ <20%
■ 20%~30%
■ 30%~40%
■ 40%~50%
■ 50%~60%
■ >60%

撑情况，以轨道线路穿越的大区为单位，利用脉策数据及百度大数据软件脚本从各自搜索引擎下获取大区单位内业态的POI信息点（2016年厦门市POI数据），并依据2017年国民经济行业标准，将所有业态POI分别归类至相应的城市职能属性中。本文对数据共划分成六类，即行政办公与社会服务、商业商务与酒店设施、工业生产与物流仓储、居住住宅与村庄聚落、公园绿地与旅游景点、交通设施与公用设施。其中，每一大类职能又由多项子职能构成，例如行政办公与社会服务职能包含行政办公、体育设施、科研教育、医疗卫生等。通过对每一大类职能的POI进行核密度分析及可视化，进一步剖析厦门轨道1号线沿线城市隐性结构（图4-31～图4-36）。结果显示，行政办公与社会服务主要集中在岛内湖滨北路的政府服务片区（吕厝站至湖滨东路站）及老城社会服务核心片区（镇海路站至中山公园站），岛外集美市民公园（官任站至诚毅广场站）；商业商务与酒店设施主要集中在岛内高崎枢纽站、莲花-SM商圈及中山路旅游服务片区（高崎站、莲坂站至乌石浦站、镇海路站至中山公园站），岛外集美新城商务中心（官任站）；工业生产与物流仓储已实现有序腾退，仅集中在岛内火炬园站至高崎站，岛外集美软件园站；居住住宅与村庄聚落分布则呈现显著差异，岛内呈带状连片分布（镇海路站至火炬园站）且密度较高，岛外呈散点分布，夹杂部分村社，开发强度低；公园绿地及旅游景点在轨道沿线分布相对均衡，鸿山公园、中山公园、明发商业广场、筼筜内湖、园博苑等各自形成片区的公共活动空间。

图4-31　公共管理与社会服务POI点分布
（来源：笔者根据POI数据绘制）

图4-32　商业商务与酒店设施POI点分布
（来源：笔者根据POI数据绘制）

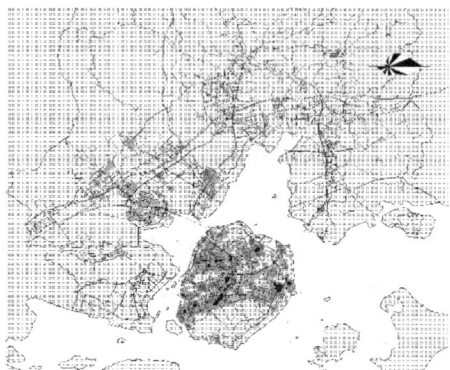

图4-33　公司企业与工业仓储POI点分布
（来源：笔者根据POI数据绘制）

图4-34　居住住宅与村庄POI点分布
（来源：笔者根据POI数据绘制）

图4-35　公园绿地与旅游景点POI点分布
（来源：笔者根据POI数据绘制）

图4-36　交通与公用设施POI点分布
（来源：笔者根据POI数据绘制）

　　除此之外，由于岛内—岛外现状道路网覆盖差异明显，岛内交通设施、公用设施分布与服务能力明显优于岛外，而厦门北站客流量攀升明显，目前

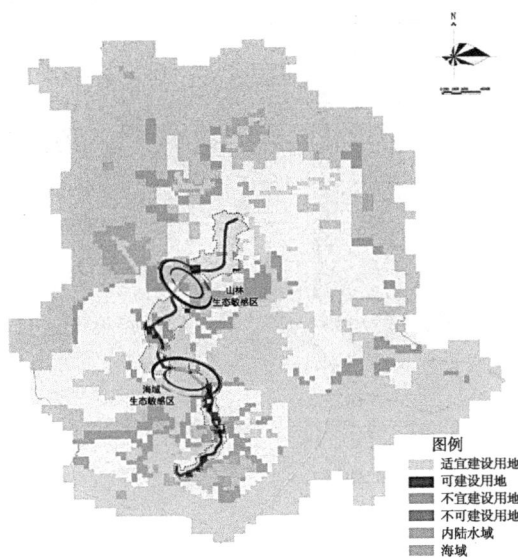

图4-37 轨道沿线用地适宜性分析
（来源：笔者自绘）

图例
适宜建设用地
可建设用地
不宜建设用地
不可建设用地
内陆水域
海域

图4-38 轨道沿线土地开发可行性
分析
（来源：厦门市城市规划设计研究院《厦门
城市远景发展战略规划研究》）

图例
无
近期已纳入旧城改造计划
中远期已纳入旧城改造计划
近期农转非
中远期农转非
不可开发改造用地

的交通及设施服务水平无法满足需求，这也是厦门作为旅游城市亟待破解交通可达性的关键环节。

3. 用地层面的适应性分析

通过对厦门轨道1号线沿线用地适宜性、土地资源开发潜力的分析，显示线路穿越包括内陆水域、海域、天马山绿楔等生态敏感区，轨道沿线用地构成相对复杂，其中岛内段火炬园站至镇海路站，用地开发接近饱和，不可开发改造的用地占比较大，已进入存量提升阶段（图4-37、图4-38）；而岛外段园博苑站至岩内站净地或近期可一次开发用地（农转非）相对较多。且1号线沿线规划土地利用呈现出与国内外其他城市轨道建设初始期相似的情况，城市边缘组团土地利用中村镇居住用地、非建设用地、空闲地/发展备用地仍占比较高，达到19.51%，征迁进程缓慢，说明沿线用地仍未与轨道线路建设相配合，土地利用开发尚且具有较大的发展弹性，有待规划进一步研究土地开发的可行性、用地类型及开发强度；居住用地占比为26.07%，但岛内外呈现明显的不均衡分布，岛外作为住宅新开发区域，住宅土地需求量将显著上升；公共管理与公共服务设施用地为9.77%，商业服务业设施用地为12.87%，随着人口及产业的集聚，用地比例亦进一步提升；工业用地及物流仓储用地占比1.84%，此类用地已得到有效疏解和腾退；道路交通设

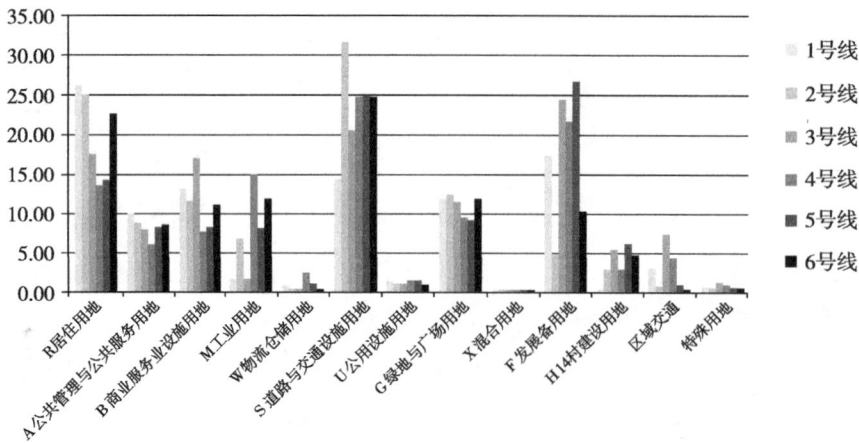

图4-39　厦门市轨道交通1~6号线规划沿线各项用地比例情况
（来源：笔者自绘）

施、绿地、公用设施用地占比适中，现有规划土地利用结构相对合理，基本可以满足轨道交通与土地使用的一体化需求。

与此同时，将厦门轨道交通近期规划的6条线路沿线用地构成比例进行对比（图4-39），可以发现轨道1号线对居住建设和客流吸引依旧较强，在对功能疏解和沿线存量土地转型升级的同时，亦注重环境效益的提升，这也从侧面反映出1号线作为南北主要发展廊道的关键作用；用地中还有较高比例的发展备用地、部分工业及物流仓储用地，为轨道线网逐步完善而进行用地性质调整留有余地。功能带的构建应重视与岛外地区土地的联动开发，以及推动岛内中远期土地的二次开发，并将从土地开发走向物业开发甚至持续的物业经营。

本文选取厦门市城市轨道交通1号线综合开发（控制规划2012版）全线土地利用规划为研究范围，规划范围覆盖全线及车辆基地。在系统梳理了现状及规划用地的基础上，以各站点为圆心，完成以500m为可达性半径的缓冲区内土地利用信息的数字化，并参照Google Earth 2013年的卫星影像作比对校核。结合现状情况，统计分析厦门轨道1号线24座站点500m核心圈层范围内不同土地利用类型的比例结构、综合开发与近期开发建设的土地利用率、容积率以及土地利用均衡度等指标，判断其用地构成的合理性及适应性程度。

计算结果显示，从宏观全线土地利用构成上看，并无明显矛盾，但细化到线路中的逐个站点用地构成，问题则逐渐显现。结果显示，土地利用均衡度小于0.7或接近0.7的站点，其承载的城市功能和服务设施以主要侧重于某一类用地性质为主（如交通枢纽型站点、居住型站点）；土地利用均衡度大于0.8的站点，其用地构成相对复杂，一般为城市的商业中心或就业中心，因此对轨道线路走廊综合效益的影响也较大。

除此之外，轨道1号线本岛段（塘边站至将军祠站）用地受殖民统治、军阀割据的历史影响，以及后期的市场介入，呈现以围绕居住生活服务为核心的用地功能，土地利用均衡度较低，存量土地转型升级的潜力较大；在外围组团的新城片区段（集美学村站至岩内站）用地构成则相对多样，逐渐形成功能差异互补的站点开发模式，但由于受市场竞争影响，尚处于土地置换与综合开发阶段（如厦门北站、集美软件园站、杏林村站片区），站点影响区土地利用集约混合度不足。

4．效益层面的适应性分析

厦门地铁1号线设计时速最高为80km/h，全程旅行速度为42.3km/h，全程约50min，每日运行时长16h，发车间隔为7min，列车准点率99.97%。开通运营以来日均客流量约10万人次，地铁出行方式正逐步融入厦门市民的日常生活。预计2020年，厦门市公共交通分担率为40%，轨道交通占公共交通的比例达30%～35%，目标承担60%的跨海出行量。地铁票起步价为2元/4km，采用里程分段计价制，根据经济效益测算，人均票价3.29元，按每月21个工作日，每个工作日往返2次测算，人均乘坐地铁支出为138.2元/月，占厦门市2016年城镇居民人均可支配月收入（3854.5元/人·月）的比例为3.58%，低于全国平均水平4.71%。

除了对线路本身经济技术层面的效益分析，本文通过基于站点轨道500m范围内的用地功能和服务业态POI数据统计汇总，对厦门市轨道1号线24个站点进行K–均值聚类划分（表4-4），尝试从线路串联城市功能片区、站点功能属性所构架的功能带，以及乘客反馈信息综合判断客流在轨道线路上的时空效益。结果显示，岛内塘边站至将军祠站站点特征属性相似，呈居住型站点，居住用地占比均较高，虽同样集聚行政办公与商业商务等功能，职住平衡度较高，但站点间功能差异小，站点区间日常需求在生活圈内基本解决，不必将轨道出行作为首选，因而可推断对轨道线路的运营贡献较低；而火炬园站至岩内站站点属性则呈现较为明显的功能差异互补特征，从而有利于诱发轨道出行及跨岛出行，从乘客反馈信息来看，轨道沿线客流的最大受益在于跨岛通勤出行的时空可达效益及出行时间的节约，此站点区段客流出行意愿较为强烈，因而可推断对轨道线路的运营贡献相对较高。

但同时也能发现，虽然跨岛出行的客流交换量较高，但岛外段的客流极核（居住比例）及就业中心规模仍较小，相较上海、纽约等主客流线路的远端极核规模，从侧面反映出轨道1号线岛外段站点功能区的交通可达、公共服务设施、商业商务配套、生活氛围的营造不甚完善。

基于K-均值聚类分析法的厦门轨道1号线站点类型　　　　表4-4

站点类型	站点名称	特征属性
居住型站点	天水路站、集美大道站、诚毅广场站、杏林村站、塘边站、乌石浦站、吕厝站、莲花路口站、莲坂站、湖滨东路站、文灶站、将军祠站	以居住用地为主，且居住用地比例在50%~60%，商业服务业设施用地<20%；用地均衡度为0.47~0.84
公共型站点	集美软件园站、集美学村站	公共管理与公共服务设施用地比例≥20%，同时居住用地比例<10%；用地均衡度为0.50~0.75
商服型站点	岩内站、官任站	商业服务业设施用地比例≥17%，同时居住用地比例<35%、绿地与广场用地比例<30%；用地均衡度为0.70~0.90
交通型站点	厦门北站、高崎站	道路与交通设施用地比例≥30%，同时居住用地比例<30%、商业服务业设施用地<25%、绿地与广场用地比例>5%；用地均衡度为0.60~0.80
产业型站点	火炬园站	工业及物流仓储用地≥15%，居住用地比例<45%；用地均衡度<0.70
混合型站点	杏锦路站、殿前站、中山公园站、镇海路站、园博苑站	站点周边用地类型多样，无明显优势用地

（来源：笔者自绘）

5. 工程层面的适应性分析

厦门轨道1号线全长30.3km，共设24座车站，其中换乘站5座，车站平均站间距离1.3km，跨海段站距最长，为3.3km。厦门地铁1号线车辆采用B型车6辆编组，可载客约1400人，满载舒适度为4.38人/m²。

本文在对轨道线路工程层面适应性分析中，不着重强调线路工程建设领域的分析，而是将重点放在轨道1号线线路运营可持续发展能力的适应性上，包括轨道走廊沿线土地市场开发潜力评价、土地征迁评估、产业发展水平三个方面。

（1）对厦门轨道1号线沿线土地资源及存量土地评估研究认为，岛内位于城市中心区域，土地空间有限，土地集约度极高导致土地价格高昂，这一现象很难短时间改变，而岛外土地价值已被重新评估，但受限于综合配套水平及人口总量的差异，除近期土地价值保持平稳上升的态势外，各类土地市场价值差异仍将被拉大，尤其是住宅土地市场，岛外作为住宅新开发区域，住宅土地需求量急剧上升，成交比例大幅上升，其中集美新城片区最为显著。厦门第三产业的稳步发展为办公市场带来更多的需求，但多集中岛内，总体而言，受限于城市能级及产业结构，除岛内成熟区域，办公类土地价值仍很难有飞跃，特别是岛外办公市场极不成熟，目前并不具备大规模集中开发的市场基础。无论岛内岛外，商业物业对地铁线路的需求最大，但由于岛外受限于人口规模的不足，商业市场仍处于起步阶段，但随着新人口密集区的崛起，如杏北，商业土地的市场价值将进一步提升，从而拉动走廊经济的发展。

（2）《厦门市城市轨道建设规划（2011—2020年）》中可新建改造的土地1363块，其中642块宗地改造成本较高，岛内集中在殿前、火炬园、吕厝及镇海路站，岛外于杏林北站，产生相关拆迁费用的土地面积约为729hm^2，所占比重约为21%，改造成本总计2069亿元，单块土地改造成本主要集中在1～3亿元左右。依据土地开发规模、市场经济效益对轨道沿线土地进行评级，可见未来高收益用地明显集中于岛外区域，岛内地区开发改造可行性较小，基本上为中远期可二次开发用地，代价较大，以存量提升为主。

（3）轨道1号线沿线现状产业布局主要分布于火炬园、物流产业园区，沿线其他地区产业发展用地相对滞后。其中，岛内产业园区面积116.9hm^2，占沿线产业园区的比例高达96%，而岛外产业园区面积近48hm^2，仅占4%。总体上，岛内南部产业退二进三基本完成，北部火炬园片区将成为重点调整区；岛外杏林区是最大的产业集聚区，将逐步承载岛内产业功能转移，为线路高价值带上优势物业的植入留足弹性空间，促进线路运营的可持续发展。

6. 智慧管理的适应性分析

在城市轨道交通领域，BIM的应用越来越成为业界极为关注的焦点，上海、广州、厦门、南宁等多个城市，尤其是新线路的规划建设都已经投入BIM的应用实践中，厦门在同行业中，更是跨出了领先的第一步。2017年6月7日，中国轨道交通领域第一个经过工程实践检验的建筑信息模型地方性技术标准——《厦门市轨道交通工程建设阶段BIM模型交付标准》通过了专家评审，升级为厦门市地方标准。可以说，此标准是推动厦门轨道交通建设管理及运维智慧化的基础，对中国轨道交通建设管理的智能化和智慧化具有表率和借鉴意义。据了解，厦门地铁1号线在土建工程质量安全管理过程中利用信息化手段探索和积累了一些很好的管理经验，分别创建了安全风险管理信息平台、质量安全隐患排查治理平台、安全监管平台，从而有力保障了地铁1号线建设有序高效、高效管理、安全优质地推进。虽然目前基于BIM技术在城市轨道交通工程设计、建设和运营管理的全过程中应用尚不完善，仍需多方专业平台的协同，但诸如广州、上海等城市已着手将工程信息化管理平台、安全监管平台、公众服务平台进行整合，进而提高智慧管理的效率，并与智能化、智慧化的时代发展相适应。

4.5.2 厦门城市轨道 1 号线适应性综合评价分析

2017年12月31日，厦门正式迎来了自己的第一条地铁线（轨道1号线）开通，它将引领城市新一轮的跨越式发展。本文选择厦门轨道交通1号线作为研究对象，适时掌握轨道线路的适应性程度，期冀构建一条集聚活力的城市发展带。根据本章所提取的29项评价指标，并参考借鉴《厦门市城市总体规划修编（2011—2020年）》《厦门市城市轨道交通1号线综合开发规划（2012年控制规划）》《厦门市城市轨道建设规划（2011—2020年）》《厦门市轨道交通1号线一期工程可行性研究阶段客流预测（2013版）》《厦门市国民经济和社会发展第十三个五年规划纲要》和《城市轨道沿线地区设计导则（2015年）》的基础数据，对应至各子项指标中，运用前文4.3.3.6给出的处理方法，计算各子项指标的标准化值（表4-5）。

厦门市轨道交通1号线适应性评价指标统计值及标准化值　　表4-5

模块	准则层	指标层	指标值	标准化值
总体层面适应性	总体协同	与城市交通走廊建设的契合度	0.79	0.79
		与城市生态环境的协调度	0.61	0.61
		对中心区重要功能的疏解	0.50	0.50
		对城郊区开发建设的支持	0.77	0.77
空间层面适应性	空间规划	与城市空间结构的契合度	0.73	0.73
		与城市组团布局的协调度	0.50	0.50
		与走廊沿线人口密度的吻合度	52%	0.52
		线路覆盖城市居住人口	244153	0.54
		线路覆盖城市就业岗位数	127021	0.49
用地层面适应性	土地利用	站点影响区土地利用平均均衡度	0.70	0.70
		站点影响区土地利用平均开发强度	2.42	0.38
		对轨道沿线存量土地的再开发	0.47	0.47
效益层面适应性	运营效率	线路高峰时段运行速度	42.3	0.42
		线路日均客流强度	0.63	0.63
		发车间隔	7	0.28
	社会效益	出行高峰时段轨道分担率	30.5%	0.56
		中心区与边缘组团的时空可达性	54	0.54
		公交平均出行时间的节约（便捷性）	68%	0.68
		线路乘坐环境的舒适性	86%	0.86
		居民出行意愿的提升（可靠性）	16	0.55
		线路沿线土地价值的提升	0.72	0.72
工程层面适应性	技术工程	线路换乘节点数	5	0.50
		线路平均站点间距	1.2	0.43
		线路建设总投资额度	236.3	0.38
		线路运营可持续发展能力（现金流量）	52.60	0.41
智慧管理适应性	智慧化管理	客流疏导智能化水平	0.53	0.53
		车辆运营管理智能化水平	0.67	0.67
		公共交通信息服务智能化水平	0.78	0.78
		安全风险机动性智能化水平	0.50	0.50

（来源：笔者自绘）

本文采用层次分析法及专家打分评判法对厦门轨道交通1号线适应性评价指标体系中的6项模块层指标、8项准则层和29项子指标进行打分评定，并确定各层级指标的权重值，并结合问卷调查结果及隶属度函数，计算评价结果。

1. 轨道交通线路适应性综合评价

通过隶属度函数计算，得到厦门轨道1号线线路各模块层适应性评价结果。

$$\tilde{V}_1 = W(Q_1) \times \tilde{R}_1 = (\ 0.1895 \quad 0.6187 \quad 0.0398 \quad 0.1168 \quad 0.0351\ )$$
$$\tilde{V}_2 = W(Q_2) \times \tilde{R}_2 = (\ 0.0213 \quad 0.2016 \quad 0.2565 \quad 0.0220 \quad 0.1983\ )$$
$$\tilde{V}_3 = W(Q_3) \times \tilde{R}_3 = (\ 0.0969 \quad 0.4977 \quad 0.1621 \quad 0.2432 \quad 0.0000\ )$$
$$\tilde{V}_4 = W(Q_4) \times \tilde{R}_4 = (\ 0.1020 \quad 0.5646 \quad 0.4056 \quad 0.3437 \quad 0.5838\ )$$
$$\tilde{V}_5 = W(Q_5) \times \tilde{R}_5 = (\ 0.0000 \quad 0.3272 \quad 0.1079 \quad 0.3630 \quad 0.2016\ )$$
$$\tilde{V}_6 = W(Q_6) \times \tilde{R}_6 = (\ 0.0327 \quad 0.7723 \quad 0.1716 \quad 0.0231 \quad 0.0000\ )$$

厦门轨道交通1号线线路适应性综合评价表达式为：

$$\tilde{Z}_{1\text{号线}} = W(Q) \times \tilde{V}$$

$$= (\ 0.2503 \quad 0.2787 \quad 0.2006 \quad 0.0664 \quad 0.0494 \quad 0.1546\ ) \times \begin{bmatrix} 0.1895 & 0.6187 & 0.0398 & 0.1168 & 0.0351 \\ 0.0213 & 0.5016 & 0.2565 & 0.0220 & 0.1983 \\ 0.0969 & 0.4977 & 0.1621 & 0.2432 & 0.0000 \\ 0.1020 & 0.5646 & 0.4056 & 0.3437 & 0.5838 \\ 0.0000 & 0.3273 & 0.1079 & 0.3630 & 0.2016 \\ 0.0327 & 0.7723 & 0.1716 & 0.0321 & 0.0000 \end{bmatrix}$$

$$\tilde{Z}_{1\text{号线}} = (\ 0.0846 \quad 0.5675 \quad 0.1727 \quad 0.1284 \quad 0.1127\ )$$

2. 厦门轨道1号线线路适应性综合评价分析

经过隶属度函数计算，并依据最大隶属接近度原则，隶属至适应性综合评价等级标准中，得出以下结论：

（1）总体协同层面评价，反映线路宏观整体水平的总体协同层面综合评价得分为0.6187，隶属于评价分级标准中的"适应"评价等级（0.6~0.8）。可以认为，厦门轨道1号线与厦门城市主要发展走廊方向契合，且较好地协调统筹了沿线生态敏感区与集美新城开发建设的关系，轨道1号线作为轨道线网中唯一一条南北跨海主要客运通道，是厦门城市传统南北向发展走廊的延续与强化，与城市交通走廊建设相契合；放射型的线路拓展权衡与规避了对跨海域及山林生态敏感区的侵蚀，将工程建设与生态保育相结合，打造多个以围绕站点为中心的休闲开敞空间；在厦门新一轮的跨岛环湾发展中，轨道1号线将联动集美新城和火车北站片区的开发建设，以及功能疏解载体的培育；线路走向与城市"三向出岛"的战略意图相吻合，适应性较好。

（2）空间层面评价，反映线路空间协同水平的空间规划层面综合评价得分为0.5016，隶属于评价分级标准中的"基本适应"评价等级（0.4~0.6）。可以认为，厦门轨道1号线线路走向与城市人口密度分布相对吻合，但与城市就业岗位密度分布有一定分离，岛内外就业密度分布受交通设施影响相对偏平化，职住空间关系存在明显差异，岛外客流极核与就业中心规模仍较小，集聚强度有待进一步提高；线路串联的各组团中心之间由轨道快速路或城市道路衔接，组团中心之间的距离约5~10km，已基本形成结构清晰、高效的城市中心互联式格局；线路串联的多个功能区块，尤其是岛内循环区块内异质性和互补性较弱，缺乏主导特色功能，导致向心客流较强，对岛内中心的依赖程度仍较高。

（3）用地层面评价，反映线路土地构成与开发水平的土地利用层面综合评价得分为0.4977，隶属于评价分级标准中的"基本适应"评价等级（0.4~0.6）。研究发现，厦门轨道1号线沿线岛内段火炬园站至镇海路站，用地开发接近饱和，不可开发改造的用地占比较大，已进入存量提升阶段，并呈现以围绕居住生活服务为核心的用地功能，土地利用均衡度较低，存量土地转型升级的潜力较大；轨道沿线岛外段部分站点用地尚处于土地置换与综合开发阶段，净地或近期可一次开发用地（农转非）相对较多，有待规划积极配合明确土地开发可行性、用地类型及开发强度。

（4）效益层面评价，反映线路运营效益与社会效益的效益层面综合评价得分为0.5838，隶属于评价分级标准中的"基本适应"评价等级（0.4~0.6）。研究发现，厦门轨道1号线沿线客流的最大受益在于跨岛通勤出行的时空可达效益及出行时间的节约，此站点区段客流出行意愿亦较为强烈，向心通勤导向突出，对轨道线路的运营贡献相对较高；地铁内饰独特、海景优美，乘坐体验舒适度高；跨岛出行的客流交换量较高，但岛外段的客流极核（居住比例）及就业中心规模仍较小，从侧面反映出岛外段站点功能区的交通可达、公共服务设施、商业商务配套、生活氛围的营造不甚完善。

（5）工程层面评价，反映线路结构与运营可持续能力的工程层面综合评价得分为0.3630，隶属于评价分级标准中的"一般适应"评价等级（0.2～0.4）。由此说明，在线路工程层面适应性程度稍低，工程技术层面不予讨论，主要体现在轨道1号线本岛段部分与已成熟的BRT线路重叠，且为跨海线路，建设投资成本高昂，"投入—产出"回报补偿机制尚不完善，线路运营的可持续发展能力仍需在实践中进一步评估。

（6）智慧管理层面评价，反映轨道交通系统综合管理水平的智慧管理层面综合评价得分为0.7723，隶属于评价分级标准中的"适应"评价等级（0.6～0.8）。研究发现，《厦门市轨道交通工程建设阶段BIM模型交付标准》是推动厦门轨道交通建设管理及运维智慧化的基础，对中国轨道交通建设管理的智能化和智慧化具有表率和借鉴意义。同时，轨道1号线工程已把全国领先的BIM技术及智能预警系统运用到设计中，并尝试将工程信息化管理平台、安全监管平台、公众服务平台进行整合，全方位接轨智慧管理平台，具有较高的前瞻性和适应性。

（7）适应性综合评价，厦门轨道1号线整体适应性综合评价评分为0.5675，隶属于评价分级标准中的"基本适应"评价等级（0.4～0.6）。整体上说明，轨道1号线的综合决策方向正确，建设与运营按预期正稳步推进。目前，由于此条线路正处于发展初期阶段，属基础骨架线路，多项效益指标仍未凸显，同时，亦应进一步评估轨道线路与城市发展走廊不相适应的环节，在规划的前期阶段应予以重视。但是，随着轨道运营管理水平的提高及配套建设的完善，轨道线路的社会经济效益也会逐渐显现，线路的适应性程度必将有所提升。

4.5.3 厦门城市轨道 1 号线适应性改善策略与建议

根据对厦门轨道1号线线路适应性综合评价分析，以下从功能区块布局、土地开发利用、交通组织协同、运营可持续性四个方面，对厦门市轨道交通1号线提出适应性改善策略与建议。

1. 轨道沿线功能区块布局的改善建议

轨道交通线路是由若干个城市功能组团（依托站点）共同组成的城市发展轴线。因此，构建一条集聚活力的城市轨道交通发展带亟待处理好沿线串联城市功能区的合理配置，明确线路在城市发展走廊中所承担的对外、对内功能，并与城市空间中心体系耦合发展。

通过把厦门轨道1号线与国内外典型轨道线路进出站客流特征进行比较，以及与北京5号线早高峰乘降客流特征对比分析（表4-6），可进一步推测，北京轨道5号线乘降客流特征呈现明显的波浪形趋势的主要原因，正是城市功能区块的协调互补、差异化布局产生的效果，基本实现了多个相邻区块内的客流局部平衡及全线客流平衡（图4-40）。因此，建议轨道沿线功能区分为几个循环组团，并结合厦门"地铁社区"的规划设计理念，循环组团内采用功能的异质性和互补性的开发模式，每个循环组团内发展相对独立的综合服务功能和主导特色功能，减少对中心的依赖程度，使循环组团内达到客流的相对平衡，组团的核心站点进一步完善其换乘接驳系统和基础服务配置，成为辐射更大范围的交通中心，从而更有效支撑组团综合功能的发展。

与此同时，由于每个循环组团不可能植入所有功能，在循环组团内达到相对的内部客流循环后，组团间的客流量决定着全线客流平衡，要使全线达到客流平衡，需要对各个客流循环组团或者各个轨道站点进行特色主导功能的植入，对线路进行功能复合，降低对某一组团的过度依赖性，从而达到全线客流相对平衡的目标，初步构架起轨道沿线带状功能区块雏形。以美国阿林顿地区轨道交通为例，其轨道交通沿线站点功能混合并且各有特色，如弗吉尼亚广场站以商务办公和混合用地为主、罗斯林站侧重高密度的商业和居住开发、法院站侧重政府机构职能、克拉伦登站侧重餐饮和零售业职能，这些站点功能各异又互相协调。

通过对厦门轨道1号线各个站点的实地调研和资料获取，可以得知厦门轨道1号线沿线串联多样化的城市功能，但目前站点均未形成特色，用地性质单一，站点之间功能互补性不足。应重视对站点现有优势发掘，将站点建设成为功能多样且特色明显的综合型站点，比如，厦门北站、高崎站、湖滨东路站、镇海路镇拥有明显的对外交通优势特征；中山公园站、乌石浦站、园博苑站、集美学村站的休闲娱乐功能优势明显，这些站点应

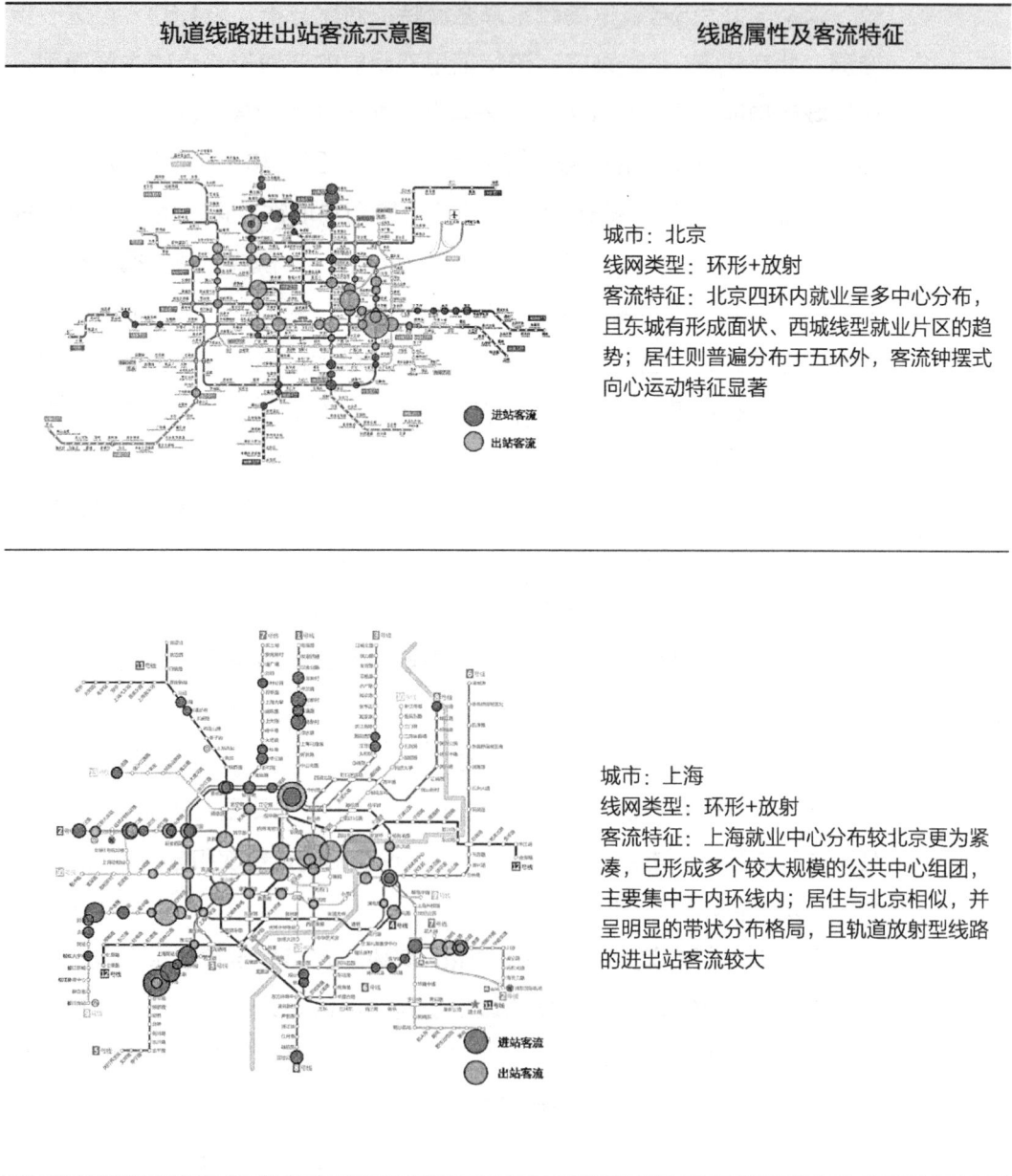

进一步强化可建设用地的功能优势，同时，对信息熵值较小的站点适当增加比例较小的商业、公共设施、绿地广场用地（表4-7），使每个站点的客流产生量和客流吸引量趋向均衡。应构建轨道线路功能各异且相互协调的带状走廊，将人们的日常生活"捆绑"于轨道廊带之上的，以进一步促进轨道交通客流平衡。

国内外典型轨道线路进出站客流特征　　　　　　　　　　　　　　表4-6

轨道线路进出站客流示意图	线路属性及客流特征
	城市：北京 线网类型：环形+放射 客流特征：北京四环内就业呈多中心分布，且东城有形成面状、西城线型就业片区的趋势；居住则普遍分布于五环外，客流钟摆式向心运动特征显著
	城市：上海 线网类型：环形+放射 客流特征：上海就业中心分布较北京更为紧凑，已形成多个较大规模的公共中心组团，主要集中于内环线内；居住与北京相似，并呈明显的带状分布格局，且轨道放射型线路的进出站客流较大

轨道线路进出站客流示意图	线路属性及客流特征
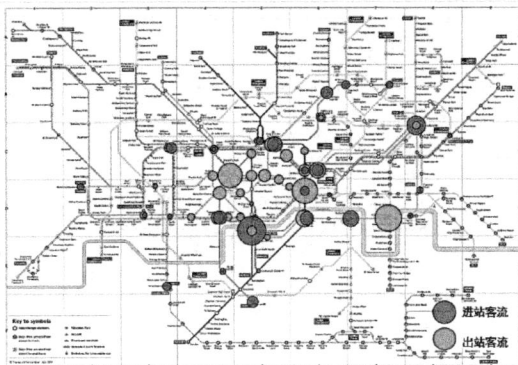	**城市：伦敦** **线网类型：环形+贯穿线** **客流特征：**相较北京、上海、纽约客流情况，伦敦客流呈现就业、居住均紧凑集中于城市中心的特征，且城市中心具备就业服务核心和交通枢纽的双重功能，以服务通勤者向远郊及腹地延伸
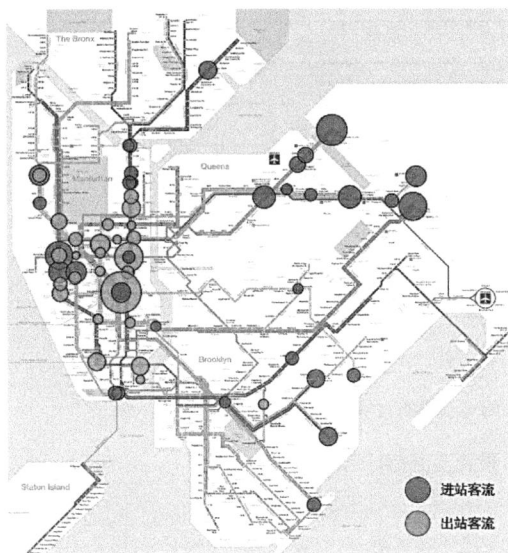	**城市：纽约** **线网类型：放射型** **客流特征：**纽约以曼哈顿为就业中心和服务核心，职住空间呈现"集中工作、集中居住"的特征，并具有强烈的通勤导向；相较北京和上海，纽约就业中心更加高度致密，而居住分布则形成中心极核和远郊极核，远郊极核客流显著，说明相应的交通、商服设施较为完备
	**城市：厦门** **线网类型：放射型** **客流特征：**历史演变与地缘优势致使厦门本岛成为居住与就业中心高度集中的城市核心，其职住空间分布特征近似纽约，向心通勤导向较强，但岛外客流极核及就业中心规模仍较小

（来源：笔者自绘）

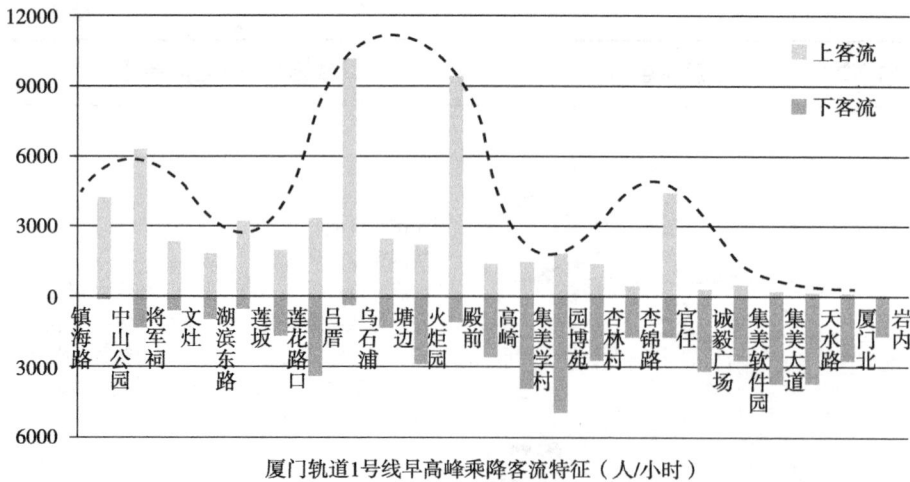

厦门轨道1号线早高峰乘降客流特征（人/小时）

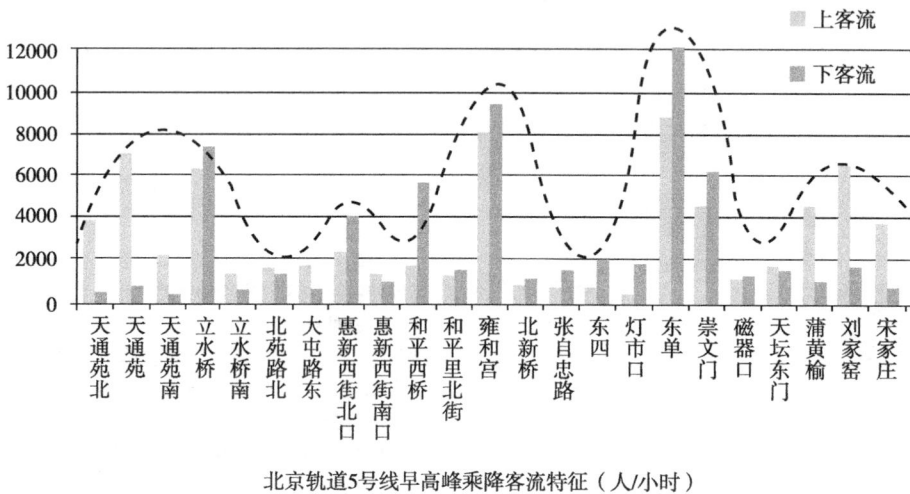

北京轨道5号线早高峰乘降客流特征（人/小时）

图4-40 厦门轨道1号线与北京轨道5号线早高峰乘降客流特征对比
（来源：笔者根据客流数据自绘）

厦门轨道1号线站点类型及用地发展方向　　表4-7

站点名称	基于K-均值聚类分析的站点类型	站点周边发展概况	站点特色塑造及用地功能发展方向
岩内	商服型	现状基本为商业居住用地，多数为未开发用地	依托厦门北站的交通优势塑造核心产业，强化端点效应
厦门	交通型	现状基本为居住和交通用地，对外交通优势明显	增加核心产业功能，完善多层交通换乘体系
天水路	交通型	现状基本为村庄和居住用地	置换低密度开发的村庄建设用地，增加商业居住用地
集美大道	居住型	现状基本为农田和村庄用地	置换低密度开发的村庄建设用地，利用农田建设成农业观光产业特色产业

站点名称	基于K-均值聚类分析的站点类型	站点周边发展概况	站点特色塑造及用地功能发展方向
集美软件园	公共型	现状基本为农田和村庄用地	引入软件产业，增加就业岗位
诚毅广场	居住型	现状基本为村庄和居住用地	置换低密度开发的村庄建设用地，建设高品质居住商业区
官任	商服型	现状基本公共服务设施用地，有大量未开发建设用地	进一步提升该区域的公共服务设施水平，形成公共服务设施聚集站点
杏锦路	综合型	现状基本为村庄和居住用地	置换低密度开发的村庄建设用地，建设高品质居住商业区
杏林村	居住型	现状基本为村庄和居住用地	置换低密度开发的村庄建设用地，建设高品质居住商业区
园博苑	公共型	现状为居住用地和公园用地，休闲娱乐特色显著	强化休闲娱乐功能，塑造该片区的高品质公共活动空间
集美学村	公共型	现状为商业、校园建设用地，嘉庚风格建筑群为当地特色	强化休闲娱乐功能，塑造该片区的高品质公共活动空间
高崎	交通型	现状基本为居住和交通用地，对外交通优势明显	增加核心产业功能，完善多层交通换乘体系
殿前	公共型	现状为村庄和产业用地	置换低密度开发的村庄建设用地，完善产业结构
火炬园	产业型	现状为产业和居住用地	完善产业结构，塑造站点产业特色
塘边	居住型	现状为居住用地	完善日常生活设施
乌石浦	居住型	现状为居住和商业用地	依托sm城市广场建设区级商业中心
吕厝	居住型	现状为居住用地	完善日常生活设施
莲花路口	居住型	现状为居住用地	完善日常生活设施
莲坂	居住型	现状为居住和公共服务用地为主	完善日常生活设施，提升公共服务水平，形成公共服务设施集聚站点
湖滨东路	居住型	现状为居住商业用地	完善日常生活设施，提升商业服务水平，构建与厦门站的多层次交通换乘体系
文灶	居住型	现状为居住商业用地	完善日常生活设施，提升商业服务水平
将军祠	居住型	现状为居住商业用地	完善日常生活设施，提升商业服务水平
中山公园	综合型	现状为居住商业公园用地	完善日常生活设施，提升商业服务水平，依托中山公园构建高品质公共活动空间
镇海路	综合型	现状为居住商业公共服务用地	完善日常生活设施，提升商业公共服务水平，构建与第一码头的多层次交通换乘体系

（来源：笔者根据《厦门轨道交通1号线综合开发策略》站点规划相关内容自绘）

2. 轨道沿线土地开发利用的改善建议

轨道交通线路作为厦门城市重要的战略性基础设施，不仅为满足城市跨越式发展和不断增长的客运交通需求，更为重要的是通过对轨道沿线土地利用的控制，使本就极其稀缺的土地资源得到合理且高效地有序引导和存量盘活。根据澳洲学者对世界32个城市的研究发现，城市土地开发密度每公顷低于40人或40个就业岗位，就更有可能要依赖小汽车交通；土地开发密度在每公顷60~100人或60~100个就业岗位就会大大增加人们利用公共交通的机会[16]。可见，土地利用合理适应与否，直接关系到公共交通的客流强度及交通走廊的社会经济效益。

参考西安轨道2号线已有研究实践成果指数（表4-8），在构架的线路带状功能区块雏形的基础上，建议结合厦门轨道1号线跨岛连接的特点，优化沿线城市空间带状用地构成及布局。将轨道1号线分为岛内、岛外两段分析得到，在站点用地比例方面，岛内居住型站点（居住比例≥39%），虽然岛内轨道线路与人口密度分布相对吻合，但集约度不高，岛内外站点影响区居住比例仍有较大提升空间；岛内—岛外商务型站点及公共型站点比例与控制优化指数接近，适应性程度较高，但单位用地内提供的就业岗位需进一步提高，以完善站点500m核心圈层的综合服务功能。在用地均衡度方面，岛外段岩内站（商服型站点0.73）、厦门北站（交通型站点0.77）、诚毅广场站（居住型站点0.83）、园博苑站（公共型站点0.68）、集美学村站（公共型站点0.51）的用地均衡度有待优化调整，岛外段土地利用弹性也较大；岛内段仅将军祠站（居住型站点0.84）的用地均衡度可适当降低，其余站点整体用地均衡协调度较好。

各类型站点500m圈层影响区土地利用控制优化指数　　　　表4-8

站点类型	站点名称	
	各类型站点用地比例区间	用地均衡度指数
居住型	R（50%~60%）；B（5%~20%）；S（约10%）；G（>5%）	<0.75
商服型	A（>10%）；B（>20%）；R（<40%）；S（约15%）；G（>5%）	0.80~0.90
交通型	B（约15%）；S（>35%）；R（约15%）；G（>5%）	<0.75

続表

站点类型	站点名称	
	各类型站点用地比例区间	用地均衡度指数
公共型	A（>15%）；B（>10%）；R（15%~30%）； S（约15%）；G（>10%）	0.70~0.90
产业型	M+W（≥15%）；R（30%~45%）	<0.70
混合型	站点周边用地类型多样，比例无明显优势	0.80~0.90

（来源：段德罡，张凡. 土地利用优化视角下的城市轨道站点分类研究——以西安地铁2号线为例[J]. 城市规划，2013，37（9）：39-45.）

　　厦门轨道1号线采用在岛内"线跟人走"、岛外"人跟线走"的选线方式，该轨道线路基本契合厦门客流现状和城市发展走廊。但是轨道1号线开通一年来，受轨道沿线用地中低强度开发模式和单一功能布局的影响，轨道交通客流量增长的幅度较小，基本稳定在日均13万人次左右。因此，应该按照TOD理念促进城市的有序开发建设，对岛内外轨道交通沿线开发强度较低、城市空间品质较差和功能不适应的用地，进行系统化的城市更新改造。

　　根据轨道沿线近期可开发用地数量（图4-41）可知，厦门轨道1号线南部端点近期可开发建设用地较少，而北部端点仍有大量的近期开发建设用地，开发潜力大。目前，厦门轨道1号线的线路北端站点以低密度开发的居住用地为主，可以将城市的部分核心产业转移至该片区，增加核心产业用地和商业用地比例，以核心产业带动北部片区的发展，增加该片区对客流的吸

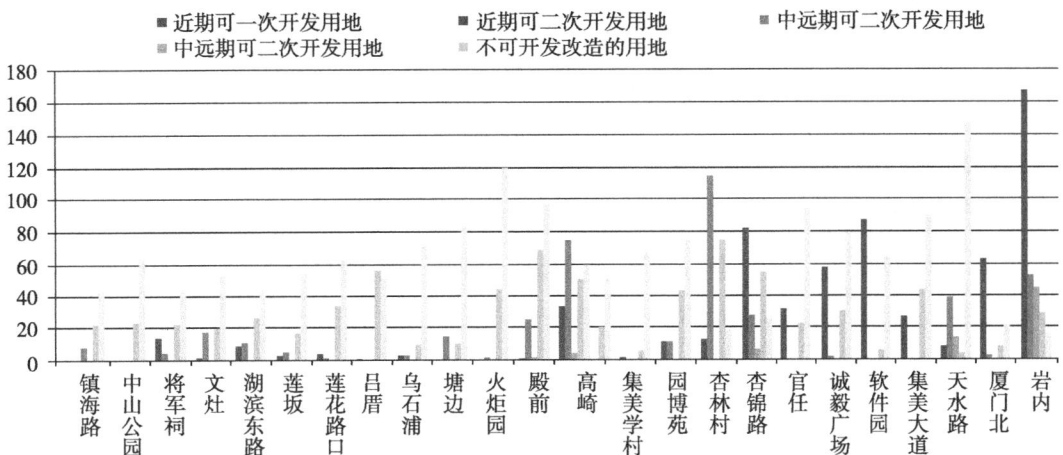

图4-41　厦门轨道1号线沿线开发用地情况
（来源：《厦门市轨道交通一号线综合开发规划》）

引力，形成功能完善的发展功能片区，减少全线客流对中心区的依赖，构建轨道客流的双向平衡。

3. 轨道沿线交通组织协同的改善建议

随着厦门城市的"跨岛环湾"发展，高峰时期中心区主要交通走廊客流出行量已到达6000~7000人次/h，公交运行速度下降至16km/h。厦门BRT则成为先前缓解城市交通拥挤，实现岛内—岛外快速运输，引导城市向公交导向发展的公交优先策略，BRT线路运营管理已基本成熟，基础设施配套相对完善，常规公交+BRT已承担全市公交机动化出行的44.3%，高于国家标准的40%。由国内外相关研究数据得到，城市BRT线路沿线影响区域为150~300m，站点影响范围在500~800m；而轨道交通线路沿线可形成宽近1.5~2.0km的服务影响区域，若加之便利的多方式交通换乘接驳系统，影响范围可延伸至3~4km（图4-42）。

通过对厦门城市BRT及轨道1号线的交通组织协同特征分析可以看出，岛内—岛外南北轴向交通走廊上的两种交通方式仍相对独立运行，轨道交通复合走廊的规模效益暂未显现。但在厦门城市发展规划与交通规划中，空间走廊整合的基础是存在的，在厦门主城区宜形成以市域轨道交通、地铁和BRT为基础骨架，以常规公交为辅助的公交网络系统，在城市道路允许的前提下，轨道交通线路服务于主要交通走廊，BRT线路作为轨道线路的延伸，常规公交网络对轨道及BRT线路未覆盖的区域进行补充，并结合城市对外重要交通枢纽和换乘节点，做好多方式交通的换乘接驳，与轨道1号线共同构架起一条服务便捷、出行便利的复合走廊功能带（图4-43）。

4. 轨道线路运营可持续性的改善建议

由于轨道交通属于公益性的大型基础设施产业，具有一次性投资规模大、项目建设周期长、运营管理成本高等特征，因此，除了上述对轨道沿线空间、用地、功能区以及交通方面等问题给予重视外，轨道线路的可持续运营发展能力亦是亟待研究的关键环节。

由于轨道线路的运营可持续水平将会受投融资模式和能力、资本金出资形式和比例、政策扶持水平、运营收入水平和综合开发的多元影响，即关系到轨道交通线路能否实现运营财务收支平衡。因此，为达到轨道线路运营的可持续要求，在轨道线路规划与客流预测阶段应更加注重平衡交通"需求"

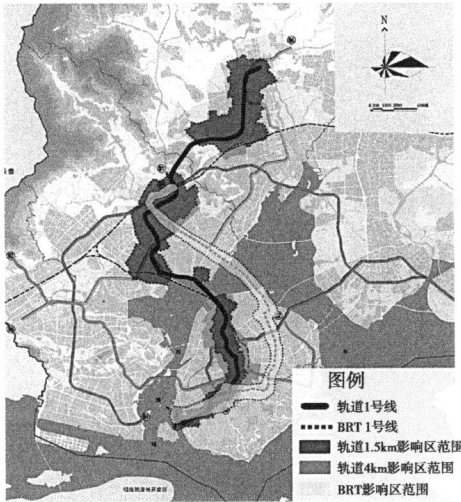

图4-42　厦门轨道与BRT1号线影响区范围
（来源：黎洋佟. 契合城市发展走廊的轨道线路功能带构建策略——以厦门市轨道交通1号线为例[J]. 规划师，2017（11）.）

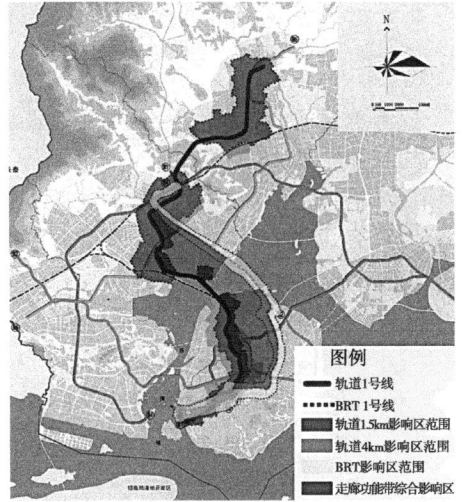

图4-43　交通复合功能走廊综合影响区范围
（来源：黎洋佟. 契合城市发展走廊的轨道线路功能带构建策略——以厦门市轨道交通1号线为例[J]. 规划师，2017（11）.）

和"供给"的关系，同时，通过参考国内外轨道城市研究成果，建议在前期宏观策划研究中着重厘清运营成本与票务的关系，并在政府和轨道集团层面建立轨道运营"投入—产出"评价系统和投资回报补偿机制。同时，由市财政统筹协调，轨道集团将轨道沿线土地综合开发建设与经营管理的项目资产、商业商务环境改善的回报收益以及项目二次开发收益，直接作为企业运营管理补亏资金，或继续用以平衡岛内—岛外城市更新项目投资和相应投融资成本投入，进而实现城市轨道交通运营的可持续发展。

参考文献

[1] 任利剑. 城市轨道交通系统与城市功能组织协调发展研究[D]. 天津：天津大学，2014.

[2] 龚倩，顾保南. 城市轨道交通线路合理长度决策模型研究[J]. 城市轨道交通研究，2012，15（1）：24-28.

[3] 中华人民共和国建设部. 城市轨道交通工程项目建设标准[M]. 北京：中国计划出版社，2008.

[4] 江帆. 城市轨道交通项目外部影响评价研究[D]. 北京：北京交通大学，2012.

[5] 钱堃. 城市轨道交通客流强度特征和换乘组织研究[D]. 北京：北京交通大学，2015.

[6] 厦门市城市规划设计研究院. 厦门市城市总体规划（2011-2020年）[R]. 厦门：厦门市规划局，2011.

[7] 厦门市城市规划设计研究院. 厦门市城市轨道建设规划（2011-2020年）[R]. 厦门：厦门市规划局，2011.

[8] 厦门市城市规划设计研究院. 厦门轨道交通1号线一期工程可行性研究报告[R]. 厦门：厦门市规划局，2013.

[9] 厦门市城市规划设计研究院. 厦门市城市轨道交通一号线综合开发规划[R]. 厦门：厦门市规划局，2012.

[10] 郭延永. 城市轨道交通建设与发展的适应性分析[D]. 西安：长安大学，2012.

[11] 汪新凡. 城市公共交通发展水平的属性数学识别模型[J]. 交通运输工程学报，2007，7（5）：118-122.

[12] 王灏. 城市轨道交通投融资模式研究[M]. 北京：中国建筑工业出版社，2010.

[13] 李德华. 城市规划原理[M]. 3版. 北京：中国建筑工业出版社，2001.

[14] 黄毅. 城市混合功能建设研究——以上海为例[D]. 上海：同济大学，2008.

[15] 彭阳，陈伟. 轨道都市规划建设的思索与实践——以武汉为例[J]. 规划师，2016，32（10）：5-10.

[16] 高坚. 城市轨道交通与土地利用的集成及其应用[J]. 城市轨道交通研究，2008，11（8）：17-19.

第五章

轨道站点与用地
规划布局

轨道站点是轨道交通与城市用地的直接相互作用点，其周边的用地规划布局不仅会影响到轨道站点的客流量，决定轨道交通的兴衰，也会影响到城市空间能否借助于轨道交通实现更好的发展。

　　本章详细分析了轨道站点对其影响区的作用，提炼出轨道站点影响区用地规划布局要素，提出了轨道站点影响区用地规划布局模式构建方法，分析了不同主体主导的轨道站点影响区发展模式的优势及劣势；在城市总体规划层面对轨道站点影响区的用地规划布局，及以轨道站点为导向的城市用地发展模式加以剖析。

5.1 轨道站点影响区用地规划布局基础

5.1.1 轨道站点影响区范围界定

轨道城市建设的基础是站点，因此，轨道站点周边如何高效发展一直是备受关注的问题。潘海啸等（2014）将轨道站点影响区定义为轨道交通车站对周围土地利用产生影响的区域，即轨道交通站点客流产生的区域[1]。《城市轨道沿线地区规划设计导则》（2015）中将轨道站点影响区定义为距离站点约500~800m，步行约15min以内可以到达站点入口，与轨道功能紧密关联的地区，同时导则将距离轨道站点300~500m的与站点建筑和公共空间直接相连的街坊与开发地块称为轨道站点核心区[2]。李培（2016）认为轨道站点影响区是指轨道交通站点能够对其产生实际影响的区域，即轨道交通所连接的一系列的功能混合、发展紧凑的区域，在此范围内人们能方便地使用轨道交通。将轨道站点影响区分为可通过步行方式直接联系的步行合理区（500m），以及需要借助其他方式交通工具来进行间接联系的交通合理区（1000m）[3]。

本章研究的轨道站点影响区以地铁站点为核心，采用步行为主要交通出行方式的最佳距离为空间范围，影响区内强调用地集约开发，功能高度混合，交通便利、设施配套完善的用地形态，使得生活在其间的居民能满足日常居住、工作、休憩、娱乐等生活需求，并进行密切的社会交往，轨道站点影响区本身是功能齐全的微城市，是实现轨道引导城市发展、构建轨道城市的基本单元。

轨道站点影响区采用理想化的圆形范围作为轨道站点影响范围。将轨道站点影响区范围界定为：距离轨道站点500m半径范围的圆形区域，站点影响区面积约为78.5hm^2，其中将距离轨道站点200m圈层的范围确定为轨道站点核心影响区，核心影响区面积约为12.56 hm^2，具体如图5-1所示。

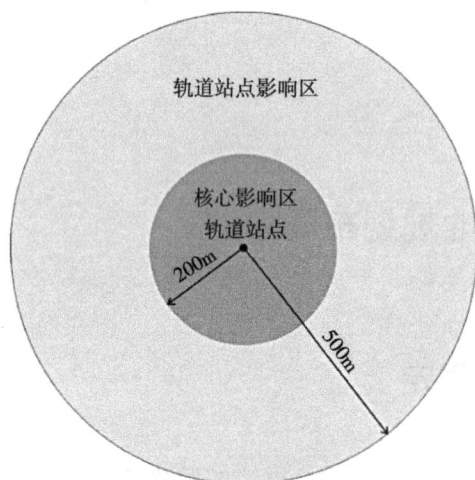

图5-1 轨道站点影响区及核心影响
区范围示意图
（来源：笔者自绘）

5.1.2 轨道站点对影响区的作用分析

1. 轨道站点引导影响区用地布局向心化发展

轨道交通对城市用地布局的影响主要体现在对其的聚集和扩张上[4]，由于轨道交通快捷、高效等特点，在市场作用下，轨道沿线区域，特别是轨道站点影响区会聚集大量以商业功能、办公功能、居住功能等较能体现经济效益的用地类型，并且一般会呈现出高密度、高开发强度的特点。

在没有轨道进驻的普通道路交叉口，其周边城市用地布局特点往往是：各居住小区内分布有为居住小区服务的组团绿地及组团中心服务设施（图5-2）。而商业用地主要集中布置在交通干道两侧，线性分布特征明显，以方便为周边居民服务。而随着轨道站点的出现，使得原本道路旁的用地布局发生了一些变化，围绕着轨道站点逐渐形成了一种新的用地布局发展模式。不同功能用地的布局向心性有所增强，即向轨道站点集中，商业用地围绕轨道站点布置，交通设施用地也紧邻站点设置，方便不同交通工具的换乘衔接。公共服务中心、公共绿地与轨道站点在空间上有机结合，在方便周边居民使用的前提下，也为搭乘轨道的乘客提供了便利的服务。居住用地的布局变化则不明显，各居住小区内同样分布有为小区服务的组团绿地及组团中心服务设施（图5-3）。

在旧城区，由于整体空间结构、各功能用地布局已发展较为成熟，用地发展模式逐渐转增量为存量，轨道站点的出现，使得站点影响区的用地布局在短时间内变化并不明显，但长期观察，还是有向站点聚合的趋势。而在城

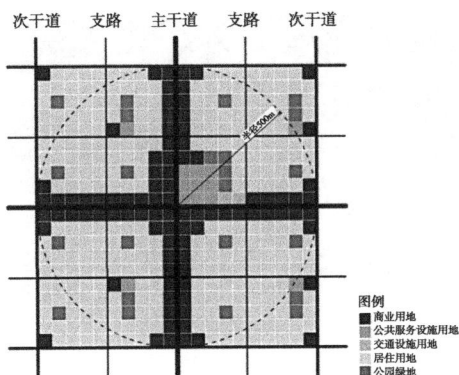

图5-2　普通道路交叉口周边用地布局特点
（来源：笔者自绘）

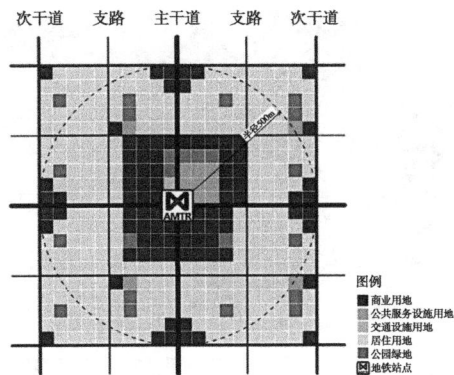

图5-3　轨道站点影响区用地布局特点
（来源：笔者自绘）

市新区，尤其是待开发地区，由于整体空间结构尚在形成的过程中，现状建成度较低，轨道站点的进驻，有效引导了站点影响区的用地布局呈现向心布置，目的是提高站点周边用地的使用效率，使得城市空间与轨道交通空间更加有机的结合，提高轨道交通的服务质量，使其更好地为周边居民服务。

2. 轨道站点促进影响区客流聚集化发展

以厦门市为例，根据厦门市居民出行空间分布特征（图5-4），厦门轨道1、2、3号线分别强化了集美区、海沧区、翔安区与厦门岛的联系，其运量大、速度快等特点能够在短时间内运输大量客流，更好地满足厦门居民的工作及生活出行需求，同时轨道交通的出现有效缓解了城市其余交通方式的压力。远景预测中，厦门轨道交通在人流密集区域能够分担公共交通50%的客流量，也就是25%～30%的总客流量，在跨岛交通中能分担60%～70%的总客流量（表5-1），而这些轨道交通所分担的客流，大部分聚集在轨道站点影响区内。

厦门不同区域各种交通方式客流分担比率远景预测　　　　　表5-1

区域	厦门岛	岛外中心区	岛外其他区域	进出岛通道
公交分担率	50%～55%	50%	40%	80%以上
轨道占公交比例	50%	50%	30%	80%～90%
小汽车分担率	10%	15%	30%	20%以下
慢行交通分担率	33%～40%	35%	30%	0

（来源：厦门市轨道交通3号线工程可行性研究客流预测专题报告）

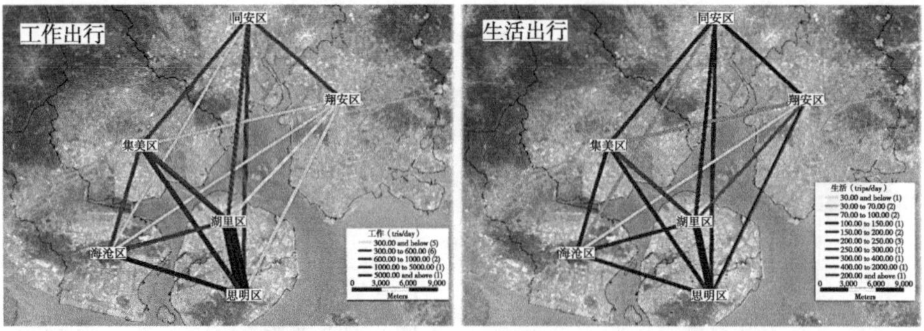

图5-4 厦门市居民出行空间分布特征示意图
（来源：厦门市轨道交通3号线工程可行性研究客流预测专题报告）

图5-5 厦门市远期轨道站点全日乘降客流分布图
（来源：厦门市轨道交通3号线工程可行性研究客流预测专题报告）

　　根据已有的对厦门市远期轨道站点全日乘降客流分布（图5-5）的分析可以发现，轨道站点的区位性及功能性特征对其所吸引的客流量大小有着至关重要的作用。在地铁1、2、3号线站点中，厦门岛范围内的轨道站点客流量普遍大于岛外区域，而在乘降客流量比较大的站点中，交通型站点尤其是对外交通型站点，如厦门北站、翔安机场站、高崎火车站（中埔）所吸引的客流量较大；换乘型站点，如火炬园站（1号线与3号线换乘站）、体育中心站（2号线与3号线换乘站）、吕厝站（1号线与2号线换乘站）、五缘湾站（2号线与3号线换乘站）所吸引的客流量较大；其余客流量较大的站点功能多为商服型站点，如官任站、马銮中心站、双十中学站、岭兜站。

轨道交通的建设使得轨道所到之处尤其是地铁站点影响区的用地可达性发生了改变，从而促进地区经济发展的活动自然而然被吸引到轨道交通走廊上来，向轨道站点聚集。由此，作为轨道交通与周边城市空间相联系的重要节点，站点区域的开发建设对轨道交通客流的整体吸引也产生了巨大的影响。一个轨道站点其影响区空间范围如果能够得到合理的开发，就会在很大程度上吸引客流向站点区域聚集。而客流的实际聚集程度与围绕轨道站点形成的用地布局有着密切的关系，站点影响区内的土地利用性质、土地开发强度、交通可达性等因素均对站点客流的吸引起着重要的作用，不同功能类型的站点所吸引的客流量有所差异。既要避免轨道站点影响区用地过度开发产生过量客流给轨道交通运输带来超负荷的压力，也要避免由于轨道站点影响区开发强度不足从而造成轨道运能的浪费，降低轨道分流效率。因此，需要围绕不同功能类型的轨道站点影响区用地进行合理化的布局。

3. 轨道站点影响区内的居民需求

不同类型轨道站点周边的居民对各类设施配套的需求程度是有所差异的。以厦门市几个不同功能类型站点影响区内的居民为调研对象，通过对他们的需求的问卷分析可得出，其中公共型站点影响区内居民对商务设施及居住设施的需求较其余类型站点影响区的居民低，而对交通设施的需求相对较高；商服型站点影响区的居民对商业设施及交通设施的需求较其余站点影响区的居民高，而对工业产业设施的需求最低；交通型站点影响区的居民对公共服务设施、休闲设施及居住设施的需求较其余站点影响区的居民低，而对交通设施的需求较其余站点高；产业型站点影响区的居民对商务设施及工业产业设施的需求较其余站点影响区的居民高；居住型站点影响区的居民对休闲设施的需求较其余站点影响区的居民高；综合型站点影响区的居民对于公共服务设施及居住设施的需求较其余站点影响区的居民高，同时对商业设施的需求较其余的低（图5-6）。

针对不同功能类型轨道站点影响区居民的具体需求，对用地功能进行合理配置以及服务设施的完善。同时通过对居民不同设施距离站点远近程度的感知分析，解读出不同类型功能用地距离站点适宜的远近程度，为不同类型

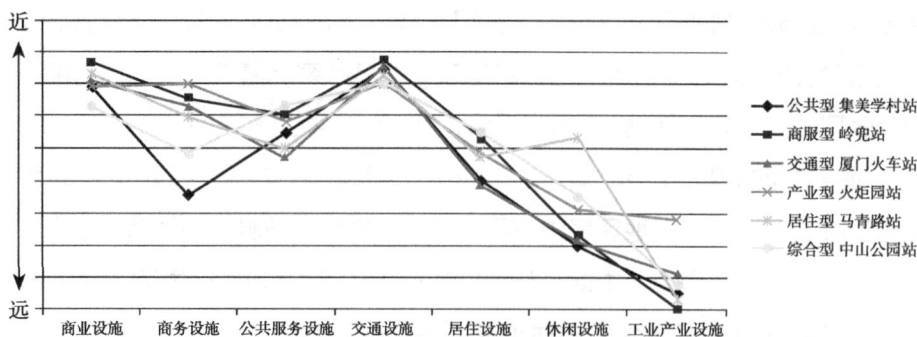

图5-6 不同类型站点影响区居民认为各类设施靠近地铁站的远近程度统计表
（来源：笔者自绘）

轨道站点影响区用地规划布局模式的构建提供指引。

5.1.3 轨道站点影响区用地规划布局要素

1. 用地功能布局

轨道交通站点与站点周边用地功能布局的关系是相辅相成的，二者相互影响，共同作用。国内外专家学者针对轨道站点周边用地功能布局的相关探索一直在进行，Enrica Papa，Luca Bertolini（2015）从轨道交通建设与土地利用之间的双向动态关系，指出轨道交通站点等基础设施开发建设驱动了周边用地功能布局的变化，反之亦然，同时深入研究了轨道交通站点周边用地功能布局变化情况的具体内容[5]。Sutapa Bhattacharjee，Andrew R. Goetz（2016）分析了丹佛市2000~2010年距离轨道交通站点不同距离的商业、混合、工业、住宅等不同功能用地的面积变化情况，阐述了丹佛市轨道交通站点的建设与发展对周边不同功能用地的具体影响情况[6]。刘健（2002）认为轨道站点对其周边的居住用地影响最为突出，结合巴黎地铁站点的实际案例，他提出了围绕轨道站点向外依次布置高密度的集合住宅区、生产企业、低密度的集合住宅区及自然绿地的地铁站点周边用地开发模式[7]。张洁（2011）、侯德劭（2014）主张轨道站点周边用地功能的混合开发，将办公楼、公共建筑、商业中心等混合在一起，他们认为只有将站点周边步行舒适范围内（半径约600m）的用地进行综合开发，并且配套合理衔接的公共交通，形成以步行为主的街区形态才能更好地促进人们对轨道交通的使用，从而更好地满足人的需求[8], [9]。新加坡新市镇TOD的经验对国内学者研究轨道站点与周边用地的关系起到了很好的借鉴作用，基于此，陈可石、胡媛（2013）认为围绕轨道站点，应该建立一个适宜步行的集居住、办公、休憩、娱乐等功能为一体的紧凑型综合区域[10]。

通过总结不同类型轨道站点周边200m、500m圈层范围内的不同功能用地构成比例及这些用地距离轨道站点的远近程度等内容，从而定性出不同类型轨道站点影响区在用地功能布局中的差异。从"以人为本"的构想出发，进行分析的功能用地主要为与人们生活密切相关的用地，具体包括：居住用地、商业服务业设施用地、公共管理与公共服务用地（包括公用设施用地）、工业用地（包括物流仓储用地）、道路与交通设施用地、绿地与广场用地及其他用地。

2. 服务设施配套

人们日常生活需求的满足离不开相对应的服务设施配套，而不同类型轨道站点周边或距离轨道站点不同远近距离的服务设施配套有着各自的特点，相关学者对于轨道站点周边服务设施配套的相关研究也颇有成果，例如包智博（2014）基于乘地铁出行的人们的需求角度，对居住型地铁站点周边公共服务设施配建进行整体性、层级性、开放性、可持续性的理论探索，分析了站点周边地区公共服务设施配建要素、乘地铁出行的主要人群对公共服务设施的使用规律，并为居住型地铁站点周边公共服务设施配建开发设计提出具体的配建策略[11]。邹伟勇（2015）通过剖析新加坡新市镇TOD的案例，结合广州市的城市现状，创新性地提出了E-TOD模式，即将轨道站点与周边的公共服务设施相整合的发展模式，促进社区的公共中心与地铁站点协同发展，使得社区与轨道建设相辅相成[12]。张月金（2014）提出轨道站点与城市公共活动中心应相互耦合[13]，龚亮（2015）分析并总结了南京提出的"地铁小镇"综合开发模式，该模式的核心即将社区中心围绕地铁站点布置，在站点步行可达范围内配套公共服务设施，通过设计可达性强的步行系统进行联通[14]。

以不同类型轨道站点为基础，依托公共管理与公共服务用地、商业服务业设施用地、公用设施用地以及绿地与广场用地等，根据不同的站点功能对站点影响区内的配套服务设施进行分类分级，一般与人需求密切相关的服务设施包括商业服务设施、金融邮电设施、交通设施、教育设施、医疗设施、娱乐设施、休闲设施等。

3. 用地容积率

轨道站点影响区范围内的用地容积率没有一个绝对标准，不同城市发展情况不同，容积率的大小分布及变化情况也有较大差异，而基于站点周边集约用地、紧凑开发的原则，轨道站点影响区与非轨道站点影响区范围内的用地容积率往往具有一定的差异性。用地容积率的不同表征了该地区人口容量、土地开发量等因素的差异，在对轨道站点影响区用地容积率的研究中常常是针对不同类型的轨道站点提出不同的容积率下限或者是上下限兼顾的区间，又或者是控制人口密度的下限，以提高轨道站点影响区的开发建设和人口分布的集聚程度；也有在一般地区的容积率控制数值的基础上，增加调整系数，以达到水涨船高的作用，保持轨道站点影响区容积率较高的相对优势[15]。

《TOD导则》提出了不同类型轨道站点影响区的容积率下限，如I级线网城市中心站，站点核心区范围内的容积率下限为6，影响区为4，而位于影响区以外的城市地区，则控制容积率上限，使其不高于公交先导区容积率下限值的60%[16]。《珠三角城际轨道站场TOD发展总体规划纲要》按照不同轨道站点类型以及核心区与协调区的差异，将容积率下限控制在1.5~2.5的范围内，人口密度下限则控制在5万~10万人/km^2[17]。国开金融公司制定的《12条绿色导则》提出，地铁或BRT站点半径500~800m内或大型公交通道500m内，容积率应该比平均值高出50%[18]。深圳则在规划标准与准则的要求中提出在轨道站点影响区按照类型和圈层距离的差异增加0.2~0.8的修正系数，达到轨道站点影响区的开发强度高于周边地区的作用[19]。王京元、郑贤（2011）将轨道站点周边划分为三个密度圈层，应用经济学原理分析轨道站点周边土地开发强度与开发利润的关系，构建土地开发强度优化模型，得出使土地开发利润最大的最佳容积率[20]30。

对于开发商来说，容积率决定地价成本在房屋中占的比例，而对于住户来说，容积率则直接涉及居住的舒适度。已有研究表明，站点周边的用地容积率围绕地铁站点呈现圈层递减的规律，站点周边的高强度开发已成为共识，但过高的容积率会影响周边居民的生活品质，或给轨道站点带来高负荷的客流压力，而过低的容积率则无法较全面地发挥地铁的经济效益，因此，针对轨道站点影响区用地容积率的研究应该设置一定的约束条件。然而，不同功能类型的轨道站点其影响区范围内的用地功能布局有所差异，它们所承载的客流量也有所不同，相应的用地容积率也会各有特点。

5.2 轨道站点影响区用地规划布局模式构建

5.2.1 模式构建原则

1. 分类型构建

交通廊道的交汇点一般不仅因人流聚集效应产生较多的发展契机，还因其重要的地理位置而形成对周边空间的影响控制力，通常被称为城市节点效应；而以轨道交通站点为核心的站点影响区则自然而然形成城市的场所。所谓"场所"，就是具有一个显著的范围或界限，可被体验成与四周之"外部"相对的"内部"，并自然伴随中心化的形式[21]。不同类型的轨道站点具有其不同的节点与场所属性[22]（图5-7），站点的节点特性反映了轨道车站的交通功能，作为轨道交通线网及城市交通网络的节点，起着承接客流通过的作用。而站点的场所特性反映了地铁车站的空间与开发功能，在一定的站点影响区范围内，设施集中、建筑功能多样化，开放空间夹杂其间，起着人员驻留的作用。

由于不同类型的轨道站点影响区范围内的用地主导功能、开发强度、用地布局特点、空间及环境组织等内容均会有所差异，因此，在进行轨道站点影响区用地规划布局模式构建的过程中，应分不同类型站点进行分析构建，重点考虑不同类型站点的场所属性，主要包括关注城市元素的内部关联性。

图5-7 地铁站点的节点与场所属性
（来源：笔者自绘）

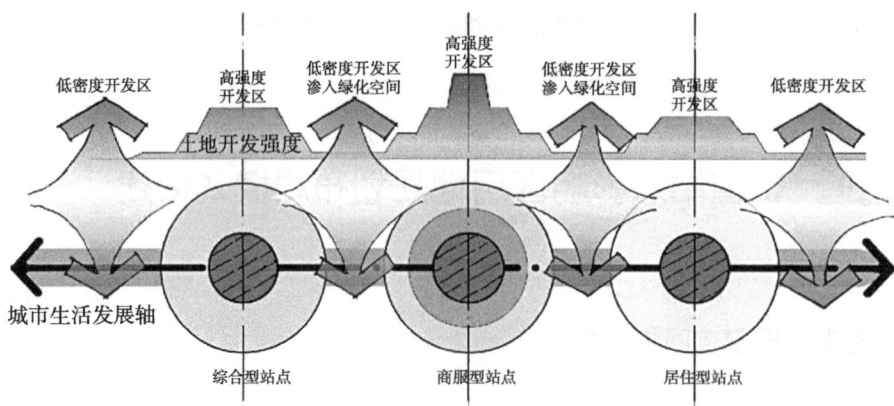

低密度开发区　　高强度　　低密度开发区　　高强度　　低密度开发区　　高强度　　低密度开发区
　　　　　　　　开发区　　渗入绿化空间　　开发区　　渗入绿化空间　　开发区

土地开发强度

城市生活发展轴

综合型站点　　　　　商服型站点　　　　　居住型站点

图5-8　轨道站点土地开发强度布局示意图
（来源：深圳市城市轨道交通5号线南延工程地下空间开发专题研究咨询）

2. 集约高效，发挥土地效益

轨道交通的建立由于其便利性，会促进沿线及站点地区形成新的住宅区与商业区，同时配套相应的基础设施，这些不仅仅会给城市带来经济收入，还能创造大量的就业机会，促进轨道沿线及站点影响区的经济发展。轨道站点影响区往往通过高强度的土地开发以及适量的土地混合利用聚集人气，通过轨道线网将轨道站点进行串联，从而形成城市生活发展轴线，以提升城市地区的活力，促进人际交往（图5-8）。

城市土地效益与用地的容积率密切相关，当对一块地的开发建设量不足，即没有达到一定的容积率时，随着土地开发强度的增大，土地利润也会随之增大；而当对该块土地的开发建设过量时，即超过了一定的容积率，土地利润会随着投入的增大而减少。功能混合用地相较于功能单一用地对人流的吸引程度更大、吸引范围更广。紧凑城市理论提倡适度混合的城市土地利用，认为将居住用地与办公、休闲娱乐、公共服务设施用地等混合布局，可以在更短的通勤距离内有机分布更多的工作岗位，在降低交通需求的同时减少能源消耗。而在已有城市对于土地混合使用的实践中所体现的主要是在居住用地中增加商业、办公等功能，在物流仓储用地中兼容开发展览、办公等功能用地，工业用地中兼容研发功能用地，轨道交通设施用地兼容开发居住、商业、办公等功能用地。因此，只有在集约高效的前提下，确立适宜的土地开发强度及进行一定的土地功能混合开发，争取最大化的发挥土地效益，才能更好地为城市居民服务。

3. 以人为本，激发区域活力

轨道站点与站点影响区协同发展的本质是希望通过土地及服务设施的规划建设，使得轨道站点影响区范围内的居民需求能够得到更好的满足，即以人为本的原则能够得到更好的实现，通过营造更适宜人们交流、活动的场所，从而激发区域乃至整个城市的活力。其中，核心出发点即是满足人的需求，站点影响区范围的划定应以人的适宜步行尺度为标准，公共服务设施的配套数量也应与人流量密切相关，从人的角度出发分析问题、解决问题，同时，作为人与城市交流的汇聚点，轨道站点还具有传递城市文化的重要功能。

在进行轨道站点影响区用地规划布局模式构建的过程中，除了对轨道站点影响区内居住、商业、办公、工业等与人们生活息息相关的用地功能进行分析研究外，在以人为本的基础上还应该重视对城市开放空间，即城市的公共外部空间的分析研究，包括公园绿地、广场、水域、山体等。开放空间的存在不仅能够满足人们日常交往的需求，还是公共活动产生的空间载体，而开放空间对于人们日常公共活动的支持体现了人们对于生活品质的追求，同时其还具有调节生态、安全防灾等其他功能。

5.2.2 模式构建要素

1. 范围界定

轨道站点所处区域的社会经济条件、土地结构、用地布局、路网结构、开发强度、交通模式和服务水平等因素均会对其站点影响区范围的大小、形态产生一定的影响。轨道站点影响区研究范围和实际站点影响区范围相比，实际站点影响区范围的边界并非圆形，而是不规则的多边形，因此，轨道站点影响区面积比实际的会小一些，如图5-9所示。

为了考虑后期统计分析的直观性与一致性，在参考了国内外学者对轨道交通站点影响范围研究的基础上，综合考虑"以人为本"的原则，将轨道站点影响区范围限定为站点周边半径500m的圆形区域。

2. 客群特点

轨道交通的本质是为人所服务的，轨道交通站点能带来人流同时也能

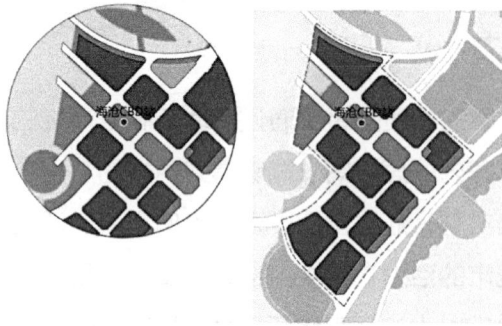

图5-9 厦门轨道2号线海沧CBD站点影响区范围对比[34]
（来源：厦门市轨道交通2号线重点站开发方案及财务评估研究）

带走人流，因此，只有基于一定数量的稳固客群，轨道交通的运行才能够不亏损。不同功能的用地是产生不同特征客群的基础。对于客群特点的分析，能够了解轨道站点影响区内不同人群的需求从而指导站点影响区的商业业态配置及公共服务设施配套情况等。本文主要将轨道站点影响区内的客群分为三类，包括：居住人群、商务人群及旅游人群，其中居住人群主要指居民与村民，商务人群主要指公司、工厂员工，旅游人群主要指外来游客与本地游客。

对于居住用地而言，其所产生或吸引的客群主要为居住人群，他们的需求包括商业型活动如餐饮、购物等；文化教育型活动如观展、上学等；休闲康体型活动如逛公园、跑步、登山等；医疗康养型活动如看病等；交通型活动如搭公交、停车等。对于商业服务业设施用地而言，其所产生或吸引的客群主要为商务人群及旅游人群，其中对于商务客群而言，他们的需求包括商业型活动、交通型活动与休闲康体型活动；对于旅游人群而言，他们的需求包括商业型活动、文化型活动与交通型活动。对于公共管理与公共服务用地而言，其所服务的客群主要为居住人群，他们的需求包括了商业型活动、文化教育型活动、休闲康体型活动、医疗康养型活动、交通型活动。对于工业用地而言，其所产生的客群主要为商务人群，他们的需求包括商业型活动、交通型活动与休闲康体型活动。对于道路与交通设施用地及绿地与广场用地而言，其所服务的客群包括了居住人群、商务人群及旅游人群（图5-10）。

3. 用地功能配置

针对轨道站点所处区位而言，位于城市已建成区的轨道站点，其影响区的土地开发应以用地功能整合及综合改造为主，主要侧重于用地功能的置换，从而提高土地的利用率及使用价值；而位于城市新开发建设区的轨道站

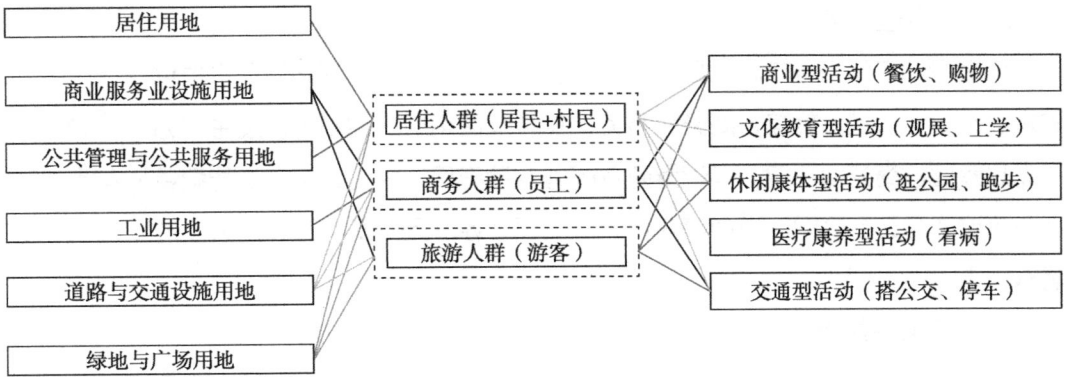

图5-10　不同类型客群来源及需求活动类型分析图
（来源：笔者自绘）

点，其影响区的土地开发应通过合理的功能配置从而实现较高强度的人口及就业分布，进而优化城市功能布局。针对不同类型的轨道站点影响区用地功能配置情况也有所不同。

功能导向分类是以城市用地功能为分类依据，涵括了轨道交通站点周边土地利用的主导功能等要素，例如可分为居住型站点，公共型站点，商业服务型站点，产业型站点，交通型站点，生态景观型站点，混合型站点[23]。深圳市轨道交通车站的类别划分按照车站所处位置的主导功能进行，大致分成商业办公型站点、公共服务型站点、交通枢纽型站点、居住社区型站点及工业产业型站点。

在轨道交通站点的功能型划分过程中，一般选取站点周边与人们生活密切相关，能够影响人行为活动的几种类型用地作为分类基础与依据。

（1）居住型站点

居住型站点作为城市居民一天生活和工作的起讫点，其影响区范围以居住用地为主，满足居住型功能，在功能上应配置为居住所服务的商业、教育、公园等内容。其中，商业设施为了更便利的为居民服务，其形式多结合居住功能布置在建筑底层。

（2）公共型站点

公共型站点主要为居民日常生活提供各种服务，包括行政、文化、教育、医疗、休憩等功能，其影响区范围的控制与开发主要为了满足服务型功能，以配置公共管理与公共服务、绿地与广场用地为主，但在功能上还应该注意配置商业、交通等内容，尤其是在大型公共设施周边。

（3）商服型站点

商服型站点作为城市居民日常购物娱乐、商务办公的所到之处，可提供零售、市场、餐饮、旅馆、商务等服务，其影响区用地的控制与开发主要为了满足商业、商务型功能，以配置商业服务业设施用地为主，但在功能配置上还应该注意结合公园、交通等内容，从而更好地满足消费者及商务人士的需求。

（4）交通型站点

交通型站点作为城市或区域的门户，其影响区用地的控制与开发主要是为了满足交通功能，特别是对外交通功能，以配置道路与交通设施用地为主，用地开发需注意综合化发展，功能配置主要侧重于旅客配套服务、商贸、仓储等。其中，大型商业设施可采用地下商场等形式，集中设置于站前广场之下。

（5）产业型站点

产业型站点作为城市的工业产业集中地，其影响区用地的控制与开发主要为了满足生产功能，以配置工业用地及物流仓储用地为主，主要提供厂房、仓库、运输等服务，但在功能配置中还应该注意结合零售、餐饮、公园、交通等内容，从而更好地满足工人的需求。

（6）综合型站点

综合型站点影响区的用地控制与开发较为均衡，居住、商业、公共服务、交通等功能配置较为全面。

4. 服务设施配套

服务设施主要是指企业根据城市规划建设的要求，或开发项目规划建设的要求，为满足居民居住的需求而与开发项目配套建设的各种服务性设施，其具有公共性，一般是对所有居民开放的。从不同层级公共服务设施对人需求的意义上来说，大型公共服务设施适应居民定期、偶发的公共需求，相对而言，社区级公共服务设施则承担了居民经常性、基础性公共活动需求，其单体规模小，但量大面广，对加强邻里沟通交流，改善居民生活质量具有重要意义[24]。

公共服务设施除了包括公共管理与公共服务用地中的行政、文化、教育科研、体育、医疗卫生、社会福利、文物古迹、外事、宗教等设施外，还包括社区级别的如幼儿园、超市、餐饮、旅馆、电影院、书店、银行、邮电局、公交车站等设施。不同种类、不同功能的服务设施就是为了满足不同人群的多样化需求，而轨道站点的人流聚集效应显著，因此，其影响区的服务设施也应相较于其他区域密集、多样。不同功能类型轨道站点影响区的服务设施种类、数量也会有所差异，公共型、居住型站点影响区范围内的服务设施种类理论上会多于其余类型站点，而商服型站点影响区范围内的服务设施数量理论上会多于其余类型站点。

5. 用地布局规划

轨道交通站点对影响区用地的开发具有吸引效应、空间分异效应和地价促进效应，轨道站点周边的用地随着离站点距离的增大，可达性逐渐降低，距离站点越近的用地可达性越高，市场导向的土地配置会按照土地所在位置的最高租金确定其用途[36]。同时相关研究表明，距离站点200m范围是站点的核心影响区，用地布局在0～200m圈层及200～500m圈层内有所差异。就整体而言，商业服务业设施用地、公共管理与公共服务用地等对土地租金承受能力较高的用地呈现向站点聚集的趋势，居住用地紧随其后，而对于工业用地、物流仓储用地等对土地租金承受能力较低的用地，轨道站点对其的吸引作用不那么明显。

通过前文对站点影响区居民的问卷调查也可以佐证由于地价因素造成的站点对于不同功能用地的吸引程度的差异性，站点影响区内居民对于距离站点远近程度的功能需求调查结果为：交通设施<商业设施<公共服务设施<商务设施<居住设施<休闲设施<工业产业设施（"<"表示距离小于）。在实际的站点影响区用地布局规划实施中，城市的功能需求、站点的主导功能、站点所处的区位情况、站点周边道路交通情况等因素，均会对站点影响区的用地布局产生一定的影响，但大体上是遵循以上特点的。

6. 土地开发强度

土地开发强度是指建设用地总量占行政区域面积的比例，主要包括容积率、建筑密度、建筑高度、绿地率等几项经济技术指标，其中，容积率指某一用地范围内各类建筑的建筑面积总和与用地面积的比值。为了研究的直观性与便利性，本文选取容积率作为下文进行土地开发强度的研究指标表征，即下文所述的土地开发强度量化数据值均为容积率。在一般情况下，土地开发强度越高，土地利用经济效益就越高，地价也相应提高；反之，如果土地开发强度不足，亦即土地利用不充分，或因土地用途确定不当而导致开发强度不足，都会减弱土地的使用价值，降低地价水平。因此，为了保证经济效益，以轨道站点为核心，其影响区用地的土地开发强度随着离站点距离的增加而逐渐降低，距离轨道站点越近的用地其土地开发强度越高。

不同国家、地区由于其经济水平、发展模式有所差异，城市整体的土地开发强度不尽相同。同时不同类型的轨道站点影响区的整体土地开发强度也有所差异，商服型站点影响区的整体容积率普遍高于其他类型的站点。

5.2.3 模式构建方法

1. 聚类分析法

分类研究能够帮助我们认知复杂的事物。聚类分析指将物理或抽象对象的集合分组为由类似的对象组成的多个类型的分析过程。聚类与一般分类的不同在于，聚类所要求划分的类是未知的。聚类是将数据分类到不同的类或者簇的过程，所以，同一个簇中的对象有很大的相似性，而不同簇间的对象有很大的相异性。

从统计学的观点看，聚类分析是通过数据建模简化数据的一种方法。传统的统计聚类分析方法包括系统聚类法、分解法、加入法、动态聚类法、有序样品聚类、有重叠聚类和模糊聚类等。采用k—均值、k—中心点等算法的聚类分析工具已被加入到许多著名的统计分析软件包中，如SPSS、SAS等。李向楠（2015）使用k—均值法，根据提取的公共因子进行聚类，将成都地铁1号线的16个站点划分为一般型站点、交通枢纽型站点、城市次级中心站点、城市中心型站点以及中心拓展型站点五大类[25]。史文君（2016）根据不同规划类型的侧重点不同，分别使用系统聚类法和动态聚类法研究交通规划中的站点分类和城市规划中的站点分类[26]。本文选择k—均值聚类算法对轨道站点影响区的用地功能比例进行分析，以较为客观地将轨道站点按功能特点进行划分。

2. 案例分析法

案例分析法主要是针对所选取的案例（背景材料），依据一定的理论知识，总结出案例中的经验、特点，或做出决策，或作出评价，或提出具体的解决问题的方法或意见等。案例分析法中最为重要的就是案例分析对象的选择，只有选择合适的案例研究对象才能使分析的结果、得出的结论具有可借鉴意义。

谭啸（2011）分析了日本东京、中国香港、新加坡的轨道站点周边土地利用的一般模式，并以此为参照结合天津城市轨道交通站点的特点，从功能布局、开发强度、地下空间利用、道路系统和交通设施方面提出天津城市轨道交通站点周边土地利用的优化措施[27]。刘保奎、冯长春（2009）、廖骏（2012）、刘诗奇、郭静（2014）等以不同城市（深圳、成都、北京）的轨道站点为研究对象，分析并提出站点周边土地利用结构及模式在不同类型轨道站点周边具有不同特征[28-30]。陈卫国（2006）通过对国际成功的经典案例进行剖析，得出不同区位、不同车站类型、不同用地功能混合程度都会影响地块适宜开发强度的结论，并分类提出轨道站点周边地块的合理开发强度[31]。周梦茹（2017）以国内外6条线路81个站点周边500m为案例对象，运用回归分析法，对轨道交通一般站点的用地指标进行研究[32]。本文也以案例分析法为基础，分类型构建轨道站点影响区用地布局模式。

3. POI分析法

轨道站点影响区的各类服务设施供给概况可以根据不同功能类别的用地在空间、规模上的相互组合从而得到间接地反映，但是，单纯根据用地信息来推测服务设施的种类数量、布局规律还是有所欠缺，不够准确。首先，用地性质是概括性的静态数据，一定规模的商业服务业设施用地或公共管理与公共服务用地的存在并不等同于相应规模的商业或公共服务设施的入驻和相应服务的正常供给。其次，城市用地有着自身的分类标准，与公共服务设施所要细分研究的类型并不能完全匹配。POI是"Point of Interest"的缩写，可以翻译成"兴趣点"，亦做"Point of Information"，即"信息点"。索超等（2015）采用百度地图POI数据，对沪宁沿线28个高铁站点周边商务空间的分布特征及影响因素进行深度描述和空间分析，解析了站点周边商务发展影响要素的作用机制[33]。郭高华（2017）利用POI数据对城市枢纽周边业态进行研究，对城市设计给出定性指导与建议[34]。乐晓辉等（2016）以POI数据作为研究的控制变量，分析深圳轨道交通对城市空间结构的影响[35]。POI作为包含有现实建成环境中位置信息和功能信息的数据，是对传统分析中通过用地功能分析服务设施供给的补充。本文尝试采用百度地图、高德地图的网络POI信息作为基础数据，对案例站点的影响区即轨道站点周边500m范围内的各类服务设施的构成和规模进行统计分析，以探索不同类型轨道站点影响区内各类服务设施的需求情况以及轨道站点对不同类型的公共服务设施的吸引力差异情况。

我们日常使用的电子地图上一般用气泡图标来表示POI，如电子地图上的餐饮、酒店、景点、政府机构、公司、商铺等，都是POI信息。电子地图中的POI信息数据量庞大、种类繁多、分列细致，例如在高德地图POI分类中共分为汽车服务、餐饮服务、购物服务、生活服务、体育休闲服务等20个大类，700多个小类，基本包括了所有"衣食住行游玩购"的内容。但在实际的POI信息获取过程中，由于权限限制，在进行POI信息点的搜索时，百度电子地图控制的一次搜索最高信息条数为760条，高德电子地图控制的一次搜索最高信息条数为900条。因此，针对本文研究的轨道站点影响区内公共服务设施的相关内容，为了数据搜索的可操作性，数据统计的一致性、便利性，笔者提取了POI信息分类中与人们日常生活联系紧密的公共服务设施信息点，具体研究的公共服务设施POI信息大体分为以下几类（表5-2）。

公共服务设施POI分类 　　　　　　　　表5-2

公共服务设施大类	公共服务设施小类	公共服务设施大类	公共服务设施小类
商业服务设施	餐饮 酒店 超市 服装店 物流 电器商店 美容美发店	教育设施	幼儿园 小学 中学 高等、中等院校 教育机构
金融邮电设施	银行 自动取款机 邮局	医疗设施	医院 诊所 药店
交通设施	公交站 停车场 汽车站 加油站	娱乐设施	影剧院 网吧 KTV
		休闲设施	公园 景点 运动场馆

（来源：笔者自绘）

4. 数据量化分析法

段德罡等（2013）将轨道站点影响区内用地功能特征进行数据量化分

析，对不同类型的站点周边土地利用提出优化标准[36]。张玺（2013）利用空间句法以北京旧城居住型轨道站点为切入点，量化分析了空间组构特征，探讨了居住型轨道站点周边城市公共空间的空间类型、设计属性及行人的行为方式对空间使用的影响[37]。

一些学者将要素信息量化后，从数学模型的角度对轨道站点周边开发强度控制进行探讨。台湾林桢家等（2006）提出采用多目标决策模型辅助规划师重新审视地铁站周边地区的开发强度[38]；莫一魁等（2008）以及张巍等（2017）也基于类似思路建立以轨道交通站点地区不同类型土地的容积率为决策变量的多目标决策模型[39]40]；王京元等（2011）从站点类型和开发圈层两个层面构建站点周边土地开发的密度分区制度，利用深圳市轨道交通3号线沿线住宅售价和建造成本测算各密度分区的最佳开发强度[20]30]。王成芳（2013）基于ArcGIS平台建立起广州市轨道交通站点GIS综合数据库，对不同线路轨道站点影响区土地利用空间布局进行解析[41]。

数据量化分析法就是将一些不具体、模糊的因素用具体的数据来表示，从而达到分析比较的目的。每个地块的活动、空间布局都具有内在规律，简单的归纳或类比难以准确把握复杂的要素关系。因此，轨道站点周边用地布局的量化研究具有重要意义。在本文轨道站点影响区用地规划布局模式的构建中，将模式构建要素进行数据量化分析，具体包括了不同类型轨道站点影响区内的用地功能配置比例、不同类型的用地距离站点的远近情况、站点影响区内土地开发强度大小及变化情况、公共服务设施的类别及数量多少情况等。通过对以上数据的对比分析，从而总结得出不同类型轨道站点影响区用地规划布局模式。

5.3 轨道站点与土地集约使用

5.3.1 土地集约使用的特征

1. 土地集约使用的含义

对土地集约利用的研究最早来自古典经济学家在研究农业地租问题中发现并证明的报酬递减规律，他们认为集约利用是极差地租产生的原因。城市土地集约使用由农地土地集约使用演化而来。经济学家们以土地使用的经济性为出发点，研究土地成本与土地产出之间的关系。以区位理论为代表的相关研究，以地理学空间区位为切入点探讨产业发展布局的优秀形式，使国家对土地集约使用有了一定的管理方向。城市规划相关理论反映了城市土地集约使用在生活、生产方面的要求：以霍华德"田园理论"为代表，主张了以人为本的城市人居环境，提出了城市土地不能过度开发利用；以《雅典宪章》、《马丘比丘宪章》为代表，提出了城市的有机组织、构成，强调了城市生活、生产环境要与自然环境和谐相处。可持续发展理论为土地集约使用的定义提供了更为完善的理论平台[42]。

根据城市土地集约使用的内涵以及城市空间的物质、经济和社会文化属性，一般认为城市土地集约是以城市可持续发展为目标，以合理布局、优化城市土地利用结构为途径，以高密度、混合化、立体化开发为手段，并强调与城市交通模式的互动选择，通过不断提高城市土地的利用效率和经济效益，实现城市规模的精明增长和城市空间结构的适度紧凑[43]。

2. 土地集约使用特征与特性

土地集约使用特征可以分为4个方面：一是城市交通与城市空间结构相适应，使城市整体发展效率最优；二是土地利用程度较高，即对土地的投入水平较高，包括资金、技术和人口等要素的投入；三是土地利用的经济效益较高，使土地投入产出比达到最佳；四是城市的环境效益较佳，体现了城市土地的生态质量与发展可持续性。

在土地集约使用特性方面。从宏观上来讲，城市中不同区位土地的最佳集约程度应具有一定的相异性。城区，尤其是轨道站点周边，交通条件便利、各种配套设施较为齐全，地价以及建筑密度往往高于郊区，这必然造成城市不同地块的最佳集约度不同。地块与城市中心不同的距离，不同的用地性质选择，是否在轨道交通站点影响区范围内都会影响到地块的最佳土地开发强度。同时，土地集约使用程度判断的标准具有一定的动态特性。土地集约使用的最佳集约程度是在不同的经济、技术条件下不断发展变化的。面对每个时代不同的发展条件会产生那个时代特定的判断标准。

5.3.2 轨道站点与土地集约使用之间的关系

1. 轨道站点影响区是土地集约使用的基本空间单元

（1）"社区"是城市规划控制的基本空间单元

霍华德在"田园城市"的理论性图解中，将城市划分成一个个"区"，每个区生活约5000个居民，每个区具有商店、学校等服务设施，其可以视为以社区单元为基础规划城市空间思想的萌芽。在此基础上，佩里于1929年提出了"邻里单元"的概念，这种单元以社区公共设施为中心，0.5mile（约800m）为半径考虑邻里单元的规模（图5-11）。1987年，卡尔索普与马克·麦克提出以公共交通站点为中心，集中居住、零售和办公功能的半径为400m的"步行口袋"社区单元[44]。之后TOD概念兴起，出现了越来越多基于交通站点的土地使用分析。

（2）轨道站点影响区是城市中重要的空间单元

轨道站点的布置往往与城市中的各个重要设施结合，轨道站点影响区所覆盖的用地都是城市土地集约使用的重点地区，既有经济效益上的集中开发需求，也有基础设施上的发展保障。在轨道交通建设与城市土地使用结合得比较成熟的城市或国家，轨道站点影响区对城市用地的覆盖率很高。以日本东京为例，东京主城区65%的用地位于站点周边500m范围内，89%的用地位于站点周边800m范围内，轨道交通站点影响区所代表的空间单元承载了城市中的大部分活动（图5-12）。因此，轨道站点影响区是城市土地集约使用的基本空间单元，轨道站点影响区内土地使用讲求高密度、功能混合以及步行化的设计，这些规划理念都与城市土地集约使用具有共通性。

2. 轨道站点建设是土地集约使用的契机

（1）我国城市用地发展中存在的问题

我国的城市用地发展往往以城市总体规划为总的指导纲领。在"城市总体规划—分区规划—控制性详细规划—修建性详细规划"的规划层次下进行用地开发。传统的城市总体规划用地方式为：首先确定城市性质、规模，然后基于城市发展用地适宜性评价，依据土地利用的地域分异规律，对土地利用进行空间划分；再由专业人员按功能分区的方式，对居住区、工业区、物流仓储区、公共管理与公共服务用地以及商业服务业设施用地进行布局，提出多种用地布局方案；最后，征求各方意见，选择方案并调整。《城市用地

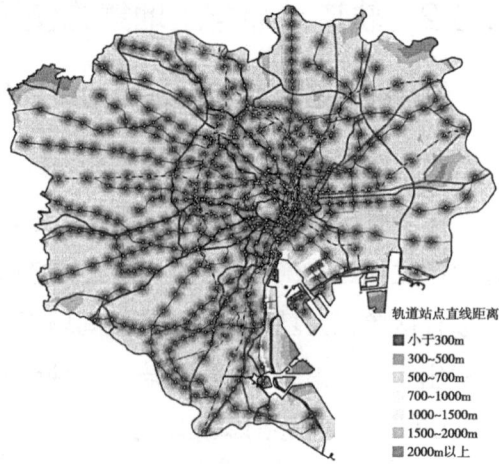

图5-11　佩里的"邻里单位"模式图
（来源：Lawhon, Larry Lloyd. The Neighborhood Unit: Physical Design or Physical Determinism?[J]. Journal of Planning History, 2009. ）

图5-12　日本东京轨道站点影响区覆盖情况
（来源：武汉·地铁城市（研究报告））

分类与规划建设用地标准》GB 50137-2011中，对居住用地、公共管理与公共服务用地、工业用地、道路与交通设施用地和绿地与广场用地五大类主要用地占城市建设用地的比例有一定的规范要求。在实际工作中，相同的城市性质、规模、用地评价下，由于硬性约束条件不多，往往可以做出多种城市用地布局方案。城市用地往往只依托于城市中心体系的引领，用地布局较为松散。

在用地开发过程中，规划和计划决定城市的开发，开发状况决定了城市的空间形态。理论上，用地计划以及规划指标都经过谨慎论证，在工作实践中严格执行。但在实际工作中，常按照市场化的节奏不断地为城市提供经营性建设用地，控制性详细规划指标也会被调整，城市空间往往进行着快速而无序的拓展。城市空间演变逐渐偏离集约使用的总体目标。

杭州在我国较早采用土地储备和招拍挂出让制度，此制度的市场化较强，一方面为城市发展直接筹集了大量资金，另一方面，也诱发了城市用地的无序蔓延式扩张[45]。2000年编制的杭州城市总体规划对未来城市空间结构的规划为："采用点轴结合的拓展方式，组团之间保留必要的绿色生态开敞空间，形成'一主三副、双心双轴、六大组团、六条生态带'的开放式空间结构"（图5-13）。将2010年杭州实际的建设状况图与规划用地图进行对比，会发现杭州城市的用地开发总量被很大程度地突破，并且新增的经营性用地严重侵蚀了六条控制生态带（图5-14）。

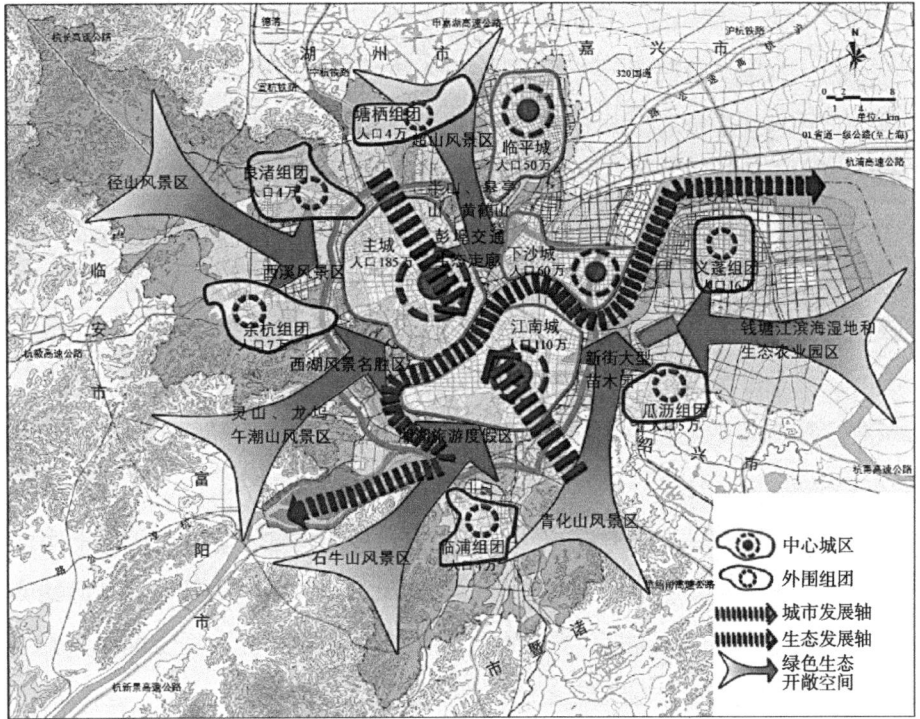

图5-13 杭州市城市总体规划（2001~2020年）城市空间布局结构分析
（来源：杭州市综合交通研究中心. 杭州市交通发展年度报告[R]. 2010.）

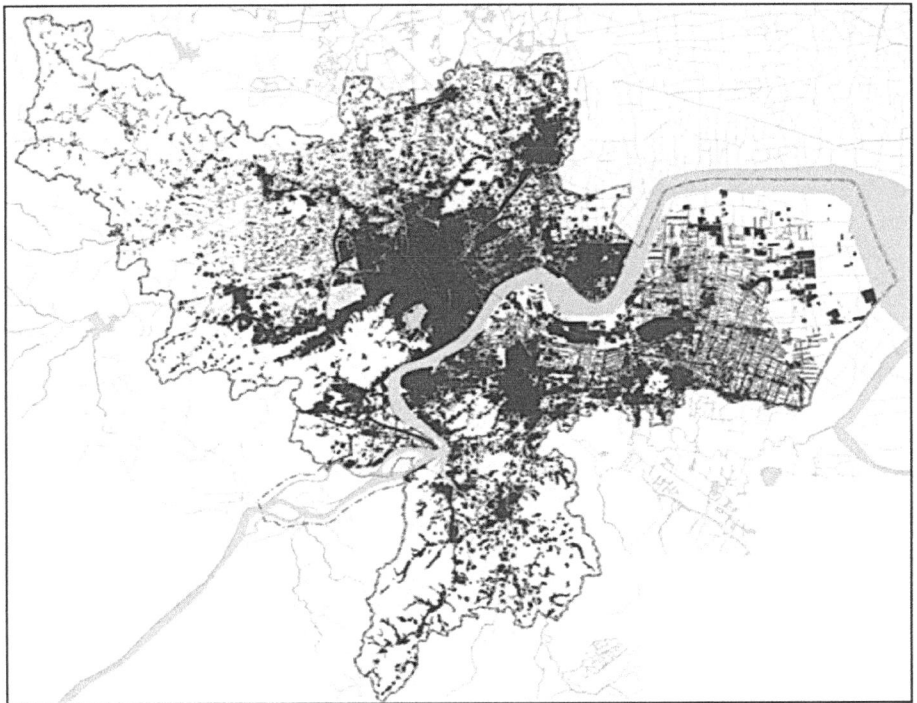

图5-14 2010年杭州市区用地分布
（来源：杭州市城乡建设委员会. 杭州市治理城市拥堵五年规划[R]. 2013.）

（2）以轨道站点为导向的城市用地发展

当前，我国许多城市正处于或即将进入轨道交通大规模建设时期，这是涉及城市百年大计的重大民生工程。基于轨道站点的城市用地使用模式强调轨道交通与城市土地使用之间的相互协调与配合。这种模式不但可以进一步激发轨道站点影响区的经济活力，减轻轨道交通建设资金压力，也能够更有效地控制土地开发，在一定程度上改善城市用地发展的无序性。这种城市用地发展以轨道交通站点为核心，在轨道站点影响区内进行紧凑高效的土地开发，形成一个个环状的土地使用单元，当轨道站点随轨道交通网络拓展时，高效的土地开发单元便会随轨道交通站点在城市中建设，由于土地高效利用而节约出的大量土地可作为绿色生态开敞空间，为城市的可持续发展提供条件。

以轨道交通站点为依托的城市用地发展，要求对轨道站点影响区的用地开发进行较为严格的控制。以轨道线网为城市结构发展的骨架，以轨道站点为城市用地发展的"锚固点"，有助于在城市整体层面上实现土地资源的合理配置、集中调度，达到城市土地集约使用的目标。

我国香港以轨道交通建设为依托，以满足各类人群需求为出发点，全面提高土地可达性后可以提升其潜在价值，并对轨道站点周边的用地功能以及开发强度进行了相应的规划调整。其规划方法有效地控制了城市用地规模，将城市用地发展严格限制在轨道交通沿线（图5-15、图5-16）。

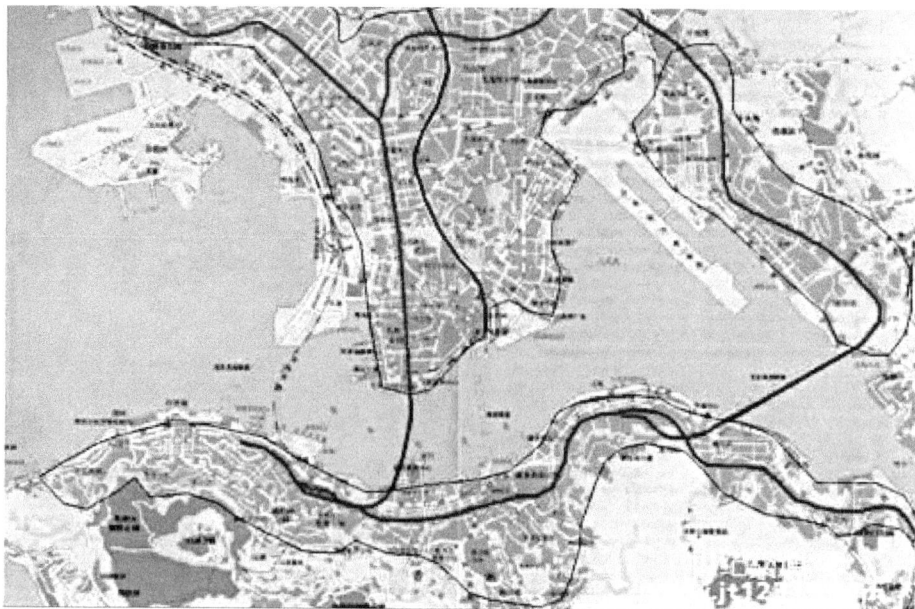

图5-15　香港轨道交通引导下的市区用地布局
（来源：世纪交通网）

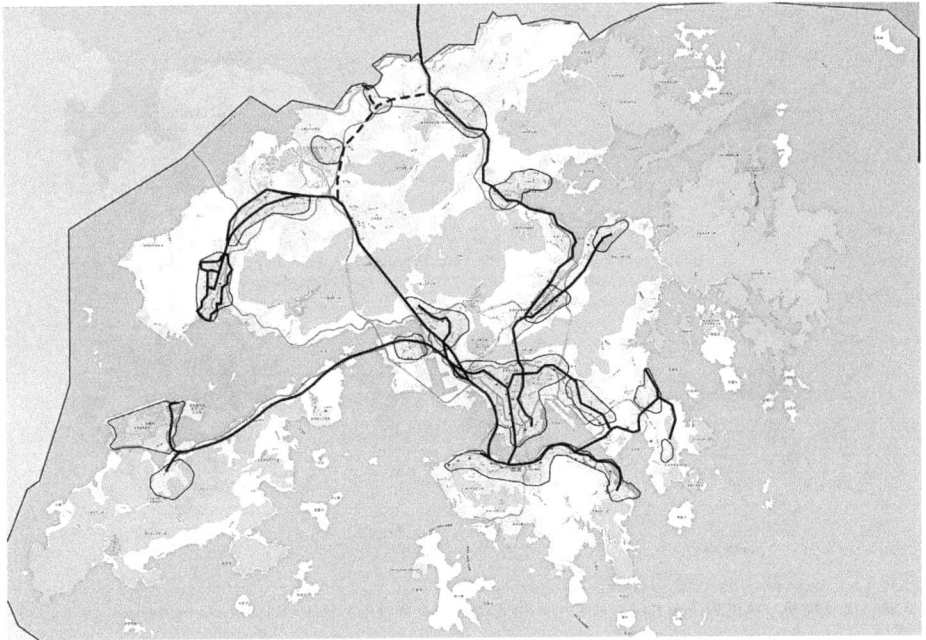

图5-16 香港轨道交通引导下的组团式用地空间布局图
（来源：世纪交通网）

在日本，"土地重整"在城市建设发展中发挥了巨大的积极作用。即轨道交通沿线用地由城市轨道交通企业掌控，轨道交通企业对其进行统一的规划，仅出兑少量土地为其基础设施建设筹措资金。轨道交通企业将轨道沿线的土地经营与轨道运营相结合，发展商业零售、地产租赁、旅游观光等业态。使轨道交通开发与沿线用地开发同步进行，互促互进，共同发展（图5-17、图5-18）[46]。

新加坡1971年做出的概念规划提出了依托大容量快速交通系统发展新市镇的设想。新市镇的规模约在15万～20万人口，大多通过城市轨道交通与中心城相连。新市镇中心基本都设有轨道交通站点、公共汽车交通换乘站和商业中心，按邻里、邻区分级组织住宅群，配置公共服务设施。在土地开发时序上也充分利用市场规律。在新市镇开发之初，主要建造大量的住宅和基本公共服务设施。住宅以高密度为主（图5-19），普遍采用25层左右的高层住宅楼，容积率为2.5左右、密度约500人/hm^2[47]。待新城镇具有了一定规模、聚集了大量人口居住后，再逐步分批将保留未开发的白地通过招标拍卖的方式出让给私人开发商，发展商业等其他高价值产业，得到丰富的资本投入。在这种发展模式下，新城镇的土地价值被挖掘到最大，城市用地发展集约[48]。

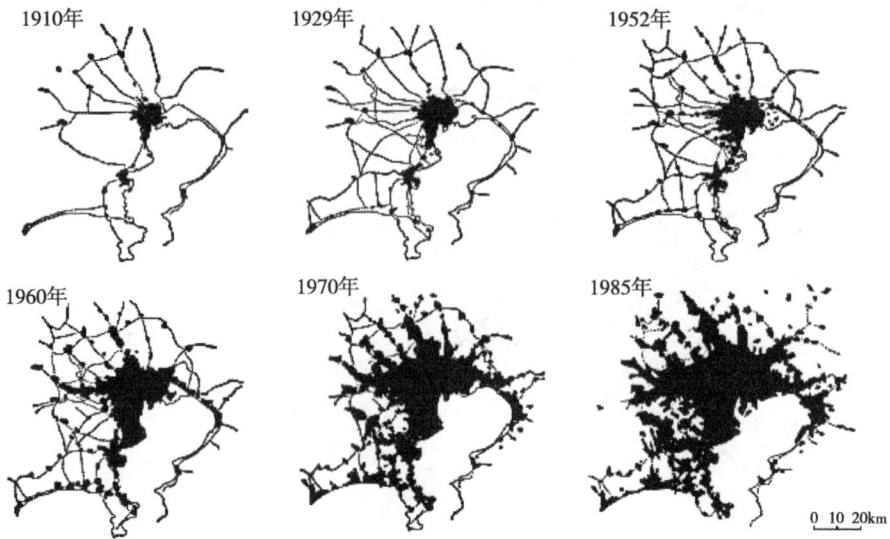

图5-17 东京都市区的空间扩展
（来源：上海规划. 轨道交通与大都市区空间结构变迁——东京的经验[EB/OL]. https://mp. weixin. qq. com/）

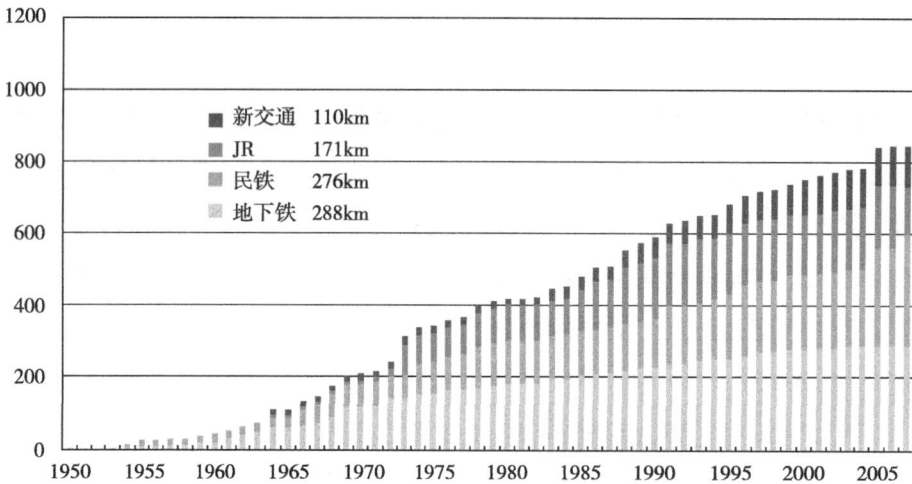

图5-18 东京都轨道交通建设里程
（来源：上海规划. 轨道交通与大都市区空间结构变迁——东京的经验[EB/OL]. https：//mp. weixin. qq. com/s. ）

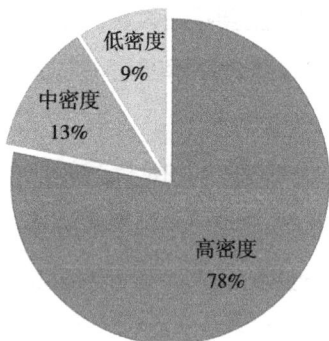

图5-19 新加坡新市镇不同密度住宅占比
（数据来源：邹伟勇. 新加坡新镇轨道站点TOD开发
对广州近郊新区规划启示[J]. 南方建筑，2015（04）. ）

5.3.3　基于轨道站点的土地集约使用要点

国内外对于土地集约使用效果的评价较多集中在以城市建成区、中心城区的城市建成区以及开发区等功能片区，在国土资源部2008年颁布《建设用地节约集约利用评价规程》、2014年颁布《开发区土地集约利用评价规程（试行）》后，大部分学者的研究都基于这两个文件（表5-3）。

土地集约使用评价指标　　　　　　　　　　　　　　表5-3

研究对象	评价角度	相关学者	时间
城市建成区	土地使用结构、土地投入强度、科技发展因素、生态环境效益、土地产出效用	林雄斌等	2013
中心城区的城市建成区	强度指数、增长耗地指数、用地弹性指数、管理绩效指数	国土资源部	2008
城市用地功能分区	综合容积率、建筑密度、人口密度、基础设施完备度、生活服务设施完备度、地价实现水平、单位用地固定资产总额、单位工业总产值、单位用地服务学生数（不同功能区类型的指标选取略有不同）	国土资源部	2008
开发区	土地利用状况、用地效益、管理绩效	国土资源部	2014

（来源：笔者自绘）

从上表可以发现，城市土地集约使用是一个多层次、多目标的系统，一个城市土地是否集约使用要通过各个层面的土地使用情况进行综合评判。在不同的层面、不同的技术背景下，影响土地集约使用的主要因素略有差别，但基本都围绕着生活环境质量、土地利用程度、土地的投入和产出关系以及管理绩效展开。其与城市土地集约使用的特征一脉相承。结合轨道站点与土地集约使用之间所表现出的技术特征，基于轨道站点的土地集约使用具有以下五个规划要点。

1.　首要前提——空间结构适应

（1）轨道交通建设对城市空间结构的支撑与引导

城市交通系统是城市空间结构的骨架。城市轨道交通作为城市交通的一种，具有运量大、速度快的特点，其对城市发展的影响不可小觑。国外轨道交通建设经验表明，轨道交通对城市空间结构的影响主要通过站点影响区体现[49]。轨道站点的设立往往可以使片区的可达性得到很大的提高，阿朗索在

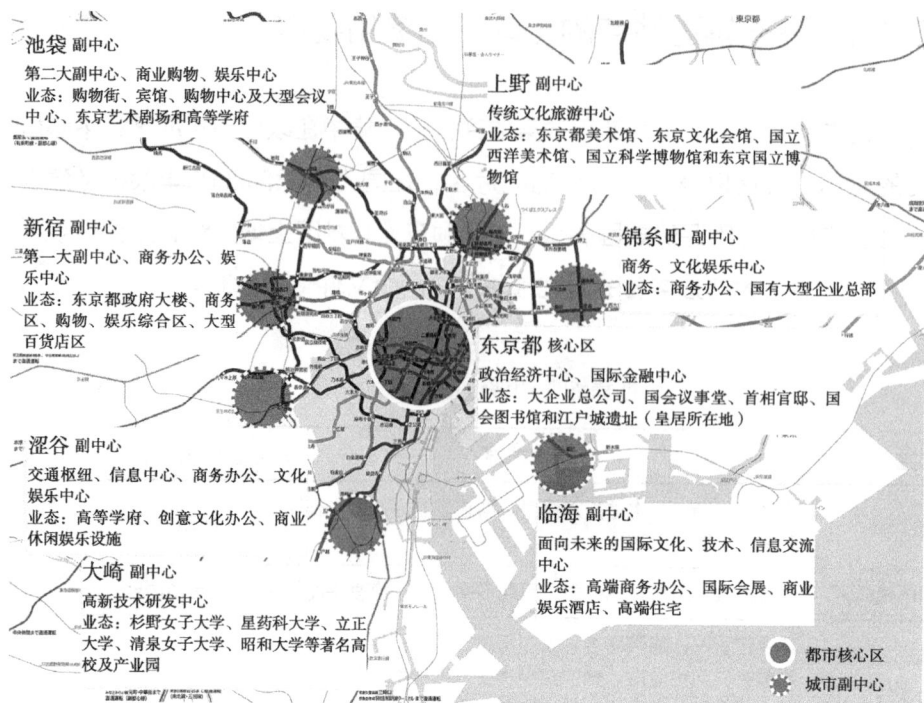

池袋 副中心
第二大副中心、商业购物、娱乐中心
业态：购物街、宾馆、购物中心及大型会议
中心、东京艺术剧场和高等学府

上野 副中心
传统文化旅游中心
业态：东京都美术馆、东京文化会馆、国立
西洋美术馆、国立科学博物馆和东京国立博
物馆

新宿 副中心
第一大副中心、商务办公、娱乐中心
业态：东京都政府大楼、商务区、购物、娱乐综合区、大型百货店区

锦系町 副中心
商务、文化娱乐中心
业态：商务办公、国有大型企业总部

东京都 核心区
政治经济中心、国际金融中心
业态：大企业总公司、国会议事堂、首相官邸、国会图书馆和江户城遗址（皇居所在地）

涩谷 副中心
交通枢纽、信息中心、商务办公、文化娱乐中心
业态：高等学府、创意文化办公、商业休闲娱乐设施

临海 副中心
面向未来的国际文化、技术、信息交流中心
业态：高端商务办公、国际会展、商业娱乐酒店、高端住宅

大崎 副中心
高新技术研发中心
业态：杉野女子大学、星药科大学、立正大学、清泉女子大学、昭和大学等著名高校及产业园

● 都市核心区
✦ 城市副中心

图5-20　东京都市圈多中心结构示意图
（来源：武汉·地铁城市（研究报告））

《区位和土地利用》一书中指出交通可达性与运输成本直接影响城市土地类型的选择[50]。而轨道的建设打破了城市中各个地块原有的可达性，是对城市不同区位可达性的一次重组，具有支撑城市中心体系形成、引导城市空间发展的作用。

东京都市圈的形成就是在轨道交通的引导下发展起来的，在城市轨道交通的终点站发展出了城市次中心。池袋、新宿、涉谷等轨道枢纽站点吸引了大量的客流，逐渐成为繁荣的商业区、娱乐区和中等商务区。随后，东京市区以城市轨道站点为依托，形成了"一核七心"的城市结构，即以东京站附近为核心，以上野、池袋、新宿、涉谷、临海、大崎和锦丝町为副中心（图5-20）[51]。

（2）城市空间结构对轨道站点的运营提供保障

城市土地利用方式是城市交通需求的起源。站点客流量与站点影响区土地使用程度以及人口状况成正相关。高强度、紧凑型、混合使用的城市土地使用常常产生大量的客源。城市中心由于公共服务设施以及商业设施高度集中，也常常具有大量的集散客流，位于此区域的轨道站点营运状态也更加理想。轨道交通站点影响区内的居住人口数量和就业岗位数量是影响乘客多少

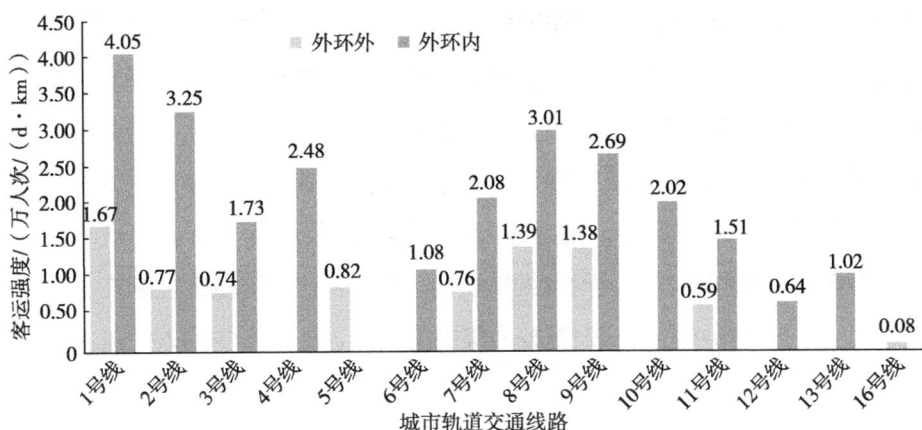

图5-21 2013上海城市轨道交通各线分区域客运强度图
（来源：张安锋. 上海城市轨道交通网络规划实施评估[J]. 城市轨道交通研究，2015，18（06）.）

的主要因素[52]。上海中心城区的城市轨道交通客运强度是中心城以外的3.1
倍，表现出轨道交通在开发强度较高的中心城区具有较好的客流效益，在市
郊地区客运强度随着开发强度的降低而降低（图5-21）[53]。

（3）轨道站点与城市空间结构的协调互促是城市土地集约使用的前提

城市土地集约使用的先决条件是城市空间结构合理。城市轨道交通作为
城市中的重大基础设施投资额巨大，对城市各方面的影响也十分大，如果两
者的关系不能很好地协调，将是对城市巨大的破坏与浪费，甚至阻碍城市健
康发展。只有当城市用地功能分布适宜时，增加对土地的单位投入、改变用
地开发模式、改善经营管理等各种对土地集约具有促进的方法才具有意义。
轨道站点功能类型与城市结构的适宜性以及平均通勤时间这两个指标是反映
轨道站点布局与城市空间结构协调与否的关键。

2. 基本要求——土地投入水平

土地投入水平包括在土地上对资金、技术、劳动的投入，是土地开发的
基本需求，是土地产生收益的前提。在空间绩效评价中，一般使用地均固定
资产投资额、地均基础设施投资额、人均道路面积、地均供水量、每万人拥
有公交车辆数、人均建设用地面积等指标来衡量[54]。城市轨道交通作为城市
中投资额巨大的基础设施，考察轨道交通在城市中的建设状况以及轨道站点
服务区内的基础设施状况、人口状况等指标能够从一定程度上反映出城市土
地集约使用状况。

基础设施是城市功能正常发挥的基础和支撑，各项基础设施越完善，城

市的各项职能发挥得越好，城市聚集效益的影响也随之增加。同时，越是土地集约程度好的地区，其基础设施建设越集中。在城市经济中存在着大量的基础设施和公益设施等公共物品，包括交通设施、水电煤供给、文化教育娱乐、环境保护和整治等，这些都是对土地开发的基本投入。如果在城市外围采取了低密度开发的模式，在为这些用地提供公共服务或者基础设施铺设时，将耗费大量的建设、运营及维护费用[55-56]。因此，将城市控制在一个合理的规模，把城市中的基础设施较为集中的建设，将城市中的人口集中在一定范围内是较为经济的做法。

除此之外，城市路网密度的提高可以促进交通效率的提升，进而更加吸引人们选择公共交通出行（图5-22）。Reilly等（2003）对旧金山海湾地区出行调查数据分析发现道路交叉口密度增加25%，人们选择步行的概率增加45%，公交的使用概率增加62%[57]。杨涛（2004、2009）、蔡军（2005）、马强（2009）等学者研究指出城市中较大的道路间隔会使居民形成非机动车出行不便的潜意识，让居民倾向于自驾出行，削弱人们使用绿色交通出行的意愿[58-60]。

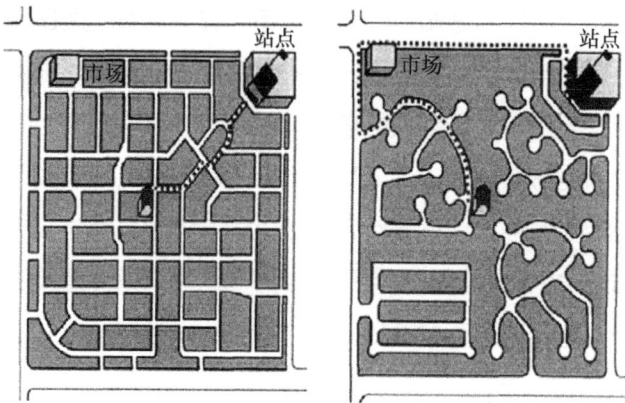

图5-22　城市路网与出行距离
（来源：笔者改绘）

居民的出行方式选择也会受到土地人口密度的影响。有学者统计了世界上32个主要大城市的数据后发现，当土地人口密度小于40人/hm²或岗位密度小于40岗位/hm²时，居民利用汽车出行的概率较大；当土地人口密度在60~100人/hm²，或岗位密度在60~100岗位/hm²时，使用公共交通出行的居民则大量增加。松散的城市开发并不利于轨道城市的发展。

3. 基础保障——土地利用程度

土地利用程度是对城市土地利用水平的整体概括，从开发强度的角度描述土地使用状况。土地利用程度常采用土地利用率、土地闲置率、建筑密度、综合容积率、土地利用混合度等指标进行衡量[61]。在轨道站点影响区内这些分析方式依然具有重要意义。

通常来说，土地产生的经济效益与土地的开发强度成正比。但土地产生的经济效益并不能无限提高。根据报酬递减规律，当对土地的投入达到一定高度后，随着土地利用强度的提高，城市会出现交通压力过大、不宜人居等问题。这时，城市土地的价值降低。城市土地利用系统是由经济、社会、环境等多个子系统构成的综合系统，城市土地利用强度需要与其他因子相辅相成、互惠互利、协调发展，应以不突破城市土地资源的承载力为基本要求。

在轨道站点影响区内，在一定范围控制下，提升土地利用程度有利于城市土地的集约。一方面，该区域土地的可达性高，区位条件好，土地高强度开发是市场效率的必然选择。另一方面，轨道站点服务区土地高强度开发有助于提供更多的居住场所和工作岗位，服务更多的居民。此外，一般情况下站点客流量与站点地区开发强度有正相关性。日本东京区部轨道交通站点影响区的开发强度是区部整体开发强度的两倍，我国香港的比值则更大（图5-23）。

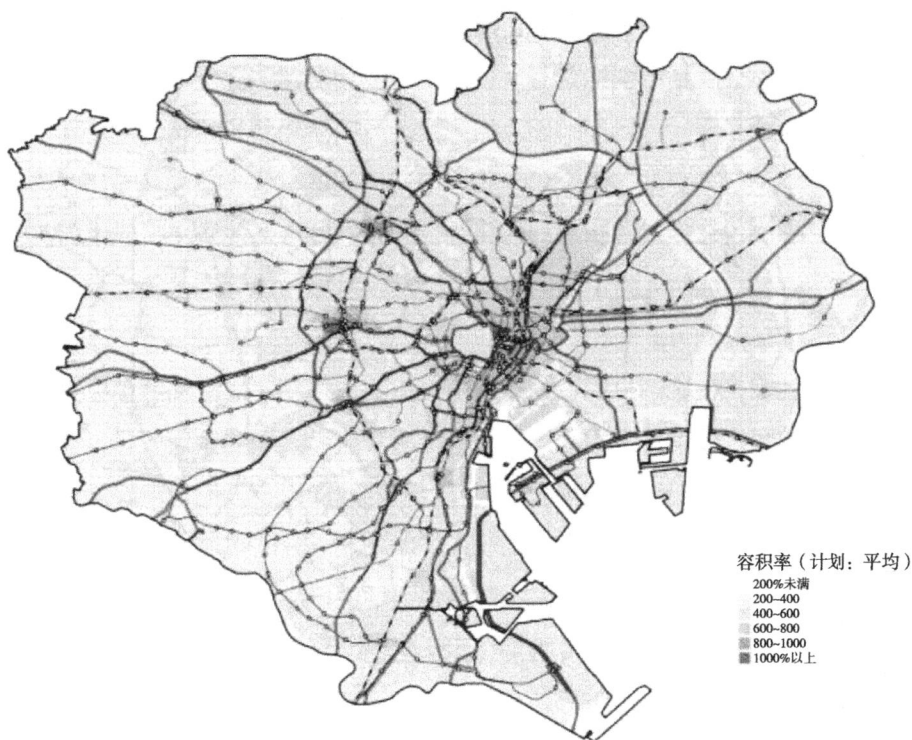

容积率（计划：平均）
200%未满
200~400
400~600
600~800
800~1000
1000%以上

图5-23 东京强度分区与轨道交通关系
（来源：武汉·地铁城市（研究报告））

4. 成果体现——土地产出效益

土地集约的最终目标是提高产出，衡量土地集约状况最重要的一点在于土地的产出效益。土地产出效益是土地投入和土地利用程度等一系列土地使用行为的结果，常采用地均国内生产总值、地均税收、地均销售额、就业人口等指标进行衡量[17]。但此类统计数据往往较为宏观，其统计单位往往为整个城市或者最小统计单位为街道办所辖区域。在以轨道交通站点为研究的基本单位时，本文拟采用轨道站点的人口覆盖率与岗位覆盖率这两个指标作为替代。人口覆盖率与岗位覆盖率虽然不能直观表达土地使用的经济收益，但通过人口覆盖率可以间接地判断城市轨道交通在城市中的建设效果，通过岗位覆盖率可以间接反映出轨道站点影响区土地所创造的经济效益。

此外，城市轨道站点影响区人口覆盖率与岗位覆盖率可以反映城市轨道交通服务水平和城市土地集约情况。越是土地集约化程度较高的地区，人口覆盖率与岗位覆盖率越高。

5. 目标愿景——生态环境质量

土地集约使用并不是要创造过度拥挤的城市环境，而是希望找到一种人类活动与自然环境相平衡的状态，使城市可持续发展。提出城市土地集约使用目标的原因在于：一方面，因为城市土地高效使用所节约出的用地可以用于公共绿地及开敞空间的建设，改善城市环境质量；另一方面，城市生态环境质量的提高也在促进城市土地的集约。越高的城市环境质量，越能聚集城市开发资本、增加对人力资源的吸引力以及引发城市建筑增值，土地集约利用的水平也会得到带动[62]。

研究表明，在城市中配有一定比例、不同形式合理搭配的绿色公共开敞空间，能够更好地满足人们精神方面的需求，提高人们的生活质量，缓解人们的工作压力。新加坡土地稀缺，人口规模的增加以及人们对良好居住条件的向往要求他们对土地进行高效的使用。新加坡十分注重城市生态环境的建设，不仅以轨道交通线网为支撑，对沿线土地进行高强度开发，同时，也鼓励居民发展阳台种植、社区种植箱、绿化楼道、屋顶花园等一切可以改善环境体验的做法。目前，新加坡中心城区的公共住宅容积率虽然已超过7，但超过95%的居民表示对自己的居住状况满意（图5-24）[63]。

基于轨道站点的城市土地集约使用要求在城市发展过程中，城市土地围

图5-24 新加坡——"海军部村庄"
（来源：为什么全世界都向新加坡学习垂直绿化）

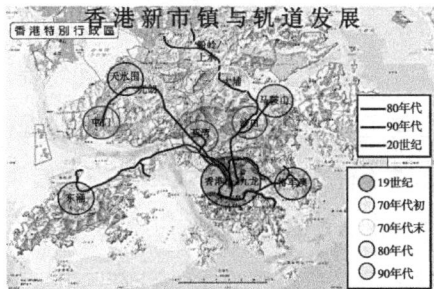

图5-25 香港城市用地"串珠"式发展
（来源：作者改绘）

绕轨道站点进行较为集中的开发，在城市中形成"串珠状"的土地使用单元（图5-25）。轨道站点影响区以外采取一般强度的开发，节约出的土地作为成片绿地以及开敞空间。在轨道站点影响区内也应积极组织绿色及开敞空间，在保证一定的土地开发强度的同时，采取屋顶绿化、将一层架空作为公共活动空间等措施增加绿化覆盖率，改善城市生态环境。因此，人均城市建设用地面积作为体现城市土地集约总体效果的指标，轨道站点影响区绿化覆盖率作为衡量人们对土地使用体验的指标对于土地集约使用效果的判断具有重要意义。

5.3.4 轨道站点影响区内用地的联合开发

联合开发，是一种由轨道交通引发的土地集约化开发模式。其非常强调各项目之间的相互协调与配合，必要时甚至牺牲局部的利益，这是保证联合开发项目成功的关键。联合开发不仅能促进轨道站点地区的经济发展，同时也利于解决轨道交通建设资金，降低社会建设成本。在以轨道站点为导向的城市用地发展中，此种用地发展模式最为合适、有效。

在日本，轨道交通企业采取的是以轨道为中心，以房地产及租赁业、购物中心等零售服务业、公共汽车业、出租车业、旅游观光、宾馆设施等为兼业的经营模式。日本轨道企业最主要的经营战略是土地经营和铁道经营同时进行的战略。铁路公司通常由手中握有廉价沿线土地的众多公司合伙组成。轨道企业统一进行土地利用与轨道建设规划以及基础设施配套，然后出售部分土地以补偿配套费用，其余用于自行开发。这就是日本城市建设中著名的"土地重整"过程。通过轨道与沿线土地综合开发的方式，以轨道带动土地开发，以土地开发培育轨道。

1971年，新加坡的概念规划提出了通过大容量快速交通系统连接市中心与卫星新城的设想。新市镇的规模约在15万～20万人口，且基本都设有地铁（轻轨）站、公共汽车交通换乘站和商业中心，按邻里、邻区分级组织住宅群，配置公共服务设施。在开发策略上充分利用市场规律，在新市镇开发之初，主要建造大量的住宅和基层公共服务设施。地铁附近的商业用地暂不开发，待新市镇形成一定规模、土地价值上升后，再有计划地通过拍卖招标方式逐步交由私人发展商开发，吸引高密度投资，使新市镇中心的潜力得到充分发挥。新市镇采取的是首先培育客流，随着土地市场的成熟相继进行站点周边建设，如此可以在一定程度上避免站点开发初期的低效益。

各国的联合开发土地，基本都进行了土地征收，将枢纽周边的土地整合起来使用。其中的不同点在于，日本由轨道交通企业直接征收，直接使用。新加坡则是由政府征收，采用招标方式投入市场。这两种方式都是将轨道站点周边用地与轨道系统进行通盘考虑，使土地资源的使用效率最大化。

5.4 案例研究

5.4.1 厦门轨道站点分类及模式构建

1. 基于k—均值聚类分析法的轨道站点功能型分类

对于厦门轨道站点分类，主要选取厦门地铁1号线24个站点，2号线32个站点，3号线26个站点，剔除重复计算的5个换乘站（1号线和2号线换乘的吕厝站、1号线和3号线换乘的湖滨东路站、2号线和3号线换乘的体育中心站、火炬园站、五缘湾站），共计77个站点为研究对象（图5-26），对这些轨道站点影响区也就是轨道站点周边500m范围内的用地功能进行统计，换算成不同类型用地所占的比例，并以此为依据，借助SPSS软件进行K—均值聚类分析，此种分类方式具有一定的概括性，且较为客观。

本文所采用的K—均值聚类法也称快速聚类法，其原理是开始时按照一定方法选取一批凝聚点（聚心），然后让样本向最近的凝聚点凝聚，形成初始分类，之后再按最近距离原则修改不合理的分类，直到最终合理为止。由

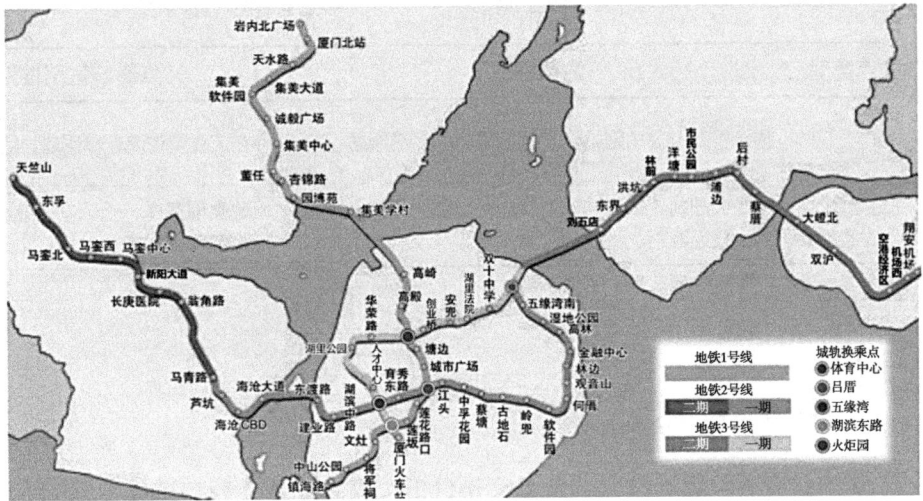

图5-26　厦门轨道1、2、3号线站点分布图
（来源：厦门市城市轨道交通近期建设规划调整方案）

于该方法所需自行给出需要聚成的类数，因此，笔者在进行多轮尝试后，发现将类数定为7，较为合理，通过SPSS软件的分析，并对其中几项内容进行相关调整，最终得出厦门轨道站点分类情况（表5-4）。

厦门轨道站点分类统计表　　　　　　　表5-4

站点类型	站点名称	站点影响区用地特点
居住型站点	集美大道站、诚毅广场站、杏林村站、塘边站、乌石浦站、吕厝站、莲花路口站、莲坂站、湖滨东路站、文灶站、将军祠站、马青路站、建业路站、育秀东路站、江头站、吉地石站、湖里法院站、东界站、林前站、浦边站、后村站、大嶝北站	以居住用地为主，且居住用地比例≥32%
公共型站点	园博苑站、集美学村站、天竺山站、马銮北站、新阳大道站、海沧大道站、湖滨中路站、体育中心站、蔡塘站、湿地公园站、五缘湾南站、翔安行政中心站、软件园站、集美软件园站、高殿站、长庚医院站、芦坑站	以公共管理与公共服务用地或绿地与广场用地为主，公共管理与公共服务用地比例≥20%或绿地与广场用地比例≥30%，同时居住用地比例<32%
商服型站点	岩内北站、官任站、马銮西站、马銮中心站、海沧CBD站、岭兜站、何厝站、观音山站、金融中心站、高林站、湖里公园站、华荣路站、双十中学站、刘五店站、双沪站、空港经济区站	以商业服务业设施用地为主，且商业服务业设施用地比例≥20%，同时居住用地比例<32%、绿地与广场用地比例<30%
交通型站点	机场西站、翔安机场站、厦门北站、天水路站、高崎站、东孚站、东渡路站、厦门火车站、洪坑站、洋塘站、蔡厝站	以道路与交通设施用地为主，且比例≥30%，同时居住用地比例<32%、商业服务业设施用地<20%、公共管理与公共服务用地或绿地与广场用地比例<30%

站点类型	站点名称	站点影响区用地特点
产业型站点	创业桥站、翁角路站、火炬园站、中孚花园站	存在工业及物流仓储用地，且比例≥10%
综合型站点	中山公园站、镇海路站、林边站、安兜站、杏锦路站、五缘湾站、人才中心站	用地类型多样，无明显优势用地，各类用地比例较为均衡

（来源：笔者自绘）

2. 分析案例选择

案例分析法中最为重要的就是案例分析对象的选择，只有选择合适的案例研究对象才能使分析的结果、得出的结论具有可借鉴意义。由于厦门轨道2、3号线仍处于建设阶段还未正式投入运营，轨道1号线刚投入运营不到半年，因此，对其进行的轨道站点影响区用地规划布局模式研究主要是基于已建设轨道并运行了一段时间的城市案例。通过对这些城市不同类型轨道站点影响区即站点周边500m半径范围内的一系列模式构建要素的数据分析，总结出不同类型的轨道站点影响区用地规划布局模式特点，从而指导厦门的轨道站点周边建设。

本文选取了香港、新加坡、深圳三个城市的不同类型站点作为研究对象。首先就城市而言，与厦门相比，香港的城市建设发展历程较为久远，自1979年10月地铁开通以来，时至今日已有11条线路共154个站点投入运营，经过近40年的发展，各类型轨道站点周边的各类公共服务设施配套也已较为成熟，同时在城市形态层面香港同厦门类似，城市建设均分为海岛与内陆两大片区，且海岛的整体发展优于内陆，岛内面临着人口大量聚集所带来的就业、居住压力，香港在通过轨道改善陆岛关系、实现陆岛协调发展的实践中已积累了较为丰富的经验，值得厦门借鉴。新加坡的地铁（大众捷运系统，MRT）作为世界上最发达、高效的公共交通系统之一，开通于1987年，至今已有113个站点投入运营，轨道的发展影响着新加坡的整体城市发展模式，公共交通的蓬勃发展推动着新加坡新市镇围绕着轨道站点而建设，作为一个市域面积不到厦门一半，人口却为厦门1.5倍的地区，其集约化的发展模式值得厦门借鉴。深圳作为内地整体发展最快的城市之一，其与厦门具有许多共通之处，即土地面积相近、地缘优势相似、历史沿革相同等，自2004年地铁开通至今已有8条线路共计186个站点投入运营，经过十几年的

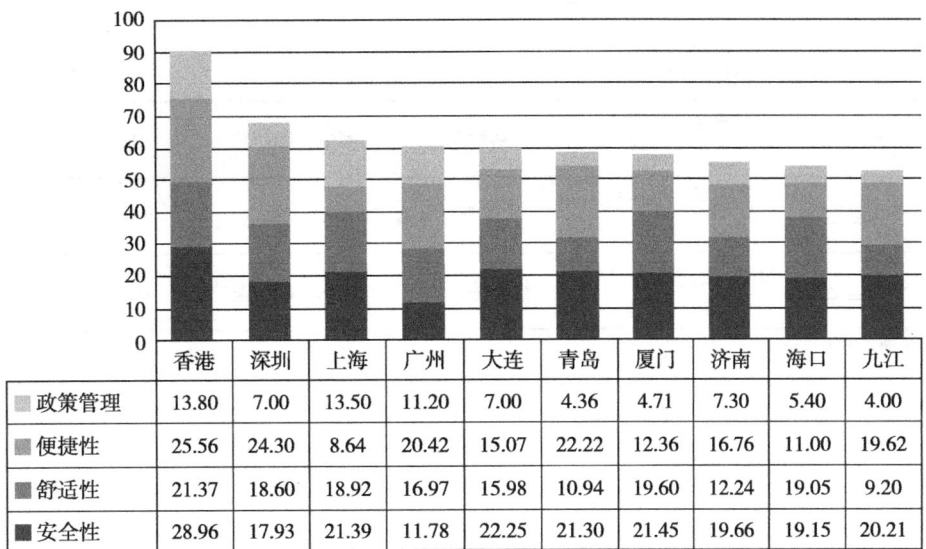

	香港	深圳	上海	广州	大连	青岛	厦门	济南	海口	九江
▨ 政策管理	13.80	7.00	13.50	11.20	7.00	4.36	4.71	7.30	5.40	4.00
▨ 便捷性	25.56	24.30	8.64	20.42	15.07	22.22	12.36	16.76	11.00	19.62
▨ 舒适性	21.37	18.60	18.92	16.97	15.98	10.94	19.60	12.24	19.05	9.20
■ 安全性	28.96	17.93	21.39	11.78	22.25	21.30	21.45	19.66	19.15	20.21

图5-27 2014年中国城市步行友好性得分情况
（来源：中国城市步行友好性评价报告（2014））

建设历程，其轨道站点与周边的公共服务设施配套发展也已较为稳定。同时，根据NRDC（自然资源保护协会）2014年对35个中国城市进行的居民步行满意度调查显示（图5-27），香港、深圳两个城市位列前二，说明这两个城市在步行环境中具有较强优势，符合站点影响区以步行为标准划定范围的基础。因此，选择香港、深圳两个城市不同类型站点作为分析研究对象，对于厦门来说，具有参考价值。

就案例城市的站点选取而言，根据前文得出的厦门不同类型轨道站点影响区即站点周边500m范围内各用地功能比例的分类标准，分别随机选取香港、新加坡、深圳对应的6种类型54个站点作为研究对象，进行相关内容的分析（表5-5）。

香港、新加坡、深圳分类型案例站点名称   表5-5

站点类型	香港案例站点	新加坡案例站点	深圳案例站点
居住型站点	荃湾站、深水埗站、太古站	淡宾尼站、盛港站、海军部站	大芬站、龙华站、大新站
公共型站点	何文田站、油麻地站、香港大学站	欧南园站、多美歌站、巴特礼站	少年宫站、观光路站、宝安站
商服型站点	中环站、铜锣湾站、上环站	莱佛士坊、牛车水站、惹兰勿刹站	华强北站、国贸站、后海站

站点类型	香港案例站点	新加坡案例站点	深圳案例站点
交通型站点	美孚站、红磡站、乌溪沙站	裕廊东站、宝门廊站、加冷站	深圳北站、梅林站、罗湖站
产业型站点	荔景站、葵兴站、火炭站	联邦站、麦波申站、大成站	下沙站、光雅园站、新生站
综合型站点	湾仔站、钻石山站、第一城站	红丘站、波那维斯达站、明古连站	松岗站、观澜站、田贝站

（来源：笔者自绘）

3. 分类型模式构建

根据前文总结得出的轨道站点分类标准，以六种轨道站点类型为基础，对应出六种模式构建目标。由于不同类型轨道站点影响区内的用地规划布局各不相同，其所显现出的客群特点、用地功能配置、服务设施配套、用地布局规划、土地开发强度等要素也都有不同的特点，这些要素围绕着轨道站点构成了不同类型的用地布局发展模式。通过对六种类型轨道站点影响区内与土地利用相关联的不同要素的量化分析，可以构建并总结出六种类型的轨道站点影响区用地规划布局模式（图5-28）。

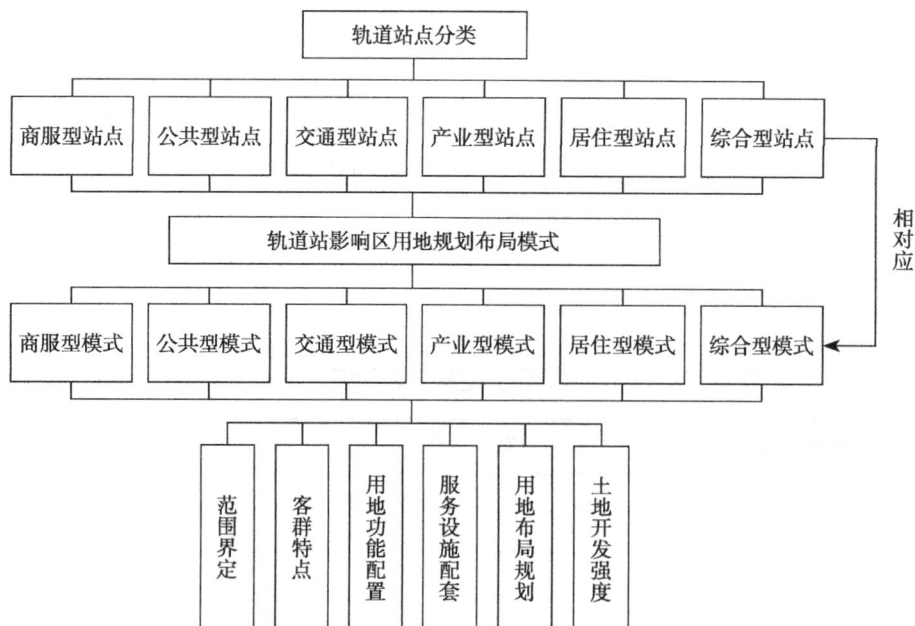

图5-28 轨道站点影响区用地规划布局模式分类框图
（来源：笔者自绘）

（1）商服型模式

以商服型轨道站点为核心，周边半径500m的圆形区域。其影响区内所产生或吸引的客群主要为商务人群及旅游人群，其中对于商务客群而言，他们的需求包括商业型活动、交通型活动与休闲康体型活动；对于旅游人群而言，他们的需求包括商业型活动、文化型活动与交通型活动。

通过对案例站点分析得出，商服型轨道站点影响区内根据商业服务业设施用地所占比例的不同，相对应的其余各类用地所占比例情况也会有所差异，具体如表5-6所示。

商服型轨道站点影响区各类用地所占比例 表5-6

用地分类	商服型轨道站点影响区各类用地所占比例		
以商业服务业设施用地所占比例为分类标准	20%<B<30%	30%≤B<40%	B≥40%
公共管理与公共服务用地	5%~15%	5%~10%	<15%
居住用地	<15%	5%~25%	<10%
道路与交通设施用地	25%~30%	25%~35%	30%~35%
绿地与广场用地	5%~15%	5%~10%	5%~10%

（来源：笔者自绘）

而商服型轨道站点影响区内根据商业服务业设施用地所占比例的不同，相对应的其余各类用地分圈层所占比例情况也会有所差异，具体如表5-7所示。

商服型轨道站点影响区分圈层各类用地所占比例 表5-7

用地分类	商服型轨道站点影响区分圈层各类用地所占比例					
以商业服务业设施用地为分类标准	20%<B<30%		30%≤B<40%		B≥40%	
分圈层	0~200m	200~500m	0~200m	200~500m	0~200m	200~500m
商业服务业设施用地	40%~60%	15%~30%	20%~50%	25%~40%	>60%	>40%
公共管理与公共服务用地	<5%	<15%	<15%	<10%	<10%	<15%

用地分类	商服型轨道站点影响区分圈层各类用地所占比例					
道路与交通设施用地	30%~45%	25%~30%	20%~35%	25%~40%	25%~40%	<30%
居住用地	<5%	<15%	<15%	<25%	<5%	<15%
绿地与广场用地	<10%	<18%	<10%	<10%	<10%	<15%

（来源：笔者自绘）

商服型轨道站点影响区内平均容积率大体在5.7~8.3之间，其中0~200m圈层范围内的平均容积率明显高于200~500m圈层，0~200m圈层的平均容积率在6.6~9.9，而200~500m圈层的平均容积率在5.5~8.0。根据对不同城市商服型案例站点的用地功能配置、用地布局规划及土地开发强度的相关数据的归纳总结，得出了商服型轨道站点影响区范围内用地功能布局与土地开发强度之间的关系，具体如表5-8所示。

商服型轨道站点影响区分圈层用地功能布局与土地开发强度关系表　　表5-8

相互关系	0~500m		0~500m		0~500m	
	0~200m	200~500m	0~200m	200~500m	0~200m	200~500m
影响区内商业服务业设施用地所占比例	20%~30%		30%~40%		>40%	
分圈层商业服务业设施用地所占比例	40%~60%	15%~30%	20%~50%	25%~40%	>60%	>40%
影响区平均容积率	6.5~8.2		4.8~7.0		6.0~8.3	
分圈层平均容积率	7.0~9.5	5.9~8.0	5.0~8.0	3.0~7.0	6.5~10	6.0~8.0

（来源：笔者自绘）

商服型轨道站点影响区用地规划布局模式中各要素的量化指标详见表5-9，其中用地功能与布局及土地开发强度模式如图5-29、图5-30所示。

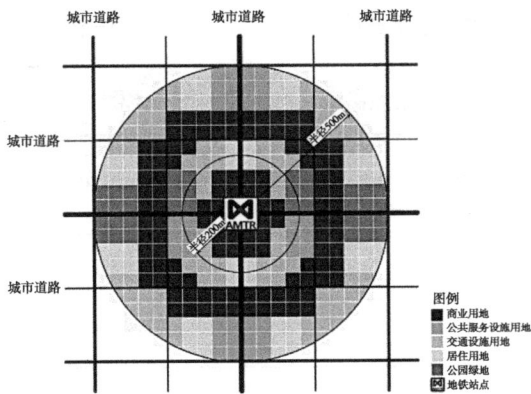

城市道路　城市道路　城市道路

城市道路

城市道路

城市道路

图例
■ 商业用地
■ 公共服务设施用地
▨ 交通设施用地
▨ 居住用地
□ 公园绿地
⊠ 地铁站点

图5-29　商服型轨道站点影响区用地功能与布局
模式
（来源：笔者自绘）

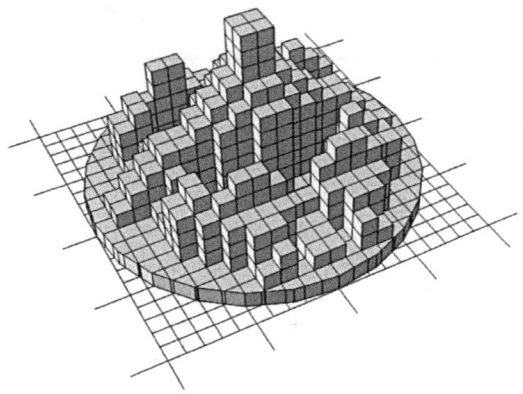

图5-30　商服型轨道站点影响区土地开发强度模式
（来源：笔者自绘）

商服型轨道站点影响区用地规划布局模式各要素量化统计表　　　表5-9

客群特点	用地功能配置	服务设施配套	用地规划布局		容积率		
			0～200m圈层	200～500m圈层	0～200m圈层	200～500m圈层	影响区平均
以商务人群及旅游人群为主	B类≥20%，S类普遍≥28%	商服+金融+娱乐：70%～90%，交通：3%～7%，休闲：5%～20%，公服：5%～6%	B类40%～60%，R类、A类、G类分别≤10%，S类20%～40%	B类≤40%，R类≤20%，A类、G类分别≤15%，S类25%～40%	6.6～6.9	5.5～8.0	5.7～8.3

（来源：笔者自绘）

（2）公共型模式

以公共型轨道站点为核心，周边半径500m的圆形区域。其影响区内所产生或吸引的客群主要为居住人群，他们的需求包括了商业型活动、文化教育型活动、休闲康体型活动、医疗康养型活动、交通型活动等。

通过对案例站点分析得出，公共型轨道站点影响区内根据公共管理与公共服务用地或绿地与广场用地所占比例的不同，相对应的其余各类用地所占比例情况也会有所差异，具体如表5-10所示。

用地分类	公共型轨道站点影响区各类用地所占比例		
以公共管理与公共服务用地或绿地与广场用地所占比例为分类标准	20%<A/G<30%	30%≤A/G<35%	A/G≥35%
商业服务业设施用地	5%~15%	<15%	<10%
居住用地	20%~30%	15%~30%	<10%
道路与交通设施用地	20%~30%	20%~35%	20%~25%

（来源：笔者自绘）

而公共型轨道站点影响区内根据公共管理与公共服务用地或公园与广场用地所占比例的不同，相对应的其余各类用地分圈层所占比例情况也会有所差异，具体如表5-11所示。

公共型轨道站点影响区分圈层各类用地所占比例　　　　　　　　表5-11

用地分类	公共型轨道站点影响区分圈层各类用地所占比例					
以公共管理与公共服务用地或公园与广场用地所占比例为分类标准	20%<A/G<30%		30%≤A/G<35%		A/G≥35%	
分圈层	0~200m	200~500m	0~200m	200~500m	0~200m	200~500m
公共管理与公共服务用地	15%~35%	20%~30%	25%~50%	25%~35%	30%~55%	20%~50%
绿地与广场用地	<25%	<20%	<15%	<25%	<55%	<50%
商业服务业设施用地	<30%	<15%	<20%	<15%	<15%	<5%
居住用地	10%~35%	20%~30%	10%~25%	15%~30%	<10%	<10%
道路与交通设施用地	15%~35%	25%~30%	15%~45%	20%~30%	25%~40%	20%~25%

（来源：笔者自绘）

公共型轨道站点影响区的平均容积率大体在2.2~5.3之间，其中0~200m圈层范围内的平均容积率略高于200~500m圈层，0~200m圈层的平均容积率在2.6～6.0，而200～500m圈层的平均容积率在2.0～5.2。根据对不同城市公共型案例站点的用地功能配置、用地布局规划及土地开发强度的相关数据的归纳总结，得出了公共型轨道站点影响区范围内用地功能布局与土地开发强度之间的关系，具体如表5-12所示。

公共型轨道站点影响区分圈层用地功能布局与土地开发强度关系表　表5-12

相互关系	0～500m		0～500m		0～500m	
	0～200m	200～500m	0～200m	200～500m	0～200m	200～500m
影响区内公共管理与公共服务用地或绿地与广场用地所占比例	20%～30%		30%～35%		>35%	
分圈层公共管理与公共服务用地或绿地与广场用地所占比例	15%～35%	20%～30%	25%～50%	25%～35%	>30%	>40%
影响区平均容积率	2.2～5.4		3.3～4.7		1.7～2.5	
分圈层平均容积率	3.3～6.0	1.9～5.2	2.8～4.4	3.4～4.7	1.5～2.7	1.7～2.5

（来源：笔者自绘）

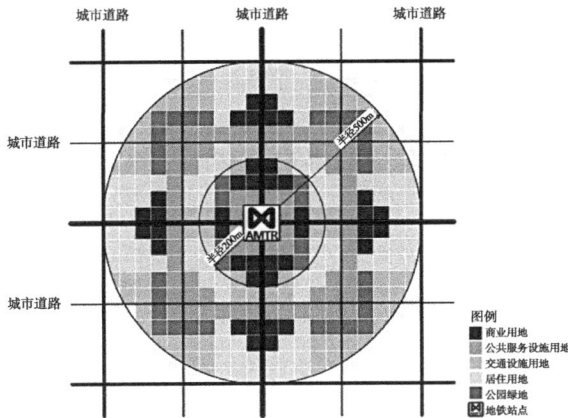

图5-31　公共型轨道站点影响区用地功能与布局模式
（来源：笔者自绘）

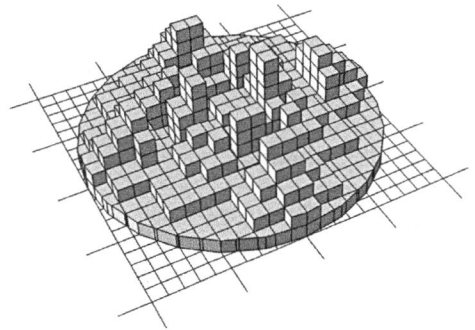

图5-32　公共型轨道站点影响区土地开发强度模式
（来源：笔者自绘）

公共型轨道站点影响区用地规划布局模式中各要素的量化指标详见表5-13，其中用地功能与布局及土地开发强度模式如图5-31、图5-32所示。

公共型轨道站点影响区用地规划布局模式各要素量化统计表　　表5-13

客群特点	用地功能配置	服务设施配套	用地规划布局		容积率		
			0~200m圈层	200~500m圈层	0~200m圈层	200~500m圈层	影响区平均
主要为居住人群	A类+G类≥32%，S类普遍≥20%	公服：10%~30%，商服+金融+娱乐：50%~70%，交通：2%~15%，休闲：2%~10%	A类20%~40%，B类≤20%，R类≤25%，G类50%~55%或≤15%，S类20%~40%	A类20%~40%，B类≤10%，R类≤30%，G类40%~50%或≤20%，S类20%~30%	2.6~6.0	2.0~5.2	2.2~5.3

（来源：笔者自绘）

（3）交通型模式

以交通型轨道站点为核心，周边半径500m的圆形区域。其影响区内所产生或吸引的客群包括了居住人群、商务人群及旅游人群，他们的需求包括了商业型活动、文化教育型活动、休闲康体型活动、医疗康养型活动、交通型活动等。

通过对案例站点分析得出，交通型轨道站点影响区内根据道路与交通设施用地所占比例的不同，相对应的其余各类用地所占比例情况也会有所差异，具体如表5-14所示。

交通型轨道站点影响区各类用地所占比例　　表5-14

用地分类	交通型轨道站点影响区各类用地所占比例		
以道路与交通设施用地所占比例为分类标准	30%<S<40%	40%≤S<50%	S≥50%
公共管理与公共服务用地	5%~20%	5%~20%	<20%
商业服务业设施用地	10%~20%	10%~20%	<30%
居住用地	10%~25%	5%~10%	<20%
绿地与广场用地	5%~25%	10%~15%	5%~10%
工业用地	<10%	<5%	<5%

（来源：笔者自绘）

交通型轨道站点影响区内根据道路与交通设施用地所占比例的不同，相对应的其余各类用地分圈层所占比例情况也会有所差异，具体如表5-15所示。

交通型轨道站点影响区分圈层各类用地所占比例　　表5-15

用地分类	交通型轨道站点影响区分圈层各类用地所占比例					
以道路与交通设施用地所占比例为分类标准	30%<S<40%		40%≤S<50%		S≥50%	
分圈层	0~200m	200~500m	0~200m	200~500m	0~200m	200~500m
道路与交通设施用地	35%~60%	25%~35%	60%~90%	30%~45%	65%~80%	50%~55%
公共管理与公共服务用地	<5%	5%~25%	<15%	5%~25%	<10%	<25%
商业服务业设施用地	5%~25%	5%~25%	<10%	10%~20%	<35%	<40%
居住用地	10%~35%	10%~30%	<5%	5%~15%	<10%	<20%
绿地与广场用地	<10%	5%~20%	<20%	5%~20%	<5%	<10%
工业用地	<5%	<15%	<5%	<5%	<5%	<15%

（来源：笔者自绘）

　　交通型轨道站点影响区的容积率大体在2.3~6.3之间，其中0~200m圈层的平均容积率在1.8~6.8，而200~500m圈层的平均容积率在2.5~6.2。根据对不同城市交通型案例站点的用地功能配置、用地布局规划及土地开发强度的相关数据的归纳总结，得出了交通型轨道站点影响区范围内用地功能布局与土地开发强度之间的关系，具体如表5-16所示。

交通型轨道站点影响区分圈层用地功能布局与土地开发强度关系表　表5-16

相互关系	0~500m		0~500m		0~500m	
	0~200m	200~500m	0~200m	200~500m	0~200m	200~500m
影响区内道路与交通设施用地所占比例	30%~40%		40%~50%		>50%	
分圈层道路与交通设施用地所占比例	35%~60%	25%~35%	60%~90%	30%~45%	>65%	>50%
影响区平均容积率	3.2~6.3		4.3~6.2		2.2~2.8	
分圈层平均容积率	2.8~8.3	2.5~6.3	1.9~6.5	4.8~6.2	1.5~1.8	2.5~2.8

（来源：笔者自绘）

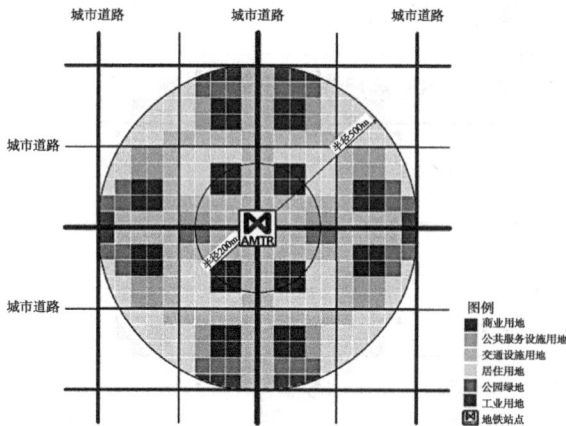

图5-33 交通型轨道站点影响区用地功能与布局模式
（来源：笔者自绘）

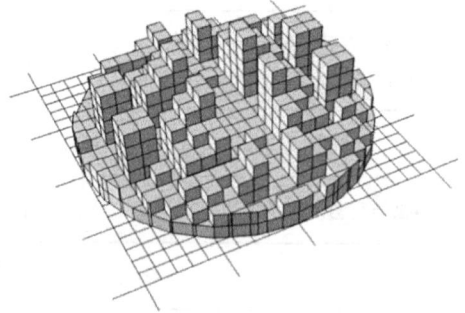

图5-34 交通型轨道站点影响区土地开发强度模式
（来源：笔者自绘）

交通型轨道站点影响区用地规划布局模式中各要素的量化指标详见表5-17，其中用地功能与布局及土地开发强度模式如图5-33、图5-34所示。

交通型轨道站点影响区用地规划布局模式各要素量化统计表　　　表5-17

客群特点	用地功能配置	服务设施配套	用地规划布局		容积率		
			0~200m圈层	200~500m圈层	0~200m圈层	200~500m圈层	影响区平均
居住人群、商务人群及旅游人群	S类≥30%	商服+金融+娱乐：60%~90%，交通：5%~20%，公服：4%~13%，休闲<5%	S类40%~90%，R类20%~35%，B类≤30%，A类、G类分别≤10%	S类30%~50%，R类≤25%，B类、A类≤20%，G类≤20%，M类≤10%	1.8~6.8	2.5~6.2	2.3~6.3

（来源：笔者自绘）

（4）产业型模式

以产业型轨道站点为核心，周边半径500m的圆形区域。其影响区所产生或吸引的客群主要为商务人群，他们的需求包括商业型活动、交通型活动与休闲康体型活动等。

通过对案例站点分析得出，产业型轨道站点影响区内根据工业用地所占比例的不同，相对应的其余各类用地所占比例情况也会有所差异，具体如表5-18所示。

产业型轨道站点影响区各类用地所占比例　　　　　　　　表5-18

用地分类	产业型轨道站点影响区各类用地所占比例		
以工业用地所占比例为分类标准	10%<M<20%	20%≤M<30%	M≥30%
公共管理与公共服务用地	10%~20%	<10%	5%~15%
商业服务业设施用地	5%~20%	5%~10%	<5%
居住用地	25%~30%	10%~40%	<30%
道路与交通设施用地	10%~25%	20%~35%	15%~30%
绿地与广场用地	5%~10%	<15%	<15%

（来源：笔者自绘）

产业型轨道站点影响区内根据工业用地所占比例的不同，相对应的其余各类用地分圈层所占比例情况也会有所差异，具体如表5-19所示。

产业型轨道站点影响区分圈层各类用地所占比例　　　　　　表5-19

用地分类	产业型轨道站点影响区分圈层各类用地所占比例					
以工业用地所占比例为分类标准	20%<M<30%		30%≤M<40%		M≥40%	
分圈层	0~200m	200~500m	0~200m	200~500m	0~200m	200~500m
工业用地	<20%	15%~20%	<35%	15%~30%	<65%	30%~55%
公共管理与公共服务用地	<30%	10%~25%	<5%	<15%	<15%	<15%
商业服务业设施用地	<35%	5%~15%	5%~20%	5%~10%	<5%	<5%
道路与交通设施用地	15%~30%	10%~20%	30%~50%	20%~35%	25%~35%	10%~25%
居住用地	15%~35%	20%~30%	20%~40%	10%~40%	<60%	<30%
绿地与广场用地	<10%	5%~15%	<10%	<20%	<5%	<15%

（来源：笔者自绘）

产业型轨道站点影响区的平均容积率大体在2.0~6.7之间，其中0~200m圈层的平均容积率在3.0~8.0，而200~500m圈层的平均容积率在2.0~6.5。根据对不同城市产业型案例站点的用地功能配置、用地布局规划及土地开发强度的相关数据的归纳总结，得出了产业型轨道站点影响区范围内用地功能布局与土地开发强度之间的关系，具体如表5-20所示。

相互关系	0~500m		0~500m		0~500m	
	0~200m	200~500m	0~200m	200~500m	0~200m	200~500m
影响区内工业及物流仓储用地所占比例	10%~20%		20%~30%		>30%	
分圈层工业及物流仓储用地所占比例	<20%	15%~20%	<35%	15%~30%	>5%	>30%
影响区平均容积率	2.5~7.7		2.7~4.1		1.4~6.7	
分圈层平均容积率	2.8~7.9	2.5~7.6	3.5~4.5	2.0~4.1	2.0~8.7	1.0~6.5

（来源：笔者自绘）

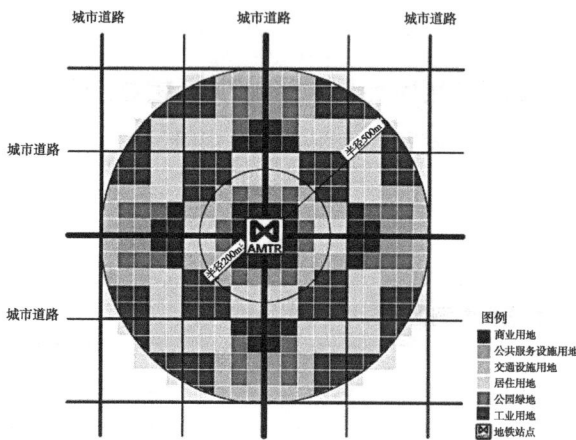

图5-35　产业型轨道站点影响区用地功能与布局模式
（来源：笔者自绘）

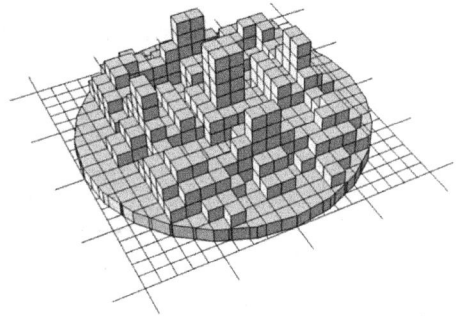

图5-36　产业型轨道站点影响区土地开发强度模式
（来源：笔者自绘）

　　产业型轨道站点影响区用地规划布局模式中各要素的量化指标详见表

5-21，其中用地功能与布局及土地开发强度模式如图5-35、图5-36所示。

产业型轨道站点影响区用地规划布局模式各要素量化统计表　　表5-21

客群特点	用地功能配置	服务设施配套	用地规划布局		容积率		
			0~200m 圈层	200~500m 圈层	0~200m 圈层	200~500m 圈层	影响区平均
主要为商务人群	M类+W类≥10%，R类普遍≥25%	商服+金融+娱乐：60%~90%，交通：5%~20%，公服：5%~18%，休闲<5%	M类≤25%，B类≤20%，R类20%~40%，A类≤5%，G类≤10%，S类25%~35%	M类15%~40%，B类≤15%，R类20%~40%，A类、G类分别≤15%，S类10%~30%	3.0 ~ 8.0	2.0 ~ 6.5	2.0 ~ 6.7

（来源：笔者自绘）

（5）居住型模式

以居住型轨道站点为核心，周边半径500m的圆形区域。其影响区所产生或吸引的客群主要为居住人群，他们的需求包括了商业型活动、文化教育型活动、休闲康体型活动、医疗康养型活动、交通型活动等。

通过对案例站点分析得出，居住型轨道站点影响区内根据居住用地所占比例的不同，相对应的其余各类用地所占比例情况也会有所差异，具体如表5-22所示。

居住型轨道站点影响区各类用地所占比例　　　　表5-22

用地分类	居住型轨道站点影响区各类用地所占比例		
以居住用地所占比例为分类标准	30%<R<45%	46%≤R<60%	R≥60%
公共管理与公共服务用地	5%~15%	<10%	5%~10%
商业服务业设施用地	5%~20%	<20%	<10%
道路与交通设施用地	20%~25%	20%~40%	15%~25%
绿地与广场用地	5%~20%	<5%	<10%

（来源：笔者自绘）

居住型轨道站点影响区内根据居住用地所占比例的不同，相对应的其余各类用地分圈层所占比例情况也会有所差异，具体如表5-23所示。

居住型轨道站点影响区分圈层各类用地所占比例　　　　表5-23

用地分类	居住型轨道站点影响区分圈层各类用地所占比例					
以居住用地所占比例为分类标准	30%<R<45%		45%≤R<60%		R≥60%	
分圈层	0~200m	200~500m	0~200m	200~500m	0~200m	200~500m
居住用地	15%~40%	35%~40%	25%~55%	50%~65%	35%~55%	60%~70%
公共管理与公共服务用地	<10%	10%~20%	<5%	<10%	<5%	5%~10%
商业服务业设施用地	25%~40%	5%~20%	<30%	<20%	5%~15%	<10%
道路与交通设施用地	25%~45%	20%~25%	30%~50%	20%~40%	30%~45%	15%~20%
绿地与广场用地	<5%	10%~25%	<5%	<5%	<5%	<10%

（来源：笔者自绘）

居住型轨道站点影响区的平均容积率大体在3.0~7.0之间，其中0~200m圈层范围内的平均容积率明显高于200~500m圈层，0~200m圈层的平均容积率在3.2~9.0，而200~500m圈层的平均容积率在2.8~6.6。根据对不同城市居住型案例站点的用地功能配置、用地布局规划及土地开发强度的相关数据的归纳总结，得出了居住型轨道站点影响区范围内用地功能布局与土地开发强度之间的关系，具体如表5-24所示。

居住型轨道站点影响区分圈层用地功能布局与土地开发强度关系表　表5-24

相互关系	0~500m		0~500m		0~500m	
	0~200m	200~500m	0~200m	200~500m	0~200m	200~500m
影响区内居住用地所占比例	30%~45%		45%~60%		>60%	
分圈层居住用地所占比例	10%~40%	35%~45%	25%~55%	50%~65%	>35%	>60%
影响区平均容积率	3.5~7.1		2.5~8.1		2.5~3.5	
分圈层平均容积率	4.5~9.5	3.0~7.0	4.0~9.0	2.5~8.0	3.0~4.5	2.5~4.5

（来源：笔者自绘）

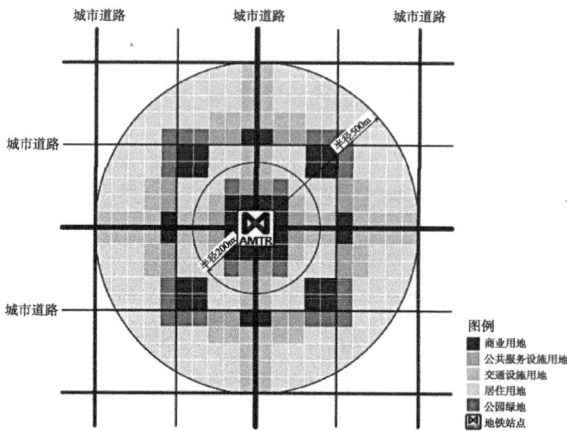

图5-37　居住型轨道站点影响区用地功能与布局模式
（来源：笔者自绘）

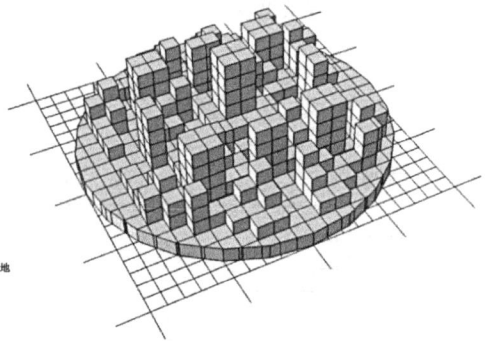

图5-38　居住型轨道站点影响区土地开发强度模式
（来源：笔者自绘）

居住型轨道站点影响区用地规划布局模式中各要素的量化指标详见表5-25，其中用地功能与布局及土地开发强度模式如图5-37、图5-38所示。

居住型轨道站点影响区用地规划布局模式各要素量化统计表　　表5-25

客群特点	用地功能配置	服务设施配套	用地规划布局		容积率		
			0～200m圈层	200～500m圈层	0～200m圈层	200～500m圈层	影响区平均
主要为居住人群	R类≥32%，S类普遍≥20%，A类+G类普遍<30%	商服+金融+娱乐：70%～90%，交通：5%～10%，公服：10%～20%，休闲<3%	R类20%～55%，B类≤30%，A类≤10%，G类≤5%，S类30%～45%	R类35%～70%，B类≤20%，A类≤15%，G类≤20%，S类15%～30%	3.2～9.0	2.8～6.6	3.0～7.0

（来源：笔者自绘）

（6）综合型模式

以综合型轨道站点为核心，周边半径500m的圆形区域。对于综合型轨道站点而言，其影响区所产生或吸引的客群包括了居住人群、商务人群及旅游人群，他们的需求包括了商业型活动、文化教育型活动、休闲康体型活动、医疗康养型活动、交通型活动等。

通过对案例站点分析得出，综合型轨道站点影响区内居住用地及道路与交通设施用地所占比例较其余用地大，普遍在20%～30%之间，商业服务业设施用地所占比例普遍大于公共管理与公共服务用地及绿地与广场用地，占比在10%～20%之间，公共管理与公共服务用地与绿地与广场用地所占比例普遍在5%～20%，工业用地所占比例<8%。

通过对案例站点影响区0～200m及200～500m圈层范围内的用地功能配置分析，可总结出在综合型轨道站点影响区范围内，0～200m圈层商业服务业设施用地所占比例20%～50%，居住用地所占比例10%～35%，公共管理与公共服务用地所占比例≤20%，绿地与广场用地所占比例≤10%，道路与交通设施用地所占比例20%～40%，工业用地所占比例≤3%。200～500m圈层商业服务业设施用地所占比例≤20%，居住用地所占比例20%～30%，公共管理与公共服务用地占比例10%～20%，绿地与广场用地所占比例≤20%左右，道路与交通设施用地所占比例15%～30%，工业用地所占比例≤10%。

综合型轨道站点影响区的平均容积率大体在3.0～7.0之间，其中0～200m圈层范围内的平均容积率明显高于200～500m圈层，0～200m圈层的平均容积率在4.6～9.2，而200～500m圈层的平均容积率在2.6～6.6。根据对不同城市商服型案例站点的用地功能配置、用地布局规划及土地开发强度的相关数据的归纳总结，得出了综合型轨道站点影响区范围内用地功能布局与土地开发强度之间的关系，具体如表5-26所示。

综合型轨道站点影响区分圈层用地功能布局与土地开发强度关系表　表5-26

相互关系	0～500m		0～500m		0～500m		0～500m		0～500m	
	0～200m	200～500m	0～200m	200～500m	0～200m	200～500m	0～200m	200～500m	0～200m	200～500m
影响区内主导功能用地所占比例	居住用地 25%～32%		商业服务业设施用地15%～20%		公共管理与公共服务用地 15%～20%		道路与交通设施用地25%～30%		工业及物流仓储用地5%～10%	
分圈层主导功能用地所占比例	5%～40%	25%～35%	20%～50%	10%～25%	<25%	15%～20%	28%～40%	25%～30%	<5%	5%～10%
影响区平均容积率	2.7～7.7		3.4～7.7		2.7～7.7		3.0～7.7		3.0～7.0	
分圈层平均容积率	3.5～9.2	2.4～7.7	3.8～9.5	2.8～7.6	4.5～9.2	2.4～7.6	3.8～9.5	2.5～7.6	5.5～9.2	2.5～6.6

（来源：笔者自绘）

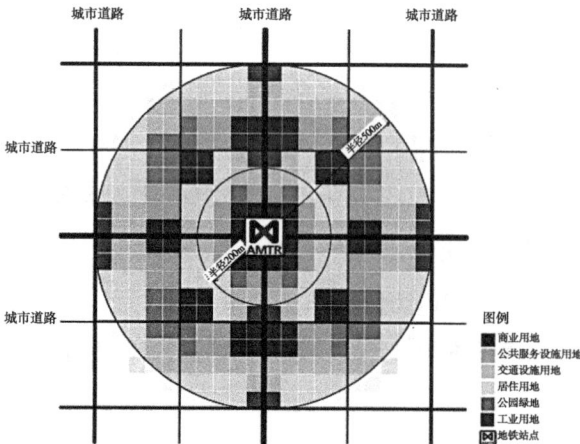

图5-39　综合型轨道站点影响区用地功能与布局模式
（来源：笔者自绘）

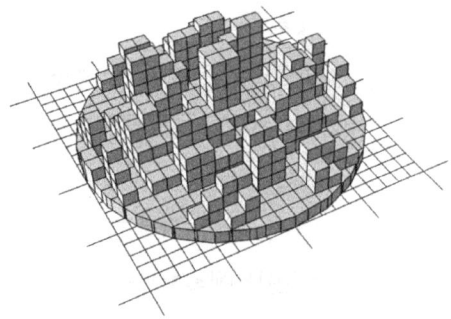

图5-40　综合型轨道站点影响区土地开发强度模式
（来源：笔者自绘）

综合型轨道站点影响区用地规划布局模式中各要素的量化指标详见表5-27，其中用地功能与布局及土地开发强度模式如图5-39、图5-40所示。

综合型轨道站点影响区用地规划布局模式各要素量化统计表　　　表5-27

客群特点	用地功能配置	服务设施配套	用地规划布局		容积率		
			0～200m圈层	200～500m圈层	0～200m圈层	200～500m圈层	影响区平均
包括居住人群、商务人群及旅游人群	R类、S类普遍20%～30%，B类10%～20%，A类、G类普遍5%～20%，M类＜8%	商服+金融+娱乐：60%～80%，交通：5%～20%，公服：8%～18%，休闲＜8%	B类20%～50%，R类10%～35%，A类≤20%，G类≤10%，S类20%～40%，M类≤3%	B类≤20%，R类20%～30%，A类10%～20%，G类≤20%，S类15%～30%，M类≤10%	4.6～9.2	2.6～6.6	3.0～7.0

（来源：笔者自绘）

5.4.2 以轨道站点为导向的厦门用地发展

1. 厦门轨道站点影响区开发强度分析

不同类型、不同容积率的用地可以容纳不同数量的工作岗位或者提供一定的居住空间。通过各种类型建筑的总建筑面积以及人均居住建筑面积和各类人均岗位建筑面积，可以估算出整块用地中承载的居住人口数与岗位数，进而核算居住人口覆盖率与就业岗位覆盖率。

（1）计算方式

站点影响区某种用地覆盖的居住人口（岗位）=服务范围总面积×用地比例×容积率×Σ业态比例/人均建筑面积

某站点影响区居住人口（岗位）=Σ某站点影响区某种用地覆盖的居住人口（岗位）

轨道站点覆盖的总居住人口（岗位）=Σ岛内站点影响区居住人口（岗位）×岛内影响区重叠系数+Σ岛外站点影响区居住人口（岗位）×岛外影响区重叠系数

居住人口覆盖率（就业岗位覆盖率）=轨道站点覆盖的居住人口（岗位）/市常住人口（市总岗位）

由于未取得现状已建成用地状况的相关数据，本研究以厦门市2020年规划用地为基础数据，采用总盘子估算的方法。以达到轨道城市的要求为目标，通过设定人均居住建筑面积和各类人均岗位建筑面积，可以估算出在6条轨道线的情况下，站点影响区需要达到的开发强度。

其中，人均居住建筑面积设定：30m²/人；人均岗位建筑面积设定：写字楼为25m²/岗位；零售为45m²/岗位；体育为75m²/岗位；工业为25m²/岗位；学校为25×14m²/岗位。

（注：按学校类型划分，生均用地指标13～45m²/人——厦门市城乡规划管理技术规定（2016年版）；高中教职工与学生比为1:12.5、初中为1:13.5、小学为1:19——《国家中长期教育改革和发展规划纲要（2010—2020年）》。）

（2）估算

由于《厦门市城乡规划管理技术规定（2016年版）》中，住宅建筑岛外容积率上限为2.9，办公旅馆建筑岛外容积率上限为4.8，商业建筑岛外容积率上限为3.6，通用厂房容积率下限为1.2，一般仓库容积率下限为0.8。设商业建筑容积率为3.6-R、办公旅馆建筑容积率为4.8-R，即商业用地容积率为（3.6-R+4.8-R）/2，代入上述公式进行计算，可得到居住用地容积率、商业用地容积率如下（表5-28）。

站点影响区开发强度估算　　　　　　　　表5-28

用地性质	基准容积率				人口覆盖率	就业岗位覆盖率
	居住用地	商业用地	工业用地	物流仓储用地		
2020年预测					23.0%	19.7%
阶段一	2.1	1.5	1.2	0.8	50%	50%
阶段二	2.9	2.4	1.2	0.8	70%	70%

注：轨道站点影响区：r=500m（岛内影响区重叠系数：0.934；岛外影响区重叠系数：0.955）
2020年人口计370万人，岗位计203.5万个。
（来源：笔者自绘）

以上估算的开发强度均未超出《厦门市城乡规划管理技术规定》中控制的容积率上限。因此，在现阶段，对轨道站点影响区进行合理开发，可以实现70%的人口覆盖以及70%的就业岗位覆盖。未来，可通过以上方式对轨道站点影响区开发强度进行控制，争取将70%的人口以及70%的就业岗位集中在轨道站点影响区内（表5-29）。

人均城乡建设用地面积对比 表5-29

规划阶段	2016年现状	2035年规划	阶段一（站点影响区人口覆盖率50%）	阶段二（站点影响区人口覆盖率70%）
人均城乡建设用地面积（m²/人）	98.6	95	57.97	41.41

（来源：笔者自绘）

2. 厦门城市用地发展模式对比

轨道交通站点直接与周边用地产生互动关系，不同的用地发展模式会带来不同的出行效率以及不同的土地利用效率。

当厦门轨道规划6条轨道线时，站点影响区500m范围覆盖面积107.25km²。以6条轨道线时的土地使用状况作为估算基础，若成为轨道交通主导的轨道城市，轨道站点影响区人口覆盖率应达到70%，则轨道站点影响区内人均城乡建设用地为41.41m²/人。新一版厦门总体规划初步预测2035年厦门常住人口规模为600万人，现将厦门的用地发展模式分为以下3种情境（图5-41）。

情境假设一：轨道建设与城市土地使用没有整合考虑，以人均城乡建设用地100m²/人计算，城乡建设用地需要600km²，此时轨道站点影响区居住人口覆盖率约30%。

情境假设二：若总建设用地面积600km²不变，轨道站点影响区内进行高密度开发，轨道影响区外实施低密度开发。以轨道站点影响区居住人口覆

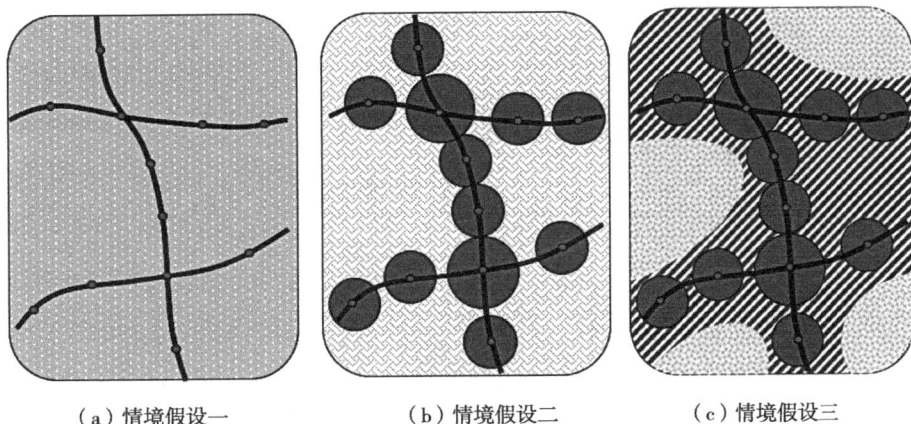

（a）情境假设一　　　　　（b）情境假设二　　　　　（c）情境假设三

图5-41　用地发展模式结构分析图
（来源：笔者自绘）

盖率达到70%为例，轨道站点影响区外人均建设用地可达236.71m²/人，轨道站点影响区外开发强度明显过低。

情境假设三：建设用地围绕轨道站点进行较高密度的开发，轨道站点影响区以内的开发强度最高。以轨道站点影响区居住人口覆盖率达到70%为例，此时需要建设用地仅需433km²，人均建设用地约72m²/人，相较之前常规的总体规划可节约用地167km²，用地空间绩效提高30%。

情境假设三是比较理想的紧凑布局用地发展模式，也是厦门市总体规划应该采用的用地布局模式。详见用地组团结构示意图（图5-42）和用地发展布局示意图（图5-43）。

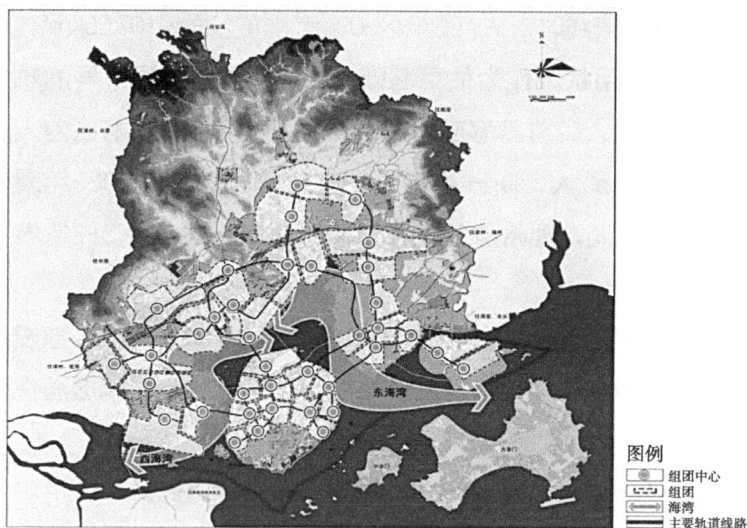

图5-42　用地组团结构示意图
（来源：笔者自绘）

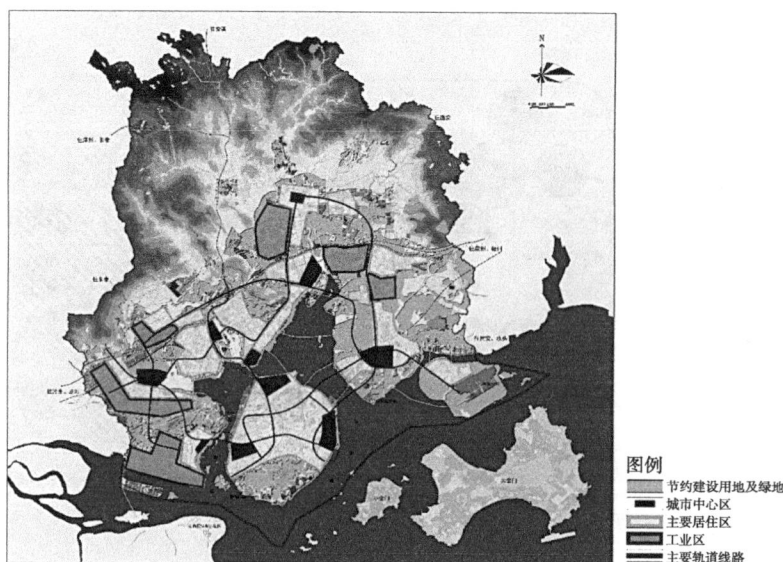

图5-43　用地发展布局示意图
（来源：笔者自绘）

3. 小结

通过上述情境假设可以看到，情境假设三将轨道站点与城市土地使用充分整合，沿轨道站点高密度开发，将尽量多的人口与岗位聚集在轨道沿线，既可以大大提高轨道交通的客流密度，又可节省大量建设用地作为绿地及开敞空间，提升城市的空间品质。真正实现以轨道交通为引导，形成紧凑型、串珠式、生态化的城市用地发展模式。

这里需要强调的是，情境假设二和情境假设三都是理想状态下的用地发展模式，该模式还需通过总规下一层次的规划予以深化落实，并由此打破原有"跨岛摊大饼"的传统用地发展模式。

此外，为实现紧凑型、串珠式、生态化的城市用地发展模式，在实际用地规划中，应结合现状用地、存量用地和已批用地的实际情况进行仔细的用地指标核算，这项工作可在总体规划完成之后继续进行深化。但作为增量的用地规划布局，必须采用这种新的城市用地发展模式，促进轨道交通引导实现城市空间发展的可持续性。

5.4.3 厦门城市用地规划建议与策略

1. 优化站点影响区内土地使用

厦门在进行城市用地规划布局时应用足用好轨道站点周边的存量用地，对轨道站点周边的增量用地规划坚持TOD理念，通过围绕轨道站点合理布局，配合对其进行较高强度的开发，使土地利用效率更高，居民出行更加便捷。轨道站点数量庞大，其影响区的用地布局应各有特点。分析轨道交通运行成熟地区的轨道站点影响区，可以看到不同类型的轨道站点影响区土地使用具有一定的特征。将厦门轨道站点按功能类型进行分类，以构建的模式选型为参考，再结合轨道站点周边现状用地情况优化用地布局，增加轨道交通站点影响区路网密度，优化站点周边社区的步行环境及条件，促使厦门成为一个具有高品质以及高效率的"轨道+步行"城市。

2. 以轨道交通站点为导向发展城市用地

厦门应以轨道站点为核心组织城市用地布局。其不同于传统城市总体规划用地布局为均布模式（图5-41（a）），需要在明确站点类型、优化轨道站点周边用地布局的基础上，对轨道站点影响区进行高强度开发，对位于轨道站点影响区附近的地区进行较高强度的开发（图5-41（c）），使城市中的人口与岗位尽量在轨道站点附近集聚。这种建设相对集中、空间布局紧凑的规划模式，一方面可以节约基础设施和公共服务成本，另一方面有利于节约出用地作为开放空间和公共绿地，创造更加舒适的城市环境。

厦门原有城市总体规划的用地布局基本上采用跨海"摊大饼"模式，城市用地采用均质蔓延式布局。而根据厦门市山水空间格局，厦门应侧重发展专业化分工的城市中心，并形成网络化的城市中心体系。以轨道站点为核心组织城市用地功能布局有助于厦门多核多中心城市格局的形成与巩固，围绕轨道站点以较高的强度进行建设开发、以较为集中的方式进行设施配套、以立体化的方式增加绿化面积改善人们的感官感受，节约的城市建设用地可用于公共开放空间和生态系统的发展（图5-42、图5-43）。这种集约的总体规划用地布局模式不仅能够促进厦门的全域发展，更能够契合厦门山水相隔的空间形态特征，使城市用地布局与城市自然空间相协调。

参考文献

[1] 潘海啸，卞硕尉，王蕾. 城市外围地区轨道站点周边用地特征与接驳换乘——基于莘庄站、共富新村站和九亭站的调查[J]. 上海城市规划，2014（2）.

[2] 中华人民共和国住房和城乡建设部. 城市轨道沿线地区规划设计导则 [S]. 2015.

[3] 李培. 城市轨道交通站点周边土地利用研究[D]. 郑州：郑州大学，2016.

[4] 刘佳欣. 城市轨道交通站点周边土地利用及开发对客流影响分析[D]. 成都：西南交通大学，2016.

[5] Papa E，Bertolini L. Accessibility and Transit-Oriented Development in European metropolitan areas[J]. Journal of Transport Geography，2015，47：70-83.

[6] Bhattacharjee S，Goetz A R. The rail transit system and land use change in the Denver metro region[J]. Journal of Transport Geography，2016，54：440-450.

[7] 刘健. 马恩拉瓦莱：从新城到欧洲中心——巴黎地区新城建设回顾[J]. 国外城市规划2002（2）：27-31.

[8] 张洁. 基于TOD的城市轨道交通开发策略研究[D]. 天津：天津商业大学，2011.

[9] 侯德劭. 斯德哥尔摩"公交都市"发展模式对奉贤区交通发展的启示[J]. 交通与运输，2014，3：17-19.

[10] 陈可石，胡媛. 新加坡 21 世纪新镇规划模式研究——以榜鹅新镇为例[J]. 特区经济，2013（1）：82-85.

[11] 包智博. 居住型地铁站点周边公共服务设施配建研究——以成都市地铁为例[D]. 成都：西南交通大学，2014.

[12] 邹伟勇. 新加坡新镇轨道站点TOD开发对广州近郊新区规划启示[J]. 南方建筑，2015，（4）：36-43.

[13] 张月金. 城市轨道交通沿线土地综合开发策略——以南宁轨道交通1号线为例[J]. 规划师，2014，30：158-162.

[14] 龚亮. 南京青龙片区地铁小镇综合开发模式研究[J]. 江苏科技信息，2015（7）：78-80.

[15] 刘泉. 轨道站点地区TOD规划管理中的指标控制[J]. 规划师，2018（1）.

[16] 住房和城乡建设部. 城市轨道沿线地区规划设计导则[S]. 2015.

[17] 广东省住房和城乡建设厅. 珠三角城际轨道站场 TOD 发展总体规划纲要 [R]. 2011.

[18] 黄希熙，Busch C，何东全，等. 12条绿色导则：国开金融绿色智慧城镇开发导则（征求意见稿）[S]. 2015.

[19] 深圳市人民政府. 深圳市城市规划标准与准则 [S]. 2013.

[20] 王京元，郑贤，莫一魁. 轨道交通TOD开发密度分区构建及容积率确定——以深圳市轨道交通3号线为例[J]. 城市规划，2011，35（4）：30-35.

[21] 舒尔茨. 实存·空间·建筑[M]. 王淳隆，译. 台北：台隆书店，1985：20.

[22] 惠英. 城市轨道交通站点地区规划与建设研究[J]. 城市规划学刊，2002（02）：30-33.

[23] 张志恒，徐菊芬. 轨道交通站点周边用地开发强度分类研究——以南京市地铁2号线为例[J]. 住宅科技，2014，34（10）：17-22.

[24] 张小川. 深度城市化进程中的社区公共服务设施供给研究——以深圳市龙岗区为例[J]. 建筑

知识，2016，22.

[25] 李向楠. 城市轨道交通站点分类的聚类方法研究[J]. 铁道标准设计，2015，59（04）：19-23.

[26] 史文君. 规划导向的轨道站点分类方法探讨——以南京市轨道站点1号线为例[C]//中国城市规划学会、沈阳市人民政府. 规划60年：成就与挑战——2016中国城市规划年会论文集（04城市规划新技术应用）. 中国城市规划学会、沈阳市人民政府，2016：8.

[27] 谭啸. 天津城市轨道交通站点周边土地利用优化研究[D]. 天津：天津大学，2012.

[28] 刘保奎、冯长春. 城市轨道交通对站点周边土地利用结构的影响[J]. 城市发展研究，2009，16（4）：149-155.

[29] 廖骏. 城市轨道交通站点周边土地利用优化策略研究——以成都市地铁一号线为例[D]. 成都：西南交通大学，2012.

[30] 刘诗奇，郭静，李若溪，等. 北京轨道交通典型站点周边的土地利用特征分析[J]. 城市发展研究，2014，21（4）：66-71.

[31] 陈卫国. 地铁车站周边地块合理开发强度之初探——由深圳市轨道交通二期工程详细规划说起[J]. 现代城市研究，2006（08）：44-50.

[32] 周梦茹. 基于经验数据集取的轨道交通一般站点用地指标量化研究——以合肥轨道4、5号线为例[D]. 南京：东南大学，2017.

[33] 索超，张浩. 高铁站点周边商务空间的影响因素与发展建议——基于沪宁沿线POI数据的实证[J]. 城市规划，2015，39（07）：43-49.

[34] 郭高华. 基于POI数据的枢纽范围区业态研究[J]. 中国市政工程，2017（01）：49-51，94-95.

[35] 乐晓辉，陈君娴，杨家文. 深圳轨道交通对城市空间结构的影响——基于地价梯度和开发强度梯度的分析[J]. 地理研究，2016，35（11）：2091-2104.

[36] 段德罡，张凡. 土地利用优化视角下的城市轨道站点分类研究——以西安地铁2号线为例[J]. 城市规划，2013，37（09）：39-45.

[37] 张玺. 基于空间句法的旧城居住型轨道站点周边城市公共空间研究[D]. 北京：北京工业大学，2013.

[38] Lin J J, Gau C C. A TOD planning model to review the regulation of allowable development densities around subway stations[J]. Land Use Policy, 2006, 23（3）：353-360.

[39] 莫一魁，邓军，王京元，城市轨道交通站点地区TOD规划模型及应用[J]. 土木建筑与环境工程，2009，31（2）：116-120

[40] 张巍，龙成平. 轨道交通站点周边土地容积率确定方法研究——基于重庆轻轨鸳鸯站的实证分析[J]. 城市轨道交通研究，2017，20（01）：91-95.

[41] 王成芳. 广州轨道交通站区用地优化策略研究[D]. 广州：华南理工大学，2013.

[42] 王慎刚，张锐. 中外土地集约利用理论与实践[J]. 山东师范大学学报，2006（01）：90-93.

[43] 乔宏. 轨道交通导向下的城市空间集约利用研究[D]. 重庆：西南大学，2013.

[44] 王京元，郑贤，莫一魁. 轨道交通TOD开发密度分区构建及容积率确定——以深圳市轨道交通3号线为例[J]. 城市规划，2011，35（4）：30-35.

[45] 谭永朝，过文魁. 用地驱动发展模式与城市交通共性问题——以杭州市为例[J]. 城市交通，2016，14（04）：46-50.

[46] 郑捷奋，刘洪玉. 日本轨道交通与土地的综合开发[J]. 中国铁道科学，2003（04）：134-139.

[47] 邹伟勇. 新加坡新镇轨道站点TOD开发对广州近郊新区规划启示[J]. 南方建筑，2015（04）：

36—43.

[48] 郑捷奋，刘洪玉. 新加坡城市交通与土地的综合发展模式[J]. 铁道运输与经济，2003（11）：4—7.

[49] 李婷婷. 城市轨道交通站点地区公共空间塑造研究——以香港和上海为例[D]. 上海：同济大学，2009.

[50] Aloso W. Location and Land Use[M]. Cambridge：Harvard University Press，1964.

[51] 舒慧琴，石小法. 东京都市圈轨道交通系统对城市空间结构发展的影响[J]. 国际城市规划，2008（03）：105—109.

[52] 徐旭晖. 轨道交通与土地利用规划协调发展模式分析[J]. 甘肃科技纵横，2004（05）：134—135.

[53] 张安锋. 上海城市轨道交通网络规划实施评估[J]. 城市轨道交通研究，2015，18（06）：1—6.

[54] 范丽娟，田广星. 基于模糊综合评价法的银川市土地集约利用评价[J]. 农业科学研究，2018，39（01）：6—9.

[55] 李锐. 地下轨道与城市道路及综合管廊大断面共建[J]. 西安科技大学学报，2018，38（03）：466—472.

[56] 陈曦寒. 基于可持续发展的城市综合管廊与轨道交通协同建设——以南通市为例[C]//中国城市科学研究会，海南省规划委员会，海口市人民政府. 2017城市发展与规划论文集. 2017.

[57] REILLY M，LANDIS J. The influence of built—form and land use on mode choice[R]. Berkeley：University of California Transportation Center，2003.

[58] 杨涛. 我国城市道路网体系基本问题与若干建议[J]. 城市交通，2004（3）：3—6.

[59] 杨涛，周伟丹. 支路网：健康城市道路体系建设的关键[J]. 规划师，2009（6）：11—15.

[60] 马强. 寻找消失的支路——破解城市支路规划和建设难题的思考[J]. 规划师，2009（6）：5—10.

[61] 林坚，陈祁晖，晋璟瑶. 土地应该怎么用——城市土地集约利用的内涵与指标评价[J]. 中国土地，2004（11）：5—8.

[62] 王振山. 城市土地集约与生态协同利用机理及其评价研究[D]. 北京：中国矿业大学，2016.

[63] 张天洁，李泽. 新加坡高层公共住宅的社区营造[J]. 建筑学报，2015（6）：52—57.

第六章

轨道站点周边存量用地的再开发

近年来，我国城市建设中土地供需矛盾日益突出，外延式的城市发展模式已经无法继续，这对城市规划提出了土地集约用地的新要求，存量用地作为未来城镇建设用地的重要来源对城市布局优化集约发展具有重要意义。而轨道交通建设作为城市发展新动力对存量用地的再开发有强大推动作用，科学有效地开发利用轨道交通站点周边存量用地，对实现"轨道城市"建设具有十分重要的意义。

　　本章提出了轨道交通站点与存量用地之间的互动关系、协同开发可行性和开发过程中存量用地价值潜力挖掘的必要性，设计了轨道交通站点周边存量用地价值潜力评价体系，提出了轨道交通站点周边存量用地价值潜力高、中、低三个分类标准，构建了轨道交通站点周边存量用地再开发模式和实施策略。

6.1 轨道站点与存量用地再开发互动关系

在城市更新和再开发建设过程中，轨道交通建设作为新动力与城市空间布局、沿线用地功能和开发强度等均存在关联，同时直接影响其周边存量用地的再开发，总结轨道站点与存量用地再开发的互动关系是存量用地再开发模式选择的前提与基础，对加强轨道和周边用地协同发展意义重大。

通过对城市存量用地再开发的特征和开发条件的梳理，不难发现除政策因素外，其经济性因素和规划结构的调整是存量用地再开发最重要的推动力。在对存量用地特征分析和再开发条件进行总结的基础上，研究轨道交通站点与存量用地再开发的互动关系，厘清影响站点周边存量用地开发的因素；针对存量用地的特定权属要求，研究轨道交通站点与存量用地协同开发的条件，以建立合理可行的用地开发模式。

6.1.1 轨道站点周边存量用地特征分析

通过存量用地的普遍特征及判断方法可知，存量用地的最重要特征是其经济价值的失衡表现，即用地的经济收益无法满足其现状土地价值。在轨道交通建设影响下，站点周边用地土地价值提升，带来了强大的再开发动力，但在这种开发动力影响下，原本的城市用地经济效益无法满足建设需求，从而大大增加了存量用地的产生。同时，受轨道站点开发影响的存量用地，其特征属性更加明确，通过比较分析，轨道站点周边存量用地的特征属性主要为以下几个方面。

1. 功能特征

根据轨道交通站点建设的一般规律，其周边用地更加强调商业性质。相比较于一般存量用地，站点周边存量用地更加需要通过用地性质的调整来实现再开发，表现为用地的置换或土地整理。一般而言，存量用地的居住用地比例相对较高。

2. 区位特征

轨道交通建设介入存量用地开发后，为存量用地注入了新的区位条件，其中不同的站点类型所带来的区位影响不同，其周边存量用地的开发价值和开发潜力也会随之不同。如城市中心站周边存量用地的区位优势高于一般站周边存量用地，具有更高的开发潜力，其与站点的距离导致了用地区位以及开发模式的不同。总体而言，轨道交通影响下的存量用地更加强调了其区位特征，这一特征也正是再开发过程中要重点研究的内容。

3. 开发强度特征

轨道交通建设过程中带来了强大的再开发动力，并伴随着大量的物质更新。同时，根据轨道交通站点影响区的一般建设规律，其原有的开发强度和模式无法满足轨道交通建设所带来的开发需求，这一过程中用地开发强度的调整也是轨道交通站点周边存量用地的一大重要特征，且站点周边的存量用地开发强度和一般地段的存量用地有明显的特征区别。

4. 经济性特征

轨道站点周边存量用地更加强调其经济性特征。轨道交通建设引发城市用地结构的变化，轨道交通站点周边存量用地具有更高的土地价值也具有更高的开发潜力。土地价值变化过程中其经济效益的体现，也是轨道站点周边存量用地的经济性特征。

6.1.2 轨道站点对存量用地再开发的制约影响

轨道交通建设为存量用地再开发带来了强大的动力，与此同时也为存量用地开发带来困难。轨道交通使得用地价值提升，提升了存量用地开发潜力，但它对房产地产的提前作用使得其用地价值在轨道建设前出现大幅提升，由于轨道建设这种价值波动一直存在，这就增加了存量用地盘活中改造和开发的困难；在轨道交通站点的影响下，对于不利于开发用地的改造就更加困难，同时存量用地的性质和开发模式的选择也变得更加多元化。

在以往的轨道交通站的周边用地开发中，主要根据房产价值的测算，以及轨道交通开发的一般规律来直接确定用地的开发强度和用地性质选择。多数情况下选取轨道站点周边利于近期开发建设的用地进行开发建设，忽略了周边用地的价值，使得轨道站点建设带来的动力效益没有充分发挥。在轨道交通站点周边存量用地开发选择的过程中，需要考虑到存量用地的判定标准、置换条件和土地价值等因素，涉及价值潜力的判断则更加复杂。同样，再开发方式的选择在一定程度上也制约了轨道交通与周边用地的协同开发。

6.1.3　轨道站点与周边存量用地协同再开发条件

在轨道交通建设影响下，存量用地的开发较一般存量用地开发强度更高，经济性产出要求更高，用地性质更加明确，其开发模式和开发思路更加明晰。

1. 轨道站点建设将影响存量用地使用性质选择

在轨道站点建设过程中，周边用地开发概率增加同时对用地使用也有了新的要求和方向。由于轨道站点带来的聚集效应使得居住、商业以及办公等功能聚集在站点周边，而工业、仓储等功能得到有机疏散，因此，在土地市场的推动下，为了获取更大的经济效益，轨道站点周边的用地性质以及功能也往往随着市场开发要求而发生变化。

由于轨道交通建设过程中会对商业以及居住功能产生极强的引导作用，因此在存量用地再开发中，用地性质的转化主要集中于商业和居住用地。存量用地作为商业用地进行开发需要较高的可达性以及人流量，商业用地功能应该布置在轨道站点附近聚集效应较高的范围内。另外存量用地作为居住用地进行开发则可以利用交通可达性的提高而吸引居民来此生活，能够充分发挥轨道站点的功能效应同时提升轨道站点周边土地经济收益。现状为工业用地的存量用地，鉴于其低效的开发利用以及所带来的环境问题，已经不适应轨道站点的建设发展，因此，这种情形一般需要进行整体功能置换。

2. 轨道交通建设影响存量用地经济效益以及产业业态更新

存量用地再开发在强调经济效益的同时，也要求展开产业业态的更新。轨道交通站点地区是服务业聚集的区域，它的业态更新一直是轨道交通研究中的重点，在其影响下可以为存量用地的再开发提供新的开发模式。在保证开发强度的同时，改变产业业态是十分经济、合理、有效的开发方式，同时能够改变存量用地落后的产业结构模式，扩大其经济效益。

3. 轨道站点开发规律直接影响存量用地开发强度

存量用地再开发的核心问题是经济性效益的平衡，即开发强度和开发模式的选择。首先，根据轨道站点开发区域层级划分，对核心区内具有较高潜力的存量用地应进行高强度的用地开发；其次，对位于次级影响区的存量用地应进行中强度开发，如以居住用地为主进行中强度开发；最后，对位于间接影响范围内的存量用地进行低强度开发。再通过用地的经济性分析，为存量用地再开发提供容积率指标建议。

轨道交通建设影响存量用地的更新，刺激了存量用地的二次开发。一方面是对容积率的调整，提高土地使用效率，提高土地价值和经济效益；另一方面是通过建筑物质更新的方法来实现存量用地的再开发，包括建筑改造，建筑综合开发等，这一方式可以实现改造经济成本较高、再开发难度较大的存量用地，以提升存量用地的整体效益。

6.2 轨道交通站点周边存量用地价值潜力评价

通过分析存量用地价值潜力的影响因素，对城市存量用地再开发价值潜力进行评价，为存量用地再开发提供基础和依据，并通过价值潜力的评价对存量用地进行分类。

6.2.1 轨道交通站点周边存量用地价值潜力评价思路

以轨道交通影响下的存量用地再开发动力为基础，着眼于存量用地的再开发价值潜力的探讨，更加强调存量用地的土地价值和经济性影响因素，使轨道交通站点周边存量用地的再开发不单纯的按照轨道站点规划的一般模式，应更具有科学性和遵从存量用地自身特性。从中微观角度出发同时结合土地挖潜的评价思路，设计得到轨道交通站点周边存量用地价值潜力评价指标体系，并通过存量用地的价值潜力值计算结果，划定存量用地价值潜力类型。

1. 概念和内涵界定

目前关于存量用地的价值潜力评价研究仍处于探索阶段，而轨道交通建设影响下存量用地集约利用方面的评价研究更是薄弱。目前国内的研究主要集中在以下3个方面：一是从计算机软件技术开发的角度研究，如张绍建等利用GIS 与 Internet/Intranet城市土地利用潜力评价系统对长春市城市土地利用综合效益进行评价[1]；二是从评价模型选择的角度研究，如唐旭对于城镇土地利用潜力评价方法的研究[2]；三是从指标体系构建的角度研究，查志强对城市土地集约利用潜力评价指标体系的研究[3]。总体来说，现状对存量用地的潜力评价研究更偏宏观，缺少针对用地价值潜力的微观评价。

综合已有的研究成果，本文将研究内容定义为：在轨道建设介入城市发展的时期内，以城市区域的合理用地结构和布局为前提，以轨道交通站点开发所影响到的城市建成区为研究范围，探究轨道站点周边存量用地的再开发价值潜力，希望利用站点周边存量用地的结构、功能和强度，实现对土地利用的优化和轨道交通站点建设与周边存量用地的协同开发。结合站点周边存量用地再开发的互动关系分析，得到其存量用地价值潜力有如下内涵。

（1）功能潜力：在轨道交通站点开发规划指导下结合用地现状情况，通过对原有用地功能的改变，促使用地价值潜力的提升。一般而言，存量用地自身功能的不同，所对应的用地功能改变也会对用地价值增量产生影响。

（2）区位潜力：指包括道路通达性、轨道的区位带动影响等区位因素作用下的用地价值提升增长。本文中则突出轨道交通发展带来的区位潜力，即轨道建设改变了城市空间结构以及交通可达性，同时改变了站点周边用地的内在价值潜力，一方面不同轨道站点类型带来的区位优势不同其所产生价值增量不同；另一方面存量用地距轨道站点的距离不同产生的价值增量也不同。

（3）强度潜力：根据轨道交通站点周边用地开发现状，结合上位规划的调整要求，重新审视开发容积率，及建筑质量的改善，提升用地开发强度所带来的用地价值增量。

（4）效益潜力：指在轨道站点的开发模式规律影响下，结合土地价格，基准地价以及经济产出分析用地使用效益，通过调整产业结构等方式提升用地产出效益的经济潜力。

在这里必须说明一点，轨道交通站点周边存量用地价值潜力是在某一时期下根据当时的经济背景以及发展水平进行判定的，这一潜力价值将会随着时间的改变处于一种动态的变化过程中。

2. 评价原则

（1）科学性原则

站点周边存量用地价值潜力的评价，应在深入分析轨道站点存量用地使用现状的前提下，对再开发的科学性、合理性和可实施性等进行论证。

（2）综合性与主导性相结合的原则

轨道交通站点周边存量用地再开发涉及区位条件、土地利用性质、开发现状、和用地效益等多方面内容，评价体系既要内容的全面、系统，又要考虑轨道交通站点的主导性与存量用地再开发要素的紧密结合。

（3）相对独立性的原则

在设计评价指标体系过程中，评价目标的设定在保证整体性的前提下，又要求各个指标在选择过程中有一定的独立性，即各个指标所表达的内容不存在相互包含以及重复交叉的情况，保证指标体系的完整性以及准确性。

（4）适用性与可操作性相结合的原则

指标体系的可操作性即所选指标要概念清晰、容易计算且易于收集资料，是建立评价指标体系的基本要求。

3. 基本思路

通过对存量用地的潜力评价方法的分析，将运用多指标综合评价法对轨道交通站点周边存量用地价值潜力展开判定，即将影响轨道交通站点周边存量用地价值潜力的多种指标进行转化，得到存量用地再开发价值潜力，以此综合反映存量用地的功能、区位、经济性的再开发条件，体现其开发价值和开发需求。

根据不同轨道站点的影响范围划定评价范围，选取宗地作为基本评价单元，从轨道交通站点与存量用地开发的自身内涵及二者互动关系入手进行分析总结，确定影响因子和评价指标。通过多种方法定性与定量的进行研究，从用地的功能、区位、强度、效益的现状与合理性等方面分析存量用地的价值潜力，主要通过对站点周边用地使用状况的调查和分析获取指标数据同时做标准化处理；然后采用专家打分法与AHP层次分析法计算取得各个指标的权重；最后得出各宗地的用地价值潜力综合指数，并通过GIS软件将评价范围内各用地的价值潜力综合指数进行整合与分析，用以表示站点周边存量用

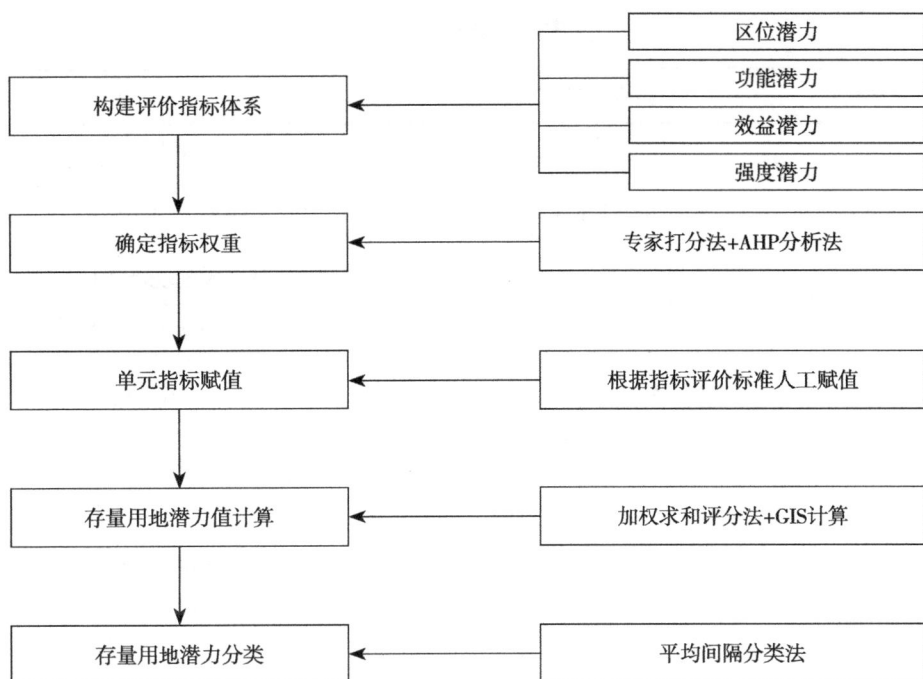

图6-1 轨道站点周边存量用地潜力评价方法
（来源：笔者自绘）

地的价值潜力和开发需求。整体思路方法如图6-1。

6.2.2 轨道站点周边存量用地价值潜力评价指标

根据以上轨道站点与存量用地的互动关系研究及站点周边存量用地价值潜力的分析，选取存量用地价值潜力评价的四个因子，并对各因子的评价指标进一步分析和探讨，提出了轨道交通站点周边存量用地价值潜力评价的指标构成，构建了存量用地价值潜力的评价体系。

1. 评价指标选取

轨道交通和存量用地再开发是一项综合性的研究工作，需要采取定性与定量相结合的方式才能科学的筛选出更切合实际的评价指标。轨道交通站点建设影响存量用地土地价值的因素包括城市经济发展水平和轨道线网规划等以及站区功能、区位以及建设开发指标等方面，而目前存量用地建设开发指标选取研究较少，本文结合轨道交通综合开发、土地集约利用、城市低效用地开发等相关评价研究选取评价指标（表6-1）。

学者	研究视角	评价指标
熊伟婷[4]	城市总体存量建设用地潜力	路网耦合度 规划耦合度 建筑年代 建筑质量 建筑体匹配度等10个指标
冯长春[3]	老城区存量用地集约利用	土地利用性质 建筑高度 容积率 人口密度 与地铁站距离等9个指标
王传明[5]	城市总体土地集约利用	住宅用地比例 工业用地比例 产业结构与用地性质协调度 城市人均建设用地 土地利用率 城市综合容积率等19个指标
王亮[6]	城市低效用地开发潜力	土地利用总体规划符合度 绿地率 建筑系数 容积率 投资强度 产出强度等8个指标

（来源：笔者自绘）

　　本节着重讨论的是轨道交通站点影响区域中各存量用地再开发价值潜力的相对大小，从而得出轨道交通站点周边存量用地再开发价值潜力的综合评价判断，并寻求轨道交通站点周边存量用地的开发时序和开发方式及现阶段最适于开发的用地和中远期开发用地，最后根据综合判定确定不同再开发潜力存量用地的合理开发模式，使存量用地开发发挥更大价值潜力。

　　首先，按照指标评价的一般性分类方法和技术框架，把轨道站点周边存量用地的价值潜力评价指标体系分为三个层次：目标层、因子层和指标层；其次，对影响存量用地价值潜力的城市发展水平、经济增长率等宏观影响因素及区位、功能和建筑质量等微观影响因素，分别确定在用地平均价值和微观相对价值两个方面对土地价值变化的影响力；最后，通过文献提炼和专家咨询结合的方法，确定筛选具体的价值潜力评价指标。

2. 评价指标体系

根据城市轨道交通站点与存量用地再开发的互动关系，采用层次分析法构建评价指标体系，形成由1个目标层、4个因子层和11个指标层构成的评价指标体系（表6-2）。

轨道站点周边存量用地价值潜力评价指标体系　　　　　　　表6-2

目标层	因子层	指标层
轨道交通站点周边存量用地价值潜力评价Q_n	功能潜力B_1	土地利用性质C_1
		土地利用性质规划符合度C_2
	区位潜力B_2	轨道交通站点类型C_3
		轨道交通站点距离C_4
		道路通达性C_5
	强度潜力B_3	现状容积率C_6
		容积率规划耦合度C_7
		土地闲置C_8
		建筑质量C_9
	效益潜力B_4	基准地价C_{10}
		综合效益指数C_{11}

（来源：笔者自绘）

3. 评价指标标准值

轨道交通站点周边存量用地功能、区位、强度、效益因子的评价口径不同，进而运用到具体用地评价时各指标的取值范围也不同，所以，需要设定各个指标的标准值对其作无量纲处理，以利于对价值潜力的评价。

（1）标准值的确定

城市存量用地价值潜力评价标准体系一般包括绝对标准和相对标准指标。绝对标准指标应是在综合国内外相关研究和城市实践经验的基础上，由国家统一进行确定、制定标准值，但这一标准值的制定难度很大，估计一时难以推出。相对标准指标就是在相关研究的基础上，根据各个地区的具体情况进行确定的。

存量用地价值潜力评价，由于目前无法得到绝对评价标准，因此，本文确定存量用地价值潜力评价主要利用其相对标准指标值。

（2）标准值的制定方法

由于城市存量用地的开发受到经济、历史、政策等多方面影响和限制，因此，在标准值的确定过程中需要分析多种因素来综合确定。制定标准值的方法如下。

1）目标值法

指标标准值的确定需要根据存量规划发展目标综合考虑其他影响的因素，遵循制定的土地利用总体规划、城市总体规划以及相关政策规划等，在充分结合现状土地使用权属的基础上确定指标标准值。

2）案例经验参照法

吸收和引进相关轨道交通综合开发与存量用地开发等方面的先进经验，确定指标标准值。

3）专家咨询法

选取一定数量的专家咨询意见，结合问卷调查、实地勘测等方式确定指标标准值。

轨道站点周边存量用地价值潜力评价中各指标标准值确定方法如表6-3。

指标标准值确定方法 表6-3

因子	指标	标准值确定方法
功能潜力B_1	土地利用性质C_1	案例经验参照法
	土地利用性质规划符合度C_2	专家咨询法
区位潜力B_2	轨道交通站点类型C_3	案例经验参照法
	轨道交通站点距离C_4	案例经验参照法
	道路通达性C_5	专家咨询法
强度潜力B_3	现状容积率C_6	目标值法
	容积率规划耦合度C_7	专家咨询法
	土地闲置C_8	目标值法
	建筑质量C_9	专家咨询法
效益潜力B_4	基准地价C_{10}	目标值法
	综合效益指数C_{11}	目标值法

（来源：笔者自绘）

4. 评价指标测度

轨道交通站点周边存量用地价值潜力评价指标体系包含功能、区位、强度、效益四个方面，共11个指标，各指标的含义及其测度如下。

（1）功能潜力B_1

功能潜力属于属性变量，主要从存量用地自身的功能特征出发，包括土地利用性质、土地利用性质与上位规划符合度两个指标。根据用地性质的不同，形成的开发潜力不同，及上位规划调整土地性质引发的开发潜力进行价值潜力评价。

1）土地利用性质C_1

该指标指存量用地现状土地利用性质，包括居住、工业、公共服务设施、仓储等用地。土地利用性质对于用地价值有着直接影响，因此从经济性角度出发，结合相关案例，认为物流仓储用地、工业用地的再开发潜力最高，潜力赋值为1，以其作为标准值，其余土地利用性质的赋值如表6-4所示。

土地利用性质赋值说明 表6-4

用地性质	潜力赋值	赋值说明
物流仓储用地	1	用地开发条件好，土地价值增幅空间大，潜力高
工业用地	1	用地开发条件好，土地价值增幅空间大，潜力高
居住用地	0.8	数量最多，现状开发情况不一，土地价值高，潜力较高
公共服务设施用地	0.6	社会属性突出，再开发难度较大，潜力一般
办公用地	0.4	作为经济产量较大的用地性质，用地价值已基本兑现，潜力较低
商业用地	0.2	作为经济产量大的用地性质，用地价值已基本兑现，潜力较低
不宜开发用地	0	如水域、林地等非建设用地或其他不宜进行再开发的地块

（来源：笔者自绘）

2）土地利用性质与规划符合度C_2

土地利用性质与规划符合度指的是现状用地性质与规划用地性质是否符合。对于与上位规划不符合的用地，在再开发过程中具有较高的价值潜力。因此，对于土地利用性质与上位规划不符合的赋值为1，与上位规划一致的赋值为0。

（2）区位潜力B_2

区位潜力既是属性变量又是数值变量，其所在片区的区位状况将会影响用地价值的变化，造成其再开发价值潜力的差别。轨道交通站点建设为周边存量用地带来了新的区位条件，其周边存量用地的开发潜力也会随之提升，进行轨道交通站点建设时，考虑到站点类型功能定位不同以及用地距轨道站点的可达性不同，综合评价轨道交通站点周边存量用地所具有的区位优势，并结合用地自身区位条件，提取轨道交通站点类型、轨道交通站点距离、道路通达性三个指标进行价值潜力评价。

1）轨道交通站点类型C_3

在上一节存量用地与轨道交通互动关系研究中，将轨道交通站点按照其不同规划等级分为了城市中心站、区域中心站和一般站三种类型。根据站点规划等级、商业等级差异和对周边土地价值的提升程度影响对其进行赋值，其中城市中心站位于城市级的商业、商务、文化及行政中心，多种功能综合开发区域影响最大，聚集效益以及商业等级最高，对周边用地价值提升影响即区位潜力最大，潜力赋值为1；区域中心站针对城市各个片区中心站以商务、商业中心的形式出现，这一类型的站多利用商业办公进行站点与用地的协同发展来构建区域枢纽，产生了聚集效益以及对周围用地价值影响，区位潜力次之，潜力赋值为0.7；一般站位于一般社区中心，为周边居民提供生活，服务等基础设施，其聚集效益以及区域影响力最弱，潜力赋值为0.3。

2）轨道交通站点距离C_4

根据站点影响圈层以及站点周边用地开发的一般性规律，站点200m距离内为核心开发区，这一区域内的土地价值和开发潜力具有绝对优势，将这一范围内的存量用地区位潜力赋值为1；在距离站点200～300m受到轨道站点的直接作用，这一区域区位潜力依然很高，土地价值潜力较高，这一区域内的用地赋值为0.7；轨道站点300～500m范围的间接影响区，这一区域的轨道站点影响其区位潜力相对较弱，但依然会受到轨道站点的影响，潜力赋值为0.3；超过500m影响范围的用地，潜力赋值为0。

3）道路通达性C_5

交通可达性与便捷程度是区位潜力的重要评价指标。轨道周边存量用地的区位除受到轨道站点影响外，还受到道路可达性的作用。在此选取靠近城市主干道、次干道和支路的距离进行潜力赋值。

靠近主干道的用地价值潜力最大作为标准值，潜力赋值为1，离开主干道a米之内潜力赋值为0.6，离开主干道a米之外潜力赋值为0；靠近次干道赋值为0.8，离开次干道a米之内赋值为0.4，离开次干道a米之外赋值为0；靠近支路赋值为0.4，离开支路b米之内赋值为0.2，离开支路b米之外赋值为0（a为50～100m、b为30～50m）。

（3）强度潜力B_3

轨道交通建设将会对站点周边用地开发条件提出新的要求，使周边存量用地开发强度进一步提升，其土地开发价值进一步释放，因此，提取现状容积率、容积率规划耦合度、土地闲置情况、建筑质量四个指标进行评价。

1）现状容积率C_6

容积率是反映城市土地利用空间或立体发展程度以及土地利用程度的重要经济指标。从经济效益角度出发，容积率体现了用地开发强度以及与土地开发成本的关系；现状容积率越高用地再开发成本就越高，那么其再开发潜力越低。根据轨道站点周边用地开发的相关研究及专家咨询，本文认为站点周边用地现状容积率超过3.0，其用地一般难以继续提升其开发强度，再开发潜力极低，因此将其潜力赋值为0。而现状容积率小于1.0的用地，在轨道交通周边存量用地再开发过程中，这类用地一般开发时序优先，在轨道建设的推动下其开发成本最低、强度潜力最大，潜力赋值为1。现状容积率为1.0～2.0的用地，这一开发强度难以满足轨道交通的开发建设要求，其强度存在明显的潜力，赋值为0.7。现状容积率为2.0～3.0的用地，这一开发强度下的用地可能存在建筑老旧的情况，具有进行开发强度提升的可能，赋值为0.3。

2）容积率规划耦合度C_7

轨道交通建设过程中必将对站区周边用地进行整合与重新划分，同时对用地建设进行规划控制，它的价值潜力取得主要是根据轨道交通建设综合开发控制规划的容积率来体现。在容积率的指标中主要体现的是存量用地现状开发强度和轨道站区规划预期开发强度的耦合性，这一指标能直接反映出存量用地的再开发价值潜力，是强度因子中最重要的指标。容积率的规划耦合度能反应现状与规划容积率的差异，其公式为耦合度=现状容积率/规划容积率。耦合度越低，说明其现状开发强度提升的空间越大，用地潜力越高，反之，耦合度越高则开发强度潜力越低。因此，当耦合度为20%以下时，赋值为1；耦合度为20%～40%时，赋值为0.8；耦合度为40%～60%时，赋值为0.6；耦合度为60%～80%时，赋值为0.4；当耦合度为80%以上时，赋值为0.2。

3）土地闲置C_8

在轨道交通站点周边用地开发建设过程中，城市建成区内大部分用地均为已建设，但在建成区的边缘地带或局部地域，由于历史因素以及城市结构发展变化，往往还存在部分闲置地，如城市中心区废旧的工业用地和旧村庄用地等。这部分土地不能做到地尽其用，在轨道交通建设的开发动力下，必将进行土地置换，是价值潜力最大的土地类型，同时也是强度潜力最大的存量用地，因此，对闲置的土地赋值为1、非闲置土地赋值为0。

4）建筑质量C_9

存量用地上的建筑物，其现状建筑质量对于用地再开发有着较大影响，这一指标能在一定程度上反应存量用地再开发过程中的强度潜力。其中建筑质量越高，年代越新、越接近目标值，其在改造再开发过程中的拆迁成本越高，再开发的价值潜力越低；反之，建筑质量越差，建成年代越久远则离目标值差距越大，其更新需求越大，在存量用地再开发过程中改造开发的必要性越大，经济开发成本较低其价值潜力越大。通过对建筑年代、材质、结构以及现状毁坏程度来进行判定，把轨道交通沿线站点周边用地的地上建筑质量划分成五个等级并分别赋值，其中建筑质量极差赋值为1，较差赋值为0.8，一般赋值为0.6，良好赋值为0.4，优秀赋值为0.2。

（4）效益潜力B_4

轨道交通站点建设对于周边地价增长、用地效益提升具有较强推动作用，用地效益较差的土地存在被更新与替换的可能，其开发潜力更为突出。效益潜力这一指标能够直接从经济角度体现其价值潜力，效益越高说明其经济产值越高，在存量用地再开发过程中其价值潜力越低，反之，效益越低则其经济产值越低，在存量用地再开发过程中其价值潜力也就越大，因此，选择基准地价与综合效益指数两个评价指标来说明效益潜力。

1）基准地价C_{10}

基准地价是在土地市场开发背景下，依据商业、住宅、工业等土地功能所确定的一个地块法定基准的平均市场价格，它包含土地取得费（征地或拆迁以及相关税费）、土地开发费用以及有偿使用费。因此，基准地价可以反映土地市场环境中土地价值的水平和变化情况，针对评价范围内地块的基准地价运用公式：

$$\theta = \left(\frac{U_{\max} - U_i}{U_{\max} - U_{\min}} \right) \times 100\% \qquad (6\text{-}1)$$

式中：U_{max}——评价范围内最高基准地价；

   U_{min}——评价范围内最低基准地价；

   U_i——评价地块的基准地价。

则当θ等于100%，赋值为1；当θ为70%~100%，赋值为0.8；当θ为50%~70%，赋值为0.6；当θ为30%~50%，赋值为0.4；当θ为0~30%，赋值为0.2；当θ为0时，赋值为0。

2）综合效益指数C_{11}

综合效益可以较好地反映土地的经济价值，用地效益越低，开发潜力越高，其目的是反映用地的经济效益与片区平均水平的关系，能够体现用地是否取得该有的效益价值。由于土地利用性质不同，其用地的效益评价参数也不同。对于居住用地、商业用地、办公用地等通过房屋销售价格、租赁价格反映其效益指数，当其价格高于片区平均值时则其开发效益越高；对于工业用地，则通过企业的年工业产值反映其综合效益。则综合效益指数=地块效益/地区平均效益，则当结果小于1时，赋值为1；当结果为1时，赋值为0.7；当结果大于1时，赋值为0.3。对于教育、医疗、行政办公及特殊用地，不考虑其综合经济效益因素，在此赋值为0。

6.2.3 轨道站点周边存量用地价值潜力评价方法

1. 确定指标权重

根据价值潜力评价指标体系的构建，需要进行两部分权重的确定，一是指标层潜力因子中各个评价指标所占的权重，二是潜力因子在存量用地价值潜力计算中的权重确定。本文利用层次分析方法（即AHP）定性和定量相结合，并将专家判定和特尔菲法相结合，针对多目标判定设计判断矩阵，最后量化计算得到一个能够反映目标的结果，得到存量用地价值潜力评价中各因子的权重值。

2. 评价方法

（1）权重判断矩阵

根据上述评价指标体系对相应层次设立判断矩阵，让专家根据各元素的重要程度进行两两比较的同时打分，最终形成判断矩阵如下：

Q	B_1	B_2	......	B_j	B_n	W_i	BW_1
B_1	b_{11}	b_{12}	......	b_{1j}	b_{1n}	W_1	BW_1
B_2	b_{21}	b_{21}	......	b_{2j}	b_{2n}	W_2	BW_2
......	......	......	......	......	......	......	......
B_i	b_{i1}	b_{i2}	......	b_{ij}	b_{in}	W_i	BW_i
B_n	b_{n1}	b_{n2}	......	b_{nj}	b_{nn}	W_n	BW_n

如是 b_{ij} 相对 Q 层 i 和 j 因子的相对重要程度分值，采用重要性相同1分、稍微重要3分、明显重要5分、强烈重要7分、极端重要9和他们的倒数来判定，具体见表6-5。

P（Q-B）判断矩阵取值及其含义   表6-5

b_{ij} 的值	含义
1	b_i 与 b_j 同样重要
3	b_i 比 b_j 稍微重要
5	b_i 比 b_j 明显重要
7	b_i 比 b_j 强烈重要
9	b_i 比 b_j 极端重要
$1/b_{ij}$	表示 j 与 i 的不重要程度

（来源：笔者自绘）

（2）权重值的计算

矩阵中 W_i 列中的值等于 B_i 行行乘积的几何平均值如下：

$$W_i=\left(\prod_{j=1}^{n} b_{ij}\right)^{\frac{1}{n}} \text{（其中，} n \text{ 为列数）} \tag{6-2}$$

表中，BW_i 的数值由下式可得，即：

BW_i 是该层中的各个因子 B_i 对应上一层因子 Q 的权重且二者应该和为1。

$$BW_i = \frac{W_i}{\sum_{i=1}^{n} W_i} \text{（其中，} n \text{ 为行数）} \tag{6-3}$$

（3）权重修正的一致性检验

由于研究内容具有复杂性，专家们所提供的各个因素权重比不可能全部符合上文中的公式要求。因此，为了使因子权重不产生大的矛盾，需要进行一致性检验，方法如下：

1）计算权重比矩阵最大特征根

$$\lambda_m = \sum_{i=1}^{n} \frac{(B \times W)_i}{n \times W_i} \qquad （6-4）$$

2）计算权重矩阵一致性指标TI

$$TI = \frac{\lambda_m - n}{n - 1} \qquad （6-5）$$

当TI=0时，权重比矩阵具有完全一致性，TI值越大矩阵一致性越差。为了判别权重比矩阵的随机一致性比例，需要将一致性指标TI与平均随机一致性指标SI进行比较，已由理论计算得出1-10阶矩阵取值见表6-6，最后得到TI与SI之比即权重比矩阵的随机一致性比例TS。

$$TS = \frac{TI}{SI} \qquad （6-6）$$

作为判断矩阵一致性的检验指标，当TS≤0.1时，则认定判断矩阵具有符合判定的一致性，否则需让专家重新对所给权重的比值进行调整。

判断矩阵平均随机一致性指标SI值　　　　　　　表6-6

矩阵阶数（n）	1	2	3	4	5	6	7	8	9	10
SI	0.00	0.00	0.58	0.90	1.12	1.24	1.32	1.41	1.45	1.49

（来源：笔者自绘）

（4）层次总排序

进行层次总排序，是使用同一层中包括因子的相应权重值CW和上一层中各个因子权重值BW_i，计算CW_i对上一层次Q的最后权重值，即K_i。

$$K_i = BW_i \times CW_i \qquad （6-7）$$

（5）轨道交通站点周边存量用地权重确定

通过专家打分与修正，轨道站点周边存量用地价值潜力的评价指标权重如表6-7所示。

因子层	权重	指标层	权重
功能因子	0.266232	土地利用性质C_1	0.22
		土地利用性质规划符合度C_2	0.04
区位潜力	0.272771	轨道交通站点类型C_3	0.18
		轨道交通站点距离C_4	0.07
		道路通达性C_5	0.03
强度潜力	0.394493	现状容积率C_6	0.07
		容积率规划耦合度C_7	0.03
		土地闲置C_8	0.27
		建筑质量C_9	0.03
效益潜力	0.066504	基准地价C_{10}	0.01
		综合效益指数C_{11}	0.06

（来源：笔者自绘）

权重一致性检验指标TS=0.07符合检验标准，说明该权重分配能有效反映指标的重要性。

（6）潜力分值计算

1）因子潜力分值计算

轨道站点周边存量用地因子的潜力分值计算如下式：

$$H_{qi}=\sum_{k=1}^{n}(D_{qik}\times CW_{qik}) \qquad （6-8）$$

式中：H_{qi}——q目标i因子k指标的潜力分值；

　　　D_{qik}——q目标i因子k指标的评价分值；

　　CW_{qik}——q目标i因子k指标相对于i因子的权重值；

　　　　n——评价指标个数。

2）价值潜力分值计算

轨道站点周边存量用地的价值潜力分值按照下式计算：

$$Q=\sum_{k=1}^{n}(H_{qi}\times BW_{qi})\times 100 \qquad （6-9）$$

式中：Q——轨道站点周边存量用地的价值潜力分值；

H_{qi}——q目标i因子k指标的潜力分值；

BW_{qi}——q目标i因子相对于q目标的权重值；

n——潜力因子个数。

3）价值潜力分类

根据调研查找收集的各指标资料，在确定权重之后运用设计的价值潜力评价方法和公式来进行运算，即可求得轨道站点研究范围内的各存量用地再开发1~100区间的价值潜力值。

根据潜力分值计算结果，采用平均间隔分类法，将轨道交通站点周边存量用地分为低价值潜力用地、中等价值潜力用地、高价值潜力用地3个级别。

低价值潜力用地（价值潜力分值为0~33）：是指潜力分值计算较低的地块，其包括地块的土地利用率较高，已充分发挥了现有用地潜力，地块为交通运输用地与历史文化保护等特殊用地，地块的现状开发强度高于合理强度和环境容量指标等情况。涉及情况较多，在存量用地再开发中基本不宜作为主要开发对象。

中等价值潜力用地（价值潜力分值为33~66）：地块的土地利用基本符合规划要求，区位条件、土地效益属于中上等利用水平，开发强度具有一定提升空间，可通过规划调整与产业调整并利用适宜的开发模式进行价值挖潜，属于存量用地再开发的对象之一。

高价值潜力用地（价值潜力分值为66~100）：指的是计算得出潜力分值较高的地块，包括地块利用效率低、现状用地性质不符合规划、低于合理的开发强度地块、闲置用地等情况，是存量用地再开发的重点对象。

分类标准检验：随机选取三处《厦门市轨道交通1号线综合开发规划》中已评定出的轨道交通站点周边具有再开发潜力的土地进行检验，评价结果如表6-8所示。

存量用地价值潜力分类标准检验 　　　　　　　　　　表6-8

地块	综合分值	价值潜力类型	规划认定性质
莲花路口站 （1-07-01地块）	86	高潜力用地	重点开发地块
将军祠站 （1-03-04地块）	92	高潜力用地	重点开发地块
中山公园站 （1-02-03地块）	14	低潜力用地	不可调整地块

（来源：笔者自绘）

检验结果说明，本文对于轨道交通站点周边存量用地价值潜力评价和分类，与现状地块的土地使用情况基本一致，其存量用地价值潜力分类标准的方式具有一定的合理性与可操作性。

6.3 轨道站点周边存量用地再开发模式构建

对于城市存量用地的再开发，在考虑其价值潜力的基础上根据其用地特征，还应充分考虑城市发展的整体需求、社会经济条件、历史文化保护、社会公平公正等方面因素，因地制宜地选取合适的存量用地再开发模式，规范有序地推进其再开发建设。

根据存量用地价值潜力的分类，对每种类型的价值潜力用地做分析比较，找到各类存量用地的开发条件和问题所在，并按照轨道交通站点的开发模式一般规律，提出每一种存量潜力用地再开发模式的思路与方法。

6.3.1 低价值潜力存量用地

对于低价值潜力的存量用地，一般开发强度较高，建筑质量较好，应充分尊重地块土地使用现状，原则上不应采取大规模整治与开发的方式，但同时也存在着产业结构和开发方式落后与轨道站点建设不适应的情况，在此应充分把握站点建设带来的机遇，以"改善居民生活、优化都市环境、提升文化风貌"为目标进行存量用地开发。

对于已充分发挥用地潜力或现状开发强度高于合理强度和环境容量的用地，应以改善人们的居住、办公环境为主，有条件的情况下应适当增加部分公共绿地、布置小型公共设施、进行建筑的风貌改造或局部更新，从而促进生活品质提高，同时提升城市整体环境，从品质上提升存量用地的价值。

对于有重要历史文化意义的地块，要加强对城市文脉的保护，进一步挖掘历史文化的内涵，保护当地特色的建筑，维护原来的景观特色，充分利用历史资源进行文化开发，使得历史文脉能够延续。并依托轨道交通站点建设带来的发展红利，带动传统特色产业和文化产业的发展，提高城市的文化品位。

对于已经进行商业开发，开发强度以及用地性质已经符合轨道交通建设开发的地块，主要以经营业态的调整为主，对不符合轨道交通站点开发规律的业态项目有针对性地更新，从而达到用地效益的最大化。

6.3.2　中等价值潜力存量用地

对于中等价值潜力的存量用地，应考虑城市规划和轨道交通建设的具体要求，可采取局部利用改善、产业升级、土地置换等方式进行再开发。

局部利用改善：对于部分存在一定强度提升空间且具有较强区位优势的用地，应考虑结合轨道交通站点的建设，拓展地下和地上空间，提升城市综合承载能力和土地价值，使城市公用基础设施配套更完善，鼓励地块内部的建筑及物质空间进行更新和集约化利用。同时，针对面积较大不容易进行整体物质更新的用地，可以选择拆除部分老旧建筑，适当增加生态环境用地，强化市容和绿化建设，营造出高品质的宜居环境。

产业升级：对于轨道交通站点周边存在的一些具有一定价值潜力的工业用地，可以通过产业升级的方式实现再开发，针对轨道交通站点周边产业用地综合效益低下的企业，制定相关的政策机制，制定产业升级转型方向，从整体上促进产业协调发展，提高综合效益和整体功能。对仍然具有一定潜力提升的商业办公用地，应结合商业类型和发展定位，及轨道交通建设重新整合，提升轨道站点的聚集效应，建立轨道与商业协同发展的开发模式。

土地置换：对于部分区位条件较好、开发阻力较小的中等价值潜力用地，可以考虑对其土地进行置换，促进轨道交通站点周边以第三产业为主的用地发展，并且结合用地规划中的功能定位，调整用地性质和优化用地结构。

6.3.3　高价值潜力存量用地

高价值潜力存量用地是站点周边存量用地再开发的重点，在区位条件、土地使用现状、经济效益等方面均具备较好的再开发优势。

在条件适合的地方，可以考虑对地块进行整体改造或拆除重建的模式。可通过土地出让、房地产开发、站点建设与旧城改造相结合等轨道交通综合开发形式进行，借此充分发挥轨道站点开发对于土地经济带动、用地空间布局、产业提升等方面的推动作用，实现综合效益的提升。

此外，在闲置与未开发用地中，如废弃用地、集体企业用地和规划建设用地等，应充分利用轨道交通站点建设的契机，根据相关法规，制定相应的政策与具体措施，对其进行先行收储并重新开发利用。

6.4 轨道站点周边存量用地再开发策略

轨道交通的主要服务区域是城市现状建成区和未来的发展区域，这一区域内的空间布局和密度分布在轨道交通线路开通前许多已基本成型，但随着轨道交通的建设，必然存在大量与轨道交通使用不匹配的土地使用，而大部分的轨道交通站点周边地区都难以按照理想化的模式进行再开发。为此，规划应当结合不同轨道交通站点所处的城市环境和周边存量用地的具体条件，有针对性地制定再开发的引导策略。

6.4.1 存量用地调查评价和建立用地信息库

对轨道站点周边存量用地的再开发，首先，需要对各个站点周边存量用地的面积、类型、用途和权属等情况进行调查；其次，可根据上文建立的用地潜力评价体系，进行现状存量用地的开发价值潜力评价。由于存量用地再开发时受现状土地使用状况的影响和约束较大，也需要对存量用地进行连续动态的监测，在厘清现状存量用地的基本情况后，建立城市存量用地信息库，为存量用地的管理和开发提供实时可靠的基础资料。

6.4.2 存量用地的规划编制

城市规划管理部门和政府部门都应该对轨道交通站点周边的存量用地给予足够重视，充分分析轨道站点周边的用地需求，利用城市规划的指导作用，在编制相关法定规划时为该区域存量用地再开发创造条件，明确存量用地的建设内容，控制建成区外延式建设用地的规模，确保轨道站点周边存量用地的合理、有序、滚动开发。

6.4.3　存量用地收购和储备

积极推进轨道站点周边存量用地的整理工作，建立完善的土地置换机制，可以通过城中村（旧村）改造、工业企业更新升级、耕地和建设用地指标折抵等途径提高存量土地的置换效率，尽可能地化零为整，将零散的存量土地通过置换等方法归并到一起，利于规划和利用。此外通过采取征收、收购、委托收购、协议收购等多种手段，将闲置未利用土地、企业改制用地等存量土地优先纳入土地储备，进而纳入土地市场[7]。

6.4.4　轨道站点周边存量用地集约使用

轨道交通站点周边存量用地的集约高效使用不仅可以为轨道交通带来更多的客流量，也可以防止城市用地无序外延扩张。首先，可以发挥税收的杠杆作用，适度提高使用增量土地的成本，降低存量土地流转的成本，促进优先利用存量土地进行建设，适当减免利用存量土地建设的相关税收。其次，可建立地价调节制度，运用地价手段调节土地的利用方式。比如制定地价与土地集约度的调节系数，对土地利用率低的项目，提高供地价格，对优先开发利用的空闲、废弃、闲置和低效利用土地，在地价方面予以一定优惠。最后，根据存量土地开发利用的程度，建立相关主管部门的奖惩机制。对于存量土地利用程度较高的区域，给予其相应管理部门一定的资金奖励，并可以在增量建设用地指标中给予适当倾斜。

6.4.5　轨道站点周边存量用地再开发配套政策

建立存量土地再开发的多部门联合管理机构与共同责任管理机制，加快出台闲置土地处理办法，推行土地租赁制度，制定优先使用存量土地的鼓励政策，探索推进低效工业用地的节约集约利用与工业用地循环高效使用，构建存量土地流转的信息网络宣传平台。

6.5 案例研究

以厦门市轨道交通1号线的文灶站为例，结合前文对文灶站存量用地价值潜力评价过程以及结果，总结文灶站周边存量用地存在的主要问题，明确再开发过程中的基本原则，并进一步针对站点周边不同价值潜力存量用地提出相应的再开发模式及再开发策略；同时结合现状轨道交通规划方案，对比评价用地的现状土地使用与用地的规划要求，提出结合轨道交通建设的存量用地再开发策略。

6.5.1 厦门轨道交通 1 号线文灶站周边存量用地概况

1. 文灶站周边存量用地研究范围选择

轨道交通1号线文灶站地处厦门岛的西南，位于城市中心区，临湖靠山景观资源较好，在轨道交通规划过程中，将文灶站定位为新建市级中心站、综合开发重点站进行建设（图6-2）。

文灶站站点周边片区建设较为成熟，拥有良好的区位优势，站点设置在湖滨中路临近厦禾路位置，临近文灶公交车站以及BRT文灶站，交通条件良好，是岛内重要的交通换乘枢纽。此外，文灶站又处于厦门岛内"文灶—厦门火车站—莲坂"的市级商业圈，所以将文灶站定位成商务办公型站点（图6-3）。

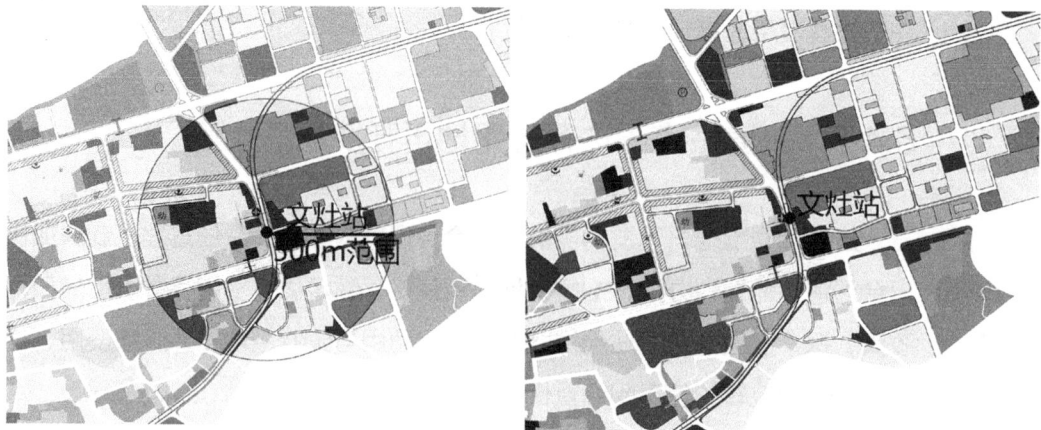

图6-2 文灶站研究范围选择
（来源：笔者自绘）

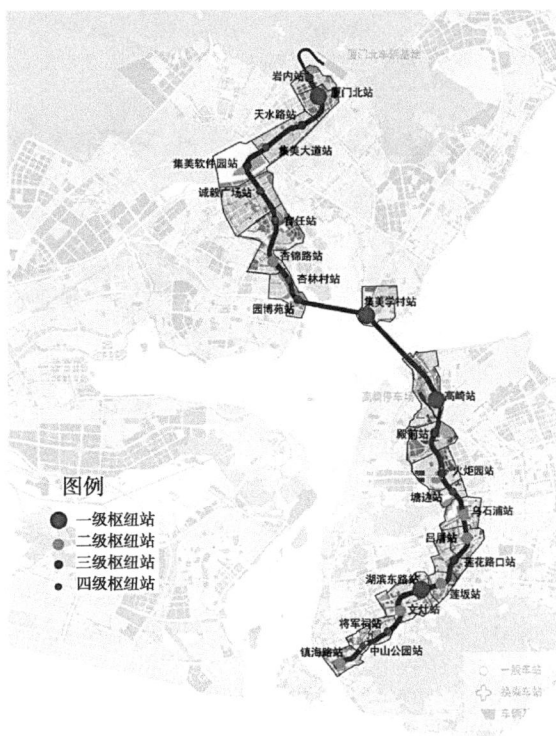

图6-3 站点枢纽定位
（来源：《厦门城市轨道交通一号线综合开发规划》）

根据轨道交通站点周边用地开发一般规律，选择站区开发核心区域500m为存量用地再开发研究范围，规划区域包括综合开发用地以及周边需要与轨道衔接的用地，向北到湖滨南路，西到后滨路，南到铁路，东到后埭溪路，区域面积约68.3hm²。

2. 文灶站周边用地现状与分析

图6-4所示为文灶站存量用地再开发500m研究范围所划定的片区范围。研究范围内居住用地约为总面积比例的63%，工业用地比重较高达到了20%。其中，靠近文灶站点周边用地性质混乱，开发强度较低，不符合轨道站区建设的一般规律。在上位规划控制中除去公共服务设施用地及已批用地，规划范围内可开发建设用地总面积为20.97hm²，主要分三类：与地铁工程直接相关用地面积为10.76hm²，近期开发面积为2.41hm²，远期开发面积为7.8hm²。本文将以存量用地价值潜力挖掘角度，对可开发用地进行重新分类和计算。

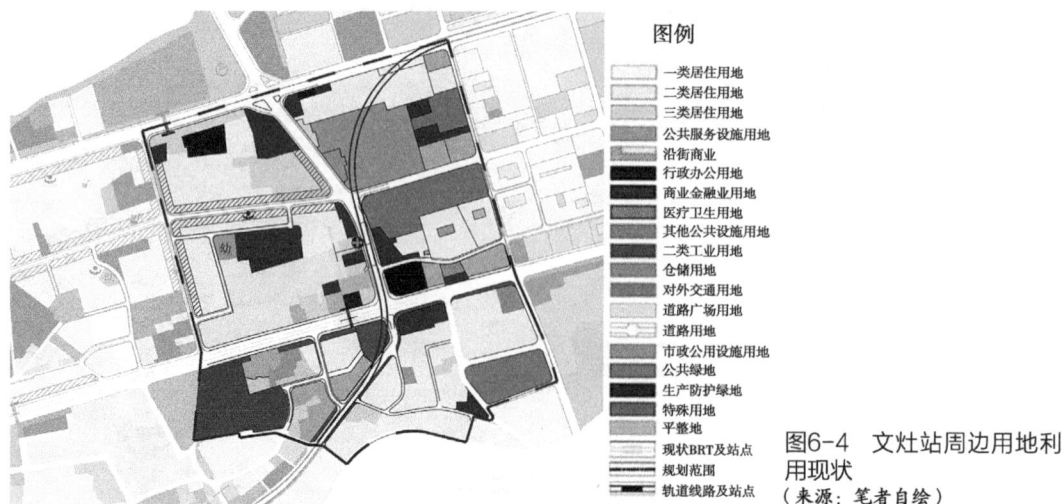

图例

一类居住用地
二类居住用地
三类居住用地
公共服务设施用地
沿街商业
行政办公用地
商业金融业用地
医疗卫生用地
其他公共设施用地
二类工业用地
仓储用地
对外交通用地
道路广场用地
道路用地
市政公用设施用地
公共绿地
生产防护绿地
特殊用地
平整地
现状BRT及站点
规划范围
轨道线路及站点

图6-4 文灶站周边用地利
用现状
（来源：笔者自绘）

3. 文灶站存在的主要问题

文灶站位于城市建成区，站点周边已建成面积大，人口众多，建筑密度相对较高，用地条件较为复杂，但也存在一些用地条件低效的问题。

（1）土地功能不适应城市发展需求。文灶站周边用地存在产业类型与产能较低引起的土地低效利用，出现部分的闲置土地和低效利用土地，而部分工业及仓储用地存在面积浪费，用地效率和产值输出低下等问题。

（2）文灶站周边用地存在部分建设用地布局混乱，生活用地与工业仓储用地相互交叉的现象。此外，由于部分掺杂在居民生活区内的企业已经歇业停产，也造成了土地资源的浪费和闲置。

（3）文灶站周边已建成居住用地差异化较大，存在一定比例建筑质量较好、环境优良的居住小区，其余部分居住区存在建筑密度较高，居住环境差的现象，因此，居民改善居住环境的意愿较强。

6.5.2 文灶站周边存量用地价值潜力评价

通过对文灶站轨道交通建设的背景解读、布局特征和研究范围内现状用地性质分析，可以发现研究范围内用地结构存在不合理现象，且站区的现状用地功能不能满足轨道开发。因此，利用本章研究的轨道交通站点周边存量用地价值潜力评价方法，对文灶站研究范围内的存量用地进行价值潜力评价，判断其开发潜力，从而进一步指导站区建设和用地开发，实现站点周边用地的合理开发，以及布局的优化。

1. 评价过程

首先，结合文灶站周边用地开发实际情况，对研究范围内用地进行11个指标层的打分赋值；其次，进行指标层因子层权重计算，最终取得各地块的价值潜力分值。

针对选择的研究范围，按照路网对红线内地块进行网格划分。为方便资料收集、地块赋值和价值潜力计算，以禾祥路、厦禾路以及湖滨中路为边界，使研究范围划分为A~F六个分区，并对每个分区进行地块重新编号，共分为93个地块（图6-5）。

（1）功能潜力因子赋值

根据功能因子中现状土地利用性质赋值方式，针对文灶站研究范围内现状土地利用进行赋值（图6-6），同时结合上位规划站区用地调整，结合现状用地性质对土地利用规划符合度进行打分赋值（图6-7）。其中符合现状用地性质、符合上位规划的赋值为0，不符合上位规划需对现状用地进行用地功能调整的赋值为1，最终从两个方面得到功能因子赋值分布。

（2）区位潜力因子赋值

根据价值潜力评价体系，从轨道交通站点类型、距离轨道交通站点距离和道路通达性三个方面对区位价值潜力进行赋值评分。其中，由于文灶站站点定

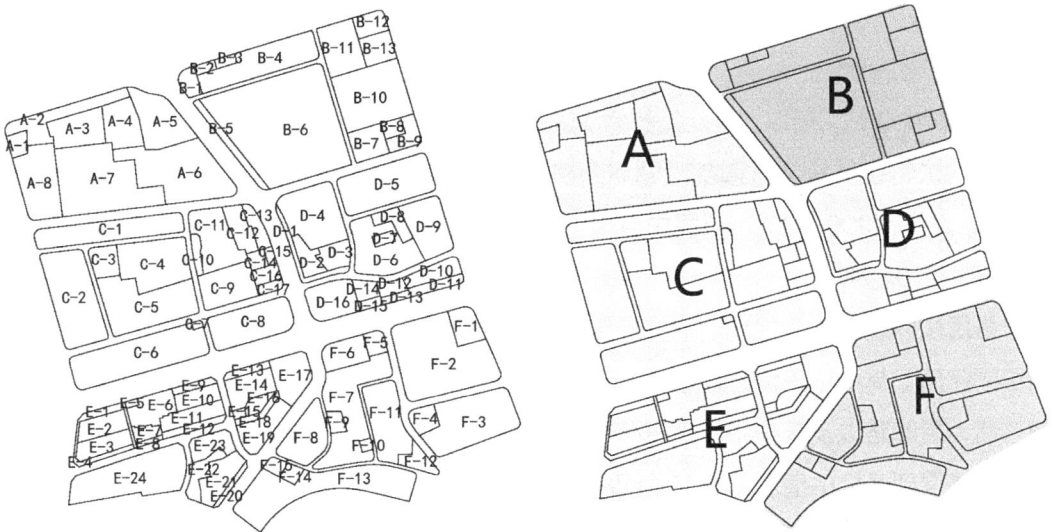

图6-5 地块编号图
（来源：笔者自绘）

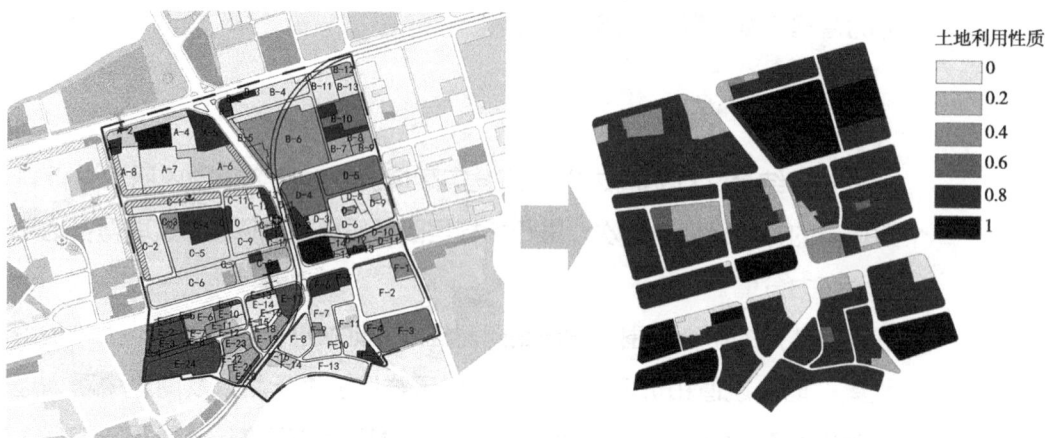

图6-6 现状用地性质赋值图
（来源：笔者自绘）

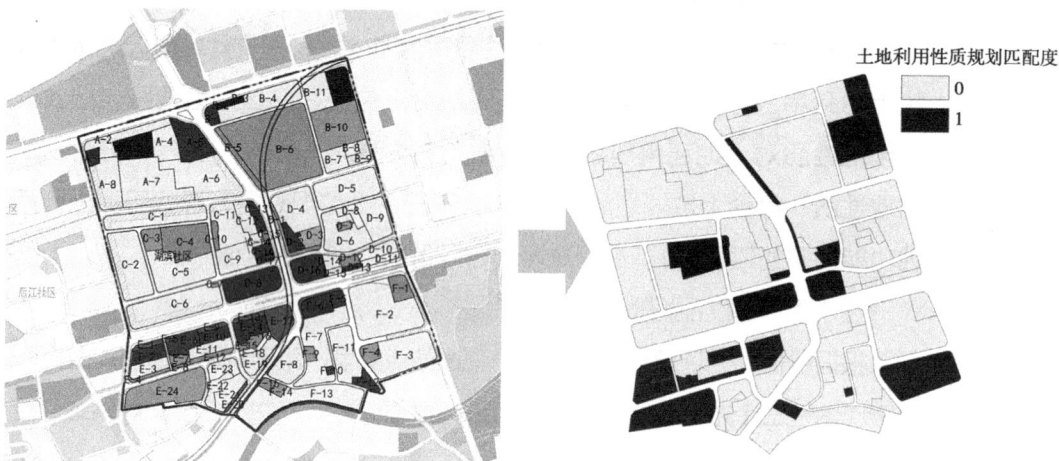

图6-7 土地利用地性质符合度赋值图
（来源：笔者自绘）

位属于市级中心站，所以，在此处各地块的轨道交通站点类型项赋值均为1。

其次进行各地块与轨道交通站点距离的赋值，距文灶站200m范围内赋值为1，距站点200～300m范围内赋值为0.7，300～500m赋值为0.3，大于500m范围赋值为0。

最后按照现状路网规划对道路等级进行判定划分，然后进行道路通达性指标的赋值。其中主干路包括厦禾路、湖滨中路、湖滨南路，次干路包括后埭溪路、后滨路以及禾祥路，选择距离主干路50m，次干路30m进行赋值。

最终得到区位价值潜力赋值（图6-8、图6-9）。

（3）强度潜力因子赋值

通过文灶站站点周边实地调研，首先对各编号地块的土地闲置状况进行

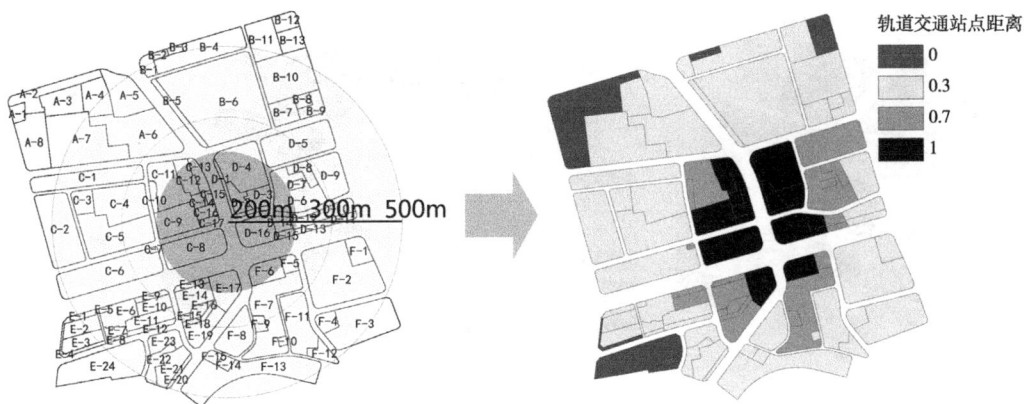

图6-8 距站点距离赋值图
（来源：笔者自绘）

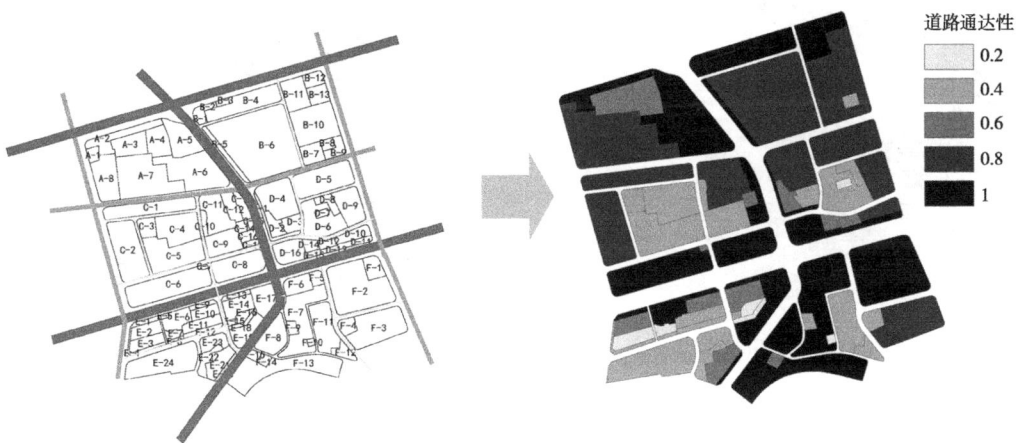

图6-9 道路通达性赋值图
（来源：笔者自绘）

赋值，并针对建筑质量按照调研分类统计情况的五个等级进行赋值。

其次通过对现状用地容积率的调研，统计得到现状容积率赋值，其中容积率高于3.0的赋值为0，2.0～3.0赋值0.3，1.0～2.0赋值为0.7，小于1.0赋值为1。

同时通过上位规划容积率控制要求，对容积率耦合度按照耦合度百分比进行打分赋值，当耦合度为20%以下时，赋值为1；耦合度为20%～40%时，赋值为0.8；耦合度为40%～60%时，赋值为0.6；耦合度为60%～80%时，赋值为0.4；当耦合度为80%以上时，赋值为0.2。

最终得到强度潜力因子赋值（图6-10）。

（4）效益价值潜力因子赋值

首先，通过厦门市基础地价分布图，可以得到文灶片区不同用地性质的

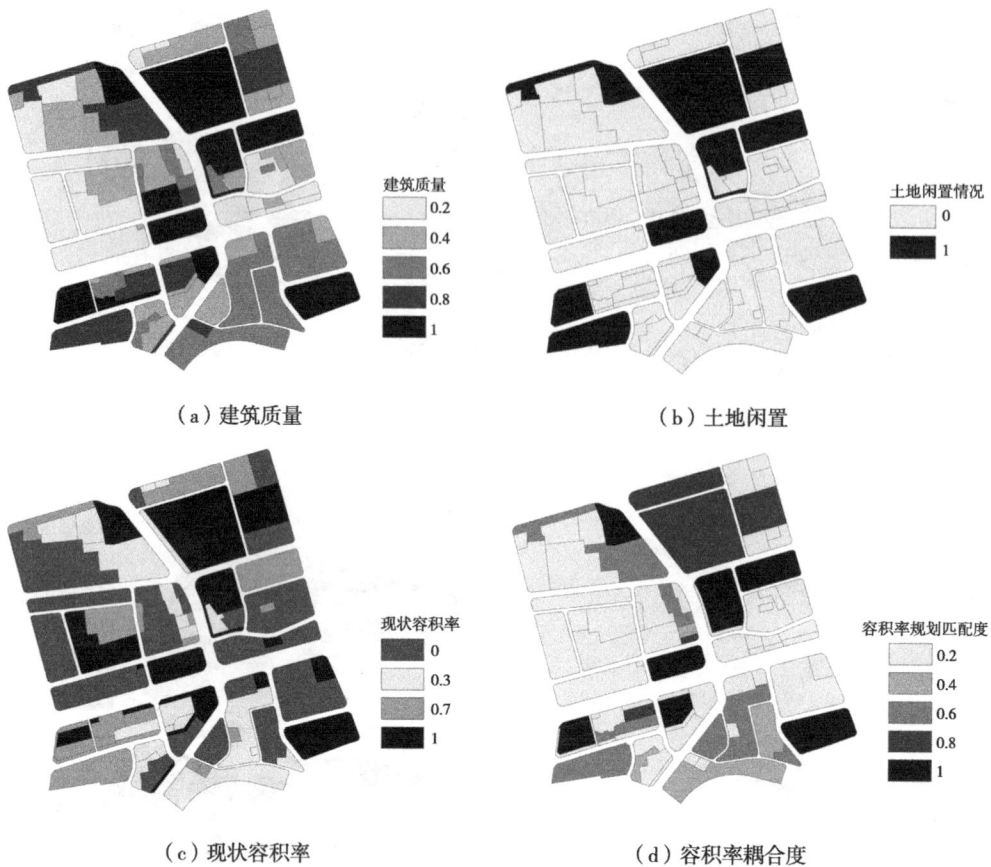

（a）建筑质量　　　　　　　　　　　　　（b）土地闲置

（c）现状容积率　　　　　　　　　　　　（d）容积率耦合度

图6-10　强度潜力赋值图
（来源：笔者自绘）

基础地价（图6-11）。其中研究范围内以厦禾路为界限，分别对应了思明区
基准地价的B2和C1区域，得到各地块的基准地价价格（表6-9），并运用基
准地价极差计算公式进行打分赋值。

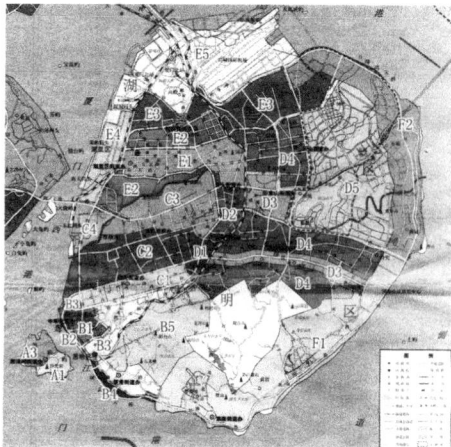

图6-11　基础地价区域划分
（来源：厦门市政府—厦门基准
地价划分发布）

基准地价价格（单位：元/m²）　　　　　　　　　　　表6-9

	B2	C1
商业	13000	15500
居住	11000	1000
办公	4000	4500
酒店	2900	3100
营利性医疗教育用地	1700	1950
软件及研发用地	1500	1500
经营性公用设施产业用地	1200	1200
工业	1000	1000

（来源：厦门市政府—厦门基准地价划分发布）

　　其次，通过资料收集以及计算，对片区各个地块的综合效益值进行计算，求得不同用地性质地块的平均产值，得到综合效益评判；最终通过基准地价、综合效益评分两个方面对研究范围内的效益价值潜力进行评价，得到赋值结果（图6-12）。

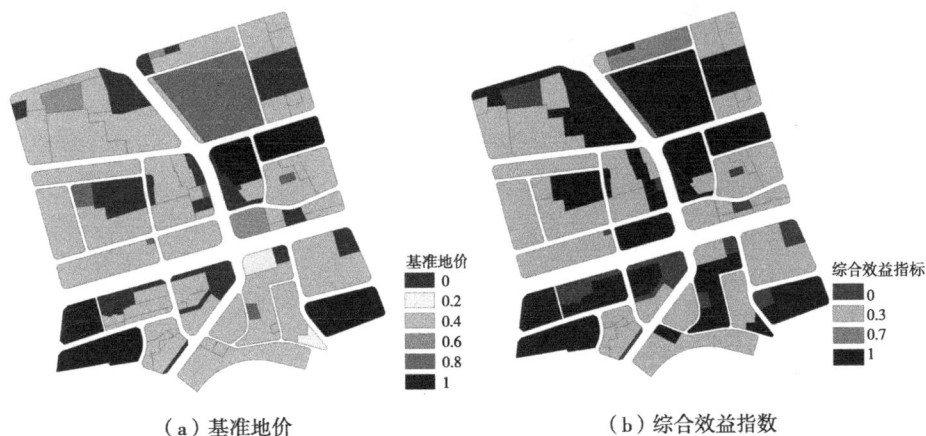

（a）基准地价　　　　　　　　　　　（b）综合效益指数

图6-12　效益潜力赋值图
（来源：笔者自绘）

2. 评价结果

　　最后，利用6.2节得到的各因子、指标的权重，对研究范围内存量用地价值潜力进行综合评分，从而得到文灶站周边存量用地价值潜力评价结果（表6-10）。

功能因子潜力

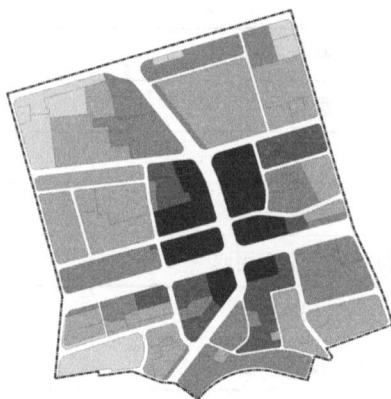

区位因子潜力

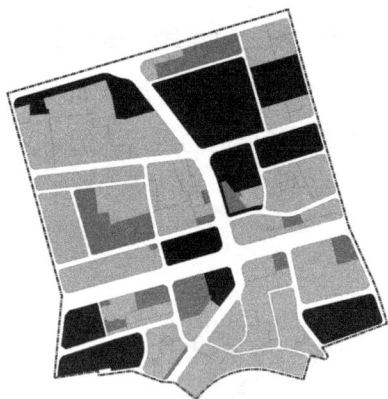

强度因子潜力

效益因子潜力

存量用地价值潜力

（来源：笔者自绘）

在功能潜力方面，文灶站周边存量用地具有高功能潜力的地块有7块，总面积为8.2hm²，是片区总面积的12%；较高潜力地块面积约17.6hm²，约是片区总面积25.8%，表明文灶站周边多数用地具备功能挖潜的条件。

从区位潜力来看，以湖滨中路—文园路与厦禾路交叉口潜力最高，因其具有轨道交通站点与城市干道区位的叠加优势，其土地再开发强度可以加大，以实现其区位价值。

从强度潜力来看，片区内具有较高及以上强度潜力的地块为27块，总面积为26.9hm²，是片区总面积的39.4%，说明片区整体已具有较高的开发强度。除部分闲置用地以外，强度潜力高的地块整体呈现地块面积大，建筑质量较差的特征，具有一定的提升潜力。

在效益潜力方面，片区中效益潜力高的地块面积约为21.8hm²，是片区总面积的31.9%，主要由于产业类型相对落后，企业效益较低等原因使其未能充分实现土地价值，具有进一步挖潜的可能。

6.5.3 文灶站周边存量用地分类

1. 低价值潜力存量用地

单独提取文灶站周边低潜力存量用地（图6-13），共有45.8hm²，是片区总面积的67.1%。主要分布在湖滨路东侧及后埭溪路西侧，与文灶站的距离多在300m以上。其用地主要类型包括：建设时间较短、居住以及环境条件较好的小区，如汇丰家园小区地块；发展较成熟的商业用地，如禾祥商场地块等；开发强度已较高的办公用地，如帝豪大厦地块。此外，还有部分公共绿地、特殊用地等潜力评价较低的用地。

存量用地潜力分类
▨ 低价值潜力存量用地

图6-13 低价值潜力存量用地分布图
（来源：笔者自绘）

图6-14 中等价值潜力存量用地分布图
（来源：笔者自绘）

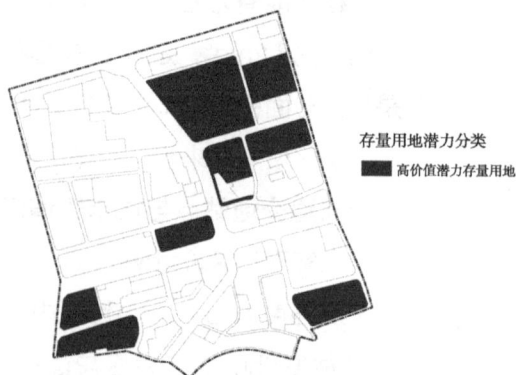

图6-15 高价值潜力存量用地分布图
（来源：笔者自绘）

2. 中等价值潜力存量用地

单独提取文灶站周边中等潜力存量用地（图6-14），共有13.9hm²，是片区总面积的20.4%，主要分布在湖滨中路西侧与厦禾路北侧。其用地主要类型包括：建筑质量与居住环境一般的老旧小区，仍具有开发潜力，如航专宿舍地块；区位条件较好、开发强度一般或经济效益一般的地块，依然具备再开发潜力的地块，如厦门益康地块。

3. 高价值潜力存量用地

单独提取文灶站周边高潜力存量用地（图6-15），共有8.6hm²，占片区总面积的12.5%。其主要类型包括：由于土地置换或企业经营不善导致的闲置用地，如厦门粮仓用地；不符合片区发展、产业类型滞后、物质环境较差的工业用地，如厦门卷烟厂地块；建筑质量与居住环境较差、开发强度不足的老旧社区；区位条件好，已被纳入轨道交通建设用地的地块，如厦禾路—湖滨中路交叉口地块，以及与站区建设极不相符的公共用地，如思明区消防站。

6.5.4 文灶站周边存量用地再开发策略

城市中心区土地资源是极其稀缺的，因此，存量土地的再开发是中心城区挖掘价值潜力的重点。对于文灶站周边存量用地再开发应遵循优化功能布局、提高用地效率、宏观调控与市场配置相结合、重视社会公平、提倡公众参与和重视人文景观和生态环境保护的原则。

1. 高价值潜力存量用地

高价值潜力存量用地是文灶站周边存量用地的重点再开发对象，这些用地受轨道交通站点建设的影响程度最高，土地调整的可能性最大及开发条件最好，对其进行再开发能够充分挖掘站点周边用地的稀缺性与开发价值。

文灶站周边的高价值潜力用地基本可以分为四种情况，一是用地性质与轨道建设不相适应的工业用地，二是价值潜力较高的公共用地，三是建筑质量环境条件差的居住用地，四是具有绝对开发价值的闲置用地。

（1）工业类高潜力用地

文灶站周边工业类高价值潜力用地共有两块，分别是厦门市卷烟厂与长荣家具厂工业片区（图6-16、图6-17）。

这两块存量用地均位于城市建成区中，具有良好的再开发潜力，且低效的工业产值与高昂的土地价值存在突出矛盾，在开发过程中应进行功能提

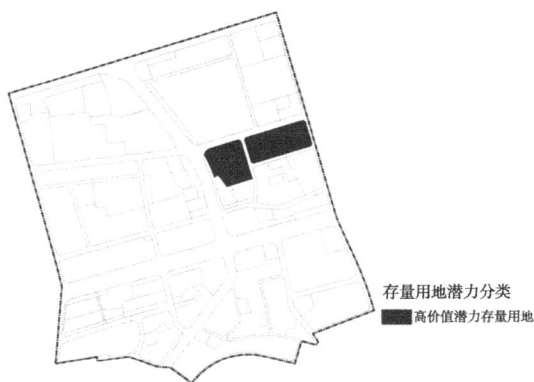

存量用地潜力分类
■ 高价值潜力存量用地

存量用地潜力分类
■ 高价值潜力存量用地

图6-16 厦门卷烟厂
（来源：笔者自绘）

图6-17 长荣家具厂工业片区
（来源：笔者自绘）

升，淘汰低端产能，通过用地评估、用地置换、土地收储等方式，将不符合产业发展要求的企业从片区中转移出去，并根据产业发展规划在工业集中区进行布局，将迁出回收的用地进行重新开发。地块回收后则依据文灶站建立商业办公站点的功能定位进行高强度用地开发，吸引高端功能。以实现产业升级、经济转型的目标，促进地块价值的提高。

（2）价值潜力较高的公共用地

根据评价结果以及高价值潜力存量用地的分布，共有两块价值潜力较高的公共用地。其中，文灶站周边沿厦禾路与后埭溪路处有区位条件良好、用地性质为公共绿地的高价值潜力用地（图6-18），以及厦门市思明区公安消防大队（图6-19）。

这一情况下的公共绿地，由于用地靠近主干路，靠近厦门快速公交线路并毗邻轨道交通文灶站，这一区域内建设公共绿地无法发挥土地价值，且该公共绿地的现状使用较低、设施不够完善，不符合轨道交通建设的一般规律和存量用地再开发原则。因此，考虑对该绿地进行功能置换，结合轨道建设

存量用地潜力分类
■ 高价值潜力存量用地

存量用地潜力分类
■ 高价值潜力存量用地

图6-18　高价值潜力公共绿地
（来源：笔者自绘）

图6-19　思明区公安消防大队
（来源：笔者自绘）

进行商业、办公的开发，同时将公共绿地进行转移，在区位优势相对合适的区域，结合中低潜力存量用地改造实现公共绿地的置换和优化。另外，厦门市思明区公安消防大队可以对其进行置换调整，配合轨道交通建设使该用地发挥更大的价值潜力，政府现已着手进行拆除和置换工作。

（3）高价值潜力居住用地

通过文灶站周边存量用地价值潜力评价结果和实地调研，发现文灶站周边高潜力用地中存在一定量的老旧房屋居住用地（图6-20）。

研究范围内这类用地具有以下特征，建筑破旧质量较差，虽然有较高的建筑密度，但是容积率并不高。与此同时，市政基础设施都已经老旧破败，居住环境较差。由于该用地具有很强的区位优势，具有用地再开发的迫切需求，需要通过存量用地的再开发，改善地块环境。

针对文灶站站区综合开发范围内的高潜力居住用地，选择结合文灶站综合开发规划，在由政府进行拆迁补偿时对用地进行收储，进行商业、办公和居住用地的再开发，发挥其最大的经济价值。

（4）高价值潜力闲置用地

通过价值潜力评价结果和实地调研，发现在文灶站周边存在闲置的高价值潜力用地，包括原厦门粮仓旧址（图6-21）以及近后埭溪路一片商业闲置用地（图6-22）。

在明确两块用地的用地权属之后，对可以进行用地回收的存量用地进行土地收储，进行高强度高价值用地再开发；对不利于进行土地收储的，

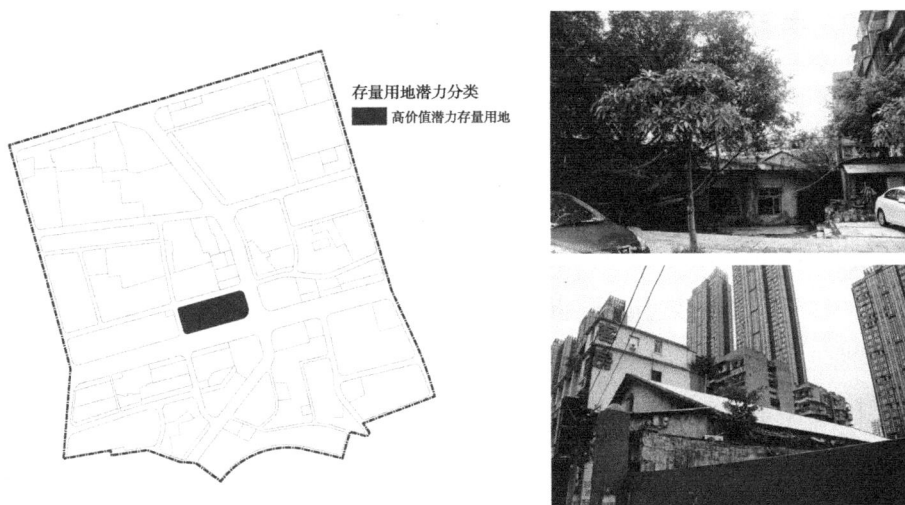

图6-20　文灶站站区建设周边的老旧居住小区
（来源：笔者自绘）

存量用地潜力分类
■ 高价值潜力存量用地

存量用地潜力分类
■ 高价值潜力存量用地

图6-21　厦门粮仓旧址
（来源：笔者自绘）

图6-22　商业闲置用地
（来源：笔者自绘）

需对其再开发进行引导，如厦门粮仓旧址，业主希望在原地块基础上进行文创产业开发。开发过程中政府应针对业主需求在政策层面给予支持，同时对文创开发模式和方向进行控制和把握，使地块得到经济效益以及用地价值的最大化。

2. 中等价值潜力用地

对于中等价值潜力用地，是文灶站周边存量用地再开发的潜在对象。这些用地现状建设条件与经济效益一般，具备一定的再开发基础，但再开发成本往往较大。在这类价值潜力用地中，其区位条件和经济效益是其主要的开发动力。其中，文灶站周边共有两种情况的中等潜力价值用地：一是建筑密度相对较高、环境较差的居住用地，二是区位优势明显但经济效益较小的商业用地。

（1）中等价值潜力居住用地

文灶站位于老城区周边，本已存在大量的已建成居住区，中等价值潜力用地比重较大，且集中在禾祥路以北和东厦禾路以南的片区内（图6-23、图6-24）。

存量用地潜力分类
■ 中等价值潜力存量用地

存量用地潜力分类
■ 中等价值潜力存量用地

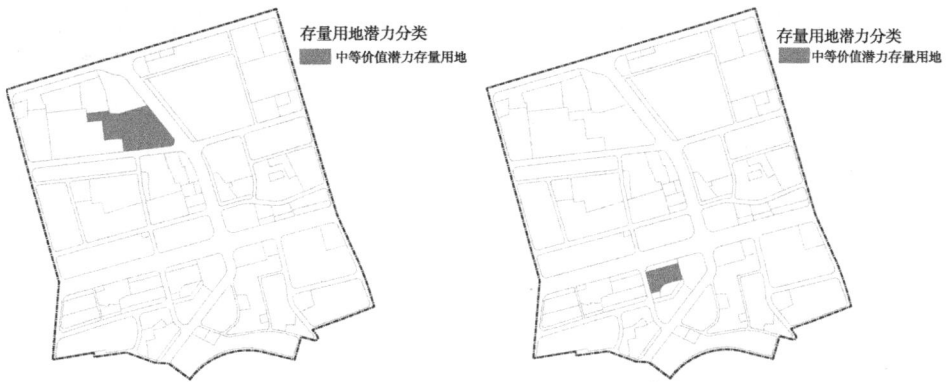

图6-23 航专宿舍
（来源：笔者自绘）

图6-24 文塔苑小区
（来源：笔者自绘）

文灶站周边中等价值潜力用地中这类居住区具有建筑密度高，建筑质量一般，开发强度较高，建筑质量差，居住环境差等特征。针对这一类型存量用地，如航专宿舍，由于该小区不具有较强的区位优势，根据用地现状情况，可以对建筑质量较差，物质环境较差的部分，进行局部建筑拆除重建，提高居住环境质量和用地价值。另外，对于区位优势明显的用地，如临近站点地区的文塔苑小区，考虑其优良的区位优势，可以调整用地开发强度，进行房产再开发，适当增加用地的建筑高度和密度。

（2）中等价值潜力商业用地

文灶站周边中等价值潜力用地中还包括一定比例的商业用地（图6-25、图6-26），这类用地虽然满足轨道站点周边用的功能条件但经济效益并不突出，仍然具有一定的再开发价值。

对于其中区位条件突出但经济效益一般的用地，如嘉和潮苑酒楼，该用地紧邻文灶站开发核心区，在条件允许情况下应适度调整用地功能结构，增加商业、办公、娱乐等公共设施用地；同时结合站区规划适度进行地上和地下空间的开发来提高地块开发强度。对于区位条件一般的商业用地，则应对其税收和经济效益进行评估，考虑是否进行功能调整和置换。

图6-25　特房商业楼
（来源：笔者自绘）

图6-26　嘉和潮苑大酒楼
（来源：笔者自绘）

3. 低价值潜力用地

对于文灶站周边研究范围内开发潜力较低的存量用地，用地调整的可能性较小、开发强度已满足或超出合理范围，主要包括建筑质量较好、建筑密度较大的居住用地；开发强度较高的商业以及办公用地。

（1）低价值潜力居住用地

文灶站周边高密度住宅开发已经相对完善，开发强度和建筑密度都已经达到一定水平，其中沿厦禾路建筑密度最高，居住小区环境优良，如汇丰家园地块，其开发年限较短、强度较大，建筑及配套设施质量较好，针对这类用地只需提升基础设施以及环境建设，不考虑作为存量用地对其进行再开发（图6-27、图6-28）。

（2）低价值潜力商业办公用地

针对文灶站周边低价值潜力的存量用地，根据其区位不同考虑选择不同的再开发模式。对于毗邻轨道站点的商业用地，根据实际情况考虑结合轨道站点地下空间建设，对其进行适度的地下空间开发，如帝豪大厦（图6-30）。对于区位优势不明显的低价值潜力商业用地，考虑发挥轨道交通的聚集效益，调整业态发展模式进行商业二次开发，如古龙明珠商城集中了一批纺织品交易和布料批发商户，在轨道交通站点区位的引导下，可以考虑调整为纺织品批发和交易总部，间接提升其土地价值（图6-29）。

4．文灶站周边存量用地再开发策略

（1）建立存量用地评价筛选与管理信息系统

在轨道交通文灶站建设之前，首先应开展对站点周边存量用地的评价和筛查，进一步明确用地功能结构和布局优化调整的目标，增强文灶站商业用

图6-27　厦禾裕景小区
（来源：笔者自绘）

图6-28　汇丰家园
（来源：笔者自绘）

图6-29　古龙明珠花园商业街
（来源：笔者自绘）

存量用地潜力分类
▨ 低价值潜力存量用地

图6-30　帝豪大厦
（来源：笔者自绘）

地以及办公用地的比例，实现轨道交通与周边存量用地的协同开发。其次应考虑靠近文灶站的高潜力以及中等潜力存量用地的再开发，以及开发难度较低的高价值潜力存量用地的再开发。再次应建立文灶站周边存量用地的管理信息系统，明确各存量用地的开发时序、开发方式以及开发模式选择，并进行严格的规范和控制，构建协同、高效、可持续的城市内涵式发展模式。

（2）加强存量用地的各类规划制定和衔接

存量用地再开发是在多种规划体系共同结合的基础下开展的，包括城市总体规划、控制性详细规划和轨道交通综合开发规划等。一方面，由于文灶站位于城市建成区，在厦门轨道交通1号线综合开发规划过程中着重强调了对岛外新增用地的建设控制，对文灶站周边用地的综合开发规划考虑较少；另一方面，文灶站存量用地类型多样，布局分散，再开发问题较为复杂，涉及工业、商业、公共用地等多种用地性质，因此，文灶站周边存量用地再开发规划编制过程中，需要充分考虑产业升级、功能置换、提升环境、保护历史文脉等问题，合理确定改造目标以及功能调整。此外，目前存量用地的相关规划编制缺乏统一标准，因此，应研究制定存量用地再开发的规划编制办法，使其能够适应轨道站点建设的发展需求。

（3）建立存量用地再开发的利益分配机制和实施管理政策创新

　　存量用地再开发应以面向实施为导向，通过在土地出让方式、地价管理规则、规划管理方法、土地确权路径等方面的探索和创新，建立起一套相对稳定的利益分配机制和实施制度保障。通过利益分配机制的建立，包括政府、土地权利人、实施主体等在内的各方通过较低的制度成本形成利益交集，并最终通过协商谈判形成利益的平衡点，有效推动存量土地开发。在建立健全收益分配机制的基础上，通过管理政策的创新，对存量用地实行用途变更管理，允许符合转型政策的存量用地按照相关法律、法规和政策，实施实际用途变更。此外，通过轨道站点周边的存量用地再开发，还可以以点带面促进站区更大范围的土地用途实行配置优化与发展转型，以可持续的发展模式，实现城市更大范围存量用地的功能优化，从整体上提升城市已建成区的环境品质。

参考文献

[1] 张绍建，王冬艳，黄丽梅，等. 基于GIS与Internet/Intranet的长春市城市土地利用潜力评价系统设计[J]. 国土资源科技管理，2006，（06）：68-70，67.

[2] 唐旭，刘耀林，赵翔，等. 城镇土地利用潜力评价方法研究[J]. 中国土地科学，2009，（02）.

[3] 冯长春，程龙. 老城区存量土地集约利用潜力评价——以北京市东城区为例[J]. 城市发展研究，2010，（07）：86-92.

[4] 熊伟婷. 存量建设用地潜力评价指标体系构建与应用——以蚌埠市为例[C]//中国城市规划学会，贵阳市人民政府. 新常态：传承与变革——2015中国城市规划年会论文集（04城市规划新技术应用）. 2015：13.

[5] 王传明. 城市土地集约利用潜力评价研究[D]. 武汉：华中农业大学，2006.

[6] 王亮. 泰州市姜堰区低效用地潜力释放模式及对策[D]. 南京：南京农业大学，2014.

[7] 岳隽. 深圳市存量土地二次开发利用策略研究[J]. 科技创新导报，2009（25）：132-133.

第七章

轨道城市规划管理
与实施保障

城市轨道交通规划管理是轨道建设工作的重要环节，也是实现"轨道城市"目标的最有力保障。由于城市轨道交通投资巨大，为防止规划过度超前、建设规模过于集中、影响城市轨道交通建设正常实施等问题，2018年7月，国务院办公厅印发了《关于进一步加强城市轨道交通规划建设管理的意见》，提出了为促进城市轨道交通规范有序发展，要坚持"量力而行、有序推进，因地制宜、经济适用，衔接协调、集约高效，严控风险、持续发展"的原则要求。

本章将从对轨道交通影响区的用地规划控制、面向土地使用的轨道交通规划体系、轨道交通规划管理技术规定与政策法规、轨道交通与土地使用控制实施保障策略等4个方面阐述规划管理与实施保障的相关要求，为"轨道城市"的建设提供规划和政策保障。

7.1 轨道交通影响区的用地规划控制

由于土地资源属于稀缺资源，对于规划用地的控制十分重要，否则不但影响轨道交通的规划实施，也不利于后期的开发。因此，为了更好地发挥轨道交通的作用，促使轨道交通建设可持续发展，加强对轨道交通影响区的用地规划控制显得十分必要和迫切。对轨道交通影响区的用地规划控制，是对轨道交通线路、站点、附属设施的用地进行规划控制，在保证未来轨道建设条件的同时，使轨道交通与沿线用地开发呈现良性循环发展，引导城市空间的有序增长，实现轨道交通建设与沿线土地开发的协调联动。

7.1.1 轨道交通影响区用地规划控制的管理原则

1. 法制化原则

对于轨道交通影响区的各项用地控制和建设活动，要依据有关城乡规划管理的法律、法规、规章和具体规定，以及轨道交通规划管理技术规定、规范与相关政策法规，进行规划实施管理，实现依法行政，依法办事，纳入法制化的轨道。也就是要以经批准的城乡规划和有关轨道交通规划管理的法律法规为依据，并依照法定的程序履行职责，防止违法占地与违法建设行为，充分运用法制管理手段是管理实施工作的根本保障。

2. 程序化原则

为使轨道交通规划实施管理能够遵循轨道城市发展客观规律和规划建设要求，必须按照科学合理的行政审批、许可、管理程序来进行。这就要求轨道交通影响区内的用地控制和建设活动，都必须按照轨道交通规划相关规定的申请、审查或审核、征询意见、报批和核发有关行政许可，以及加强批后监管等环节来施行，防止施政过程中的随意性、滥用职权、越权审批和暗箱操作等违法行为产生。

3. 协调性原则

轨道交通规划管理与实施的工作过程，是一个以科学发展观和构建和谐社会为指导，依法对轨道交通影响区内的用地控制和各项建设活动进行合理布局和统筹安排的过程，需要协调各有关方面的利益和要求，理顺各有关方面的关系，包括规划主管部门和其他行政主管部门之间的业务关系，实现分工合作，协调配合，各负其责，避免多头管理、相互制约、扯皮不止的现象发生，从而提高管理的工作效率和水平。

4. 公开性原则

轨道交通规划实施管理应实行政务公开。经批准的轨道交通及用地控制规划经公布后，任何单位和个人都无权擅自改变轨道交通影响区内用地规划指标。为保证和督促轨道城市实施管理能够依法按照规划要求进行，应实现公众参与、阳光行政和政务公开。

5. 科学性原则

轨道交通规划用地控制应当根据当地的经济社会发展水平，量力而行；应当合理确定建设规模和时序，因地制宜、节约用地；应当与经济和技术发展水平相适应；应当组织有关部门和专家定期对规划实施情况进行评估，并采取论证会、听证会或者其他方式征求公众意见等。不能违背城乡建设和发展的客观规律办事，一定要从实际出发，实事求是，不能急功近利、盲目决策。要正确处理集中和分散，当前与长远、局部与全局的关系，科学地进行轨道交通规划建设管理工作。

7.1.2 轨道交通影响区用地规划控制的管理方法

管理方法是为了实现管理目的，提高管理系统功效，在管理活动中所采取的手段、措施和途径。轨道交通建设的土地控制，需要政府将实行土地储备和建立动态建设强度管控模型两种管理方法结合起来，共同运用到用地规划控制管理的不同阶段，才能在建设轨道城市中更好地发挥作用。

1. 实行土地储备

土地储备采用"政府主导、市场运作"的操作模式，由轨道交通建设单位、土地储备机构与政府合作进行。主要做法是：将轨道交通站点建设与周边土地综合开发结合起来；将轨道交通站点地下空间利用与其地上经营性建设项目开发结合起来；将站点周边土地开发供应获得的土地政策收益（土地出让金等）、土地综合开发带来的部分税收利益和土地增值收益，纳入轨道交通建设的平衡资金和运营补贴之中。

政府、轨道交通建设单位、土地储备机构三方职能分工不同，有利于实现优势组合。政府部门负责划出站点周边一定范围的土地资源，明确站点周边建设区和控制区范围；由土地储备机构对控制区实施土地储备，完成土地一级开发和基础性建设；由轨道交通建设单位对站点周边建设区进行开发建设的前期工作，策划结合轨道站点的综合开发方案。

土地储备具体策略如下：

（1）以轨道交通近期建设规划为契机，推动市区内站点周边的土地联合储备，对沿线站点周边土地纳入市区战略储备控制，划定轨道交通规划站点实施区和控制区的用地范围。

（2）轨道交通在中心城内线路主要结合站点周边存量用地综合开发，对城市或片区级中心的所在站点应实施相对高强度开发；完善站点周边的综合交通设施，以及实施地下空间综合利用，实现公交与地铁等多种交通方式的零距离换乘。

（3）根据规划确定合理的开发性质、强度和周期，界定稳定的客流量，预估开发收益；根据测算确定开发方式和投融资模式；结合站点所在区位与开发地块容量，确定其开发定位、商业的业态分布、交通配套设施等[1]。

2. 建立动态建设强度管控模型

土地建设强度是轨道交通规划控制的核心内容之一。传统的静态模型可以确定建设强度，但在城市实际建设情况、市场环境、交通设施、科学技术和经济条件等外在因素发生改变时，静态建设强度模型难以及时反馈，从而降低城市建设的可持续性和土地利用的经济性。因此，建立以轨道为指导的动态建设强度管控模型十分重要。

建设强度管控主要是结合定性和定量的研究方法，通过空间模型的建立，实现建设强度的分区、分类、分级控制，建立科学的强度管理体系，对不同分区提出详细控制要求，形成用地强度管控体系。

依据城市的轨道交通建设、市政设施条件的改善和经济技术水平的提高等因素影响，需要确定同一地块处于不同开发阶段时的建设强度，促使用地开发时序、建设强度与城市发展进程相契合。实现从远景静态控制到近期动态控制的转变，力求在规划管理和市场诉求两者间寻求平衡。建设用地强度管控是一个动态的过程，必须不断加以跟踪研究，掌握其内在社会经济规律，才能真正做到技术服务于管理，管理服务于建设[2]。

7.1.3 轨道交通影响区用地规划控制的管理内容

1. 规划控制轨道沿线及站点周边用地

在规划轨道交通站点时，应当根据城市总体规划要求，以及客流量、乘客换乘需要、公共安全需要和用地条件，明确换乘枢纽、公交首末站、公交途经站、公共步行空间、出租车泊位、公交自行车租赁点、机动车和非机动车停车场等交通设施用地，以及轨道交通公安应急中心、派出所等公共安全设施用地。上述设施应当与轨道交通站点同步设计、同步建设，由轨道交通经营单位会同有关部门和建设单位组织实施。鼓励轨道交通的出入口、通风亭和冷却塔等设施以及地下空间与周边现状已有或已规划的建筑地下空间相结合。

2. 严格控制线网规划线路两侧规定范围内土地

对轨道交通线网规划线路两侧规定范围内的建设用地，要实行严格控制。凡在控制范围内的建设项目，规划和国土部门在进行项目审批时，应征求地方市级轨道管理部门意见。控制规定范围内涉及农用地转用、征用的，应按法定程序报批。各区应当加强集体土地管理，严格控制轨道交通线网规划线路两侧规定范围内村庄的建设用地，避免将来轨道交通建设时带来更大的拆迁成本。

3. 全面开展线网规划线路两侧规定范围内土地清查工作

控制范围内停止新批建设项目，对确需建设的经济发展项目和基础设施项目，须征求市级相应管理部门意见。各区政府要立即对已批未建及未批先建项目组织开展登记造册，根据轨道交通线网规划及退线规定制定具体工作方案，征求市级相应管理部门意见后，按程序报市规划、国土资源部门审批后组织实施。同时，各区要加大巡查力度，防止新增违法占地和违法建设的发生。各区负责现状违法建设项目的清理拆除工作，同时要建立巡查机制，严防新的违法建设行为发生。

4. 沿线（含轨道站点）的用地规划控制纳入"多规合一"和"一张蓝图"进行管理

轨道交通沿线（含轨道站点）的用地规划控制应纳入"多规合一"和"一张蓝图"进行管理。划定轨道交通沿线（含轨道站点）的用地规划控制线是重要技术环节，并需要通过"多规合一"推动多部门的规划统筹，构建空间规划管理信息系统。建立"一张蓝图"公共平台，打破各部门的信息壁垒，实现多领域间的信息共享，有助于提高行政管理的服务能力和水平。

7.2 面向土地使用的轨道交通规划体系

轨道交通规划需要面对复杂的环境与问题，如何进行城市多个系统综合协调，如何处理好复杂多变的前期工作，成为城市轨道交通健康发展的重要环节[3]73。由于涉及部门繁多，因此，需要制定一个具有务实、可操作性的规划管理办法。如轨道交通规划受到了各级政府和社会各界的高度关注，但是目前国内仍无统一、系统的轨道交通规划编制体系。加之我国轨道交通建设是由多部门共同管理，在现阶段管理、协调和监督的力量也相对薄弱。

轨道交通规划是城市轨道交通长远发展的总体设计。随着我国轨道交通建设的快速发展并逐渐进入高峰时期，构建一套面向土地使用的轨道交通规划编制体系尤为重要。应该坚持节约和集约利用土地资源，落实TOD发展政策，形成多层级规划编制体系，促进城市空间和城市轨道交通之间的协同及可持续发展。

近年来，国内专家学者及科研机构对轨道交通规划编制体系进行了积极的思考、探索和实践，分别建立了适应当地实际情况的轨道交通规划编制体系（又有机构称为"城市轨道交通规划设计技术体系"）。总结国内城市的实践经验，探究轨道交通规划的技术路线、编制体系和管理办法，对形成相对统一的轨道交通规划体系具有十分重要的现实意义。

7.2.1　轨道交通规划体系的相关研究

1.　城市轨道交通规划编制的技术路线

城市轨道交通规划编制的技术路线，一般是在城市总体发展目标的指导下，结合城市交通综合网络规划，确定轨道交通项目的可行性，并进行线路安排与项目设计。其"调查—分析—预测—规划"的总体顺序与城市交通规划基本相同，但也有两点与城市交通规划不同。首先，城市交通规划的远景战略以指导城市发展为目标，时限长于城市总体规划，在这一阶段城市轨道交通规划仅以设想形式出现，并未经过科学论证，因此与其他交通发展目标不同，不宜作为城市轨道交通规划的正式内容。其次，城市轨道交通规划强调项目可行性研究，在交通规划中可视为综合网络规划阶段，而在城市轨道交通规划中，则作为战略规划的首要任务来完成。在可行性研究的同时，进行城市轨道交通战略规划阶段的工作，包括城市交通综合网络的发展方向与目标、客流预测、轨道交通线网规模、运营方式的选择等。

在可行性研究获得批准后，结合实际项目建设，进行城市轨道交通项目规划阶段的工作。包括线路土地的使用安排、项目工程规划设计、换乘枢纽设计、与城市其他交通方式具体配套等[4]。

城市轨道交通规划的一般技术路线归纳如图7-1。

2.　国内城市轨道交通规划编制实践

（1）深圳市轨道交通规划编制实践

1）深圳市轨道交通规划编制体系

深圳市轨道交通规划编制体系以指导工程设计为目标，以与城市规划设计协同为手段，成为轨道交通工程建设的重要保障。该体系与深圳城市规划设计体系相呼应，形成了"三层次五阶段"的编制框架，包括宏观、中观、微观三个层次，以及轨道交通网络规划、规划策略研究、近期建设规划、线路详细规划、站点综合开发五个阶段[5]（图7-2）。

深圳轨道交通建设一期工程是在政府主导下较为单纯的交通设施建设，对结合轨道工程建设的沿线用地及交通布局同步规划不足，由轨道交通线网

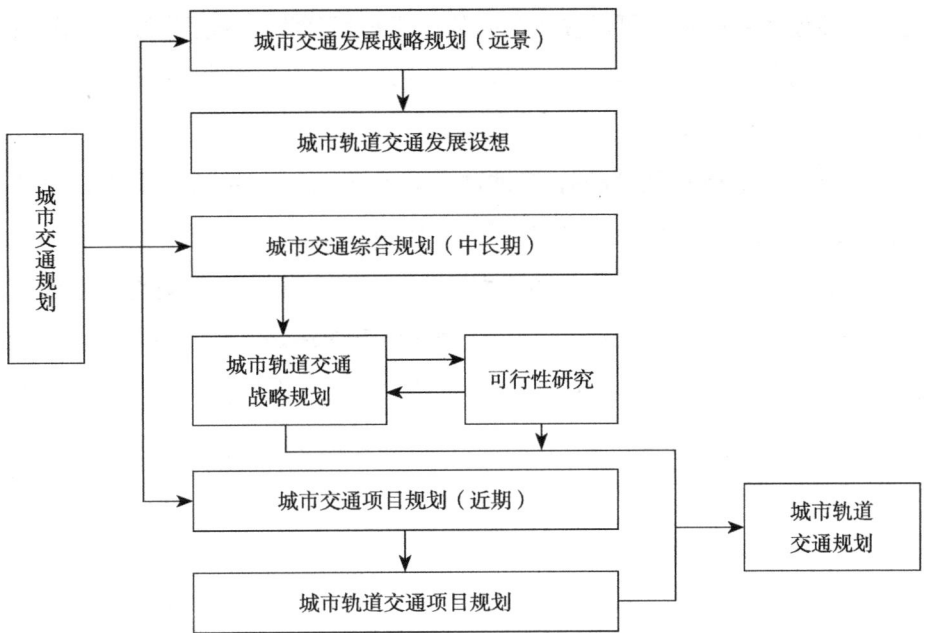

图7-1　城市轨道交通规划一般技术路线
（来源：王荻. 城市轨道交通规划与城市规划的关系研究[D]. 上海：同济大学，2007.）

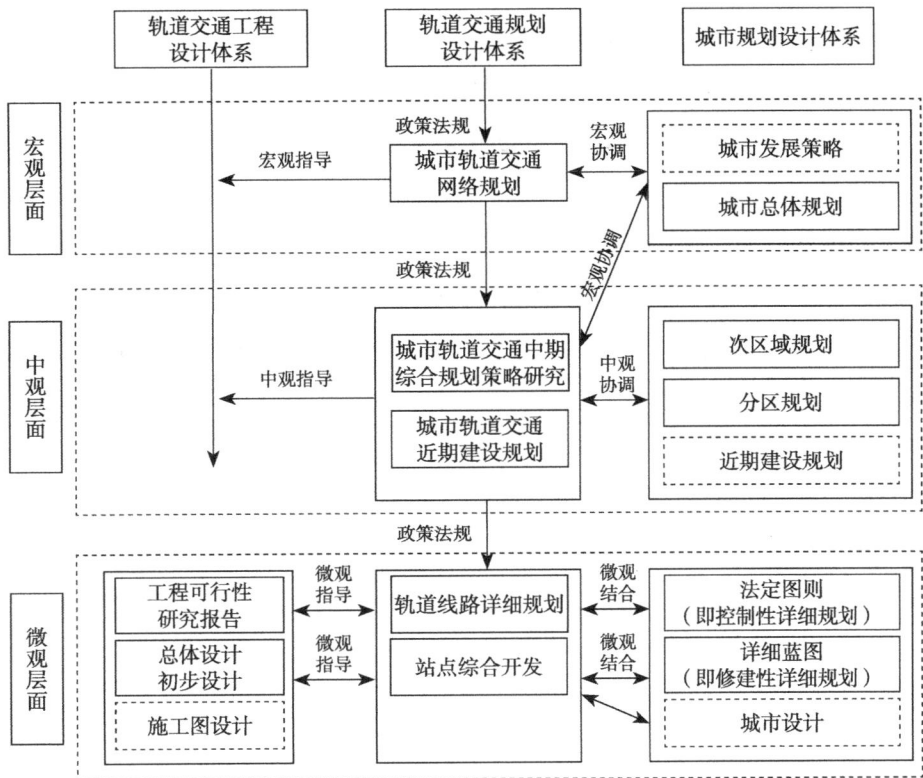

图7-2　深圳市轨道交通规划编制体系
（来源：李连财. 城市轨道交通规划设计体系探索与思考——以深圳为例[C]//中国城市规划学会，贵阳市人民
政府. 新常态：传承与变革——2015中国城市规划年会论文集. 中国城市规划学会，贵阳市人民政府，2015.）

规划直接过渡到线路预可行性研究报告、工程可行性研究报告及施工图设计，缺乏轨道交通预控规划，在工程大部分设计已经完成的情况下只能进行有限的规划修正工作。

总结一期设计的经验教训，在地铁二期工程中规划部门及早介入，通过调整轨道交通规划设计流程，建立了基于TOD发展模式的规划编制体系。自2003年开始，深圳在线路及车站工程可行性研究前增加轨道交通线路及车站详细规划流程，使轨道交通规划与工程设计产生良好互动，并将轨道交通建设与城市形象以及城市发展紧密结合。与之同时，深圳初步建立轨道交通建设与沿线土地"捆绑式"开发的运作机制，尝试以土地开发保障轨道交通投资新模式。

较一期工程，二期工程在线路工程设计阶段增加线路及大型枢纽详细规划的编制工作，详细规划以建设规划为指导，从规划层面上保证了轨道交通车站的规划设计，将车站规划与周边土地利用规划、交通衔接等多种因素综合考虑，同时还充分考虑轨道交通车站与城市规划、道路网、常规公交、轨道上盖物业等之间的关系，从规划层面保证车站作用的发挥。通过详细规划的编制，指导线路的工程设计工作。

2012年启动的轨道三期工程，提出"土地作价出资"的投融资创新模式，即依靠轨道沿线土地资源，将轨道沿线的部分土地资源配套给地铁建设主体作为资本金。为支持轨道交通三期工程对投融资体系的创新，建立全面、系统的轨道交通外部效益内部化机制，深圳市顺应土地管理制度改革总体方案的要求，研究以土地使用权作价出资方式解决政府资本金注入的思路和方案，探索土地资产资本转化的途径和方式。在此背景下，深圳进一步优化轨道交通规划编制体系，提出面向实施的土地开发方案。规划设计及早介入，基于对现状情况、相关规划的全面梳理，综合规划、交通、市政和土地专业的研究论证，提出合理的功能定位、开发规模及功能配比，加强轨道沿线用地的规划设计研究，通过城市设计的手段为片区法定规划的制定提供技术支撑。另一方面，为推动轨道三期投融资工作的顺利开展，在初步规划方案拟定的同时，市场对于用地评估与预测将提前介入，主要内容包括对规划方案开发建设的投融资分析、房地产市场需求和土地价值评估、投入产出平衡等内容[6]。

2）深圳市轨道交通规划设计管理体系

深圳市轨道交通规划设计管理的协同技术体系中，各阶段的规划设计、

规划设计体系	组织部门	目的作用	主要内容
轨道交通发展规划（国家铁路、城际轨道、城市轨道线网）	政府部门	• 支撑城市总体规划和土地利用规划 • 支撑综合交通规划及公共交通规划	• 发展目标及策略 • 网络规划方案及实施计划 • 网络综合规划方案
轨道交通近期建设规划	政府部门	• 为上报国家立项提供依据 • 为开展线路可行性研究提供依据	• 建设必要性 • 建设目标与规模 • 建设方案及时序 • 建设投资及效益
轨道交通网络化研究	政府部门	• 实现轨道交通网络化运营要求 • 落实交通一体化方案	• 网络化发展战略与政策研究 • 互联互通、资源共享 • 网络化运营 • 网络一体化发展 • 网络化标准体系
轨道交通详细规划（线路及枢纽）	政府部门	• 落实TOD及交通一体化发展理念 • 协调轨道与城市及交通发展关系 • 为规划管理及用地控制提供依据	• 线路及车站功能定位 • 线站位规划方案 • 交通接驳换乘规划方案 • 车辆基地选址
工程可行性研究阶段规划方案工程落地研究	政府部门 项目业主	• 落实政府规划意图 • 结合工程因素完善规划方案	• 线路功能定位与建设必要性分析 • 线路客流预测 • 线路技术标准分析 • 运营组织方案 • 线站位方案优化及车辆基地规划 • 车站规模研究及换乘方案设计
初步设计阶段车站交通设计配合	政府部门 项目业主	• 协调轨道交通与周边用地建筑及道路交通设施的关系 • 落实交通接驳设施布局方案	• 车站客流分析 • 车站内部交通组织设计 • 车站出入口、风亭等设施布局 • 车站交通接驳换乘设施规划设计 • 协助配合政府开展初步设计审查
施工疏解及交通接驳设施工程设计	项目业主	• 缓解轨道施工工期间道路交通压力 • 落实交通一体化方案	• 施工期间交通影响评估 • 交通疏解方案及设计 • 交通接驳设施设计

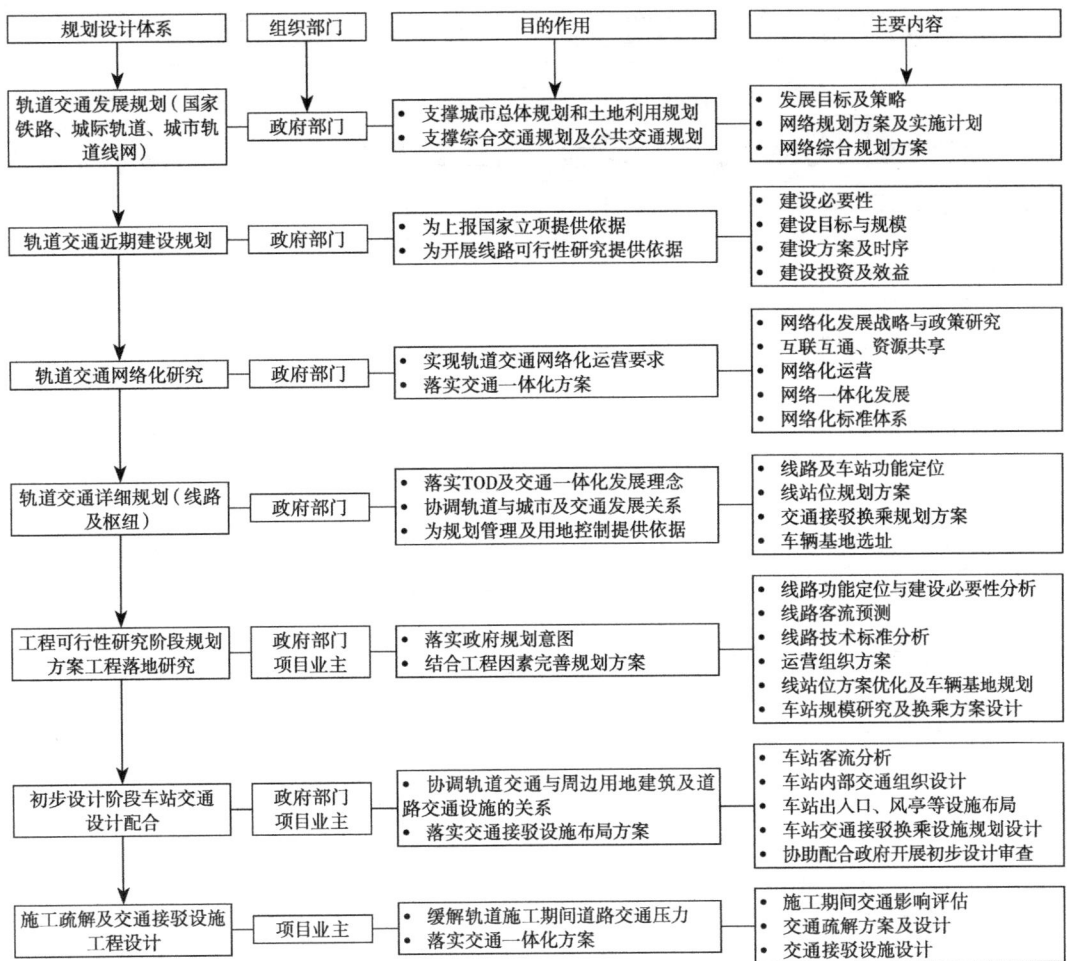

图7-3 深圳轨道交通规划设计管理体系图
（来源:《面向协同实施的城市交通规划——深圳探索与实践》）

网络化研究、工程可行性研究、初步设计和工程设计等，其组织部门、工作目的和主要内容见图7-3。

（2）武汉市轨道交通规划编制实践

1）武汉轨道交通规划编制体系

武汉市政府在2011年左右出台了《武汉市轨道交通规划管理办法》（武汉市规划局，2011），办法提出了一整套分层次、分阶段的轨道交通规划体系（图7-4）。形成线网规划、建设规划、轨道用地控制规划、线路综合规划、修建性详细规划、轨道站点施工期间交通组织规划和站点周边综合整治规划共7类规划项目[7]。

较其他城市，武汉市轨道交通规划编制体系的系统性、层次性更加明

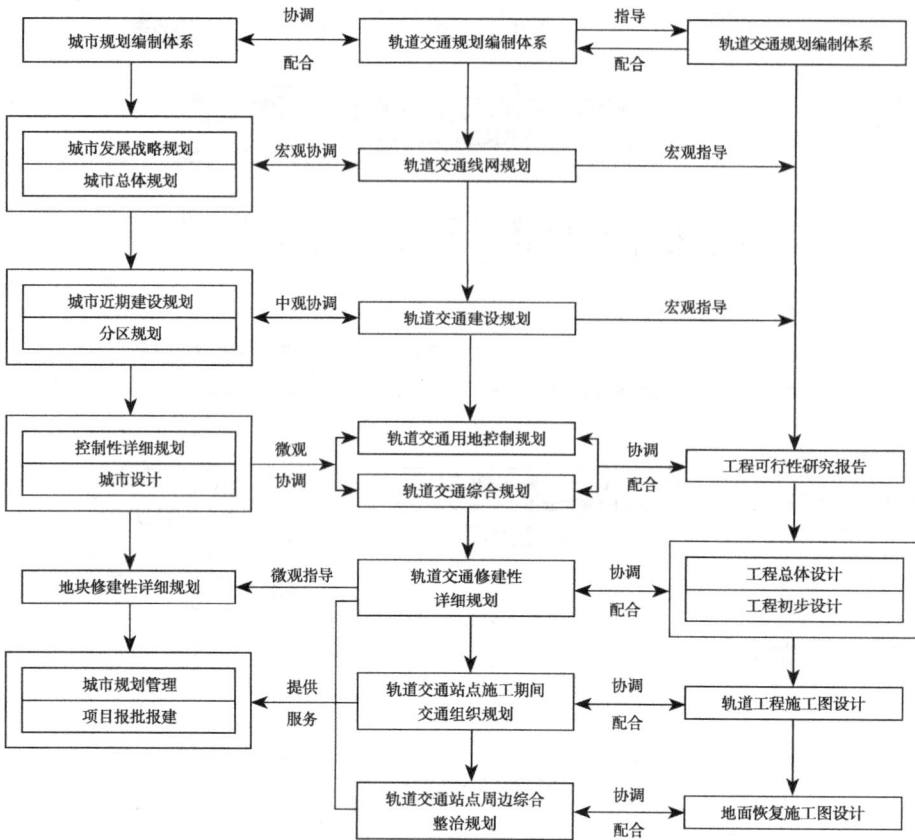

图7-4　武汉市轨道交通规划编制体系

城市规划编制体系 ——协调/配合—— 轨道交通规划编制体系 ——指导/配合—— 轨道交通规划编制体系

城市发展战略规划 / 城市总体规划 ——宏观协调—— 轨道交通线网规划 ——宏观指导——

城市近期建设规划 / 分区规划 ——中观协调—— 轨道交通建设规划 ——宏观指导——

控制性详细规划 / 城市设计 ——微观协调—— 轨道交通用地控制规划 / 轨道交通综合规划 ——协调/配合—— 工程可行性研究报告

地块修建性详细规划 ——微观指导—— 轨道交通修建性详细规划 ——协调/配合—— 工程总体设计 / 工程初步设计

城市规划管理 / 项目报批报建 ——提供服务—— 轨道交通站点施工期间交通组织规划 ——协调/配合—— 轨道工程施工图设计

轨道交通站点周边综合整治规划 ——协调/配合—— 地面恢复施工图设计

（来源：《武汉市轨道交通规划编制体系与实践经验》）

晰，在与城市规划体系衔接方面主要新增了线路综合规划和修建性详细规划两个环节，从规划层面保证了轨道交通功能作用的发挥。在预可行性研究报告之后，轨道交通站点综合规划与工程可行性研究报告同步编制，相互反馈；在工程可行性研究报告后，总体设计和初步设计前，还编制完成了各条轨道交通线路及车站修建性详细规划。

轨道交通线路及站点综合规划，是指为保障轨道交通工程的实施，协调沿线用地开发建设、地下空间合理利用，依据轨道交通项目工程可行性研究报告的设计方案编制的，涵盖轨道交通沿线及车站周边土地利用规划、交通组织规划和城市设计等内容的综合性规划。

轨道交通线路修建性详细规划，是指依据轨道交通线路综合规划编制的，用以确定城市轨道交通线位、车站平面和竖向定位，明确轨道交通工程与城市道路、立交、地下管线、周边建设衔接的关系，以指导站场施工图设计和管线迁改的详细规划。

轨道交通规划编制体系	组织单位	审批单位	作用	主要工作内容
轨道交通线网规划	市国土规划局	市人民政府	• 支撑城市总体规划和土地利用规划 • 支撑综合交通规划及公共交通规划	• 发展目标及策略 • 网络规划方案及实施计划 • 网络综合系统规划方案
轨道交通建设规划	市发改委	国务院	• 为上报国家立项提供依据 • 为开展轨道可行性研究提供依据	• 建设必要性 • 建设目标与规模 • 建设方案及时序 • 建设投资及效益
轨道交通用地控制规划	地铁集团	市国土规划局	• 为规划用地行政许可提供依据 • 为开展轨道可行性研究提供依据	• 论证线位、站位合理性 • 协调轨道区间、站点与周边用地的关系 • 控制轨道工程及施工用地
轨道交通综合规划	市国土规划局 地铁集团	市人民政府	• 落实TOD及交通一体化发展理念 • 协调轨道与城市及交通发展关系 • 为规划管理提供依据 • 为开展轨道可行性研究提供依据	• 功能定位及建设必要性分析 • 沿线用地现状、规划及调整 • 沿线可打包土地及与站点的关系 • 站点接驳与换乘设施规模及方案 • 站点建设控制指引图则
轨道交通修建性详细规划	地铁集团	市国土规划局	• 协调轨道与周边建筑、道路、管线的关系 • 落实交通接驳设施布局方案 • 指导轨道工程初步设计	• 轨道交通线路定位 • 车站平面与竖向定位 • 轨道与道路、立交、交通接驳设施、地下管线、周边建筑及地下空间的衔接关系
轨道交通站点施工期间交通组织规划	地铁集团	市交管局	• 缓解轨道交通施工期间交通压力 • 为交管部门审批施工方案提供依据	• 施工期间交通影响评估 • 大范围交通网络改善方案 • 施工区域周边交通疏解及组织对策
轨道交通站点周边综合整治规划	市国土规划局 地铁集团	市人民政府	• 推进城市更新及环境改善 • 提升轨道站点周边整体形象	• 站点周边近期拆迁储备范围划定 • 站点周边景观绿化规划方案 • 站点周边建筑立面整治规划方案

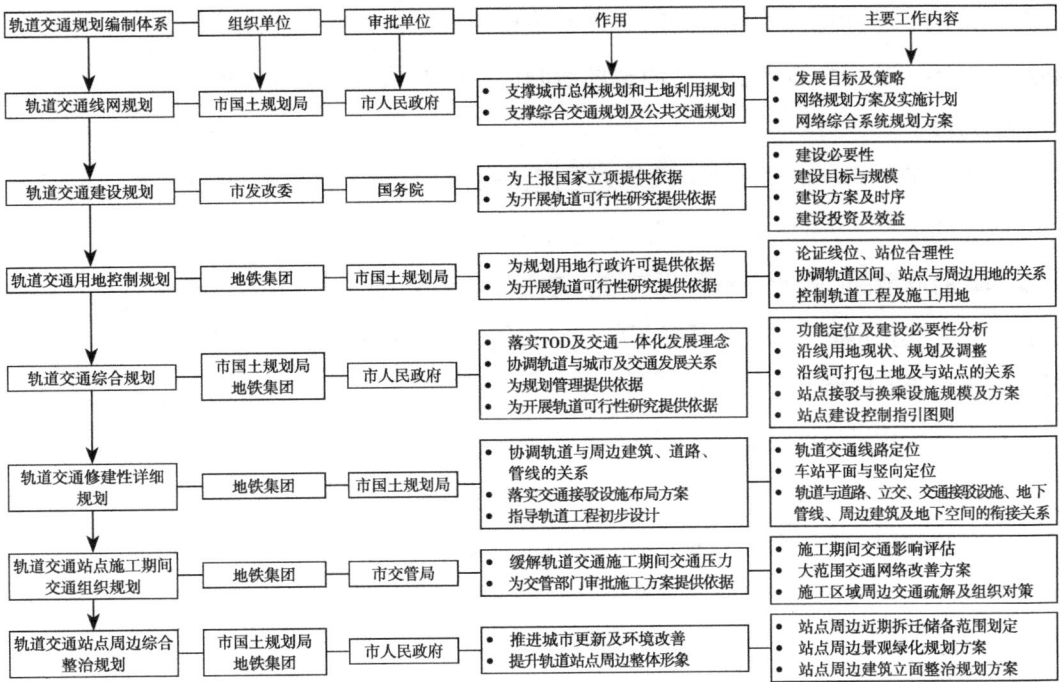

图7-5 武汉轨道交通管理体系图
（来源：《武汉市轨道交通规划编制体系与实践经验》）

2）武汉轨道交通规划编制组织方式

武汉市轨道交通规划编制体系中各类规划项目的组织部门、审批部门、作用以及主要工作内容见图7-5。

（3）总结与评价

国内城市在实践过程中均逐步意识到轨道交通规划与城市规划衔接的重要性，提出完善既有的轨道交通规划编制体系。尽管各个城市规划名称不尽相同，但增加的规划主要内容大致相同，基本集中在车站周边用地规划、交通一体化衔接等方面。深圳市、武汉市的做法较为类似，主要是在工程可行性研究阶段通过开展轨道交通路线及车站详细规划（或线路综合规划），以规划部门为主导加强线路方案与沿线用地、交通规划的衔接，做好规划预留控制，增加的规划内容较为全面，特别是城市设计、详细规划并最终落实反馈到控制图则。对于创新性的规划，武汉通过立法，明确其法定规划的地位[3]75。

3. 轨道交通规划编制体系发展方向

借鉴国内城市轨道交通规划编制体系和组织方式的研究和探索，并考虑与城市规划体系的有机衔接，以及轨道交通规划工作阶段的划分与城市规划体系的一致性和连贯性，同时考虑尽量包括现阶段轨道交通规划领域涉及的内容，国内大城市轨道交通规划编制体系的发展方向主要体现在以下几个方面。

（1）政府主导，健全轨道交通规划专门机构

政府的重视、机构的保障是提高轨道交通规划水平的先决条件。只有充分发挥政府职能部门的严肃性和权威性，才能使轨道交通建设达到应有的高度要求。因此，轨道交通前期研究工作必须贯彻"以政府为主导"的总体思路，并建立统筹协调机制，明确各部门职责，实现政府从前期规划方案、可行性研究直至初步设计阶段的全面主导和控制。

国内外大城市的做法都是通过专门的官方或半官方机构来编制和修订城市综合交通规划，该机构的主要职能还包括：定期开展居民出行调查和交通运行状况调查，建立地区的交通规划模型，收集和提供涉及城市交通方面的现状信息和预测数据，参与重大交通项目的前期研究工作，掌握涉及交通规划和研究的全面信息。我国有一定规模的城市都应该建立健全轨道交通规划机构，充实机构人员队伍并完善专业构成使该机构能承担或组织各类轨道交通规划，提出近期实施计划方案和建设轨道交通各种方式的近期投资计划，从而真正发挥其在轨道城市的决策参谋作用[8]24。

（2）建立与城市规划相互协调及融合的编制机制

虽然我国城市普遍开展了城市轨道交通规划编制工作，但轨道交通规划的定位与城市发展的结合还有一些差距，与城市规划体系缺少有机衔接。轨道交通规划内容有些也难以准确地反映在城市总体规划之中。依据《中华人民共和国城乡规划法》，轨道交通线网规划是城市总体规划所包含的内容，在城市交通轨道规划编制体系中将进一步强化顶层规划定位。从轨道网络超前性看，轨道网络规划应以区域发展态势、城市长远发展目标为依托，建立密度适宜、布局合理的轨道网络，满足城市长远发展。

（3）应用新技术、新方法

以往的规划编制方法往往基于长时间的经验积累，定性多、定量少且效率较低。在当下，大数据和云计算可以为规划编制的定量分析提供有力支撑，可以将轨道交通大数据与城市空间数据相结合，对已运营线路进行量化评估和规划线路的技术支持，包括量化分析轨道交通线网对城市结构、人口集聚、交通形态等方面的影响程度，量化分析线路对城市土地利用变化、土地价值提高、站点客流吸引等方面的影响程度等。参考这些量化分析，对现

有规划设计体系和编制技术可以进行变革创新[5]。

（4）定期编制和修订规划，指导管理和实施

为适应我国现阶段快速的经济增长和城市化进程，针对人口、就业分布的变化、轨道交通运作的情况，原轨道交通规划项目的建设落实情况以及未来可能的投资规模等因素，需要滚动地调整原来的规划，以便更好地指导轨道交通建设和管理。轨道交通规划需要通过近期实施计划加以落实，而通过不断更新的实施计划又可以反过来加强规划的可操作性。因此，国内大城市需要定期编制滚动的近期轨道交通改善实施计划，供政府决策参考。

（5）建立健全轨道交通规划的工作协同机制

在轨道交通建设及运营阶段，涉及不同部门、不同群体的利益，协调工作量非常大，轨道交通规划建设涉及众多管理部门，由于尚未建立统一协同的管理机制和网络层面的技术协调机制，职能部门碎片化分割严重、部门职能存在交叉，各管理部门职责不清，在日常管理工作中显现出本位主义、各自为政、缺乏大局观等问题，导致规划难以协调，矛盾难以调和。因此，轨道交通规划工作应建立相应的协同机制，制定联合的工作计划，明确相关规划和研究项目的清单、负责的部门、实施的时间、最终的目标等主要内容，以避免工作的重复或缺漏[8]24。

7.2.2　面向土地使用的轨道交通规划编制体系

轨道交通规划编制体系由多个层面、多类规划组成，分别与城市规划编制体系、轨道交通工程设计体系相协调对应，以保证轨道交通工程建设适应城市规划要求并引导城市空间发展（图7-6）。

1. 宏观层面

宏观层面主要包括轨道交通线网规划和建设规划两类。

轨道交通线网规划是城市总体规划的重要组成部分，是综合的专业交通规划，又是城市综合交通规划的延伸和补充，是轨道交通规划设计建设的上位依据和基础。轨道线网规划的适应年限为远景年，同时有与城市总体规划相对应年份的线网。其主要内容包括城市和交通现状、交通需求分析、轨道建设必要性、轨道功能定位和发展目标、线网方案与评价、车辆基地规划等方面。

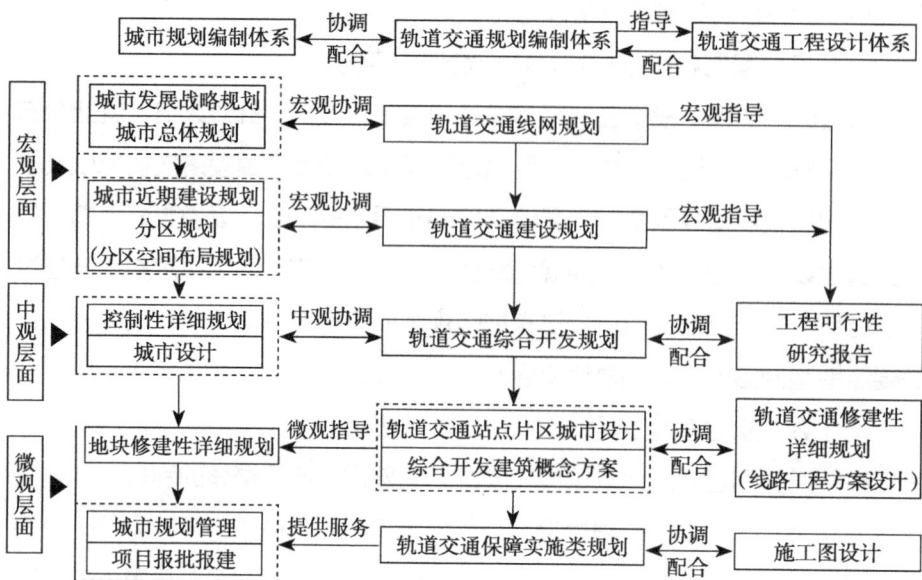

图7-6 厦门市轨道交通规划编制体系
（来源：《面向土地使用的轨道交通规划研究——以厦门实践为例》）

　　轨道交通建设规划是轨道交通近期建设的依据，其适应年限一般为5～10年。主要根据城市总体规划、综合交通规划、客流预测以及城市发展要求和财力情况进行编制。其主要内容为近期建设线路的选择以及功能定位、近期建设规模论证、线路走向布局、运营模式、工程筹划、资金测算及筹措等方面。

　　宏观层面上，线网规划主要根据城市发展战略规划和城市总体规划编制，是指导城市轨道交通近期建设和长远发展的重要依据。同时线网规划是城市综合交通体系规划的组成部分，是城市总体规划的专项规划，其主要内容应纳入城市总体规划中。城市总体规划应重视以轨道交通为骨架的综合交通体系，进行轨道交通发展与城市发展战略的互动研究，协调轨道交通线网与城市空间结构、发展策略、综合交通枢纽的关系。建设规划是城市轨道交通近期建设项目安排的实施性方案，亦是城市近期建设规划的重要组成部分。

2. 中观层面

　　中观层面主要引入轨道交通综合开发规划。

　　线路综合开发规划是指为保障轨道交通工程的实施，协调沿线用地开发建设、地下空间合理利用，结合轨道交通项目工程可行性研究报告的设计方案编制，涵盖轨道交通沿线及车站周边土地利用规划、交通组织规划和城市设计等内容的综合性规划。其主要内容包括对工程可行性研究报告初步方案提出的线站位、总平面方案进行论证和规划反馈，线路及站点的功能定位分析、沿线用地特别是站点地区的用地调整方案、站点接驳与换乘交通一体化设施规模指标和空间布局、站点周边地下空间开发意向、站点周边城市设计意向、站点风亭、出入口、冷却塔等设施的布局意向和站点建设用地指标，以及控制指引图则等方面内容。

线路综合开发规划与城市规划中的控制性详细规划相对接，形成站点地区管理单元控制图则用以指导规划管理与开发建设。其内容涵盖管理单元控制性详细规划的要求，并以城市设计为引导，协调站点与周边的用地、开发强度、交通接驳设施、地下空间开发的关系。

3. 微观层面

微观层面主要包括轨道交通用地建筑概念方案、保障实施类规划两类。

轨道交通用地建筑概念方案主要由轨道公司根据规划部门提供的设计任务书开展建筑方案设计及深化工作。保障实施类规划主要包括线路交通一体化衔接规划和线路投融资收储实施规划。

轨道线路交通一体化衔接规划与轨道工程可同期并行推进并作为其配套专题，旨在轨道前期规划阶段即明确交通衔接要求并在工程设计中进行落实。其主要内容包括完善步行通道及设施，加强轨道交通与其他交通方式的衔接，扩大轨道站点辐射范围，完善轨道站点周边路网建设，改善站点客流集疏运条件，优化交通组织。

线路投融资收储实施规划是根据线路综合开发规划、线路投资情况，梳理线路沿线可收储用地，合理划定沿线收储用地线，制定收储方案，作为轨道建设资金来源[9]。

7.3 轨道交通规划管理技术规定与政策法规

轨道交通规划过程中参与主体多样，包括各城市和上级政府相关部门，运营中涉及的相关企业、城市居民等，法制化管理是城市轨道交通良性运行的根本性制度保证[10]36。伴随城市轨道交通高速发展，推动轨道交通类政策落地、规范轨道交通技术、进行标准化改革，是城市轨道交通可持续发展的先决条件。管理技术规定与政策法规并举，才能促进轨道交通运行效率和实现效益最大化。在城市轨道交通建设之初，局限于当时的社会、政治和经济条件，规范城市轨道交通管理的法制并不完善，更谈不上法律法规体系。在我国，目前还没有完整配套的城市轨道交通的法律法规和技术行业标准，也缺少系统完整的构建。现阶段轨道交通需要实行全面法制化管理，以规范各方行为和维护各方利益，保障轨道交通持续、稳定和高效的运行。本部分总结了国外城市轨道交通法制化管理经验，梳理了我国现有轨道交通管理技术规定和法律法规体系，评价总结现有问题，提出了健全与完善轨道交通管理技术规定和政策法规的建议。

7.3.1 轨道交通规划管理技术规定与政策法规的意义

轨道交通管理技术规定是为落实轨道建设管理办法，体现管理的科学性和有序性，实现轨道城市正常运行的技术文件。政策法规是政府或组织为实现一定历史时期的目标，以具有强制性的规章、法令、条例和政府文件等形式制定，旨在约束相关组织或个人的行为。城市轨道交通规划法规体系是城市轨道交通规划体系的核心，为轨道交通规划运作与编制提供法定依据。经过审批的轨道交通规划文本同样具有法律效力，可以指导具体的轨道交通项目建设，对运营管理提出目标与原则。

7.3.2 轨道交通规划管理技术规定与政策的相关研究

1. 我国现有轨道交通管理技术规定和政策法规

（1）轨道交通管理技术规定

目前，全国性的轨道交通管理技术规定主要有轨道交通行业标准——《城市轨道交通技术规范》GB 50490—2009和轨道交通规划设计导则——《城市轨道沿线地区规划设计导则》（2015年）。

《城市轨道交通技术规范》GB 50490—2009是具有技术法规性质的工程建设国家标准，是城市轨道交通建设和运营维护依法履行监督和管理职能的基本技术依据，是统领轨道交通行业标准化的纲领性标准。

《城市轨道沿线地区规划设计导则》（2015年）则针对城市总体规划、控制性详细规划及修建性详细规划三个层次，提出有针对性的规划原则、控制重点与设计方法，引导城市轨道沿线地区的规划与建设。对轨道沿线地区的引导主要包括功能结构、土地使用与建设强度、换乘设施、轨道站点出入口与城市空间及步行系统衔接等方面，对轨道沿线城市规划与轨道建设规划的一体化衔接具有指导意义。

（2）轨道交通法律法规体系

中国法律法规体系按照法律渊源基本上可以分为两级：国家层面上的法律、行政法规和部门规章，地方层面上的地方性法规和地方性规章。此外，法规性文件特别是国家层面的法规性文件，在整个社会经济发展中起到了非常重要的作用。

1）国家层面的法律法规

国家层面的城市轨道交通法律和行政法规目前还属于空白，仅有一些部门规章，如原建设部颁布的《城市轨道交通运营管理办法》，而城市轨道交通管理更多的是依靠国务院及各部委颁布的法规性文件（表7-1）。

中央层面城市轨道交通法律法规及法规性文件　　　　表7-1

分类	法律	行政法规	部门规章	法规性文件
综合				国务院办公厅关于加强城市快速轨道交通建设管理的通知
				国务院办公厅转发建设部等部门关于优先发展城市公共交通意见的通知
规划建设				城市轨道交通建设项目机电设备采购核定规则
运营			城市轨道交通运营管理办法	
安全			城市轨道交通运营管理办法	城市轨道交通工程安全质量管理暂行办法
				关于加强城市轨道交通安防设施建设工作的指导意见
				关于开展城市轨道交通安全生产检查工作的通知
				……
投融资				国务院关于投资体制改革的决定
				国务院办公厅转发国家计委关于城市轨道交通设备国产化实施意见的通知
				关于优先发展城市公共交通若干经济政策的意见

①来源：《中国城市轨道交通法律法规体系研究》
②法规性文件所列仅为主要文件。

2）地方层面的法律法规

地方层面的城市轨道交通法规较为齐全，很多已经运营城市轨道交通的城市出台了综合管理的地方性法规。另外，也有相当多的城市考虑到自身管理的需要，分别在城市轨道交通规划建设、运营、安全、土地开发和投融资等方面出台了可操作性较强的配套法规（表7-2）

地方层面城市轨道交通法律法规及法规性文件 表7-2

分类	法规和规章	法规性文件
综合	上海市轨道交通管理条例	
	广州市城市轨道交通管理条例	
	武汉市轨道交通建设运营暂行办法	
	天津市轨道交通管理规定	
	重庆市城市轨道交通管理办法	
规划建设	杭州市地铁建设管理暂行办法	郑州市人民政府关于轨道交通工程建设征地拆迁补偿安置的意见
	沈阳市城市轨道交通建设管理办法	福州市人民政府办公厅关于做好地铁一号线管线迁改工作的通知
	青岛市轨道交通用地控制管理办法	贵阳市人民政府关于印发《贵阳城市轨道交通有限公司组建实施方案》的通知
		……
运营	深圳市地铁运营管理暂行办法	
	成都市城市轨道交通运营管理办法	
	沈阳市城市轨道交通运营特许经营管理办法	
安全	上海市轨道交通运营安全管理办法	天津市人民政府批转市建委拟定的天津市处置轨道交通突发事件应急预案的通知
	北京市城市轨道交通安全运营管理办法	杭州市人民政府关于切实加强地铁建设安全工作的意见
	南京市轨道交通工程建设质量安全管理实施意见	……
土地开发	哈尔滨市地铁沿线地下空间开发利用管理规定	
投融资	青岛、南京、福州、武汉等城市轨道交通发展专项基金管理暂行办法	哈尔滨市人民政府关于印发哈尔滨市地铁一期工程建设多元化引资若干政策的通知

①来源：《中国城市轨道交通法律法规体系研究》
②法规性文件所列仅为主要文件。

3）相关法律法规

城市轨道交通的规划、建设和运营除符合上述国家层面和地方层面的法律法规之外，还必须符合国家规划、建设、环保、土地、安全等法律法规的管理要求，并严格执行各环节相关法律制度。如法律方面有《城乡规划法》《建筑法》《环境影响评价法》《土地管理法》《安全生产法》《防震减灾法》《政府采购法》《招标投标法》《合同法》《节约能源法》等；行政法规方面有《建设工程勘察设计管理条例》《建设工程质量管理条例》《建设工程安全生产管理条例》《城市房屋拆迁管理条例》《土地管理法实施条例》《建设项目环境保护管理条例》《安全生产许可证条例》《生产安全事故报告和调查处理条例》等；对应以上法律和行政法规，各相关部委颁布了相应的配套部门规章，各地也颁布了相应的地方性法律法规。

（3）评价与总结

1）我国城市轨道交通发展较晚，只是近十几年发展速度加快，现行城市轨道交通管理法规都分布在已有行业的相关法律体系之中。但这些法律体系制定时间较早或者适用对象并未考虑城市轨道交通行业管理的特殊性，因此，对城市轨道交通行业的针对性不足、重点不突出，致使法规执行效果不显著。

2）国家层面的城市轨道交通管理基本法缺失，配套法规不齐备，而且国家层面的管理主要是以法规性文件的形式出现，与法制化建设存在较大差距。中国发展较早的交通行业（如铁路、公路）均以一部基本法律为基础进行行业管理，并有相应的配套法规保障基本法律的实施和执行，但城市轨道交通行业并没有综合性的法律或行政法规来进行管理，配套法规也极度缺乏。而在实际管理中，法规性文件形式作为临时性的行业管理基础发挥了很大的指导作用，但这与城市轨道交通法制化道路距离甚远。

3）我国35个城市已建成城市轨道交通并投入运营，这些城市基于管理的需要，制定了一系列的地方性法律法规。在一些城市中，城市轨道交通法规已经制定，对各城市轨道交通建设运营管理起到了积极的作用。但这些法规由于缺乏国家层面法规的指导和规范，因此，对单个城市来说其配套法规及实施细则还不系统、不全面，需要进一步的完善与补充。

4）各地方政府基于自身实际情况制定的一系列法规，在执行过程中也在不断地修改和完善。因此，这些地方性法规对国家层面城市轨道交通法律体系的建立具有重要的参考价值，特别是各城市轨道交通综合性管理法规更具有借鉴意义[10]38。

2. 国外城市轨道交通全面法制化管理经验

（1）实行全面法制化管理

随着轨道交通的发展，很多国外和境外城市轨道交通法律所规范的范围越来越广，涉及投资者、经营者、管理者、消费者之间的关系，以及各自行为的诸多方面。如香港政府通过制定全面、详细的城市轨道交通法规来规范企业的权利、义务、行为，形成了稳定、透明的法规体系。1975年制定的《地下铁路公司条例》，其中包含的有关地铁公司在投资、建设、管理等方面的规章相当齐全，香港地铁公司就是依据此条例成立的。2000年，条例被《地下铁路条例》取代，顺应形势变化，就地铁公司的专营权、财产、法律责任、管理职能等作了新的界定。

（2）运用法制化管理程序降低市场的不确定性及风险

轨道交通的投资、建设、运营和管理等方面都存在一些事先无法预测的因素，但法律法规可以使投资者适当加以防范，降低不确定性及风险。如香港的《地下铁路条例》，多年来，不论董事局如何换届、更替，香港地铁公司均有法可依、有章可循，保障了其管理和运营的持续性、稳定性。纽约1964年通过了《公共交通法》，规定政府不仅要在财政上保证对公共交通的投入，而且在技术上扶持城市公共交通的发展，以此降低轨道交通的风险。巴黎法规规定，城市交通设施基本建设，中央政府投资40.5%，其余由地方政府和有关部门投资。

（3）利用法制化手段来规范当事方行为和维护当事方利益

通过法制来规范政府、企业和市民的行为，使政府、企业和市民均在法律的约束下投资轨道交通或使用轨道交通。同时，当政府、企业和市民的权利受到侵犯时，通过法律来维护各方的利益。如日本《帝都高速营团法》对营团地铁线路的运营制定了详细规定，包括地铁服务水平、企业监督报告、检查手续、就业人员资格等，以此规范有关人员和组织的行为，同时也维护其利益。

（4）通过法制化管理方式来推动公平和公正目标的实现

最初，很多城市轨道交通的管理带有随意性和盲目性，导致公正性和公平性较差。随着城市轨道交通的建设规模越来越大，城市轨道交通管理逐步建立在整个社会的集体契约的基础之上，对城市轨道交通的建设和运营的管理也有专门性的立法来规范，而城市轨道交通的法制化管理可以使公平、公正原则得到较好的体现。实际上，现代发达国家和地区都十分重视通过法制来确保城市轨道交通在投资、管理和经营上的公平和公正[11]。

7.3.3　健全与完善轨道交通规划管理技术规定与政策法规

随着社会经济政策环境的巨大变化，城市轨道交通技术也有巨大的进步。城市轨道交通建设和运营的高速增长积累的经验、教训和新认识、新理念，以及轨道交通各种制式系统的全面建设和运营，对我国轨道交通管理技术规定和政策法规提出了新的健全与完善要求。

1.　制定和履行技术规定和政策法规

要依据国家和各级政府颁布的有关规划管理的法律、法规、规章和具体规定，制定轨道交通规划管理技术规定与相关政策法规，规范各项土地开发和建设活动，确保轨道交通规划目标的实现。如厦门开展立法《厦门经济特区轨道交通管理条例》，制定《厦门市轨道交通规划管理办法》《厦门市城市轨道接驳一体化》及《厦门市轨道交通站点换乘及服务设施配套规划标准》等工作。

在制定轨道交通规划管理技术规定与相关政策法规中，应注意划分土地开发强度分区，制定轨道沿线地区新建、改建和扩建建设项目的基准容积率与最高容积率，控制轨道站点影响区的土地开发；制定轨道沿线地区新建、改建和扩建建设项目的建筑密度控制指标，根据建筑类别进行分类控制；制定轨道站点周边地区用地范围内停车配建指标，控制轨道站点周边地区停车规模，推进P&R建设，引导轨道交通出行。结合《轨道交通站点换乘及服务设施配套规划标准》的相关制定，充分发挥轨道交通在城市中的骨干运输作用，扩大轨道吸引客流的范围，指导轨道交通站点换乘设施的规划、设计工作，提高轨道交通与其他方式（步行、公共自行车、共享单车、非机动车、公交车、出租车、小汽车）以及各交通方式之间的换乘效率。

2.　健全土地保障制度

结合国家轨道交通管理条例的相关立法工作，应在轨道交通综合开发方面给予制度上的重点保障。轨道交通是公共交通范畴，说到底是政府的责任所在，因此，不能把轨道交通经营管理完全看成是企业行为。香港轨道交通经营管理取得成功的关键秘诀就是综合开发，即"轨道+物业"。通过"轨道+物业"的综合开发，有效地保证了香港轨道车站建设与轨道设施用地综合开发的整体性及建设运营资金使用的可持续性。

这方面我国城市的许多地方性法规已有类似明确规定，如2017年出台的《西安市城市轨道交通条例》第二十四条：经市人民政府批准，城市轨道交通建设、经营单位可以利用附着于城市轨道交通设施建设用地的地下、地表、地上空间从事综合开发活动。综合开发获取的收益实行市财政监管，专项用于城市轨道交通的建设、运营。

3. 完善规划实施监督机制

建立专家咨询评议制度，请专家参与编制规划并对规划实施情况进行评估，增强轨道交通规划和土地使用管理的科学性及合理性。建立规划公告制度，增强规划的透明度。完善规划编制和修改的听证制度，形成书面文件，并进行公示，接受社会监督，并完善公众参与机制，广泛吸收社会公众的意见，使规划方案更切合实际，提高社会的公平公正性。

4. 协同其他规划建设活动

与轨道交通建设联系密切的规划建设活动，应保证与轨道交通建设同步规划、同步设计，且轨道周边的规划建设不得影响轨道交通的建设与使用。轨道站点周边地下空间开发利用应贯彻竖向、横向空间联合开发，地上地下工程协调配合的原则。

7.4 轨道交通与土地使用控制实施保障策略

轨道交通与土地使用控制相协调，是轨道交通规划得以实施的关键。城市轨道交通建设的实施受制于周边条件的因素较多，工程方案的实施受制于能否取得合适的建设用地。加强对土地使用的控制，尽量预留综合开发条件，是轨道交通实施成败的关键。要达到以上目标，首先必须开展城市轨道交通与城市土地利用的一系列规划，进行轨道交通与城市土地使用协调规划的保障政策研究。

7.4.1　轨道交通线网规划的法定性

城市轨道交通线网规划提供了轨道线网的构成、枢纽的布局、车辆段及综合设施布局、规划线路敷设方式设想等内容，为线路建设用地控制、枢纽建设用地控制、车辆段建设用地控制等提供了规划依据。一般城市轨道交通线网规划在城市总体规划中提出，有的是轨道交通线网初步规划方案，有的是结合总体规划方案把修改后的轨道交通专项规划纳入总体规划，为下一层次规划提供依据。

7.4.2　近期轨道交通线网规划是依法行政的依据

通过开展近期轨道交通线网建设的控制性规划来稳定各控制要素。近期轨道交通线网控制规划明确界定轨道交通线路的性质、功能与技术标准、线路走向、车站设置、相关控制线，以及周边需配合轨道交通发展的用地控制要求。沿线土地利用整合可以有效控制轨道交通建设用地，实现轨道交通与土地利用的协调发展，引导与协调城市发展建设，促进城市空间布局的优化与调整。配合产业发展，合理利用土地，实现城市的可持续发展。满足轨道交通沿线土地综合开发利用要求，使轨道交通建设促进城市的发展。

该规划提供了土地利用整合范围的划定、开发地块综合开发强度分析、轨道交通沿线土地利用整合，以及近期轨道交通线网工程方案规划成果、系统制式选择、线路及车站、车辆段与综合基地、供冷站、工程用地规划方案，为预留地铁建设条件提供了规划行政依据。

7.4.3　建立以人为本的轨道交通无缝衔接

城市交通的顺畅与否，直接影响城市土地的开发建设。随着城市社会经济的发展和交通需求的改变，城市空间的合理构建、交通问题的有效缓解等都期待着轨道交通能在城市发展中发挥更大的作用。要更好地发挥城市轨道交通系统的作用，除了要在周边地区城市规划、线路规划、车站设计等方面协调好与轨道交通系统建设的衔接外，完善轨道交通与城市常规公共交通系统、城市个体交通系统、城市对外交通系统之间的衔接同样重要。建立城市综合客运交通体系，优化站点周边的道路网结构，完善站点的交通设施布局，实现轨道交通客流集散的"零距离换乘"，将会极大促进站点周边地区的发展。

良好的城市交通客运系统必须要有与之相协调的土地利用方式，结合站点在轨道交通网络系统中的等级、定位以及站点周边地区的土地利用规划情况，对轨道交通站点及周边地区进行综合交通规划分析，包括站点的交通流量预测、轨道交通换乘体系的建设指引、周边道路交通的优化方案等，对站点周边地区的交通条件发展潜力做出判断。根据规划能够预见的交通发展承载能力，在符合城市规划的前提条件下，对站点周边土地的规划使用性质进行深化，提出合理化、适宜建设的项目指导意见，一方面有效地保证了城市规划的实施，另一方面促进了城市建设与轨道交通的进一步结合，使城市的各项资源配置得到优化。

7.4.4　轨道沿线的土地储备支撑土地综合开发

土地储备是制定城市规划和实施城市规划之间的纽带，编制好土地储备规划是发挥城市规划引导和调控作用的关键所在。以城市规划为工作基础的土地储备规划，为土地储备工作的开展、更好地实施城市规划提供良好的操作平台，使得在城市建设用地供应过程中能够统筹城市布局和结构优化。土地储备结合轨道交通良好的带动效应，通过以政府为主导的土地使用与管理模式，使城市建设与轨道交通紧密结合，促进土地资源的合理配置。城市规划、土地权属和现状建设的不断更新，增加了城市管理工作的难度。编制土地储备规划，建立土地储备信息库，将为城市规划实施提供土地保障。土地储备规划明确了城市中可储备用地的分布和规模，也为建设项目选址工作提供了很大的便利。土地储备规划的编制必须结合城市规划管理工作的需要，并将规划成果与规划管理平台相衔接，在方便规划管理、提高管理水平和效率的同时，也进一步保障城市规划的可实施。

7.4.5　轨道线网建设与城市土地利用协调发展

第一阶段：在轨道交通线网规划等上层次规划指导下，开展轨道沿线工程系统和沿线土地利用互动式的规划设计。一是积极进行轨道交通沿线工程系统论证和设计，确保技术上可行和经济成本合理；二是积极进行轨道交通沿线工程建设用地和整体开发用地的先期现状调查和规划统筹控制，控制建设工程拆迁量和成本；三是积极进行轨道交通沿线可储备规划发展用地的调查和相关研究，制订轨道交通土地储备计划，为政府经营机构介入开发提供规划基础信息；四是土地利用规划确保城市总体发展战略目标的实现，以实现建轨道就是建城市，带动和支撑城市的可持续发展。

第二阶段：侧重于利用政策和规划信息优势，政府经营机构介入，多渠道筹措资金，积极推进轨道沿线土地储备计划。收购、持有计划储备用地，并着手进行优化整理，储备轨道一线的优良潜质土地，把控土地一级市场一是对于先期建设的沿线储备用地开发，推行保障政府机构持有储备用地经营性收益最大化的政策，形成"谁投资（轨道交通及相关基础设施建设），谁受益"的市场准入规则；二是储备适当供应数量的发展预留用地，用于工程建设、公共服务设施配套建设和土地市场调控准备。

第三阶段：按计划建设轨道交通线网，分批、分期、按计划供应土地和局部取得收益，并依据规划完善以轨道交通为依托的沿线节点公共设施服务中心和辅助运输系统的配置，形成人口聚集和优质物业开发的积聚效应，提高土地利用价值。

第四阶段：侧重于全面按计划开展市域轨道交通线网建设、沿线物业开发和联合开发。政府应加强市场宏观调控和管理力度，实现政府经营机构收益最大化和建设资金良性流转。

第五阶段：重点拓展和优化城市发展空间，实施和实现总体发展战略目标。实现城市发展空间战略，形成以轨道交通为导向的城市功能和重点产业的重新优化配置布局，形成以公交优先、方便快捷原则为基础的综合交通体系[12]，以实现"轨道城市"的建设目标。

参考文献

[1] 陈伟，范黎萍. 结合城市轨道交通建设的土地储备机制研究[J]. 城市交通，2006（02）：21-24.

[2] 黄宁，徐志红，徐莎莎. 武汉市城市建设用地强度管控实证研究与动态优化[J]. 城市规划学刊，2012（03）：96-101.

[3] 魏晓云. 面向土地使用的厦门轨道交通规划编制体系研究[J]. 城市规划学刊，2017（05）：73-80.

[4] 王荻. 城市轨道交通规划与城市规划的关系研究[D]. 上海：同济大学，2007.

[5] 李连财. 城市轨道交通规划设计体系探索与思考——以深圳为例[C]//中国城市规划学会，贵阳市人民政府. 新常态：传承与变革——2015中国城市规划年会论文集（05城市交通规划）. 2015：11.

[6] 易文媛，孙蕾. 深圳市轨道交通沿线用地综合开发实践探索[J]. 地下空间与工程学报，2014，10（04）：756-762.

[7] 何霎. 武汉市轨道交通规划编制体系与实践经验[C]//中国城市规划学会城市交通规划学术委员会. 新型城镇化与交通发展——2013年中国城市交通规划年会暨第27次学术研讨会论文集. 2014：11.

[8] 武汉市交通规划设计研究院. 城市交通规划编制体系研究与实践[M]. 北京：中国建筑工业出版社，2011.

[9] 厦门市城市规划设计研究院. 面向土地使用的轨道交通规划研究——以厦门实践为例[M]. 北京：中国建筑工业出版社，2017.

[10] 张子栋，苗彦英. 中国城市轨道交通法律法规体系研究[J]. 城市交通，2012，10（06）：36-42.

[11] 李健. 完善我国城市轨道交通法律法规体系的探讨[J]. 铁道运输与经济，2008（08）：45-46，69.

[12] 洪勇，李颖慧. 城市轨道交通与土地规划相协调的保障政策[J]. 都市快轨交通，2008（01）：20-23.

结　语

随着全球城市化的快速发展，城市扩张（蔓延）、城市机动化以及私人小汽车拥有量的不断增加，城市空间发展问题和城市交通问题交织在一起，成为制约现代城市发展的主要瓶颈。伴随着可持续发展等核心发展理念的重构，中国城市发展战略正在经历一次历史性的转型，即城市空间利用方式由蔓延、粗放向紧凑、集约转型。国内外有关轨道交通与城市空间利用的理论与实证研究表明，轨道交通不仅是解决大都市区居民快速、安全、便捷出行的一种现代交通工具，在城市空间发展演化过程中一直扮演着重要的角色，对调整城市空间结构、缓解城市交通拥堵以及带动城市综合开发和提高人口容纳能力等方面具有重大作用，以城市轨道交通为主导的城市空间紧凑式和高密度发展方式，已经成为现代大城市核心区空间开发与重构的一个重要趋势。

城市轨道交通带来的土地开发利用对城市规划起到明显的导向作用，但我国城市轨道交通规划与城市空间规划缺乏有效整合，轨道站点与城市空间各自为政，站点与周边的土地开发缺少互动。传统的"一平方公里用地布置1万人"的用地布局模式在许多规划师的理念中仍没有突破，导致我国绝大部分城市空间结构均表现出单中心同心圆拓展即"摊大饼"的模式，向心的通勤交通和建筑高密度聚集使城市中心出现交通拥挤、环境恶化等问题。

可持续发展的城市是环境、经济、社会协调发展的城市，不仅要满足当代人发展的需要，还要满足后代人发展的需要。可持续发展规划的实施将引导城市走向稳定、协调的发展之路，对城市进一步优化生存环境、创造发展条件、增强城市综合实力和竞争力起到积极的推动作用。城市空间集约利用的本质就是以城市可持续发展为目标，以合理布局、优化城市土地利用结构为途径，以高密度、混合化、立体化开发为手段，强调与城市交通模式的互动选择，不断提高城市空间的利用效率和经济效益，实现城市规模的精明增长和城市空间结构的紧凑适度。

轨道交通的建设对我国大城市空间发展将起到重要的引导作用，其也是由轨道交通特征所决定的。轨道交通作为百年大计工程，具有长时间的有效性，就其系统本身而言，很多子系统一旦建成，很难再进行更新改造。过去由于资金匮乏等原因造成的一些问题，现在即使有足够的资金也可能无法解决，留下百年的遗憾。

我国正处于轨道建设与城市建设互促发展的关键时期，城市发展的经验表明，轨道交通大规模建设时期，恰是促进土地与交通协调发展的最佳时机。轨道建设极大提高了沿线及站点区域通达性，带来人流、物流、商品流在质和量上的巨大变化，从而带来城市空间发展模式、生活方式、土地利用等多方面的变革。从宏观层面，城市轨道交通可以重塑城市结构，引导城市空间有序扩张，应该积极推进以轨道交通为主的城市发展模式。中观层面的城市轨道交通与人们生活更贴近，即用城市轨道交通组织城市生活，整合利用轨道交通沿线土地和交通设施，形成以城市轨道交通廊道为骨干和轨道交通枢纽为节点，布局各级城市公共服务中心，城市轨道交通站点核心区应成为市、区级商业服务设施用地优先布局的地区，实现"站城一体化"的开发。从微观层面，围绕轨道交通站点合理进行用地布局，通过城市轨道交通构建和谐社区，增加其对居住人口和就业岗位的吸引范围，提高轨道交通影响区内的居住人口和就业岗位覆盖率，改善居民出行方式，提高轨道交通出行的服务水平。

城市轨道交通是具有公益属性的重要基础设施，是便民惠民的重大民生工程，一头连着民生福祉，一头连着城市发展，是引领和优化城市空间布局、改善城市居民生活品质，连接城市生产和消费，提升人民群众幸福感获得感的重要载体，是重塑城市空间形态，增强城市承载能力，实现城市可持续发展的重要支撑。

我们应坚持可持续发展的思想，应用长远的眼光，平衡近期与远期，为将来城市发展留有一定的空间，打造轨道交通与城市发展融合驱动的新格局，实现我国大城市空间真正走向以轨道交通引导发展之路。

后 记

我师从同济大学建筑与城市规划学院徐循初教授，受先生言传身教，长期致力于城市空间与交通规划的相互作用研究。2006年在我博士论文的基础上，出版了《大城市空间发展与轨道交通》一书，算是我多年工作、学习、思考和研究的初步成果。

自大学毕业之后，我先后在省、市城市规划设计研究院、市规划局和市人大4个不同部门任职，从事城市规划设计、规划管理和规划建设立法等方面的工作。退休之后，受聘于华侨大学建筑学院，从事城市规划教学与研究工作。本人也正好利用这一教学机会，指导多届研究生把自己多年来所学、所做和所思的城市空间与轨道交通深层次关系进行系统的专题研究，本书正是我专业研究的进一步凝练和近几届研究生硕士论文成果的集中体现。

如第三章基于张琼硕士论文《城市中心体系与轨道交通耦合规划研究》和崔桂籽硕士论文《轨道交通枢纽对城市中心体系支撑发展研究》；第四章基于黎洋佟硕士论文《契合城市发展走廊的轨道线路适应性规划评价研究》和黄建伟硕士论文《基于客流平衡的轨道沿线用地功能组织研究》；第五章基于郭宇涵硕士论文《厦门轨道站点影响区用地规划布局模式研究》和王晓硕士论文《基于轨道站点的城市土地集约使用模式研究》；第六章基于王佳曦硕士论文《厦门轨道交通站点周边存量用地再开发模式与策略研究》。作为本书编写的应用实证，结合了2017年厦门市规划委员会委托的厦门市城市总体规划（2017~2035年）专题研究报告《厦门轨道交通与用地发展模式研究》和华侨大学《轨道城市规划理论与方法研究》两个课题的相关研究内容。

在此，向我的研究生们表示衷心感谢，祝他（她）们工作顺利、前程远大！

本书的出版，还要感谢厦门市规划委员会、厦门市交通研究中心和华侨大学建筑学院的工作支持，感谢中国建筑工业出版社吴宇江先生和李珈莹女士对书稿的精心编辑。

书中错误与不当之处，敬请读者批评指正！

边经卫

2019年3月于华侨大学